Forschen – Lehren – Lernen

Studien der Hessischen Stiftung Friedens- und Konfliktforschung

In den Studien werden, neben grundlegenden Ergebnissen aus dem Institut, Beiträge zum friedens- und sicherheitspolitischen Diskurs sowie Begleitpublikationen zu den wissenschaftlichen Tagungen der HSFK veröffentlicht. Die Studien unterliegen einem externen Gutachterverfahren.

Band 38

Prof. Dr. Christian Büttner ist Projektleiter an der Hessischen Stiftung Friedens- und Konfliktforschung in Frankfurt am Main und lehrt an der Evangelischen Fachhochschule Darmstadt.

Christian Büttner

Forschen – Lehren – Lernen

Anregungen für die pädagogische Praxis aus der Friedens- und Konfliktforschung

Campus Verlag
Frankfurt/New York

Die Deutsche Bibliothek – CIP-Einheitsaufnahme

Ein Titeldatensatz für diese Publikation ist bei
Der Deutschen Bibliothek erhältlich
ISBN 3-593-37030-1

Druck und Bindung: KM-Druck, Groß-Umstadt
Gedruckt auf säurefreiem und chlorfrei gebleichtem Papier.
Printed in Germany

Inhalt

Vorbemerkungen

Der folgende Text enthält nicht nur den Versuch, eine sozialwissenschaftliche Forschungsstrategie – entwickelt aus dem Kontext von Friedens- und Konfliktforschung – zu beschreiben. Er ist zugleich eine Art Bilanz eines wesentlichen Teils meiner Tätigkeit als Diplom-Psychologe an der Hessischen Stiftung Friedens- und Konfliktforschung. Diese Arbeit fand ausschließlich in einem Rhythmus von zwei- bis vierjährigen Forschungsprojekten zu Themen statt, die von »Gewalt in der Familie« über »Lehrerfortbildungen zu Horror- und Gewaltvideos« und »Stadtteilvermittlung« bis hin zur »Entwicklung von Trainingskonzepten für Fachlehrer einer Landespolizeischule« reichten. Sie waren zum einen in der Forschungsgruppe »Politische Psychologie/Friedenserziehung« entworfen worden, zum anderen gingen sie auf Aufträge oder die Beteiligung an Ausschreibungen zurück.

Es dauerte eine geraume Weile, bis aus dem Psychologen ein »Friedensforscher« wurde, und selbst unter dem damaligen Programm einer interdisziplinären Forschungsperspektive gab es hin und wieder Zweifel an der Stimmigkeit eines solchen Berufsbildes. Da mir aber immer schon die Grenzüberschreitung im Hinblick auf eine Vernetzung füreinander fruchtbarer gedanklicher Ansätze attraktiv erschien – ich habe in Fachbereich Erziehungswissenschaften promoviert und bin Honorarprofessor an der Evangelischen Fachhochschule (Darmstadt) –, waren die »Friedens- und Konfliktforschung« und die Forschungsgruppe »Friedenserziehung/Politische Psychologie« (heute: »Konfliktbearbeitung in Demokratien«) der HSFK für mich zugleich die Forschungsumgebung, in der sich politische Reflexion mit psychologisch-pädagogischen Überlegungen zusammenführen ließen.

Die Arbeit der Forschungsgruppe stellte aus unserer Perspektive einen wichtigen Beitrag zur *Friedensforschung* insgesamt dar, obwohl die Themen der wissenschaftlichen Fragestellungen z.T. äußerst weit voneinander entfernt lagen (z.B. von der Aggressivität von Kindern im Kindergarten bis zum Beitrag internationaler Organisationen zur Beilegung von Kriegshandlungen). Der wissenschaftliche Diskurs in der HSFK über unsere Arbeiten war und ist das Korrektiv, das den Bezug der psychologisch-pädagogischen Forschung zur Gesamtfragestellung von Friedensforschung in der HSFK immer wieder neu begründet.

Nahezu von Beginn der Forschungsgruppe an dabei, bin ich nun als buchstäblich letzter der alten Besetzung »übrig« geblieben. Meine Kolleginnen und Kollegen sind inzwischen entweder als Professoren an Universitäten, in die freie Praxis als Psychoanalytiker, Psychotherapeuten, Unternehmensberater oder in den Ruhestand gegangen oder verstorben. Ihnen sei für die kollegiale Kooperation gedankt, die in so manchen Fragen mit ihren Beiträgen die Entwicklung meiner sozialwissenschftlichen Überlegungen vorangetrieben haben. Gedankt sei auch meiner langjährigen Kollegin, Evelyn Gosing-Brehl, die von Beginn an das Sekretariat der Forschungsgruppe betreut hat. Und ich danke meinen Kollegen Berthold Meyer und Rudolf Witzel sowie meiner Kollegin Cornelia Mansfeld von der Evangelischen Fachhochschule Darmstadt für das kritische Gegenlesen beim Entstehen des vorliegenden Manuskripts, Hedda Wagner danke ich für die sorgfältige Herstellung der Druckvorlage für den Verlag.

1. Fortbildungsstudien als Forschungsstrategie von Friedens- und Konfliktforschung

1.1. Die Fortbildungsstudien

Mit dem vorliegenden Text möchte ich eine Gesamtdarstellung der Forschungsstrategie »Fortbildungsstudie« als eine Annäherung an die Konkretisierung von Friedens- und Konfliktforschung als angewandte Sozialwissenschaft in pädagogischen Handlungsfeldern geben. Sie soll über die bisher zu den Studien verstreut publizierten Texte hinausgehen, eine Zusammenschau ermöglichen und die Anwendung der Forschungsstrategie zu exemplarischen pädagogisch-psychologischen Fragestellungen wissenschaftlich begründen.

In Fortbildungsstudien treffen sich Wissenschaft und Praxis an der Schnittstelle Weiterqualifizierung von pädagogischen Fachkräften. Ausgangspunkt ist jeweils eine Fragestellung aus dem Bereich der Friedensforschung zu innergesellschaftlichen Konflikten bzw. Problemkonstellationen, die zu Konflikten und Gewalt eskalieren können. Inzwischen sind drei solcher Studien realisiert worden:

- »Leitung in Einrichtungen für Kinder«: Wie können männliche und weibliche Leitungsvorstellungen ohne destruktive Konkurrenz mit dem Ziel nutzbar gemacht werden, ein geschlechtsspezifisch angemessenes Kooperationsmodell für Kinder darzustellen?
- »Interkulturelle Erziehung«: Wie lässt sich die Integration von ausländischen Kindern so realisieren, dass die Spannungen zwischen ihrer Herkunftskultur und den einheimischen kulturellen Anforderungen nicht zu Aggression und Gewalt eskalieren?

- »Gleichstellung von Jungen und Mädchen«: Wie kann man die Gleichstellung der Geschlechter unter den institutionellen Bedingungen vorschulischer Erziehung so realisieren, dass Mädchen und Jungen gleichermaßen zu einer partizipativen Gestaltung ihres Alltages befähigt werden?

Die Fragestellungen der Studien gingen auf jeweils aktuelle praktische Probleme der Eskalation von Konflikten und destruktive Lösungsphantasien im pädagogischen Alltag bei Kindern und Erwachsenen zurück, so dass anzunehmen war, genügend motivierte Pädagoginnen und Pädagogen und entsprechende Träger pädagogischer Einrichtungen als Bündnispartner zu finden. Der Vertrag zwischen Wissenschaftlern und Trägern (z.B. Kommunen oder Kirchengemeinden) garantierte den Pädagoginnen und Pädagogen eine langfristige Fortbildung (2-3 Jahre), den Trägern über die Kompetenzerweiterung der an der Fortbildung beteiligten Mitarbeiterinnen und Mitarbeiter hinaus zukünftige Multiplikatoren für interne bzw. selbst organisierte Fortbildungen und den Wissenschaftlern sowohl Datenmaterial (in Form szenischer Beschreibungen von pädagogischen Praxisproblemen und reflexiver Erprobung der während der Fortbildungsstudie gemeinsam erarbeiteten Lösungsvorschläge) als auch die Beteiligung der Akteure in der pädagogischen Praxis an der aktiven Forschungsarbeit – mithin ein Optimum an Praxisnähe und Praxisrelevanz.

Die Wissenschaftler brachten in die Fortbildungsstudien ihre Fortbildungskompetenz (eine neben der akademische Ausbildung zusätzlich notwendige psychosoziale Professionalität) sowie ihre spezifischen Reflexionsansätze ein, von denen sie auf der Grundlage ihrer Handlungstheorien annehmen konnten, dass sie praxisrelevant sein würden. Die Fortbildungsstudien begannen also für Wissenschaftler wie Praktiker mit Fragestellungen statt Lösungen und einem offenen Ausgang für beide. Das Erfolgsrisiko war gleichwohl abgesichert, da sich die reflexiven Anteile der Fortbildungsstudien am jeweiligen wissenschaftlichen Diskurs zum Thema der entsprechenden Studie orientierten.

Diese kurze Zusammenfassung ist das Ergebnis einer Entwicklung von Fortbildungsstudien, die allesamt im Bereich der vorschulischen Erziehung angesiedelt waren und aus der Tradition der Aktionsforschung stammen. Sie behandelten zwar verschiedene Fragestellungen, waren aber methodisch in sehr ähnlicher Weise angelegt. Sie werden hier als eine vielversprechende

Variante des wissenschaftlichen Zugangs zu Fragen beschrieben, die im Rahmen von psychologisch-pädagogischer Friedensforschung bedeutsam sind: Wie entstehen Spannungen zwischen Menschen beiderlei Geschlechts und sozialen Systemen? Wie entwickelt sich die individuelle und kollektive Fähigkeit, solche Spannungen ohne die Anwendung von Gewalt zu konstruktiven und kooperativen Konfliktlösungen zu nutzen und welche personalen, institutionellen und gesellschaftlichen Voraussetzungen gibt es dafür? Wo liegen die Bedrohungen für die entwickelten Lösungsansätze?

Die Studien wurden im Bereich vorschulischer Erziehung durchgeführt, weil die Grundlagen des sozialen Lernens und der Entwicklung konfliktfähigen Verhaltens – den Erkenntnissen der Entwicklungspsychologie folgend – in der frühesten und frühen Kindheit gelegt werden und der Kindergarten den ersten gesellschaftlichen und damit systematischen Zugriff auf Kindheit ermöglicht. Zudem ist der Kindergarten deutscher Tradition Konzepten verpflichtet, die – anders als die schulische Erziehung – nicht detailliert curricular geprägt und damit in gewisser Weise offen für Veränderung sind (vgl. Büttner/Dittmann 1999).

Zu der relativen curricularen Offenheit deutscher Vorschulerziehung etwa im Vergleich zu Frankreich oder auch England (vgl. Büttner u.a. 2000), kommt als Besonderheit für die Forschungsthematik und im Vergleich zu den nachfolgenden Bildungsinstitutionen hinzu, dass die Erziehungsarbeit nahezu ausschließlich von Frauen geleistet wird. Demgegenüber liegen die gesellschaftliche Macht und die exekutive Gewalt noch weitgehend in den Händen von Männern (wenngleich wir uns in einem Prozess befinden, der auch in Fragen von Macht und Gewalt eine zunehmende Gleichstellung der Geschlechter zur Folge hat). Aus diesen Rahmenbedingungen ergeben sich einerseits eine Vielzahl von Konflikten, die auf die Geschlechterspannung zurückgehen, andererseits ein frühkindliches Erziehungsklima, von dem unklar ist, ob und wie es den Kindern ein Modell erstrebenswerter Konfliktlösungsstrategien bietet.

1.2. Von der Friedensforschung »gegen« zur Konfliktforschung »für«

Warum und wozu die Fortbildungsstudien im Rahmen der pädagogisch-psychologischen Friedens- und Konfliktforschung entwickelt wurden, ist nicht allein theoretisch begründet. Vielmehr führt ein mehr oder weniger konsequenter Entwicklungsprozess theoretischer und pragmatischer Überlegungen von den Anfängen der wissenschaftlichen Beschäftigung mit Fragen wie: Mit welchen Mitteln kann man aggressive Kinder zu friedfertigen machen? zu Fragen: Warum werden Kinder in welcher Situation aggressiv, und was hat dies mit ihrer individuellen Ausstattung, ihrem Lebenskontext oder ihrem Geschlecht zu tun? Damit gleichrangig ging es um die Vermittlung der Ergebnisse an Pädagoginnen und Pädagogen und um die Frage, welche personalen und institutionellen Voraussetzungen deren Arbeit bestimmen.

»Friedensforschung« als angewandte Sozialwissenschaft pädagogisch-psychologischer Provenienz war vom mainstream dessen, was man auch heute noch unter politikwissenschaftlicher Friedensforschung im Hinblick auf Konflikte in internationalen Beziehungen versteht, weitgehend abgekoppelt. Sie begriff sich als »Konfliktforschung« im Bereich Psychologie und Pädagogik und war in der HSFK von Beginn an adressaten- und praxisbezogen (Pädagoginnen und Pädagogen) konzipiert worden. Sie stand und steht auch heute unter einem sehr hohen Erfolgsdruck. Es galt also, nicht nur geeignete handlungstheoretische Modelle zu finden, die den Kriterien wissenschaftlicher Reflexion der pädagogischen Alltagspraxis standhalten. Es mussten auch Strategien entwickelt werden, wie man wissenschaftliche Erkenntnisse zur Entstehung und Veränderung von gewaltsamen Beziehungsverhältnissen in Familie, pädagogischen Institutionen und öffentlichen Räumen an Pädagoginnen und Pädagogen weitervermitteln kann, und zwar so, dass sie mehr oder weniger unmittelbar zu Veränderungen führen.[1] Es zeigte

---

1 Eine der zentralen Forderungen zu Beginn systematischer deutscher Friedensforschung in der BRD war: »Gerade weil es sich beim Problem des Friedens nicht einfach um ein wissenschaftliches, den universitären Spezialisten zu überlassendes handelt, wurde insbesonders in den Reihen der kritischen Friedensforschung die Forderung nach 'sozialen Trägern' einer politischen Umsetzung wissenschaftlicher Erkenntnisse laut. Dabei wurde versucht, einem allzu engen und eingleisigen Theorie-Praxis-Verständnis bereits in den frühen Verlautbarungen den Boden zu entziehen« (Alfs 1995, S. 68) In einer Erklärung zur Friedens-

sich nämlich sehr schnell, dass theoretische Einsichten und praktisches Handeln in der pädagogischen Alltagspraxis nicht selten in Widersprüchen zueinander standen[2]; Lehrerinnen sahen zwar z.B. den Förderungsbedarf besonders der aggressiver Kinder, weil diese in ihrer bisherigen Lebensgeschichte unter körperlichen und emotionalen Entbehrungen und heftigster elterlicher Gewalt gelitten hatten. Diese Erkenntnisse waren aber von der Forderung nach Wohlverhalten (als Antwort auf die Bemühungen) begleitet. Dies deshalb, weil in pädagogischen Berufen normative Vorstellungen weit verbreitet und stärker handlungsbestimmend sind, als Empathie und Intuition. Heute sieht man diese auch als Täter-Opfer-Verstrickung bekannte Problematik sehr viel differenzierter (vgl. z.B. Dölling, u.a. 1998).

Die theoretischen Überlegungen zur Konfliktfähigkeit der Individuen, wie sie in vorwiegend normativen Konzepten sozialer Kompetenzen (z.B. Fähigkeit zur Toleranz, Empathie und Frustrationstoleranz) erstmals in den siebziger und achtziger Jahren als eine Voraussetzung der Friedensfähigkeit formuliert wurden (vgl. z.B. Nicklas/Ostermann 1973; Heitkemper 1984; Ostermann 1996, 1998, 2000), haben sich im Zusammenhang mit den anwendungspraktischen Problemen für die Kinder- und Jugendarbeit sowie für die Erwachsenenbildung verändert. Längst geht es nicht mehr allein um politische Bildung und friedenspädagogische Lernziele im allgemeinen, sondern vielmehr um soziale Handlungskompetenz (Professionalität und Qualitätssicherung) und deren Realisierungschancen in Kindergarten, Schulklasse, Kollegium oder außerschulischer Öffentlichkeit. Friedens- und Konfliktforschung bietet hier mit den Fortbildungsstudien als angewandte Sozialwissenschaft einen geeigneten Forschungsrahmen, weil sie sich von ihren For-

---

forschung »kritischer Friedensforscher« von 1971 wird betont, dass Friedensforschung nicht als eine sich abkapselnde akademische Wissenschaft begriffen werden könne, sondern dass über gemeinsame Lernprozesse von Wissenschaft und sozialen Trägern das Wechselverhältnis von Theorie und Praxis ständig kritisch reflektiert werden müsse (vgl. Senghaas 1971, S. 416-419).

2 Bereits in den fünfziger Jahren des vorigen Jahrhunderts haben Tausch und Tausch auf den Sachverhalt hingewiesen: »...dass Lehrer bei distanzierter Betrachtung diejenigen Verhaltensweisen als ungünstig ablehnen, die sie selbst in der früheren Untersuchung überwiegend realisiert hatten. Von ihnen selten realisierte Erziehungsformen wurden dagegen in hohem Maße als geeignet beurteilt, um Kinder in derartigen Situationen zu einem angepassten Verhalten zu motivieren« (Tausch/Tausch 1965, S. 18; vgl. auch Wellendorf 1974).

schungsthemen aus den sich wandelnden öffentlichen und wissenschaftlichen Diskursen um Gewalt und Frieden stellen kann – und muss.

»Friedensforschung« als Wissenschaftsdisziplin hat es dabei allerdings mit einem Problem zu tun, das man gewissermaßen als ein immanentes Paradoxon bezeichnen kann: Sie ist nicht nur von der Öffentlichkeit, sondern auch von anderen wissenschaftlichen Disziplinen häufig als Forschung gegen den Krieg begriffen worden und wird es auch heute noch. Besonders deutlich kam die der Friedensforschung unterstellte »anti«-Haltung im Prozess der Friedensbewegung im Verlaufe der siebziger und achtziger Jahre des vorigen Jahrhunderts zum Ausdruck. Dort fand sie denn auch ihre pointierteste Formulierung: »Krieg dem Krieg«.[3]

Bis zum Ende der achtziger Jahre folgten auch die pädagogisch-psychologischen Forschungsprojekte diesem Duktus von Forschungsplanung: Forschung gegen Gewalt, gegen Aggression und gegen Angst. Es wurde aber zunehmend klar, dass eine Forschung »gegen« einer Manifestation dieses Gegenübers gleichkommt – vergleichbar mit dem Mechanismus der projektiven Identifizierung, die ihr Gegenüber z.B. als Feindbild kreiert bzw. aufrecht erhält, damit sie die eigenen guten Gefühle im Handeln des (bösen) Gegenübers bestätigt findet.

Nach nahezu 20 Jahren psychologischer Friedensforschung »gegen« (...Kriegsspielzeug, Horrorvideos, rechte Gewalt[4]) wurde in den Fortbildungsstudien ein Gedanke forschungsleitend, der von dem Psychoanalytiker Ernst Federn formuliert worden war. Er hatte als KZ-Gefangener während des Nationalsozialismus seine Erlebnisse in Überlegungen zu der Frage verarbeitet: Wie kommen Menschen dazu, Folter anzuwenden und ihren Mitmenschen die scheinbar undenkbarsten Formen von Gewalt und Grausamkeit

---

3 Eine Reihe von Veröffentlichungen hat sich diesem »Anti«-Phänomen auch von Seiten der Friedensforschung gewidmet (vgl. dazu z.B. Jenal 1993; Büttner/Volmerg 1982). Erst kürzlich wieder mussten sich im Rahmen einer Rundfunksendung zum 30-jährigen Bestehen der HSFK die Friedensforscher mit den öffentlichen Erwartungen an Friedensforschung auseinandersetzen. Der immer wieder geäußerte (naive) Vorbehalt: Nun gäbe es die Friedensforschung doch schon 30 Jahre und es gäbe immer noch Krieg! (hr 1-Sendung im November 2000)

4 Vgl. dazu die Literaturlisten von Büttner, Nicklas und Ostermann auf der HSFK-Website (www.hsfk.de/deu/pub/pubverz).

anzutun? Federn, der mit seinen Überlegungen die Grundzüge einer Psychologie der Extremtraumatisierung entworfen hat (vgl. Federn 1989), führt dazu aus: »Der Mensch ist das bösartigste und gewaltsamste Wesen, das auf dieser Erde zu finden ist. Er ist vor allem das einzige Wesen, das an der Anwendung der Gewalt größte Freude empfindet, so großes Vergnügen in der Tat, dass er lange und mühevolle Gedankenarbeit nur dazu verwendet, wie Gewalt besser, länger, vergnüglicher und vor allem wirksamer angewendet werden kann...Für diejenigen, die sich mit der These schwer tun, dass der Mensch ... ein vor allem gewalttätiges Wesen ist, darf als Trost gesagt werden: gewalttätig nur gegen den ... als minderwertig eingestuften. Gegen den Gleichwertigen besitzt der Mensch jene Gewalt- und Tötungshemmung, die wir aus dem Tierreich kennen. Wer diese These anerkennt, wird damit auch erkennen, dass nicht Gewaltlosigkeit das realisierbare Ziel einer humanen Gesellschaft ist, sondern das Prinzip der ›Gleichheit all dessen, was Menschenantlitz trägt‹...« (Federn 1985, S. 10 ff.). Hier konnte programmatisch angeknüpft werden, das Forschungsziel war nicht die »beste Methode« einer sozialisierenden bzw. disziplinierenden Reaktion auf Gewalt, sondern die Suche nach Methoden und Maßnahmen, die die Gleichwertigkeit der Menschen fördern könnten.

1.3. Forschungsstrategien und Forschungsthemen

Der grundlegende theoretische Zugang für die verschiedenen Aspekte der im Folgenden dargestellten Fortbildungsstudien ist die Psychoanalyse als Sozialwissenschaft. Sie ist es vor allem deshalb, weil sie ermöglicht, zu den verschiedenen Facetten, in denen sozialwissenschaftliche Forschung angelegt wird, eine integrierte Theorie zur Verfügung zu stellen, die sowohl sozialpsychologische, entwicklungspsychologische, persönlichkeitspsychologische, kulturpsychologische sowie methodologische und handlungstheoretische Zugänge enthält (vgl. Leithäuser 1989, S. 12).

Die entwicklungspsychologische Dimension der Forschungsfragestellungen, auf die insbesonders eingegangen wurde, bezog sich auf die Möglichkeit, Einfluss auf frühe Charakterbildungsprozesse im Rahmen des gesellschaftlichen Zugriffs auf Kinder und Jugendliche nehmen zu können. Dazu gehört auch die Herausbildung der Geschlechtsidentität und die damit verbundenen Vorstellungen von Konflikt und Lösung, der Blick des einen Geschlechtes auf das andere und schließlich, das Geschlechterverhältnis, dort vor allem die aus »Ungleichheit« erwachsenden Spannungen und ihre Weitervermittlung im weitgehend durch Frauen gestalteten frühkindlichen Erziehungsprozess.

Die (friedens- und konfliktforscherische) pädagogisch-psychologische Aufmerksamkeit richtet sich darauf, wie der innergesellschaftliche, institutionelle, soziale und personelle Umgang mit Ungleichheit verändert werden könnte. Dies ist nicht nur als eine Friedensstrategie gedacht, die ein Umlernen im Sinne von Fortbildung erfordert, sondern auch als eine Anregung, was Kinder während ihrer Entwicklung zum verantwortlichen Erwachsenen mit Hilfe von Pädagogik lernen können. Die Arbeitshypothese, die diesen wissenschaftlichen Anstrengungen unterliegt, verbindet individualpsychologische Konzepte mit sozialpsychologischen: Die Spaltung in das »gute Selbst« und die »bösen Anderen« – wer immer diese im einzelnen sein mögen –, die eine Abwertung des einen Teils durch den anderen nach sich zieht und die benutzt wird, um die Identität als Individuum oder als Gruppe (mit sozial destruktiven Folgen) zu stützen, ist eine der zentralen Ursachen von Gewalteskalation bis hin zu Auseinandersetzungen mit Waffen. Sie müsste also sowohl in den personalen als auch in den abstrakt-politischen Beziehungen überwunden werden.

Spaltungsmechanismen stehen nicht von ungefähr im Zentrum der wissenschaftlichen Betrachtung des Umgangs mit inneren und äußeren Konflikten. Sie werden einerseits von der menschlichen Disposition her nahegelegt, so die psychoanalytische Entwicklungspsychologie. Sie erfüllen gleichzeitig in positivem Sinne eine wichtige Funktion als ein entwicklungspsychologisches Durchgangsstadium und haben als ein psychodynamisches (Abwehr-) Element zur temporären Herstellung einer psychischen Homöostase eine lebenswichtige Schutzfunktion (vgl. Freud 1964; Klein 1983; König 1993)[5]. Sie helfen, im Sinne eines Reizschutzes z.B. übermäßige Angst und Schmerz zu ertragen, in dem sie aus dem bewussten Erleben ausschließen, was nicht mehr ausgehalten werden kann, heften allerdings diese verdrängten Affekte

5 Eine wesentliche Aufgabe der Abwehrvorgänge ist u.a. die Übernahme eines Reizschutzes. Zu starke und verletzende Reize müssen zur Aufrechterhaltung der psychophysischen Integrität des Individuums ebenso abgewehrt werden wie allzu schmerzliche Reaktionen auf Mangel, Verlust oder Entzug (vgl. Finger-Trescher 1987, S. 131).

an Figuren zwanghafter unerkannter Wiederholung der traumatischen Erfahrung und/oder an Ersatzobjekte (bis hin zum eigenen Körper). Sie können dabei auch zu pathologischen Persönlichkeiten oder zu permanent irrational agierenden sozialen Systemen führen, die aufgrund von Spaltungen nicht mehr in der Lage sind, mit anderen zu kommunizieren oder zu kooperieren.

Die Tendenz zur Spaltung wird von den »normalen« Erziehungserfahrungen genutzt und verstärkt, und sie ist als gezielte Strategie in institutionellen und politischen Prozessen zu beobachten (vgl. Büttner/Volmerg 1982). Als Folge von elterlichen Erziehungsvorgängen, aber auch von Kindergarten- und Schulerziehung gehören sie zu persönlichkeitsbildenden Erfahrungen, die Kinder von Anbeginn ihres Lebens machen (die bösen, unartigen, nicht folgsamen, widerspenstigen und störenden Kinder). Spaltungen stellen häufig einen Kompromiss dar zwischen äußeren Anforderungen und inneren Wünschen. Sie werden dann virulent, wenn die Spannung zwischen den Wünschen und den Hindernissen der Wunscherfüllung zu groß wird. Deshalb spielen sie auch in den Anforderungen des Erziehungsalltags eine von den jeweiligen Akteuren durchaus unterschiedlich bewertete Rolle. Die »guten« Eltern und Erzieher stehen – aus ihrer Perspektive – den »bösen« Kindern gegenüber und umgekehrt. Dieser aus der Kindheitsforschung und der Psychohistorie interpretierte Generationskonflikt ist wahrscheinlich eine der diesen Spannungen unterliegenden Ursachen.

Spaltungstendenzen, wie sie sich in den Gefühlen von offener oder versteckter Feindschaft zwischen Kindern und Erwachsenen zeigen, führen gerade dort, wo Eltern und professionelle Pädagogen besonders besorgt um die »gute« Erziehung ihrer Kinder sind, dazu, dass Hässlichkeit, Wertlosigkeit und Destruktivität wenig Platz eingeräumt wird. Unästhetische und destruktiv erscheinende Elemente in Beziehungen z.B. dürfen – so besonders in friedliebenden Elternhäusern oder Kindereinrichtungen – nicht bei Kindern vorhanden sein oder werden zumindest innerlich geächtet. Kindliches Verhalten soll in schönen, harmonischen und ästhetischen Bahnen verlaufen. Dabei sollen pädagogisch wertvolle Lernziele realisiert werden. Schließlich kommt ja kaum jemand auf die Idee, den Mädchen zu empfehlen, gemeinsam mit den Jungen Krieg zu spielen. Vielmehr sollen, so die meisten Pädagoginnen und Pädagogen, die Jungen wie die Mädchen sich »friedlich«, d.h. kooperativ verhalten. Gerade die destruktiven und depressiven Gefühle, die man bei den »Bösen« so leicht unterstellen kann, können eine der Ursachen heftiger Gewaltausbrüche sein.

Spaltungen werden vor allem dann von den Kindern verlangt, wenn sich die Eltern feind sind. Eine solche Feindschaft wird deshalb besonders bei den Scheidungskindern virulent, die vor der Aufgabe stehen, jeweils mit dem einen Elternteil den anderen als »Feind« zu betrachten, der im schlimmsten Fall als unfähig und zu bösartig gilt, um für das Kind verantwortlich zu bleiben. Dies ist aus der Sicht der Entwicklungspsychologie deshalb so tragisch, weil sich im Kind diese feindseligen Gefühle mit seinen Bildern von männlich und weiblich so verknüpfen, dass in seiner Gestaltung des Geschlechterverhältnisses eine grundsätzlich feindselige Haltung gegen die eigene Geschlechtsidentität oder gegen die des zukünftigen »Objekts der Begierde« sehr wahrscheinlich ist. Möglicherweise verbindet sich mit der Problematik der Spannungen zwischen Mutter und Vater auch die grundsätzliche Problematik der Spannungen gegenüber Fremden. Die Theorie der Triangulation definiert den Übergang von der (vertrauten) Mutter zum (fremden) Vater als eine höchst sensible Phase, deren jeweils konkretes Durchleben ganz grundsätzlich die Bindungsfähigkeit des Individuums an andere, »fremde« Menschen befördert oder behindert (vgl. Buchholz 1993a; Schon 1995).

Auch die Pädagoginnen und Pädagogen stehen unter einem erheblichen normativen Druck, kooperativ, integrativ und fördernd zu sein – selbst dann, wenn ihre Arbeitsbedingungen kaum dazu angelegt sind bzw. ihre Klientel kaum die Voraussetzungen für erfolgreiches pädagogisches Handeln mitbringt und weitgehend unabhängig davon, ob sie die inneren Voraussetzungen für eine kooperative Haltung dem fremden Geschlecht, ja generell den Fremden gegenüber mitbringen. Auch Erzieherinnen benötigen den Raum, ihre Ängste und Enttäuschungen, ihre Selbstzweifel und ihr Versagen, also all die destruktiven und depressiven Momente ihrer Individualität dort zur Sprache zu bringen, wo sie durch ihre Kolleginnen und Kollegen und ihre Klientel darin herausgefordert werden. Sie benötigen diesen Raum auch, um daran zu lernen, wie sie die Spannungen zwischen ihrer biographischen Herkunft (dem Kind in ihnen) und ihrer geschlechtlichen Identität, den verschiedenen Aspekten ihrer Berufsrolle (dem Kind vor ihnen) und den institutionellen Arbeitsbedingungen (der kollegialen Norm) besser balancieren können.

In den Fortbildungsstudien waren diese handlungstheoretischen Überlegungen, die ihren Ursprung in den Theorien der Psychoanalytischen Pädagogik haben (vgl. Muck/Trescher 1993; Büttner 1995) – insbesonders die Theorien zu Gruppenprozessen aus der Sozialpsychologie und der Anwendung von Psychoanalyse in Gruppen (Heigl/Heigl-Evers 1971, 1974, 1979 a und b; Heigl-Evers/Schulte-Herbrüggen 1977) – ein Ansatzpunkt für die Erforschung, Konzeptualisierung und Evaluierung pädagogischer Interventionen: Den Kindern und den Erzieherinnen sollte die Möglichkeit gegeben werden, die ungeliebte und z.T. auch destruktive und selbstdestruktive Seite ihrer Existenz zu präsentieren, und zwar nicht als ein gewaltsames oder selbstdestruktives Handeln, sondern als die Eröffnung von Darstellungsmöglichkeiten der Gesamtpersönlichkeit in »ungefährlichen« Formen und in geschützten Räumen (z.B. durch Fallgeschichten, Zeichnungen, Spielhandlungen oder andere Formen symbolischer Repräsentation). Trescher hat diesen Aspekt des Zugangs zur Berufspraxis als eine Aufgabe der gesellschaftlich-institutionellen Verantwortung bezeichnet: Zur Bewältigung pädagogischer Aufgaben im Zusammenhang mit destruktiven und depressiven Tendenzen im pädagogischen Beziehungsprozess gehört zwingend die »haltende Umwelt«, die bereitgestellt werden muss, damit konstruktives und kooperatives Wachstum erfolgen kann (Trescher 1993).

Die Aufgabe von Erziehung, Kinder und Jugendliche in ihrem Entwicklungsprozess zu selbstverantwortlichen und »prosozialen« Menschen und zu »mündigen Bürgern« zu führen, setzt in der Praxis die Anbahnung oder den Neubeginn eines Beziehungsprozesses voraus, in dem die Pädagogen ihre eigenen Grenzen positiv bewerten. Angesichts einer möglichen Überforderung sollten sie nicht in die Verlegenheit kommen, nach einem »Bösen« zu suchen – oft das Kind vor ihnen, das sich ihren pädagogischen Bemühungen scheinbar widersetzt (»Jetzt hat der mich so provoziert, dass ich ihm eine runterhauen musste, obwohl ich gar nicht wollte!«). Dazu müssen sie die Heranwachsenden zunächst einmal so annehmen, wie sie sind, und mit dem, was an verpönten Phantasien in ihnen steckt. Dieses Annehmen kann allerdings nicht der Endzustand sein, vielmehr müssten die Pädagogen vermeiden lernen, die »innere Feindseligkeit« in ihrem Klientel immer wieder neu zu aktivieren. Sie müssen merken, wann sie mit ihren pädagogischen Interventionen an die realen Erlebnisse mit den »schrecklichen« Erwachsenen anrühren, von denen die Kinder abhängig waren und sind. Das Halten und Aushalten der von destruktiven Kindern oft um jeden Preis eingeforderten haltenden Umwelt muss seine Entsprechung in der haltenden Umgebung der Pädagogen selbst haben, um nicht die »bösen« Erfahrungen der Kinder zu wiederholen zu müssen und damit die alten Verhaltensstrategien erneut zu verfestigen.

Aus der Forschung »gegen« Angst und Gewalt wurde so eine Forschung »für« Empathie in Angst und Panik und ihre Verarbeitungsmechanismen sowie »für« die Unterstützung von Selbstvertrauen, Vertrauen, Ich-Stärke, Kompetenz und Konfliktfähigkeit. Es wurde deshalb nach den Herausforderungen der Kooperation zwischen den Geschlechtern und zwischen Angehörigen verschiedener Kulturen ebenso gefragt, wie nach den Spannungen aus dem Verhältnis von männlicher und weiblicher Identität. Der Thematik »Geschlechterspannung« lag u.a. ursprünglich die Überlegung zu Grunde, dass – wie in der Friedensforschung damals diskutiert – gewissermaßen das »Friedensthema« als Spiegelung des Kriegsthemas eine weitgehend männliche Domäne sei. Erst die Integration der unterschiedlichen Zugänge von Forscherinnen und Forschern ermögliche eine angemessene Behandlung der Probleme mit Gewalt, Angst und Aggression. Auch in der politikwissenschaftlichen Friedensforschung begann die Auseinandersetzung mit der Geschlechterthematik, und zwar bezeichnenderweise in umgekehrter Weise verglichen mit der Behandlung des Geschlechterverhältnisses in der Frauenbewegung. Man glaubte, die weiblichen Perspektiven enthielten den Anteil konstruktiver Forschungsenergie, die der »anderen Hälfte des Himmels« fehle (vgl. Batscheider 1993, S. 12; Krell/Büttner 1991). Auch die erste Fortbildungsstudie zur weiblichen Leitungsqualität und ihrem Beitrag zu einer Gesamtkompetenz von Leitung war noch von diesem Ansatz getragen. Die Thematik der Geschlechterspannung blieb entscheidend für die weiteren Konzeptionen der Fortbildungsstudien und endete (vorläufig) in der Frage nach den Herstellungsvoraussetzungen der Gleichstellung der Geschlechter im gesellschaftlich-institutionellen Erziehungskontext.

In den Fortbildungsstudien wurde ein Gedanke verwirklicht, der aus den Erfahrungen in der wissenschaftlichen Diskussion um Fremdheit und Integration stammt (vgl. Wulf 1999): Die eigenen Fragestellungen werden um so transparenter, je mehr man sie dem Blick von Fremden aussetzt. Und umgekehrt werden unreflektierte scheinbare Selbstverständlichkeiten dann leichter zum Gegenstand pädagogischer und wissenschaftlicher Reflexion, wenn sie auf Fremdes, Ungewohntes treffen.[6] Aus diesem Grunde hatten zwei Fortbildungsstudien eine europäische Dimension: Durch die Konfrontation mit einer »fremden« Praxis in vergleichbaren Berufsfeldern sollten Erkenntnismöglichkeiten geschaffen werden, die statt dem Verbleiben in der Selbstvergewisserung und »Selbstbestätigung« die Blindheit gegenüber der eigenen Praxis systematisch aufzuheben verhilft. Ein weiterer Gesichtspunkt war die Vermutung, dass eine allein nationale Auseinandersetzung den Forschungsthemen im Zeichen der Europäisierung nicht mehr gerecht würde.

1.4. Zu diesem Buch

In den folgenden Kapiteln werde ich zunächst die Entwicklung von »Fortbildungsstudien« als eine sozialwissenschaftlichen Forschungsstrategie nachzeichnen. Dazu werde ich die theoretische Begründung für die Fortbildungsstudien als Datenquellen qualitativer Sozialforschung im Kontext der Aktions- bzw. Handlungsforschung entwickeln (Kapitel 2). Es folgt die ausführliche Präsentation der Forschungsstrategien im Detail anhand der drei bisher durchgeführten Fortbildungsstudien (Kapitel 3-5). Die Darstellung wird jeweils einem ausgewählten Aspekt folgen, da die Menge des Forschungsmaterials zu umfangreich ist, um sie übersichtlich und angemessen in einem handhabbaren Text verarbeiten zu können. Anschließend werde ich die Ergebnisse der bisher durchgeführten Studien zusammenfassend darstellen und einen Ausblick auf die Frage geben, welchen Stellenwert die Strategie der Fortbildungsstudie für eine psychologisch-pädagogische Friedens- und Konfliktforschung hat (Kapitel 6).

Als ein eigenständiger Beitrag von Daniela Bleck wird im Kapitel 7 die Forschungsstrategie des CRESAS wiedergegeben, einer Abteilung des Institut National de la Recherche Pédagogique (Paris). Diese Forschungen sind ähnlich angelegt wie die Fortbildungsstudien und gaben thematische Anregungen und gingen zum Teil auch konkret in den Fortbildungsprozess der Studien ein. Die Forschungsstrategie des CRESAS ist nicht zuletzt auch des-

6 Die Veranschaulichung von Lerninhalten mit Hilfe von Exkursion und Konfrontation gehört als systematisch-didaktisches Prinzip auch zu anderen Fortbildungsangeboten der HSFK (vgl. Meyer 1996, 1997).

halb interessant, weil sie einen etwas anderen Ansatz der Datenerhebung (Videosequenzen) in ihr Zentrum stellt und den Fortbildungsaspekt um die Auswertung gruppiert.

2. Die Forschungsstrategie »Fortbildungsstudie«

2.1. Von der Aktionsforschung zum Forschungsdesign der Fortbildungsstudie

Die Idee der Fortbildungsstudie hat ihre Vorläufer sowohl in den Konzepten der Handlungs- und Aktionsforschung, wie sie im sozialwissenschaftlichen Diskurs der siebziger Jahre diskutiert wurden und die auf den action-research-Ansatz des Sozialpsychologen Kurt Lewin zurückgeht (vgl. Lippitt 1984; Metzger 1984), sowie in Michael Balints Ansatz des »training cum research« (vgl. Balint 1991). Die in der Fortbildungsstudie verwendeten Methoden nutzen das Setting der gruppenanalytischen Supervision sowie spezielle Methoden der gruppendynamisch orientierten Erwachsenenbildung. Die Daten, auf Grund derer die Forschungsergebnisse dargestellt werden, entsprechen denen der qualitativen Sozialforschung: Transkriptionen von Gruppendiskussionen, Einzelinterviews und plenaren Veranstaltungen, Protokolle und graphische Darstellungen/Zeichnungen. Die Auswertung des Forschungsmaterials erfolgt gemäß den Prinzipien der psychoanalytischen Textinterpretation. In den folgenden Abschnitten werde ich im Detail auf diese Parameter der Forschungsstrategie »Fortbildungsstudie« eingehen.

2.1.1. Aktions- und Feldforschung[7]

Die grundlegenden Ziele der Aktionsforschung lassen sich mit Nagel (1982) so formulieren: »Erklärtes Ziel von Aktions- und Handlungsforschung ist es, ein in einem beliebigen gesellschaftlichen Bereich auftretendes Problem aufzugreifen und zusammen mit den davon Betroffenen zu erforschen und zu lösen. Dies geschieht auf eine spezifische Art und Weise: Problemdefinition, Problemanalyse sowie die Erarbeitung und Realisierung einer Problemlösung sind Gegenstand eines von Wissenschaftlern und Betroffenen gemeinsam getragenen und gestalteten Forschungs- und Handlungsprozesses. Dieser Prozess intendiert primär nicht die Gewinnung neuer wissenschaftlicher Erkenntnisse, sondern die Herstellung einer neuen Handlungssituation für die Betroffenen« (Nagel 1982, S. 7).

Einen Vorläufer hatte diese Art der Zielsetzung wissenschaftlicher Forschung in den Ansätzen des Sozialpsychologen Kurt Lewin, der in den vierziger Jahren des vorigen Jahrhunderts die Methode der *Feldforschung* als eine wissenschaftliche Zugangsweise zu sozialen Fragestellungen entwickelte (Lewin 1963). Statt eine soziale Fragestellung unter kontrollierten Bedingungen quasi im Labor zu untersuchen – mit dem Nachteil, wenig über die intervenierenden Variablen herauszufinden, wie sie unter lebensweltlichen Bedingungen zu vermuten sind – schlug er vor, die Forschung in den unmittelbaren Handlungsfeldern der gesellschaftlichen Praxis (vornehmlich im Erziehungsbereich) anzusiedeln.

Die Integration der Forschungsfragestellung in die Gesamtheit der Bedingungen, die das Forschungsfeld strukturieren, war einer der bedeutsamen Vorteile des Lewinschen Ansatzes. Dort, wo nach naturwissenschaftlichen Kriterien organisierte Forschung mit Problemen der Operationalisierbarkeit von Fragestellungen und der Quantifizierbarkeit von Forschungsdaten zu kämpfen hat, kann in der qualitativen Sozialforschung im Allgemeinen und in der prozessorientierten Aktionsforschung im Besonderen eine größtmögliche Annäherung wissenschaftlicher Erkenntnisse über gesellschaftliche Realität in dem jeweiligen Feldausschnitt erhofft werden.

---

7 Ich verwende im Folgenden die Begriffe Aktionsforschung, Handlungsforschung, Praxisforschung und Tat-Forschung synonym und grenze die Begriffe dort voneinander ab, wo sich dies aus der theoretischen Ableitung ergibt.

Lewins Forschungen zur Dynamik in Gruppen und ihrer Interdependenzen in sozialen Systemen wurden vor allem im angelsächsischen Raum rezipiert, sind dort als *action research* weiterentwickelt (vgl. Altrichter/Posch 1990; Kroath 1991) und sind auch in Frankreich übernommen worden (vgl. Hugon/Seibel 1988[8]). Dort begründeten sie eine weit verbreitete Forschungstradition, bei der die Pädagogen selbst als Forscher auftreten. In der Bundesrepublik spricht man von Aktions- bzw. Handlungsforschung erst seit Beginn der siebziger Jahre und meint damit z.T. abweichend von den angelsächsischen Vorstellungen eine Kooperation von Forschern und »Feldsubjekten« (vgl. z. B. Haag u. a. 1972; Klafki 1975; Moser 1977; Heinze u.a. 1981; Zedler/Moser 1983). Bezeichnenderweise sind diese Forschungsansätze vor allem in pädagogischen Handlungsfeldern, vorwiegend im schulischen Bereich, umgesetzt worden, bezeichnenderweise deshalb, weil die Erziehungswissenschaften – philosophisch orientiert – ihre Theorien weitgehend nicht auf der Grundlage naturwissenschaftlich-empirischer Forschungsparameter entwickeln (vgl. Merz 1985, S. 8 ff.), sondern auf der Grundlage normativer Vorstellungen, die den »kritischen Rationalismus« zu Grunde legen (vgl. Nagel 1982, S. 26 f.).

Der Aktionsforschungsansatz bekam dadurch eine besondere innovative Note: »Durch den Bruch mit den Wissenschaftskriterien traditioneller Forschung und durch die Ausrichtung des Handlungsforschungsprozesses am Diskurs zwischen den Beteiligten erhält Forschung eine neue Struktur und eine veränderte Funktion. Sie ist der Verständigung über eine Veränderung des Praxisfeldes funktional zugeordnet. Im Diskurs werden Forschungsfragen definiert, Strategien vereinbart und Ergebnisse erörtert. Der Diskurs dient also nicht nur dazu, die – von den Wissenschaftlern erarbeiteten – Untersuchungsresultate auf ihre Relevanz für situationsspezifische Problemlösungen zu befragen und zur Grundlage von Veränderungsstrategien zu machen, sondern der diese Ergebnisse hervorbringende Prozess wird selbst im

---

8 Die französischen Kooperationspartner der Fortbildungsstudien »Gleichstellung von Jungen und Mädchen« sowie »Interkulturelle Erziehung – Haus Europa« am CRESAS, einer Abteilung des Institut Nationale de la Recherche Pédagogique beziehen sich auf die Modellvorstellung der Aktionsforschung. Einen kleinen Hinweis auf die französische Variante gibt das Protokoll einer table ronde von Hugon/Seibel 1988. Der Beitrag von Daniela Bleck in diesem Band (s. Kap. 7) ist ein Versuch, diesen Ansatz in Deutschland vorzustellen.

Diskurs zwischen Wissenschaftlern und Feldsubjekten konzipiert. Der Erfolg von Handlungsforschung ist daher an die Realisierung diskursiver Wahrheitsfindung resp. Verständigung über alle wesentlichen Fragen im Gesamtprozess der Erforschung und Veränderung des Untersuchungsfeldes gebunden« (Nagel 1982, S. 156 f.).

Wenngleich es in der Zusammenarbeit zwischen Forschern und Praktikern um die *Schnittstelle* gemeinsamer Interessen ging, wurde zunächst jedoch unscharf generalisierend erhofft, die grundsätzliche Differenz zwischen Forschen und Handeln abmildern zu können: »Das Prinzip der Beteiligung der Forscher am Prozess bedeutet (...) nicht, dass Handlungsforscher die Differenz zwischen Forschen und Handeln aufheben können. Auch in der Handlungsforschung, wie wir sie machen, bleibt grundsätzlich die Arbeitsteilung zwischen Handelnden und Forschenden bestehen, wenn sie auch nicht so rigide durchgehalten wird wie in den traditionellen empirischen Verfahrensweisen« (Haag u. a. 1972, 5. 66). Diese Unklarheit in den damaligen Vorstellungen ist in den Fortbildungsstudien einer deutlichen Rollendefinition im Kontext eines (Beziehungs-)Vertrages gewichen: Forscher und Beforschte gehen davon aus, dass sie gemeinsam an einer Fragestellung arbeiten, die sie beide in gewissen Grenzen gleichermaßen interessiert. Die Forscher stellen dazu ihre reflexive Kompetenz sowie ihre Qualifikation in Erwachsenenbildung zur Verfügung, die Beforschten bringen ihre Handlungspraxis in der Forschungsprozess ein und tragen damit zur Datengewinnung bei.

Mit ihrer Definition grenzte sich Aktionsforschung von der traditionellen Wissenschaftsvorstellung insofern ab, als es ersterer in der Regel nicht um die Vermehrung des Wissens über soziale Phänomene geht, die Beforschten die Subjekte des Forschungsprozesses sind und die »prozessimmanente Veränderung« des vor ihr untersuchten Forschungsgegenstandes im Vordergrund steht.

Die in den naturwissenschaftlichen Wissenschaftskriterien festgehaltenen Forschungsprinzipien sind im Vergleich mit denen der Aktionsforschung hinlänglich diskutiert worden (vgl. etwa Nagel 1982; Altrichter/Posch 1990). Im Wesentlichen geht es bei der Kritik an Aktionsforschung um die Objektivitätskriterien und die Bewertung des Erkenntnisgewinns. Die Qualität der Ergebnisse von Aktionsforschung beruhen auf der Dokumentation und Argumentation von Abläufen, die unter spezifischen Bedingungen zustande kommen: »Qualität wird also nicht vor der Forschung (durch Design- und Auswahlentscheidungen) erreicht, sondern innerhalb und immer wieder im Verlauf der Forschung, indem die Kohärenz der Elemente argumentiert wird« (Altrichter 1990, S. 165).

Eine sehr detailreiche und wissenschaftskritische Auseinandersetzung mit der Aktionsforschung führt Wagner (1997). Er führt aus, dass Aktionsforschung dann den Kriterien wissenschaftlicher Forschung gerecht wird, wenn sie als eine eigenständige wissenschaftliche Forschungsmethode und das argumentative Problemlösungsmodell als zentrale Instanz des wissenschaftlichen Diskurses erkennbar wird (Wagner 1997, S. 20). An zahlreichen Beispielen zu Aktionsforschungsprojekten demonstriert er die Anwendung seiner Kriterien. Sie führen zu dem Schluss, dass die meisten bekannt gewordenen und in der Literatur breiter diskutierten Aktionsforschungsprojekte eine grundlegende Übereinstimmung in der sozialpolitischen Orientierung, dem Versuch einer Harmonisierung des Theorie-Praxis-Bezuges, in einem holistischen Forschungsansatz, dem zugrunde liegenden Menschenbild, der Befürwortung der Methodentriangulation und dem Streben nach intersubjektiver Wahrheitsfindung haben (Wagner 1997, S. 264). Da die Anlage der Projekte – charakterisiert durch die jeweils gewählten Begriffe wie »Aktionsforschung«, »Praxisforschung«, »kooperative Sozialforschung« etc. – nicht hinreichend auf eine grundsätzliche methodologische »Ordnungskultur« bezogen seien, schlägt er für diese Forschungsrichtungen als umfassenden Begriff den Terminus »interaktive Sozialforschung« vor (Wagner 1997, S. 265 f.).

Während der Diskurs zur Auseinandersetzung um Aktionsforschung und qualitative Sozialforschung zu Beginn seiner Hochphase in den siebziger Jahren noch kontrovers und unversöhnlich geführt worden war (vgl. z.B. dazu die Statistiken bei Wagner 1997, S. 155), herrscht heute eher die Auffassung, dass quantitative und qualitative Forschung gleichermaßen im Sinne ihrer immanenten wissenschaftstheoretischen Ansätze als legitimiert gelten können, aber relevant lediglich für jeweils die Fragestellungen sind, in denen sie einen Sinn machen (vgl. Terhart 1997). Hopf betont, dass die »...enge Wechselbeziehung zwischen theoretischem Vorverständnis und empirischem Material und das Verfahren einer schrittweise vortastenden Klärung und Revision von Begriffen, Interpretationen und theoretischen Annahmen...« ein Merkmal qualitativer Sozialforschung sei (Hopf 1979, S. 29). Steinke hebt in ihrer Systematisierung des methodischen Vorgehens die von der »grounded theory« (vgl. Strauss 1998) abgeleiteten Prinzipien hervor. Im induktiven Vorgehen werden die Elemente von Analysen empirisch gewonnener Einzelfälle über die Verallgemeinerungen bis hin zu Theorien entwickelt (Steinke 1999, S. 20). Die Validierung stellt sie sich über die Feststellung von Veränderungsprozessen vor: »Zunächst wird die Subjektive Theorie erhoben und kommunikativ validiert. Zu diesem Erhebungszeitpunkt wird gleichzeitig die Außensicht durch Beobachtungen erfasst. Zu einem zweiten, späteren Messzeitpunkt wird die Subjektive Theorie modifiziert. Danach erfolgt erneut die Rekonstruktion und konsensuelle Validierung der Subjektiven Theorie. Zu einem dritten Messpunkt wird das beobachtbare Verhalten zu untersuchten Subjektiven Theorie protokolliert. Auf der Basis dieser Daten lässt sich nun feststellen, ob eine Modifikation der Subjektiven Theorie und des beobachtbaren Verhaltens stattgefunden hat. Realitätsadäquat wäre eine Subjektive Theorie dann, wenn die veränderte Subjektive Theorie das beobachtbare Verhalten gleichsinnig verändert« (Steinke 1999, S. 57). Hier sind im Prinzip die erkenntnisleitenden Prozessvariablen beschrieben, wie sie in der gruppenanalytischen Supervision, einer der zentralen Methoden der Fortbildungsstudien, zum Tragen kommen. Ich komme darauf zurück.

Eine weitere Perspektive qualitativer Sozialforschung diskutiert Fatke. Er betont, dass die Systematik von Fallstudien das geeignete Mittel einer Forschung in pädagogischen Arbeitsfeldern sei. Die Fallstudie analysiere die Informationen über eine Person wissenschaftlich, in dem sie den Einzelfall mit vorhandenen allgemeinen Wissensbeständen in Beziehung setze, um zu prüfen, was am Einzelfall mit diesen Wissensständen erklärbar sei: »Die Fallstudie zielt also auf (Prüfung oder Erweiterung bestehender oder Gewinnung neuer wissenschaftlicher) Erkenntnisse. Diese kann dann auch, je nach Gelegenheit, auf den konkreten Ausgangsfall oder aber auf einen anderen, ähnlich strukturierten Fall praktisch angewendet werden; aber dieser Vorgang der Anwendung ist nicht mehr unbedingt Bestandteil der Fallstudie« (Fatke 1997, S.59).

Eine der größten Herausforderungen der Aktionsforschung besteht im Erfolgsdruck ihrer Strategien und Methoden: »Relevanz- und Erfolgskriterium für den Forschungsprozess ist die Lösung des konkreten Problems, d.h. die praktische Veränderung der Problemsituation. Die dabei erzielten Forschungsergebnisse sind zunächst situationsspezifisch und nur in dieser Spezifik relevant; ihre Generalisierung ist kein konstitutives Moment der Forschung, sondern allenfalls nachträglicher Bemühungen um den Aufweis strukturell und prozessual gleicher Merkmale verschiedener sozialer Problem- und Forschungsfelder« (Schneider 1980, S. 49). Es ist evident, dass hier Kriterien formuliert werden, die gleichermaßen für die sozialen Handlungsstrategien von Beratung formuliert werden. In dem Forschungsansatz von Michael Balint sind sie als »training cum research« wiederzufinden.

2.1.2. Balint-Gruppen und Supervisionen

Balint hatte die Freudsche Methode der Übertragungs- und Gegenübertragungsanalyse in der Definition der Psychoanalyse als Therapie zunächst auf die Beratung in Gruppen von Sozialarbeitern, später auf die Beratung von Ärztegruppen zugeschnitten und daraus die nach ihm benannte Balintgruppentechnik von Beratung entwickelt. In ihr ging es genuin um Erforschung der Probleme der medizinischen Allgemeinpraxis mit der Ausgangshypothese, dass das am allerhäufigsten verwendete Heilmittel der Arzt selber sei. Nicht die Flasche Medizin oder die Tabletten seien ausschlaggebend, sondern die Art und Weise, wie der Arzt sie verschreibe – kurz, die gesamte Atmosphäre, in welcher die Medizin verabreicht und eingenommen werde (Balint 1991, S. 15).

Die von Balint in den fünfziger Jahren des vorigen Jahrhunderts durchgeführten Forschungen enthielten ein Spezifikum, das auch in der Aktionsforschung relevant ist: die prozessuale Veränderung der Praxis im jeweiligen Forschungsfeld. Bei Balint wurde dieser Zusammenhang von Forschung und Ausbildung zur Entwicklung seiner besonderen Methode. Typisch bei dieser Art von Forschung sind die jeweils spezifischen Verhältnisse und subjektiven Bedingungen sowohl auf Seiten der Forscher als auch auf Seiten der Beforschten. Dies zeigt sich an der Art des in dieser Forschung generierten Materials: Es sind in der Regel Fallschilderungen, Interviewtranskriptionen, Diskussions- und Gruppenprotokolle insofern, als es ja im Detail um die unmittelbare Praxis und deren Veränderung und nicht um Forschung unter kontrollierten Bedingungen geht.

Balints Ansatz hat vor allem für die Anwendung von Psychoanalyse in der Beratung entscheidende Impulse geliefert. Die heute als Supervision verbreitete Form der Beratung in Gruppen nutzt in ihrer psychoanalytischen Orientierung den »training cum research«-Ansatz im Sinne des gemeinsamen Analysierens der verschiedenen Aspekte pädagogischer Handlungsprobleme: die Ebene der individuellen Persönlichkeit ebenso wie die des pädagogischen Teams als auch des institutionellen und gesellschaftlichen Kontextes. Hatte Balint seinen Ansatz in erster Linie auf Ärztegruppen von ca. 6-12 Teilnehmern in einwöchigem Abstand für 1½ Stunden über einen Zeitraum von 2-3 Jahren beschränkt, so weitete Thea Bauriedl ihn auf alle Zielgruppen in psychosozialen Arbeitsfelder, ja sogar auf politische Handlungsträger aus (vgl. Bauriedl 1986). Peter Fürstenau und Franz Wellendorf bezogen die institutionellen Bedingungen professionellen Handelns in ihr Supervisionskonzept mit ein und erweiterten das ursprüngliche auf das einzelne Individuum bezogene Vorgehen Balints auf die gesellschaftlich-institutionelle Praxis insgesamt (vgl. Fürstenau 1970; Wellendorf 1985).

Auch Giesecke und Rappe-Giesecke haben das Supervisions-Setting zu einer sozialwissenschaftlichen Forschungsstrategie erhoben. Sie grenzen im Setting der Supervision das »selbstreferentielle Paradigma« von den traditionellen asymmetrischen Formen des Forschens und der Wissensvermittlung ab. Werde hier im Verhältnis von Wissenden und Nicht-Wissenden erwartet, dass im Lernprozess letztere sich das Wissen aneignen, gehe es bei der Supervision um das gemeinsame Generieren des Wissens: Das selbstreferentielle Paradigma zeige, »...wie Informationen durch soziale Selbstreflexion gewonnen, verarbeitet und den Individuen vermittelt werden können. Es will vorzugsweise nicht auf die unauffälligen Routinesituationen sozialer Interaktion angewendet werden, sondern dann, wenn Konflikte zu lösen, neue Informationen zu beschaffen oder neue Wege ihrer Verarbeitung zu beschreiten sind« (Giesecke/Rappe-Giesecke 1997, S. 21). Selbstreferentiell sei diese Kooperationsform, weil die Beteiligten den Ablauf ihrer Interaktionen zum Gegenstand ihrer Reflexion machen müssen (Giesecke/Rappe-Giesecke 1997, S. 22).

Im Unterschied zur Methode der Supervision in der Forschung werden die Ergebnisse von Supervisionen als Beratung allerdings selten auf bestimmte allgemeine Fragestellungen hin fokussiert. Die Erkenntnisse über Beziehungszusammenhänge sowie institutionelle Veränderungsvoraussetzungen verbleiben ausschließlich im Bewusstseinsfeld der zu beratenden Klienten und dienen deren Problemlösungen. Hin und wieder werden sie in Form von Einzelfalldarstellungen zur Demonstration einzelner theoretischer Überlegungen bzw. komplexer Darstellungen publiziert, ohne dass jedoch die Klienten der Supervisionen oder Balint-Gruppen in die wissenschaftliche Verwertung des Theoriebildungsprozesses einbezogen würden. Dies hat seinen Grund nicht zuletzt darin, dass sich Balint- und Supervisionsgruppen von Aktionsforschungsansätzen eben gerade in dem Punkt der Beziehung von Klienten zu Beratern bzw. Forschern zu Beforschten unterscheiden. In der Supervision sind sie Abnehmer einer Dienstleistung, in der Aktionsforschung partizipieren sie.

Die Fortbildungsstudien nutzen dagegen zwar die Methode der analytischen Reflexion in Gruppen, fokussieren aber die Fragestellungen und stellen die Ergebnisse der Reflexionen in einen wissenschaftlich-diskursiven Zusammenhang zwischen Forschern, Teilnehmern und wissenschaftlicher Öffentlichkeit. In den Fortbildungsstudien wird nicht nur das Ergebnis gemeinsam formuliert, es werden auch während der Studie selbst Diskurse mit »fremden« Wissenschaftlerinnen und Wissenschaftlern organisiert.

Ähnliche Beratungsmodelle wie die Supervisions- und Balint-Gruppen, die auf andere theoretische und empirische Forschungen zurückgehen, etwa die gruppendynamisch orientierte Supervision, betonen im Unterschied zur Analyse der unbewussten Anteile an Praxisproblemen, eher die Ich-Ebene, die Ebene der bewussten pädagogischen Planung und des Reflektierens der bewussten Anteile des pädagogischen Settings, der Interventionskonzepte und der Handlungskontrolle (Selbstevaluation). Sie sind deshalb geeignet, an den Stellen im Fortbildungsprozess eingesetzt zu werden, wo es weniger um die Generierung von Material als z.B. um die Beförderung der Arbeitsfähigkeit in Bezug auf die Forscher/Beforschte-Beziehung geht.

2.1.3. Erwachsenenbildung und Selbstreferentialität

Der aus der Gruppendynamik stammende Impuls einer reflektierten Interventionspraxis hat seinen Ursprung ebenfalls in Arbeiten von Kurt Lewin. Die Erforschung von Gruppenphänomenen könnte man selbst als eines der klassischen Forschungssettings bezeichnen: Die Forscher begaben sich als Leiter in die Gruppen, deren Dynamik und Prozesse sie kennen lernen wollten. Die Ideen der in den vierziger Jahren des vorigen Jahrhunderts als »Laboratorien« bezeichneten systematischen Forschungen kamen erst in den sechziger Jahren über Tobias Brocher in die Bundesrepublik und wurden im Vorwort seines damals vielbeachteten Buches »Gruppendynamik und Erwachsenenbildung« von Tietgens folgendermaßen begründet: »Wir wissen heute, welche Rolle die emotionalen Beziehungen innerhalb einer Lerngruppe für den Lernerfolg spielen. Die Form der sozialen Kontakte kann sich lernfördernd oder lernhemmend auswirken. Die Verhaltensweise der Lehrenden bzw. des Kursleiters und deren Arbeitsstil wirkt sich auf die Art des Lernens aus und diese wirkt wiederum auf den Lehrenden zurück. Dabei spielen sich die Interaktionen, weil sie den Konventionen widersprechen, die für das Verhalten von Lernenden und Lehrenden zueinander gelten, weitgehend unbewusst ab. So sind wir oft verwundert, wenn bei Kursen oder Arbeitskreisen der Erwachsenenbildung viel oder wenig ›herauskommt‹; wir sind im unklaren darüber, worin die mehr oder weniger hohe Lernleistung begründet ist« (Tietgens in: Brocher 1967, S. 7).

Die Erkenntnis, dass in Arbeitsgruppen Erwachsener unbewusste Prozesse das Ergebnis maßgeblich beeinflussen, wurde auch von Ruth Cohn in einem Verfahren der Erwachsenenbildung umgesetzt, das diesen Vorgängen auf der Ich-Ebene einen angemessenen Raum einräumte (vgl. Cohn 1975). Mit der von ihr entwickelten und theoretisch begründeten Methode der *Themenzentrierten Interaktion* wurden zwar Maßstäbe für eine die affektiven Prozesse in Arbeitsgruppen berücksichtigende Erwachsenenbildung geschaffen. Die Methode selbst konnte sich aber – möglicherweise aufgrund der Dogmatik ihres theoretischen Gruppenmodells – nicht zu einer Strategie entwickeln, in welcher der Forschungsaspekt oder der analytische Anteil an der Gruppenarbeit zu einem eigenständigen Ziel gelangen konnte. Es blieb bei der allein instrumentellen Verwendung der Kenntnisse über unbewusste Vorgänge in Gruppen.

Die selbstreflexiven Methoden der Erwachsenenbildung beschränken sich auf die empirischen und theoretischen Positionen der Gruppendynamik und der Gruppenanalyse. Letztere ist in vorwiegend therapeutischen Settings erforscht und angewandt worden, wenn es auch vereinzelt Versuche gegeben hat, Theorieelemente oder empirische Fragestellungen auf Arbeitsgruppen anzuwenden (vgl. z.B. Heigl-Evers/Heigl 1971; Heigl-Evers/Schulte-Herbrüggen 1977; Büttner 1995). Gleichwohl gibt es eine ganze Reihe von Methoden der Erwachsenenbildung, die z.T. aus der Gruppendynamik, z.T. aus Bereichen der Gruppenpädagogik stammen und dazu angelegt sind Gruppenmaterial hervorzubringen. Nur selten jedoch wird dieses Material einer wissenschaftlich-systematischen Untersuchung unterzogen, was u.a. daran liegt, dass zu dieser Art Reflexion häufig die Voraussetzungen fehlen. Einmal werden Methoden der Erwachsenenbildung nahezu ausschließlich zielorientiert und zumeist normativen Prinzipien folgend eingesetzt. Zum anderen gibt es kaum Wissenschaftler, die über die in der traditionellen Wissenschaft üblichen Lehrformen des Frontalunterrichts und der Gruppendiskussion hinausgehende Modelle präferieren, geschweige denn über die dazu nötige Kompetenz verfügen. Dies mag einer der Gründe seien, warum sich in der BRD die Aktionsforschung nicht auf breiter Linie durchsetzen konnte: Sie verlangt neben wissenschaftlicher Qualifikation die Professionalisierung in Erwachsenenbildung. Nagel und Preuss-Lausitz gingen in ihrer Analyse der Ablehnung von Aktionsforschung in den siebziger Jahren noch weiter: »Darüber hinaus sind Wissenschaftler aufgrund der Karriereinteressen mehr an der theoretischen Klärung von Zusammenhängen als an praktisch relevanten Strategien zur Veränderung konkreter Sozialisationsbedingungen interessiert, weil sie nur so als Wissenschaftler anerkannt werden« (Nagel/Preuss-Lausitz 1971, S. 456).

Der Gewinn der Aktionsforschung im Hinblick auf eine Erhöhung von Professionalität durch eine Reflektiertheit, die die Handlungsentwürfe in pädagogischen Praxisfeldern deutlicher auf die diesen Feldern zugrunde liegenden Gesetzmäßigkeiten beziehen konnte, war und ist jedoch enorm. Der wissenschaftliche Gewinn liegt in einer durch keine andere experimentelle Anlage von Forschung zu gewinnenden Praxisnähe. Allerdings unterscheidet sich eine solche »interaktive Sozialforschung« auch fundamental von dem üblichen Design akademischer Forschung (Hypothesenbildung, Operationalisierung, Entwicklung des Untersuchungsdesigns, Durchführung der Untersuchung, Auswertung...). Das Forschungsdesign definiert den Start des Forschungsprozesses mit dem Beginn der Fortbildung und das Ende mit der »Übergabe« der Teilnehmerinnen und Teilnehmer als Multiplikatoren an den Träger. Dementsprechend sind auch die wissenschaftlichen Ergebnisse, die ja nicht unabhängig von allen Beteiligten erarbeitet werden, mit dem Ende der Studien (im Prozess) erarbeitet und müssen in eine (Veröffentlichungs-)Form umgesetzt werden, die adressatenadäquat ist. Es kann also keine Darstellung der Forschung im naturwissenschaftlichen Paradigma erwartet werden, sondern eine Präsentation, die bereits anwendungsorientiert »aufbereitet« ist.

2.2. Das grundlegende Prozessschema der Fortbildungsstudien

Die Studien sind in der Regel auf eine zwei- bis dreijährige Dauer hin angelegt und beginnen mit einer zweitägigen Eröffnungstagung, in denen den Teilnehmerinnen und Teilnehmern Gelegenheit gegeben wird, sich kennen zu lernen und das Programm der gesamten Studie zur Kenntnis zu nehmen. Die in dieser Phase zur Anwendung kommenden Fortbildungsmethoden berücksichtigen die Zusammensetzung in Teams bzw. Berufsgruppen und das jeweilige Thema der Studie. Ziel dieser Phase ist, die Forschungsstrategie an der Schnittstelle zur Fortbildung zum Gegenstand des »Vertrages« zwischen Wissenschaftlern und Handelnden zu machen.

Es folgt eine erste Supervisionsphase, die als Fallsupervision organisiert und strukturiert wird. Dabei kommt es zunächst nur moderat zur Fokussierung auf das Thema der Studie, um den Teilnehmerinnen und Teilnehmern die Möglichkeit des Kennenlernens der Supervisionsmethode und des Rahmensettings zu ermöglichen. Da Fortbildungsveranstaltungen normalerweise eher kurze und einmalige Ereignisse darstellen, müssen sich nach den bisherigen Erfahrungen die Teilnehmerinnen und Teilnehmer erst einmal an den Zeitraum der Studie gewöhnen und herausfinden, wie sie sich die Gesamtzeit einteilen können. Die Supervisionen finden etwa alle vier Wochen 1½-stündig in den Einrichtungen der Teilnehmerinnen und Teilnehmer statt. Sie sind gruppenanalytisch orientiert, was bedeutet, dass sich die Teilnehmerinnen und Teilnehmer auch daran erst einmal gewöhnen müssen.

Die gruppenanalytische Orientierung der Supervision ist durch eine aufnehmende Haltung der Supervisoren gekennzeichnet. Die Interventionen und Interpretationen zum berichteten szenischen Material erfolgen im Reflex auf die jeweilige Gruppensituation in der pädagogischen Praxis (in welchem Gruppenkontext spielt sich der Fall ab?) und auf die aktuelle Gruppensituation während der Supervision selbst (was wird mit dem Berichteten über die Gruppe selbst gesagt?). Dabei geht es um bewusste, aber ignorierte und unbewusste Mitteilungen, die jeweils als Deutung angeboten werden. Der berichtete Fall erschließt sich so nach und nach in all seinen Facetten (von der Familiendynamik über die Gruppendynamik bis hin zu institutionellen Interpretationsebenen).

In einer ersten Zwischenbilanztagung vertiefen die Mitglieder der einzelnen Teams ihre Erfahrungen durch einen Austausch in einer entsprechenden

Mischung der Teilnehmerinnen und Teilnehmer. Es wird ein Resümee der ersten Supervisionsphase gezogen. Dies geschieht durch ein Fortbildungssetting, das den ersten Schritt der Strukturierung von Ergebnissen markiert und zugleich die Erfahrung eines wissenschaftlichen Diskurses ermöglicht.

Die zweite Supervisionsphase (nach etwa einem Jahr) wird dem Thema entsprechend stärker fokussiert, es können auch methodische Elemente hinzukommen, die deutlicher auf die Bearbeitung und Durcharbeitung der Fragestellungen anhand des thematischen Materials abzielen.

Die zweite Zwischenbilanztagung enthält neben dem internen Austausch im Sinne der ersten Zwischenbilanz über den Stand der thematischen Erarbeitung eine erste Probe öffentlicher Mitteilung an eine Fachöffentlichkeit (externe eingeladene Fachreferenten als Gäste) sowie die Vorbereitung auf die Abschlussphase der Studie. Es werden ad-hoc-Gruppen gebildet, die jeweils die noch anstehenden organisatorischen Schritte der Studie planen (z.B. die Organisation der Auslandsaufenthalte) und die Abschlussveranstaltung einschließlich einer Abschlusspublikation vorbereiten.

Die dritte Supervisionsphase (im dritten Jahr der Fortbildungsstudie) dient der Vertiefung der bis dahin gewonnenen Erkenntnisse und deren Vor- und Aufbereitung für die Abschlussveranstaltung. Dabei können Methoden zur Anwendung kommen, die bereits präsentative Elemente enthalten (Video, Poster, Berichte u.ä.).

Alle Supervisionssitzungen sowie die reflexiven Teile der Bilanztagungen werden auf Kassette aufgezeichnet, und die Teams haben die Aufgabe jede Sitzung (mit Hilfe der Aufzeichnung) zu protokollieren. Zusätzlich wird den Teilnehmerinnen und Teilnehmern zu Beginn der Fortbildungsstudie ein Tagebuch überreicht, in das sie ihre persönlichen Erlebnisse und Erfahrungen während des Forschungsprozesses notieren können. Somit entsteht im Laufe der Studie eine weitgehend vollständige Dokumentation, die jederzeit abrufbar ist, wenn es der Arbeitsprozess erfordert, und die ermöglicht, in der wissenschaftlichen Argumentation auf das originale Datenmaterial bzw. dessen Transkription zurück zu greifen.

Die Abschlusstagung schließlich enthält einen internen Teil, der dem persönlichen Ende der Studie gewidmet ist. Hier wird eine abschließende Bilanz gezogen, hier werden weitergehende Pläne diskutiert und hier wird der »Abschied gefeiert«. Der zweite, öffentliche Teil ist als Fachtagung bundesweit ausgeschrieben. Referenten werden zu speziell auf die Studie zugeschnittenen Vorträgen eingeladen, und die Teilnehmerinnen und Teilnehmer der Fortbildungsstudie bieten ihrerseits Arbeitsgruppen an. Hier erfolgt die erste Umsetzung der Ergebnisse in eigene Fortbildungsangebote der Teilnehmerinnen und Teilnehmer.

Zwischen den einzelnen Studienabschnitten, zur Auswertung von Transkripten, der Vorbereitung der Tagungen und bei besonderem Reflexionsbedarf treffen sich die Sudienleiterinnen und -leiter. Darüber hinaus gibt es Treffen mit Fach- und Aufsichtsvertretern der Träger, deren Einrichtungen an der Studie teilnehmen.

Ich werde zur Verdeutlichung des jeweiligen Anteils eher forschungs- und eher fortbildungsleitender Momente jeweils markieren, was ich dementsprechend dem Thema bzw. der Methode zurechne. Diese Zurechnung ist allerdings insofern artifiziell, als Gesichtspunkte, die im Sinne von Fortbildung von Bedeutung sind, natürlich auch Material hervorbringen, welches im Sinne einer Analyse des Forschungsprozesses interpretiert werden kann. Ergebnisse der Fortbildung sind ja auch deshalb Ergebnisse der Forschung, weil sie sich auf einen gemeinsamen Erkenntnisprozess beziehen. Und die jeweils aktuellen Ergebnisse des Forschungsprozesses stellen wiederum das neue Bildungsplateau dar, von dem aus der Fortbildungsweg weiterverfolgt wird.

2.3. Datengewinnung

2.3.1. Daten traditioneller Aktionsforschung

Sowohl die Datengewinnung als auch deren Auswertung ist in der Aktionsforschung auf ganzheitliche Strategien angelegt, benutzt die Daten unmittelbar im Prozess der Aktionsforschung und bevorzugt hermeneutische Interpretationen im Gegensatz zu einem quantitativ angelegtem Forschungsdesign mit statistischen Datenmaterial. Auch die Methoden der Datengewinnung sind in der Aktionsforschung Gegenstand gemeinsamer und am Forschungsprozess orientierter Entscheidungen. Dort, wo sie im Sinne der Veränderung von Handlungskompetenz als störend empfunden werden, sollen sie ebenso so verändert werden können, wie dort, wo sie sich im Forschungsprozess als dem Gegenstand unangemessen erweisen.

Bei der Datenerfassung in der schulischen Aktionsforschung nach dem englischen Modell (Lehrer als Forscher) gab es zahlreiche Versuche zur Beobachtung von Unterrichtsprozessen mit dem Ziel, Voraussetzungen für eine Änderung des Lehrerverhaltens herzustellen. Diese richteten sich an den Lehrer als Aktionsforscher: »Der Lehrer analysiert sein Verhaltensmuster im Hinblick auf seine Ziele und arbeitet Stärken und Schwächen heraus. Beim Analysieren der Matrix sollte sich der Lehrer bestimmte Fragen stellen. Fragen wie: ›Welche Ziele habe ich bezüglich meines Unterrichtsverhaltens und inwieweit habe ich diese Ziele erreicht?‹« (Hanke u. a. 1973, S. 53).

In der Aktionsforschung in der BRD der siebziger Jahre begann man in der Zusammenarbeit von Wissenschaftlern und Lehrern ebenfalls u.a. mit den Methoden der Beobachtung und der Kategorienbildung., wie sie aus den naturwissenschaftlichen Ansätzen heraus entwickelt worden waren (vgl. Nagel 1997). Ziel dieser Datenerhebung war, die daraus gewonnenen Erkenntnisse an die Praktiker rückzuvermitteln: »Hinsichtlich der eingesetzten Instrumente innerhalb von Handlungsforschungsprojekten reklamierten die Autoren, dass Handlungsforschung sehr wohl auf klassische Verfahren zurückgreift (qualitative Kategorienbildung, Interview, Beurteilungsraster etc.), ihr Unterschied zur traditionellen Unterrichtsforschung jedoch im Stellenwert dieser Datenerhebung liegt. Während empirisch-analytische Forschung die Faktenermittlung in einen Untersuchungsvorraum schiebt, stellt die Handlungsforschung diesen Prozess in den Mittelpunkt ihrer Überlegungen« (Wirtz 1986, S. 92). Das Setting der Handlungsforschung ging meist von der gemeinsamen Anwesenheit von Forschern und Beforschten im Handlungsfeld (hier: Unterricht) aus. Das methodische Ziel war die empirische Erfassung durch die Beobachtung des Unterrichtsgeschehens und die Operationalisierung der Beobachtungen in formalisierten Modellen. Versuche in dieser Richtung führten zu Kategorisierungsschemata und Quantifizierungsmethoden, die weder in ihrer empirischen Anlage den klassischen naturwissenschaftlich orientierten Gütekriterien genügten, noch im Hinblick auf das Ziel brauchbar waren, Veränderungsprozesse zu beschreiben: »Die Anwendung der klassischen Gütekriterien Objektivität, Reliabilität und Validität setzt in der Regel voraus, dass die zu untersuchenden Merkmale konstant, d.h. im wesentlichen unverändert sind. Diese Forderungen sind für Veränderungsmessungen im allgemeinen (...) problematisch. Inkohärente und diskontinuierliche Ergebnisse repräsentieren möglicherweise normale Entwicklungsverläufe, interindividuelle Unterschiede im Entwicklungsstatus oder andere Effekte« (Rohrmann 1996, S. 19).

In diesem methodischen Dilemma spiegelt sich das interaktionelle. Die von den Wissenschaftlern etwa durch Beobachtung erhobenen Daten reflektieren ihre Perspektive, die sich von der Perspektive der Handelnden dramatisch unterscheidet: Wissenschaftler und Handelnde haben jeweils eine Position zur Lerngruppe, die ihre Perspektive entscheidend prägt. So führt die Konfrontation der Handelnden mit den Auswertungen der Wissenschaftler, die diese ohne die Handelnden erarbeitet haben, mit hoher Wahrscheinlichkeit zu einer Abweisung durch die Handelnden, wenigstens aber zu einer Irritation, da sich die Daten ja – genau genommen – auf die Perspektive, d.h. einen im buchstäblichen Sinne anderen Standort der Wissenschaftler beziehen, also die Übertragung auf die Person der Handelnden prinzipiell unzulässig ist. Entweder entsprechen die Interpretationen der Daten also nicht denen der Handelnden oder sie konfrontieren sie zu stark mit dem, was sie selbst – aus welchen Gründen auch immer – nicht wahrhaben können oder wollen. Damit sind aber die Daten im Sinne des Ziels von Aktionsforschung wertlos bzw. führen den Veränderungsprozess nicht weiter oder bewirken gar einen Abbruch der Beziehungen zwischen Wissenschaftlern und Handelnden.[9]

Ein anderes Problem der Anwesenheit des Forschers im Forschungsfeld gemeinsam mit den Klienten der Handelnden betrifft die Veränderung des Feldes eben gerade durch die Anwesenheit. Die Klienten reagieren nicht nur auf die (üblicherweise nicht) anwesenden Personen, sie reagieren auch auf die spezifischen Charakteristika der Beziehungen zwischen Forschenden und

---

9 Die Supervisoren Conrad und Pühl berichten z.B. von ihrem Versuch, ihre Wahrnehmung der sozialen Situation in einer Gruppe zu kommunizieren – und scheitern an den Widerständen in der Gruppe, ihre Interpretation anzunehmen (Conrad/Pühl 1983, S. 153 ff.). Ein ähnliches Problem entstand in der Fortbildungsstudie »Gleichstellung von Jungen und Mädchen« bei der Konfrontation eines Kindertagesstättenteams mit Videoaufnahmen der Kinder, die von einer fremden Person gemacht worden waren. Sie zeigte Kinder, die Dinge taten, welche eigentlich nicht erlaubt waren, und ein Verhalten, das nicht im Sinne der Vorstellungen der Erzieherinnen zu sein schien. Diese waren deshalb einerseits über die Kinder entrüstet, andererseits aber fanden sie zahlreiche Gründe, weshalb die Kinder eigentlich ganz anders seien und die Aufnahmen deshalb ein »falsches Bild« vermittelten.

Handelnden. Dieses Problem ist v.a. von George Devereux eingehend diskutiert worden: Der Beobachter beobachtet nicht nur das Verhalten des Beobachteten gegenüber dem Handelnden, er beobachtet auch die Reaktion des Klienten auf sich selbst. Jede Beobachtung eines Menschen durch einen Menschen enthält systematisch einen interaktionellen Hier-Und-Jetzt-Anteil.

Da die Beforschten wiederum auf die Subjektivität des einzelnen Forschers reagieren, kann qualitative Sozialforschung also schwerlich »objektive« Ergebnisse im Sinne des naturwissenschaftlichen Paradigmas hervorbringen (vgl. Devereux 1976). Insofern ist auch die klassische Aktionsforschung kaum in der Lage, Ergebnisse hervorzubringen, die über die Bedeutsamkeit für Forscher und Beforschte hinausweisen. Hier versucht die Methode der Fortbildungsstudie einen Schritt weiter zu gehen, in dem sie der Gegenübertragung der Forscher ebenso Rechnung trägt, wie sie eine Vermittlung des Forschungsprozesses mit dem wissenschaftlichen Diskurs zum Forschungsthema etabliert.

2.3.2. Daten der Fortbildungsstudien

Gruppensupervision[10]

Für die Fortbildungsstudien wurden aus diesen Überlegungen heraus Erkenntnisse über die Datengewinnung aus den Forschungen zum Supervisionssetting genutzt. Dieses besteht darin, dass sich die Gruppe der gemeinsam Handelnden (Teams, Kollegien, Berufskollegen) in regelmäßigen Abständen für einen Zeitraum von in der Regel 1½ Stunden mit den Wissenschaftlern/Supervisoren trifft. Die Handelnden stellen nach jeweils zu verabredenden Regeln Ausschnitte ihrer Praxis vor (z.B. Fallszenen), die gemeinsam nach den Prinzipien der gruppenanalytischen Orientierung durchgearbeitet werden.

10 Es versteht sich von selbst, dass für den Einsatz solch qualifizierter interaktioneller Forschungsmethoden eine entsprechende Qualifizierung Voraussetzung ist. Alle der an den Fortbildungsstudien beteiligten WissenschaftlerInnen und Fachkräfte konnten eine gruppenanalytische bzw. gruppendynamische Ausbildung bei einer der in der BRD renommierten Weiterbildungsorganisationen nachweisen.

Im Zentrum des gruppenanalytischen Arbeitens steht die Erfassung von Fallszenen und deren Verständnis im Hinblick auf bewusste und unbewusste Handlungsmotive, und zwar jeweils im Kontext der Praxisgruppe. Dieses als »szenisches Verstehen« bezeichnete Vorgehen kann dazu geeignet sein, Widersprüche zwischen Handlungsplanungen und Ergebnissen in der Praxis auf der Basis der Analyse von Übertragungs- und Gegenübertragungsprozessen aufzulösen und zu neuen Haltungen gegenüber Personen und Situationen führen. Übertragungsprozesse werden von Trescher folgendermaßen charakterisiert:

- »Es handelt sich um ein intrapsychisches Geschehen.
- Die Übertragung ist eine wiederbelebte Objektbeziehung zu einem frühen und wichtigen Objekt, die mittels eines Stellvertreters aktualisiert wird.
- Übertragungsreaktionen sind deshalb an Regression gekoppelt.
- Sie folgen unbewussten infantilen Beziehungsmustern.
- Die zugrunde liegende Erfahrung bzw. das zugrundeliegende Erlebnis wird nicht bewusst erinnert, sondern unbewusstt in Haltungen und Handlungen umgesetzt.
- Übertragungsreaktionen basieren im wesentlichen auf Verschiebungen, auf Ersetzungen des früheren Objekts durch StellvertreterInnen bzw. ›Platzhalter‹ im Hier und Jetzt.
- Weil die Übertragungsreaktion eine Wiederholung (Wiederbelebung) früherer Beziehungsmuster darstellt, ist sie der Realität des aktuellen Beziehungskontextes gegenüber unangemessen« (Trescher 1993, S. 174).

Die Gegenübertragung kann als die spiegelbildliche Reaktion der Handelnden auf ihre Klienten verstanden werden (vgl. König 1995). Die mit ihr verbundenen Gefühle, Bilder und Assoziationen erlauben eine probeweise Annäherung an die Vorstellungswelt der Klienten und dienen damit der »Diagnose« der Übertragungsreaktionen. Die Wissenschaftler/Supervisoren haben im Verständigungsprozess über die Szenen die Aufgabe, die Kommunikation der Gruppe über die Szene zu fördern und die Mitteilung von Assoziationen und Bildern anzuregen. Ihre eigenen Beiträge zu den Interpretationsversuchen misslungener Praxis rekurrieren dabei auch auf ihr Wissen über die

Psycho- und Soziodynamik von einzelnen, Gruppen und sozialen Systemen. Die Interventionen stellen Annäherungsversuche an eine gemeinsame Interpretation in der Supervisionsgruppe dar. Die durch das szenische Verstehen erworbenen neuen Haltungen wiederum erlauben schließlich weitere Planungen auf neuen Grundlagen.

Die Gruppe ist das Medium, das den Verständigungsprozess tariert, d.h. die bewussten und unbewussten Reaktionen auf das jeweils Ausgesprochene von Handelnden und Wissenschaftlern, aber auch auf andere, nicht sprachlich vermittelte konfrontative und damit auf Veränderung drängende Botschaften werden durch die wechselseitigen Abstimmungsprozesse (psychosoziale Kompromissbildungen) auf das Maß eines erträglichen Kompromisses gebracht (vgl. Heigl-Evers/Heigl 1979b). Dabei kann die Gruppe selbst zum Spiegel des Berichteten aus der sozialen Praxis werden (das ja meist aus einer Gruppensituation stammt), oft stellt sich auch eine spiegelbildliche Situation des Praxisgeschehens in der Gruppe her, die einzelnen Personen übernehmen unbewusst die Rollen aus dem berichteten »Praxisdrama« – oder die Gruppe stellt unbewusst ihr eigenes Problem im Spiegel einer speziell dazu ausgewählten Praxisszene dar (vgl. Büttner 1995).

Die Wissenschaftler/Supervisoren interventieren zwar thematisch fokussiert, d.h. auf die jeweilige übergreifende Forschungsfragestellung bezogen, greifen aber den interaktionellen Aspekt in der Gruppe auf, stützen ihn und tarieren ihre konfrontativen Interventionen an ihren Reaktionen im Sinne der Gegenübertragung auf den Gruppenprozess (vgl. König 1995). Prozessorientierte Interventionen werden z.B. dann notwendig, wenn das Thema als zu stark konfrontierend erlebt wird oder Spannungen in der Gruppe aus einer Dynamik heraus entstehen, die mit dem Forschungssetting in keinem Zusammenhang zu stehen scheint (z.B. Probleme, die ein Team mit seiner Struktur hat).

Die Supervision verlagert das Aktionsfeld als »kommunikative Sozialforschung« (Giesecke/Rappe-Giesecke 1997, S. 43) in den Diskurs zwischen Handelnden und Wissenschaftlern. An den Fallbesprechungen werden sowohl die situativen Momente einer interaktionell-psychosozialen Fragestellung (gesellschaftlich-institutionelle Faktoren) als auch die psychodynamischen Probleme (Persönlichkeitsfaktoren) virulent und können im Dialog bearbeitet werden. Das Supervisionssetting schafft aber auch die Gelegenheit der Prozessevaluation einer Problemlösung dadurch, dass die Handelnden jeweils die Konsequenzen ihrer veränderten Alltagspraxis zum Gegenstand eines neuen Dialogs machen können. Somit gibt es neben der internen Validierung im Sinne einer gemeinsam erarbeiteten Interpretation einer Praxisszene auch eine Validierung im Sinne einer externen Überprüfung der erarbeiteten Einstellungsänderung und der entworfenen pädagogischen Konzeptfragmente – Fragmente deshalb, weil Veränderungsprozesse als Schritt-für-Schritt-Veränderungen gedacht sind.

Neben diesem Supervisionssetting kommen in den Fortbildungsstudien Veranstaltungsformen zur Anwendung, die in der Erwachsenenbildung als typische Methoden der Materialproduktion gelten. Mit diesen Methoden werden neben der Datenerhebung die Prozesse unterstützt, die über die Supervision hinaus die Produktion ganz unterschiedlichen Materials gemäß den unterschiedlichen Fortbildungsmethoden erlauben. Im Einzelnen sind dies:

- Rollenspiele
- Videoaufzeichnungen
- spezielle gruppendynamische Settings

Rollenspiele

Das Rollenspiel als Methode der Materialgewinnung wurde gewählt, weil es in der Simulation der Wirklichkeit (bis hin zu einzelnen Requisiten) die Veranschaulichung und Anschauung von Praxisproblemen ermöglicht und damit die Voraussetzung zur Prozessanalyse darstellt. Die Aufgabe der Handelnden ist es, ihre Konzeptionen von Handlungspraxis im Spiel zu interpretieren und den Handlungsrahmen im Zusammenspiel auszufüllen. Die Handelnden sind sich dabei bewusst, dass sie Rollen verkörpern, dass die Situation nicht ernst, sondern Spiel ist. Dieses Bewusstsein bietet wiederum einen Schutz, hinter dem die Wirklichkeit im Spiel so interpretiert werden kann, wie man sie subjektiv erlebt. Entlastet vom Gebot, ausgewogen, kontrolliert und realistisch zu sein, können einzelne Erfahrungen überspitzt dargestellt, Personen und ihre Handlungen karikiert, Gefühle und Wünsche mitgeteilt werden, die man sonst vielleicht nicht einmal sich selbst gegenüber zugeben mag. Alle Teilnehmer (Spieler und Beobachter) haben mehr oder weniger bestimmte Erwartungen, wie die Rollen der im Praxisfeld Handelnden und die fiktive Institutionsszene gestaltet werden sollen. In einer sozial homogenen und vertrauten Gruppe sind solche Vorstellungen und Erwartungen darüber hinaus wechselseitig abgeklärt; es gibt einen gemeinsamen Bestand an Erfahrungen, die sich für alle ähnlich an den Reibungsflächen Individuum/gesellschaftliche Praxis oder Innenwelt/Außenwelt ergeben haben.

Die vorwiegend in pädagogischen und therapeutischen Gruppen angewandte Technik des Rollenspiels zur szenischen Darstellung von Handlungspraxis fordert die Teilnehmer zum spontanen Handeln auf, dem sie sich nicht durch Distanzierungen wie etwa in einer Diskussion entziehen können. Zugleich ist das Rollenspiel dazu geeignet, Kernpunkte von Handlungsprozessen (etwa Konflikte) durch ihre Dramatisierung im Spiel zur Darstellung zu bringen (vgl. Sader 1986).

Im Rollenspiel geht es nicht um die exakte Simulation eines berichteten Konflikts, sondern um das Sichtbarmachen der subjektiven Wahrnehmungen und der an dem Handlungsprozess beteiligten Gefühle. Es ist eine Methode, die die subjektive Realität und subjektive Handlungsmotive der Betroffenen aufklären hilft. Während in Gruppendiskussionen Handlungsprozesse verbal dargestellt werden, werden sie im Rollenspiel dramatisiert. Die Beteiligten sind genötigt, sich in die Handlungsweisen und Gefühle der professionellen Partner so einzustimmen, dass sie sie in Handlung umsetzen können. Das Spiel lockert die kognitive Kontrolle über das eigene Handeln, während es gleichzeitig die Interaktionsverpflichtung und die emotionale Beteiligung erhöht (vgl. Goffman 1973; Kochan 1981).

Spiele entwickeln eine Dynamik, in der sich die Beteiligten spontan verhalten müssen. Die Selbstwahrnehmung in einer fremden Rolle erbringt Material über Identifikationswünsche und Identifikationswiderstände (vgl. Lohaus 1984). Insbesondere von der Darstellung aktiver oder passiver Momente des Festhaltens an Handlungsroutinen ist Aufschluss über Barrieren zu erwarten, die die Verständigung mit den Handlungspartnern verhindern. Die Teilnahme am Rollenspiel kann darüber hinaus eigene Verhaltensschemata und -grenzen sichtbar machen.

Das Rollenspiel erschöpft sich jedoch nicht in der Darstellung, sondern es ist zugleich eine Lernmethode. Es konfrontiert die Spieler und Zuschauer einer Szene mit Prozessen, die im Dialog im wahrsten Sinne des Wortes nicht sichtbar werden. Es konfrontiert mit Irritationen, Peinlichkeiten oder auch Lösungen. Es präsentiert das Material, an dem eigene Rollenerwartungen und normative Rollenvorstellungen überprüft werden können, sei es während des Spielens und Zuschauens, sei es während der anschließenden Reflexion. Für die Spieler enthält es die Möglichkeit, eigene Entwürfe zu erproben und an den Widerständen der Rollenpartner etwas über jene Prozesse zu erfahren, die zu Rollenübereinstimmungen oder Rollendivergenzen führen.

Das Rollenspiel kann in diesem Sinne den Charakter eines Trainings annehmen, wenn in z.B. einem zweiten Durchlauf bestimmte Bedingungen verändert, neue Ziele definiert und andere Verhaltensmöglichkeiten angestrebt werden, auf die sich die Gruppe vor dem Rollenspiel einigt (vgl. auch Fries/Häußler 1976). Zu bedenken bleibt, dass dieser Aspekt des Rollenspiels statt mit reflexivem Handeln mit »sozialtechnologischer Befriedung«, d.h. der Gruppenharmonie zusammenfallen kann, und nicht mit der Suche nach kreativen Veränderungsmöglichkeiten (vgl. Steinweg u.a. 1986, S. 396 f.).

Ein Problem der Methode »Rollenspiel« zur Generierung von Daten stellt das Verhältnis von Rollenspiel und Realität dar. Zu fragen ist einerseits, ob die Darstellung eines berufstypischen Konfliktes tatsächlich die Realität spiegelt oder einem Kunstprodukt entspricht. Andererseits, ob das im Rollenspiel Gelernte auf die Realität, also auf das berufliche Handeln außerhalb der Fortbildungsstudie übertragbar ist. Wegener-Spöhring schreibt dazu: »,Die gespielte Realität suggeriert eine Selbstbestimmbarkeit des eigenen Verhaltens, eine Veränderbarkeit von Rollen und Normen, die angesichts ›wirklicher‹ Zwänge und Sanktionen problematisch sein kann. Das Rollenspiel bildet also Interaktion (...) nur unvollständig ab (...) Gegenüber der Erwartung, im Rollenspiel könne konkretes, inhaltlich gefülltes Rollenverhalten (...) erprobt und dann in der Realität ebenso angewandt werden, müssen aber um so mehr Vorbehalte geltend gemacht werden, je stärker die Interaktionssituation vom gesellschaftlichen Kontext her bestimmt ist« (Wegener-Spöhring 1984, S. 58; vgl. auch Haug 1977, S. 170ff.).

Das Rollenspiel in der Gruppe ist demgegenüber auch soziale Realität, in der handlungstypische Interaktionsmuster der Gruppenmitglieder zum Vorschein kommen. Diese können um so ungehemmter artikuliert werden, je offener die Rollenvorschriften und damit die Interpretationsmöglichkeiten der Teilnehmer sind. Da Gefühle, Wünsche, Absichten, Kommunikationsprozesse und Interaktionsstrategien während des Rollenspiels als real erlebt und praktiziert werden, gehen sie über die »Quasi-Realität« der Spielsituation weit hinaus (vgl. Wegener-Spöhring 1984, 5. 59).

Gerade für den Forschungsaspekt der Fortbildungsstudien ist wichtig, wie die Rollen und Symbole im Spiel ausgehandelt und konstituiert werden. Die Diskrepanz zwischen ausführlichem Entwerfen einer Spielsituation und spontanen Lösungen während des Spiels kann die Spannungen zwischen individuellen Spielräumen und normativen Begrenzungen deutlich machen. Diese Spannungen bilden deshalb keine Realität außerhalb der Gruppe ab, weil die normativen Begrenzungen gesellschaftlich vorgegeben sind und die individuellen Spielräume durch die Institutionalisierung sozialen Handelns überformt wurden. Sie sind dennoch ein Stück äußere Realität, weil auch die institutionellen Spielräume ja durch die Verhaltensmöglichkeiten individueller Orientierung festgelegt sind.

Auch die soziale Realität im Rollenspiel kann institutionellen Charakter annehmen (vor allem, wenn Vorgesetzte in der Gruppe anwesend sind). So kann z.B. der gesellschaftliche Kontext, vermittelt über Hierarchien und die Normenbildung in der Berufsgruppe, im Rollenspiel zum Tragen kommen, zwar nicht als institutionelle Realität, aber als Gruppenrealität, an der im Reflexionsprozess die grundlegenden Merkmale von Handlungsprozessen deutlich werden können.

Was unter den skizzierten methodischen Voraussetzungen schließlich in den Rollenspielen zur Anschauung kommt, sind Konstellationen, die zwar so in keiner Handlungspraxis real vorkommen, die aber typische Elemente aus allen Aspekten der jeweiligen sozialen Gruppe enthalten. Das Spiel als solches ist ein Phantasieprodukt – es besteht aber aus Phantasien, die die Gruppenmitglieder gemeinsam produzieren und die in der professionellen Biographie jedes einzelnen reale Hintergründe haben.

Und schließlich gehen in den Spielinhalt und Spielprozess die aktuellen Beziehungen der Spieler untereinander sowie ihre Beziehung zur aktuellen Situation (Anwesenheit der Wissenschaftler) mit ein. Dieser Mischung, die sich im Spielinhalt und im Spielprozess, dem *manifesten Spielinhalt*, ausdrückt, kann sich keine Gruppe entziehen. Aber die Abwehr des einen oder anderen Bereichs kann stärker oder schwächer sein, was u. a. vom Verhältnis des Pädagogen oder Wissenschaftlers zur Gruppe, von den Spannungen innerhalb der Gruppe und von dem Verhältnis der Gruppe zur äußeren Situation (z. B. den festgelegten pädagogischen Strukturen in Institutionen) abhängt. Das Abgewehrte wird hier analog der Traumtheorie in der Psychoanalyse als *latenter Spielinhalt* bezeichnet. Bei der Ableitung der Auswertungsmethode in einem späteren Abschnitt werde ich zu entfalten versuchen, wie erst in latenten Inhalten solcher Rollenspiele erkenntnisrelevante Aussagen zu machen sind.

Videomaterial

Da Videoaufzeichnungen während der Fortbildungsstudie nur in einem begrenzten Rahmen zum Einsatz kamen, wird hier lediglich kursorisch auf die Auswertungsprinzipien eingegangen.[11] In einem ersten Arbeitsschritt wird ein Video-Band-Transkript hergestellt, das sowohl wörtliche Äußerungen der Kinder (soweit sie akustisch entschlüsselbar waren) als auch Beschreibungen von Mimik (Gefühlsäußerungen) und Gestik (Körperäußerungen) enthält. Dieser erste Arbeitsschritt stellt zugleich den ersten »Filter« und somit die erste Interpretationsstufe dar, insofern als in diesem Transkript ein Einigungsprozess zwischen Wissenschaftlern und Handelnden über die Spielprozessbeschreibung zugrunde liegt (was wurde gehört, was wurde gesehen, wo ist etwas akustisch und/oder sinngemäß unverständlich?). Im zweiten Arbeitsschritt erfolgt für jedes in die Auswertung einbezogene Video-Band eine szenische Gliederung des Materials in »Spielabschnitte«. Als szenischer Abschnitt wird dabei das »In-Szene-Setzen« eines mehr oder weniger isolierbaren Themas verstanden, das durch die Intervention eines Klienten und/oder des Handelnden angeregt, von der Klientengruppe aufgegriffen und in Szene gesetzt wird, und schließlich aufgrund wiederum einer Intervention einem neuen Thema Platz macht. Diese szenische Gliederung strukturiert zugleich das Ansteigen und Abklingen der Spannung innerhalb der Klientengruppe, die in der Auswertung ein »Signal« für die diesen Spannungsanstiegen zugrunde liegenden Handlungsmotive ist. Die Transkripte können in diesem Sinne den Handlungsprozess nur teilweise wiedergeben, da sich Spannung und Entspannung nur aus dem unmittelbaren Miterleben der Szene während der Auswertung (analog zur Gegenübertragung) ergibt.

11 Vgl. zu diesem Abschnitt den Beitrag von Daniela Bleck (Kapitel 7), in dem eine unterschiedliche Strategie beschrieben wird.

Spezielle gruppendynamische Settings

In themenzentrierten Fortbildungsveranstaltungen wie den Einzelabschnitten der Fortbildungsstudien ist es besonders wichtig, die Settings auf die affektive und kognitive Gruppenentwicklung hin abzustimmen. Da nicht nur jede Berufsgruppe sich von einer anderen Berufsgruppe unterscheidet, sondern auch innerhalb der Berufsgruppe erhebliche Unterschiede zwischen Teilnehmern hinsichtlich ihres Alters, ihrer Vorbildung, ihrer Praxiserfahrungen usw. bestehen, hängt es vom konkreten Verlauf der Forschungsarbeit ab, ob und welche speziell gruppendynamischen Settings zur Anwendung kommen. So kann es im einen Fall sinnvoll sein, während der Studie geschlossen in der Großgruppe zu arbeiten, während man im anderen Fall mit speziellen Teilungsritualen die Gruppe zeitlich limitiert aufteilt. Die Einbeziehung gruppendynamischer Perspektiven in eine themenzentrierte *Fortbildungsstudie* folgt der Erkenntnis, dass kognitives Lernen ein nicht in allen Einzelheiten planbarer Prozess ist (vgl. Geißler 1985, S. 117).

Ein systematisches Moment kommt beim Beginn und beim Abschluss der Fortbildungsstudien zur Geltung: das Ritual des Beginns und das Abschiedsritual. Entweder im Diskurs oder mit Hilfe eines speziellen Settings kann hier zum einen eine Einstimmung in den beginnenden Arbeitsprozess und eine abschließende Gesamtauswertung der Studie stattfinden. Im Anfangsritual können erste Schritte eines gemeinsamen Vertrages realisiert und auf ihre Tragfähigkeit überprüft werden. Im Abschlussritual erfolgt eine Verdichtung von Fortbildung und Forschung zu einer Gruppenaussage und den individuellen Relativierungen, d.h. den persönlichen Einschätzungen, die die einzelnen Teilnehmer zur Gruppenaussage beitragen. Zum anderen wird in der Schlusssituation analog zur Anfangssituation die Problematik der Bindung bzw. Trennung berücksichtigt. Die Bindung des einzelnen Studienteilnehmers an die Ziele der Fortbildungsstudie sowie die Entlassung in seine Berufspraxis wird nicht nur inhaltlich vorbereitet (indem er etwa neue Handlungsimpulse entwickelt und mit Alternativen mit nach Hause nimmt). Darüber hinaus ist auch zu sichern, dass der Transfer der Fortbildungsergebnisse auf die Berufspraxis so wenig wie möglich von affektiven Problemen aus der Studienarbeit belastet ist. Dazu gehören z.B. Eindrücke, die nicht mitgeteilt werden konnten oder durften, zurückgehaltener Ärger aus Beziehungsproblemen der Studienteilnehmer oder Trauerarbeit anlässlich der notwendigen Trennung.

2.4. Auswertungsgesichtspunkte

2.4.1. Datenauswertung und Ergebnisqualität

Die Daten des Forschungsprozesses in den Fortbildungsstudien bestehen aus Texten (Protokolle und Transkripte). Deshalb kommen neben der bereits beschriebenen und demonstrierten Verarbeitung der Daten in den Diskursen während des Forschungsprozesses für die nachträgliche und meist punktuelle Auswertung texthermeneutische Verfahren zur Anwendung. Die Texthermeneutik folgt dabei dem psychoanalytischen Verständnis von Interaktionen, dass diesen nicht nur bewusste, sondern auch und gerade unbewusste Motive zugrunde liegen.

Verschriftlichte Alltagskommunikation ist eine Textsorte, die sich nur schwer und kaum mit Lust lesen lässt. Sie enthält nicht nur sprachliche Ungereimtheiten, die damit zusammen hängen, dass Menschen häufig beim Sprechen denken (...über die allmähliche Verfassung von Texten während des Sprechens...), sondern sie sind manchmal hoffnungslos widersprüchlich. Was in dem einen Satz gesagt wird, kann im nächsten bereits wieder aufgehoben scheinen. Kaum jemand würde so schreiben, wie er spricht, und kaum jemand spricht »druckreif«. Die Texte enthalten also zahlreiche Inkonsistenzen, Verwirrungen und Brüche, die darauf verweisen, dass nicht die Logik des Verstandes allein die Sprechakte bestimmt, sondern Prozesse, die den Sprechenden nicht immer bewusst sind.

Die Grundvorstellungen zur Psychoanalyse und in weitaus komplexeren Sinne die psychoanalytische Sozialpsychologie, die sich auf solch »Verworrenes« bezieht (vgl. Leithäuser 1989, S. 27), waren immer eine praktische und theoretische zugleich. Mit dem methodischen Instrumentarium der Analyse sollte erforscht werden, welche biographisch beschreibbaren Prozesse zu psychischer Krankheit und Leiden, die sich zugleich als dem Verstand nicht zugänglich erweisen, geführt hatten, diese aber gleichzeitig einer Heilung zugeführt werden (Junktim von Forschen und Heilen; vgl. Nitzschke 1994). Durch die Ausweitung der ursprünglichen Freudschen Gedankens in eine analytische Sozialpsychologie (vgl. Fromm 1971; Clemenz 1998) ergab sich die Möglichkeit, die aus der Erforschung der psychodynamischen Prozesse gewonnenen Theorien für ein Verständnis der soziodynamischen Prozesse nutzbar zu machen. Die tiefenhermeneutische Textinterpretation nutzt sowohl diese theoretischen Erkenntnisse als auch den methodischen Zugang der Analyse von Gegenübertragung (den unbewussten Reaktionen auf das Datenmaterial) zum Verständnis textlich-empirischen Materials.

Die Qualität der Texte

Die verschiedenen Arbeitsschritte in der Auswertung bestehen in inhaltlichen Strukturierungen des Materials, Herausnahme der im wissenschaftlichen Diskurs als relevant beurteilten Abschnitte und der in Analogie der Analyse von Übertragung und Gegenübertragung erfolgenden Interpretation (die der Deutung in der Psychoanalyse als therapeutischer Methode entspricht). So entsteht ein Text zu einem als Fallschilderung verdichteten pädagogischen Ereignis, der zugleich eine Interpretation enthält, deren Gültigkeit eine vorläufige bleibt. Sie kann nicht überprüft werden, da es sich bei der verschriftlichten Fallschilderung um ein gewissermaßen historisches Ereignis handelt. Es ist vielmehr als eine Interpretation eines metaphorischen Gehaltes zu verstehen, dessen Gültigkeit von der Plausibilität abhängt, die der Interpretation unterliegt (vgl. Buchholz 1993b).

Der Text eines Supervisionstranskripts enthält z.B. bereits eine erste Sinngebung, auch wenn der Sinn zunächst noch latent bleibt. Aus dem Gesamtgeschehen eines Supervisionsprozesses wird »nur« das herausgenommen, was – ohne eingehende Begründung bereits an dieser Stelle heraushebenswert erscheint (verstanden als Gegenübertragungsgeschehen). In diesem Auswertungsschritt ist evident, dass eine Auswahl stattfindet, d. h. also bestimmte Geschehnisse »weggelassen« werden. Selbst in der Reinschrift durch dritte (Sekretärin) sind solche systematischen Fehler des Weglassens, Veränderns oder Entstehens möglich und nicht auszuschließen (während der Auswertung des Materials ist dies mehrfach vorgekommen).

Die Hervorhebung bestimmten Materials aus dem Text trifft eine erste *logische* Strukturierung insofern, als das Geschehen hier eine bestimmte *Be-*

deutung besitzt, wenn diese auch im zunächst mehr unbewusst als bewusst wahrgenommen wird. Die Wissenschaftler haben durch die Anwesenheit bei der Textproduktion an dem Sinn des Textes einen Anteil, sie sind an der Interaktionspraxis der Teilnehmerinnen und Teilnehmer beteiligt und nehmen diese ebenso wahr, wie sie selbst von ihnen wahrgenommen werden. Ihre Person ist in den Inhalten des Textes enthalten, selbst wenn sie sich für passiv halten sollten, d. h. die Beschreibung ihrer Wahrnehmung enthält auch die Reaktion der anderen auf sie bzw. ihre Reaktion auf die anderen.

In dieser – wenn auch nicht immer bewussten – Anteilnahme liegt der Bezug zu der Bedeutung ihrer Wahrnehmung, die sie in diesem ersten Arbeitsschritt dem Text unterlegen. Denn wie die Teilnehmergruppe ihnen eine bestimmte Rolle zuschreibt oder überträgt (und wenn auch nur die desjenigen des Abstinenten, des Kontrolleurs), so gibt es auch eine (Gegen-) Übertragung der Wissenschaftler auf die Gruppe, die als Reaktion darauf zu verstehen ist, wie sie die Übertragung der Gruppe auf sie annehmen oder abwehren.

So wie die Supervisionsgruppe bei der Durcharbeitung einer Fallszene die Wissenschaftler in die zum Teil unbewussten multilateralen Übertragungsprozesse im Hier-Und-Jetzt der Gruppe einbezieht, so geht in die Auswertung umgekehrt auch die Gegenübertragung des Wissenschaftlers auf die Gruppe mit ein. Sie bezieht sich auf die Struktur, die er bewusst oder unbewusst in dem vor ihm ablaufenden Gruppenprozess erkennt. Sowie sie auf der einen Seite einen »Fehler« produzieren kann, ist sie auf der anderen Seite notwendige Voraussetzung zur Erschließung des Sinns des von ihm Wahrgenommenen. Nur wenn die Wissenschaftler sich in die aktuelle Situation einfühlen können – bewusst oder unbewusst -, haben sie überhaupt eine Möglichkeit, eine plausible Interpretation zu erarbeiten. Mit »Fehler« ist hier eine Interpretation gemeint, die aus – wiederum plausiblen Gründen – die Verstellung des Blickes auf den Text produziert, z.B. als Abwehr eines symbolischen Gehaltes, der problematisch ist, ohne dass dies die Wissenschaftler erkennen.

2.4.2. Grundlagen der psychoanalytischen Textinterpretation

In der weiteren Bearbeitung des transkribierten Materials wird versucht, aus den einzelnen Beschreibungen des Wahrgenommenen, das ein bis dahin nur vorbewusst gestaltetes Material darstellt, eine Prozessbeschreibung zu entfalten, die den Wechsel von Spannung und Entspannung der Gruppe in einen logischen Zusammenhang stellt. Aus dem für den ungeübten Beobachter zunächst noch chaotischen Material versuchen die Wissenschaftler eine Geschichte zu formen: »Im logischen Verstehen (. . .) eines Textes geht es zunächst darum, den manifesten Sinn des Textes zu erfassen. Die alltagspraktischen Verfahren des Verstehens und der implizit linguistischen Analyse, die der Interpret im logischen Verstehen anwendet, sind schon auf dieser Ebene so ausgerichtet, dass Inkonsistenzen des Textes als besondere Bedeutungsträger aufgefasst werden. Das logische Verstehen als ein erster methodischer Schritt isoliert die Eigenschaft umgangssprachlicher Kommunikation, Regelabweichungen zu erkennen und fasst diese – im Unterschied zur alltäglichen Kommunikation, in der es darum geht, ›Missverständnisse‹ möglichst rasch zu beheben – als Anzeichen eines problematischen Sinngehalts auf« (Volmerg 1980, S. 230). Die Logik der Fallszene als Geschichte ist deshalb von Bedeutung, weil sich nur so einen Inhalt und einen Sinn mitteilen lässt. Weder die Zerlegung des Textes in Einzelbestandteile bis in Husten und Räuspern lässt ihn verständlich werden, noch die Formulierung mit anderen Worten – es sei denn, man wählte diese so, dass daraus eben eine sinnvolle Geschichte würde (vgl. Spence 1997).

Um der Logik des Supervisionsprozesses gerecht zu werden, muss der jeweilige Anteil der Teilnehmerinnen und Teilnehmer am Entstehen des Materials, d. b. des Geschehens herausgearbeitet werden, und dies wiederum bedeutet, den aktuellen Kommunikations- und Handlungsprozess als Abfolge von Einigungs- und Entscheidungsversuchen wahrzunehmen und zu beschreiben. Für das Ziel, Motive aufzudecken, die zur Entspannung von konflikthaften Situationen an Punkten führen, die von Erfahrungen von Ungleichheit gekennzeichnet sind, geht es dabei weniger um eine Geschichte der *kausalen* Zusammenhänge (der eine sagt dies, weil der andere das getan hat), sondern darum, *finale* Gesetzmäßigkeiten (Zweck) des Handlungs- bzw. Kommunikationsprozesses dingfest zu machen (der eine sagt dies, damit die anderen jenes tun).

Die Analyse des Materials bezieht sich also auf den Wirkungszusammenhang der Interaktionsprozesse. Die weitere Auswertung besteht in der *Gliederung* der gesamten Geschichte *in Szenen*, d. h. in Abschnitte, die den Beginn oder das Ende eines Einigungsversuches kennzeichnen. Kriterium für den Beginn oder das Ende ist hier die »Bewegung« der Gruppe, d. h. in welche »Richtung« sie sich durch welche Intervention bewegt. Die szenische Gliederung folgt also den psycho-logischen Interventionen im Gruppenprozess: »Das Aufnehmen von Widersprüchen auf dieser Ebene der Sprachfiguren wird ergänzt durch ein Verstehen, dass seine Aufmerksamkeit auf den metakommunikativen Gehalt des Textes richtet. Wir bezeichnen es mit Alfred Lorenzer als psychologisches Verstehen, weil es den im Text präsenten aktuellen Kommunikationsprozess als Ausdruck einer psychologischen Situation des oder der Sprecher versteht. Der Interpret fragt hier nach der Art und Weise, wie Verständigung hergestellt wird. Er fragt nach den affektiven Erwartungen, die die Teilnehmer am Sprachspiel sich wechselseitig gegenüber hegen. Korrespondieren die Formen der Kommunikation mit den angesprochenen Sachverhalten oder stehen die Teilnehmer eher unter einem Druck des Konsensus, der eine Verständigung über Sachverhalte ausschließt? Auch hier nimmt der Interpret also Widersprüche auf, die er in den umfassenderen Zusammenhang eines szenischen Verstehens der Interaktionsfiguren des Textes stellt...Der Text repräsentiert dramatische Entwürfe, Szenen, Lebensformen; die Sprachfiguren des Textes werden als Interaktionsfiguren verstanden. Indem der Interpret die Situationsbeschreibungen auf ein zugrunde liegendes Muster bezieht, vermag er diese untereinander zu vergleichen. So werden Widersprüche zwischen den Szenen und innerhalb der Szenen evident. Der Interpret hat die Aufgabe, diese widersprüchlichen Bedeutungen auszuarbeiten, um so zu dem Sinn vorzudringen, der in den Szenen und mit der spezifischen Grammatik des Textes verborgen ist.« (Volmerg 1980, S. 207; vgl. auch Leithäuser 1981, 1989)

Im tiefenhermeneutischen Verstehen geht es um den Inhalt der Einigungsprozesse, d. h. auf welche Motive der jeweiligen Bewegung sich die Gruppe geeinigt hat und inwieweit die diesen Motiven folgenden Interaktionsfiguren als Abwehrfiguren verstanden werden können: »Das intakte Sprachspiel ist einerseits der Sinn des Textes, der durch die Verzerrungen hindurch rekonstruiert wird, andererseits ist das intakte Sprachspiel zugleich die Folie, auf dem die Sprachfiguren des Textes als Abwehrfiguren erkennbar werden. Der

Interpret hat mit Hilfe des tiefenhermeneutischen Verstehens im aufgespaltenen Sprachspiel die Regeln aufzufinden und zu beschreiben, die durch die Abwehr desymbolisiert wurden.« (Leithäuser/Volmerg 1979, S. 183)

Interpretationskriterien, Objektivität und Gültigkeit

Gegen die Aufdeckung der Motive können auch Wissenschaftler eine Abwehr entwickeln, nämlich dort, wo sie an eigene (verdrängte) Motive rühren. Interaktionen in der Alltagssituation integrieren nach Möglichkeit solche individuellen Abwehrstrukturen als kollektive Abwehrbündnisse, die im Sinne der Psychohygiene der Gruppe eine Kompromissbildung darstellen (vgl. Heigl-Evers/Heigl 1978). Das Aufgreifen von Inhalten, die für die Erarbeitung von Forschungsergebnissen relevant wären, kann aus diesem Grund partiell dem Bedarf an Stabilität in der Gruppe und damit der Verdrängung zum Opfer fallen.

Die Plausibilität der Interpretation sowie ihre Vollständigkeit wird von den methodischen Hilfen abhängen, die die Wissenschaftler während ihrer Interpretationsarbeit nutzen. Dazu gehört in erster Linie die wissenschaftliche Metakommunikation über das Material. Diese Metakommunikation fußt auf Theorieelementen, die sowohl den Verstehensprozess als auch den Entstehungsprozess des Materials zu beschreiben imstande sein müssen (sowohl die Entstehung der Übertragung als auch die Übertragung selbst). Mit anderen Worten: Der Wissenschaftler wird für seine Interpretationen den wissenschaftlichen Diskurs suchen. Dies ist vor allem deswegen notwendig, weil im Entschlüsselungsprozess des hermeneutischen Verfahrens die Identifikation mit den jeweiligen Handlungspartnern und deren Niederschlag im Text des Interaktionsprozesses eine herausragende Rolle spielt: »Auch die praktische Teilhabe des Interpreten geschieht in der Weise, dass der Interpret virtuell eine Rolle im angebotenen Drama übernimmt, d. h. sich mit einem Objekt der Szene identifiziert. Über die antizipatorische Identifikation wird es ihm möglich, die emotionale Bedeutung der Szene zu realisieren. Dabei ist es nicht beliebig, mit welchem Objekt er sich identifiziert. Die logischen, psychologischen und szenischen Widersprüche des Textes werden nur dann evident, wenn der Interpret sich mit demjenigen Objekt der Szene identifiziert, gegen das sich die Abwehr richtet.« (Leithäuser/Volmerg 1979, S. 182)

Darüber hinaus hängt die Qualität der Identifikation bzw. der Einfühlung davon ab, wie ähnlich der Teilnehmer/die Teilnehmerin im Vergleich mit dem Interpreten fühlt. Je ähnlicher die Situation, desto gelungener die Einfühlung, Dies kann u. U. bedeuten, dass sich in eine verschlüsselte Botschaft einer Frau ein Mann leichter einfühlen kann, sofern diese Botschaft einem Mann gilt (leichter bezieht sich hier auf die durch die Botschaft beabsichtigte Wirkung), während eine Frau sich eher in eine Botschaft von einer Frau an eine andere einfühlen kann (die beabsichtigte Wirkung *und* die Botschaft betreffen sie selbst) und umgekehrt.

Eine Interpretation ist dann hinreichend sinnvoll und in diesem Sinne gültig, wenn Kommunikations- bzw. Handlungszusammenhänge in ihren Widersprüchen plausibel und evident geklärt sind, d. h. wenn über die Aufdeckung verdrängter Motive das Geschehen in eine subjektiv nachvollziehbare Handlungslogik gebracht worden ist, die vor allem Inkonsistenzen und Widersprüche aufklärt. Das muss nicht heißen, dass es für jeden Text eine für Dritte nachvollziehbare, absolut gültige Logik gibt. Die *wahre Bedeutung* des vom Wissenschaftler Beobachteten kann sich nur im Prozess der aufhebenden Wirkung von Abwehrstrukturen gegenüber den wahren Bedeutungen erweisen, etwa im therapeutischen Setting: »In der psychoanalytischen Praxis gelten Interpretationen nur dann als wahr, wenn sich Analytiker und Patient gemeinsam auf der Ebene der Intersubjektivität über sie verständigen können. Das Eigentümliche der praktischen Wahrheitsfindung in der analytischen Situation besteht darin, dass die Verständigung über den Sinn der Verzerrung eines Textes diese Verzerrung selbst aufhebt. Die Wahrheit der metapsychologischen Konstrukte bewährt sich daran, ob mit ihrer Hilfe individuelles Verhalten so interpretiert werden kann, dass die Fortsetzung eines unterbrochenen Bildungsprozesses gelingt... Die Leistung der (Text-) Interpretation reicht hier nur so weit, wie der Text selbst Rekonstruktionsansätze enthält, die vom Interpreten aufgefunden und expliziert werden müssen. Die Textinterpretation ist eine kreative Produktion symbolischer Interaktionsformen, sie ist jedoch Rekonstruktion im eigentlichen Sinne des Wortes.« (Leithäuser/Volmerg 1979, S. 135/180)

Interpretationen nach der beschriebenen Auswertungsmethode bezeichnen Motive in Interaktionsprozessen, die nicht zur Sprache kommen, ohne die aber das Geschehen insgesamt nicht evident aufgeklärt werden kann. Auch wenn es keine objektivere Interpretation einer Interaktions-Szene geben kann als die, die den Beteiligten plausibel erscheint, so sind Interpretationen Dritter doch zumindest aus vier Gründen nicht weniger gültig:

1. Jeder Beobachter ist in einer sozialen Situation – selbst einer in einem Text beschriebenen – beteiligt, jeder Mensch entwickelt sozialen Situationen gegenüber Gefühle (z. B. der Lust oder der Angst). Gerade darin liegt ja seine Chance, in soziale Prozesse handlungspraktisch und konfliktlösend eingreifen zu können. In diesem Sinne wird jede Interpretation zwangsläufig unvollkommen, wollte sie diese Tatsache verleugnen oder gar ihre Methoden im Dienste dieser Verleugnung anlegen: »Das größte Hindernis auf dem Wege zu einer wissenschaftlichen Erforschung des Verhaltens ist die ungenügende Berücksichtigung der emotionalen Verstrickung des Untersuchenden mit seinem Material, das er letzten Endes selber ist ...« (Devereux 1976, S. 28).
2. Nur durch ein Wissen um wechselseitige unbewusste Motive ist eine Verständigung zwischen Menschen in ähnlichen Lebensumständen überhaupt möglich (vgl. z.B. Weingarten u.a. 1976) – andernfalls mündet der Einigungsversuch zwischen ihnen nach bisheriger historischer Erfahrung in Trennung oder Gewalt; was im übrigen zwei Seiten derselben Erfahrung sind.
3. Jeder dritte, der eine Interpretation auf sich wirken lässt, hat die Möglichkeit, sich von den Daten überzeugen oder überwältigen zu lassen. Eine Überwältigung ist um so wahrscheinlicher, je glaubwürdiger oder mächtiger der Interpret der Daten (z.B. als Wissenschaftler) wahrgenommen wird und je abstrakter das Datenmaterial ist (d.h. je weiter entfernt von der Alltagserfahrung, auf die man bei Plausibilitätsprüfungen ja zurückgreift). In jedem Falle aber ist der Maßstab für die Beurteilung von Interpretationen menschlichen Verhaltens die individuelle Beurteilung der Plausibilität. Wahrscheinlich nicht zuletzt deshalb gibt es zu fast jeder Hypothese in den Sozialwissenschaften mindestens eine Gegenhypothese.
4. Der wissenschaftliche Zugang, der sich auf die Gegenübertragungsanalyse des Wissenschaftlers einlässt, enthält für hermeneutische Textinterpretationen den größtmöglichen Grad an Objektivität. Der größte kann nur in der Interaktionspraxis selbst erzielt werden; und auch dort weichen die Wahrnehmungen der Interaktionspartner über das gemeinsam erlebte Geschehen so weit voneinander ab, wie diese es jeweils zur eigenen Legitimation

ihres Verhaltens bzw. zur Abwehr äußerer oder innerpsychischer Konflikte in der jeweils spezifischen Situation brauchen (vgl. Lorenzer 1974).

2.5. Zur Darstellung der Fortbildungsstudien

Ich werde Im Folgenden die drei bisher durchgeführten Fortbildungsstudien vorstellen. Die Fortbildungsstudie, »Interkulturelles Lernen – Haus Europa I«, wird in ihren Umrissen und mit einigen Details entfaltet, welche den inhaltlichen Gang der Ergebnisgewinnung nachvollziehen lässt. Der Schwerpunkt wird dabei auf dem *Fortbildungsprozess* liegen. Von daher steht bei der Bewertung der Ergebnisse die Frage im Vordergrund, ob, wie und was von dem im Forschungsprozess Erarbeiteten in die Haltung der Erzieherinnen eingegangen ist.

Die Darstellung der Fortbildungsstudie »Gleichstellung von Jungen und Mädchen – Haus Europa II« erfolgt in Form eines detaillierten Berichtes. Er zeigt nicht nur die Abfolge der Forschungs- und Fortbildungsmethoden und gibt die Elemente der Materialauswertung wieder, die die unmittelbaren Adressaten der Studie – die Erzieherinnen – betreffen. Er demonstriert auch die Anteile, die an wissenschaftlicher Auswertung von Texten in die Fortbildung zurückvermittelt wurden. Ich folge mit dieser Darstellung einer Empfehlung von Rohrmann (1996), der neben der Präsentation der Methoden und theoretischen Prinzipien angewandter Sozialwissenschaft auch die präzise Darstellung des Forschungsprozesses fordert. Es geht also bei der Darstellung dieser Studie vor allem um die Beschreibung der *Forschungsstrategie.*

Ich werde zur Verdeutlichung des jeweiligen Anteils eher forschungs- und eher fortbildungsleitender Momente jeweils markieren, was ich dementsprechend dem Thema bzw. der Methode zurechne. Diese Zurechnung ist allerdings insofern artifiziell, als Gesichtspunkte, die im Sinne von Fortbildung von Bedeutung sind, natürlich auch Material hervorbringen, welches im Sinne einer Analyse der Forschungsprozesses interpretiert werden kann. Ergebnisse der Fortbildung sind ja auch deshalb Ergebnisse der Forschung, weil sie sich auf einen gemeinsamen Erkenntnisprozess beziehen. Und die jeweils aktuellen Ergebnisse des Forschungsprozesses stellen wiederum das neue Bildungsplateau dar, von dem aus der Fortbildungsweg weiterverfolgt wird.

Die Darstellung der dritten Fortbildungsstudie »Leitung in Einrichtungen für Kinder« habe ich als subjektiven Bericht angelegt, um zu zeigen, wie der Forschungsprozess die eigene Person des Forschers »berührt« und welche Gegenübertragungsgefühle an kritischen Momenten des Beziehungsgeflechtes zwischen Mitarbeiterinnen und Mitarbeitern in der Leitung der Studie sowie Praktikern entstanden sind, die wiederum forschungsleitend im Detail wirkten. Hier wird der im Mittelpunkt der *Forschungsprozess* stehen.

3. Die Fortbildungsstudie: *Interkulturelles Lernen – Haus Europa I*[12]

3.1. Haus Europa – Die Grundlagen der Fortbildungsstudie

Ein kommunales und ein kirchliches Kindergartenteam haben in dieser Fortbildungsstudie gemeinsam mit den Wissenschaftlern aus den praktischen Problemen des pädagogischen Alltags heraus die interkulturellen Spannungen zwischen Erzieherinnen und Elternhäusern und der Kinder untereinander untersucht. Die europäische Perspektive der Studie war für die Teilnehmerinnen und Teilnehmer nicht von Anfang selbstverständlich. Sie ist erst in dem Maße in den Vordergrund gerückt, in dem die Erzieherinnen sich selbst mit dem Fremden in ihrer eigenen Profession beim Besuch von vergleichbaren Einrichtungen in Frankreich und England konfrontiert hatten.

Neben einer Erwartung der Verbesserung der professionellen Situation in der Betreuung deutscher und ausländischer Kinder verband sich mit der Fortbildungsstudie auch die Hoffnung auf eine Annäherung an andere interkulturelle bzw. europäische Vorschulkonzepte, eine Hoffnung, die am Ende der Studie eine andere Grundlage hatte als zu Beginn: Die ursprüngliche Vorstellung einer grenzenlosen Bereitschaft zur Aufnahme aller Kulturen war der Überzeugung gewichen, dass es stabiler Grenzen des eigenen Selbstbewusstseins bedarf – auch gegenüber den europäischen Nachbarn –, um solche Vorstellungen überhaupt verwirklichen zu können. Dazwischen lag

12 Die Leitung der Studie hatten Christian Büttner (HSFK) und Urte Finger-Trescher (Leiterin der Erziehungsberatungsstelle Offenbach) inne. An der Studie nahmen eine evangelische Kindertagesstätte aus Frankfurt und eine kommunale Kindertagesstätte aus Dreieich teil.

eine ganze Reihe z.T. schmerzlicher Erfahrungen über die Begrenztheit von individueller und kollektiver Aufnahmefähigkeit und Integrationskapazität selbst gegenüber Kindern und Kolleginnen aus der eigenen Kultur.

Haus Europa

Nahezu überall in Europa leben heute Menschen aus ganz unterschiedlichen Kulturen zusammen. In vorschulischen Einrichtungen in Deutschland, England oder Frankreich kann man heute Kinder aus manchmal mehr als 20 verschiedenen Kulturen antreffen. Japaner, Chinesen, Inder, Afrikaner, Südamerikaner, es gibt kaum eine Volksgruppe, die nicht im europäischen Lebensalltag repräsentiert wäre.

Wenn auch die historische Entwicklung des Umgangs mit Multikulturalität in den europäischen Staaten jeweils unterschiedlich verlaufen ist, so ergibt sich doch nahezu überall eine vergleichbare Situation: In allen europäischen Staaten haben es die »Fremden« mit der jeweiligen nationalen Kultur und Sprache zu tun, nirgendwo zeigt sich der Ansatz einer vollständig multikulturellen Gesellschaft, in der allen in ihr lebenden Kulturen die gleichen (Lebens-) Bedingungen von der »Amtssprache« bis hin zu gleichberechtigten kulturellen Ressourcen geboten würden. Bei Ländern mit verschiedenen Amtssprachen, historisch miteinander gewachsenen und traditionell staatlich verankerten unterschiedlichen Kulturen (Schweiz, Belgien, Luxemburg ...) wird sichtbar, dass selbst lange historische Erfahrung verschiedener Kulturen in einer Nation nicht unbedingt zu gegenseitiger Akzeptanz führt.

Aus den Problemen des multikulturellen Zusammenlebens sind inzwischen weit über Einzelbeispiele hinaus Ideen hervorgebracht worden, wie auf der Grundlage allgemeiner Menschlichkeit Toleranz und Integration umgesetzt werden könnten – von Hilfestellungen bei der Assimilation Fremder bis zur Unterstützung bei dem Erhalt ihrer jeweiligen kulturellen Besonderheiten. So manche der Vorstellungen, man könne mit Menschen jedweder Kulturen in Frieden leben und dies sei bereits die multikulturelle Gesellschaft, haben sich allerdings als illusionär erwiesen. Der Wunsch, für alle Menschen offen zu sein, der am Beginn vieler Integrationsversuche fremder Kinder und Erwachsener gestanden hat, erhält heute zunehmend die Einschränkung »... wenn sie sich mit unseren Vorstellungen des Lebens in einer sozialen Gemeinschaft arrangieren! Ich kann doch nicht zulassen, wie eine muslimische

Mutter mit ihrer Tochter umgeht, wenn sie sie daran hindert, mit ins Schwimmbad zu gehen«, so z.B. eine deutsche Erzieherin (mit guten pädagogischen Argumenten) aus der Fortbildungsstudie.

Der Anspruch eines grenzenlosen Raumes, der ehemals für alle anvertrauten (einheimischen und fremden) Kinder und Eltern im Zentrum multikultureller vorschulischer Pädagogik erhoben wurde, wird heute häufig zurückgenommen, weil sich die Integrationshoffnungen nicht erfüllt haben: Die Fremden sind Fremde geblieben, und viele Deutsche ziehen sich von den Fremden immer mehr zurück. Der »gute Ruf« einer vorschulischen Einrichtung ist heute bei vielen deutschen Eltern häufig direkt abhängig vom Prozentsatz ausländischer Kinder! Die geringe Akzeptanz, die damit den pädagogischen Bemühungen um interkulturelle Integration verbleibt, kann dann schnell zur Enttäuschung, ja sogar zu Verbitterung bei Erzieherinnen und Erziehern führen. Die Idee einer globalen Integration aller Kulturen unter einer Identität »Mensch« ist wahrscheinlich auch deshalb so schwer (wenn überhaupt zu realisieren), weil zu einem solchen pädagogischen Ansatz meist die Voraussetzungen fehlen:

- die Fähigkeit zur Auseinandersetzung mit individueller Identität »in den eigenen Reihen«, sei es im Team, sei es in den Kindergruppen,
- die Fähigkeit zum flexiblen Umgang mit der institutionellen Identität und die Fähigkeit, damit verbundene Kooperations- bzw. Abgrenzungsprobleme im Hinblick auf andere, fremde Institutionen im nationalen Maßstab zu handhaben, und im internationalen Maßstab
- die Fähigkeit zur Auseinandersetzung mit der professionellen Identität von Kolleginnen und Kollegen unserer unmittelbaren Nachbarländer in Europa.
- Schließlich die besondere Problematik von Integrationsvorstellungen und einer Haltung gegenüber Fremden, die durch weibliche Biographien geprägt ist (vgl. Mansfeld 1998).

Weit entfernt von Annäherungen der verschiedenen nationalen Vorstellungen von Vorschulerziehung ist das Vertragsgebilde »Europa« heute in der Hauptsache ein System politisch-wirtschaftlich-technologischer Staatenverknüpfungen. Europäische Kommission, Europäischer Rat und Europäisches Parlament stehen nicht in einer Beziehung zueinander, wie sie einem parlamentarisch-demokratischen Staatswesen entspricht. Europa ist lange noch nicht dort, wo multikulturelles europäisches Zusammenleben heute sein müsste. Nur schwer und in vielen Bereichen überhaupt nicht, kommt eine europäische Integration zu einem »europäischen Volk«, einem europäischen Souverän, voran. Man weiß nicht einmal sicher, wie ein multikulturelles Europa aussehen könnte, dessen Bürger sich unabhängig vor ihrer Herkunftskultur »europäisch« fühlen würden. Was würde dies für dies jeweiligen nationalen Kulturen bedeuten; und schließlich: Welche Probleme stehen der Entwicklung einer europäischen Identität im Wege?

Europa, das multikulturelle Haus

Versuche, so etwas wie eine interkulturelle Erziehung zu verwirklichen, sind in den meisten europäischen Ländern zu einem Zeichen unserer heutigen Zeit geworden. Überall wird infolge wachsender Migrationsbewegungen zwangsläufig darüber nachgedacht, in welchem Verhältnis man zu den neuen Fremden steht, ob und wie man sie in die bestehenden Verhältnisse integrieren kann und soll, und natürlich auch: wie die folgenden Generationen, also die Kinder und Kindeskinder, auf ein Leben mit diesen Verhältnissen angemessen vorbereitet werden können.

Ähnlich wie die Zeiterscheinung des Europäisierungsprozesses ist auch die Zeiterscheinung der interkulturellen Erziehung von einem ständigen Auf und Ab, das heißt einer heftigen und kontroversen Diskussion, begleitet, die in den europäischen Ländern z.T. ganz unterschiedlich geführt wird. Dafür, dagegen, mit Einschränkungen dafür, niemals, die Grenzen auf, die Grenzen zu, Fremde rein, Fremde raus – nichts scheint in diesen beiden Zeitströmungen entschieden. Alles ist nach wie vor offen. Eines aber scheint klar: Es sind in beiden Erscheinungen Fakten gesetzt. Auf der einen Seite gibt es die großen Wanderungsbewegungen zunächst von Süd nach Nord, inzwischen von Ost nach West, die vor keinem Land, keiner Nationalität Halt machen. Und auf der Seite der Europäisierung ist der Prozess einer ökonomischen Annäherung der europäischen Nationalstaaten bereits so weit fortgeschritten, dass ein großer Teil des wirtschaftlichen Lebens in dem Kontinent Europa (wo auch immer man die Grenzen zieht) von einem übergreifenden Wirtschafts- und Handelssystem abhängig ist. Ohne dass also die Bürger der europäischen Länder als »Gesamtsouverän« jemals darüber hätten abstimmen können, sind in beiden Bereichen, dem der interkulturellen Erziehung und dem des Europäisierungsprozesses, Fakten geschaffen, hinter die niemand mehr zurückgehen kann.

Bisher wurden diese Zeiterscheinungen eher isoliert betrachtet. Vor allem in der erzieherischen Alltagspraxis hat man sich keine Gedanken darüber gemacht, dass das eine mit dem anderen ja durchaus etwas zu tun haben könnte. Vielleicht deshalb nicht, weil das eine zu bedeuten scheint

- interkulturelle Erziehung = Erziehung unter einem gemeinsamen (nationalen) Dach (der gemeinsame Bezugspunkt der jeweilig versammelten Kulturen ist der des jeweiligen Gast-Landes);
  und das andere
- Europäisierung = das Bauen eines gemeinsamen Hauses mit einem europäischen Dach, in dem man vielleicht auch gemeinsame Erziehung betreiben kann (von der allerdings bisher nicht die Rede ist, weil das hieße, einen gemeinsamen Bezugspunkt zu finden, der außerhalb der jeweiligen nationalen Identität liegen muss).

Das Gemeinsame der Erscheinungen liegt gleichwohl auf der Hand. Interkulturelle Erziehung kann man nämlich als die Integration verschiedener Kulturen inklusive der eigenen (nationalen) begreifen, und die Europäisierung beinhaltet im Prinzip das Gleiche: die Integration fremder europäischer Kulturen inklusive der eigenen. Die Ethnozentriertheit in der interkulturellen Erziehung, das heißt Erziehung aus ausschließlicher Perspektive der nationalen Kultur, hat möglicherweise bisher verhindert zu sehen, dass im Europäisierungsprozess von den jeweiligen Nationalitäten etwas verlangt wird, was möglicherweise bei der interkulturellen Erziehung ebenso geboten wäre: ein interkulturelles Verhalten, das von dem gleichen Respekt und der gleichen Anerkennung den Fremden gegenüber getragen werden muss, wie man sie von diesen gegenüber der eigenen Kultur erwartet.

So schwer das Aufeinanderzugehen (nicht nur in der interkulturellen Erziehung, sondern auch in der Europäisierung) sein mag, so gute Chancen liegen darin aber auch für das Leben in einer multikulturellen Gesellschaft überhaupt. Der Aufbruch zu einer neuen interkulturellen Identität, das heißt einem Bündel von Einstellungs- und Verhaltensweisen, die von der Gleichwertigkeit der Menschen – einerlei, welcher Kultur – ausgehen, steht nicht nur am Anfang des Weges hin zu einer neuen Qualität interkultureller Erziehung, sondern auch am Anfang des Weges nach Europa.

Wenn im Zuge der Europäisierung »Ausländer« zu »Inländern« werden – einerlei, ob im Rahmen der nationalen deutschen Realität des Umgangs mit Kindern aus verschiedenen Kulturen oder in der Perspektive eines »Hauses Europa« –, dann bedeutet dies in jedem Fall, dass unabhängig davon, um welche Nationalität es sich bei den zu betreuenden Kindern handelt, eine Identitätsveränderung bei den Erzieherinnen und Erziehern gefordert ist. Sie müssen sich dann zugleich auch den Identitäten der Kinder aus den europäischen Ländern annähern. Italienische, griechische oder portugiesische Kinder, deren Integration bisher vergleichsweise wenig Mühe gemacht haben mag, hätten dann wie ihre Erzieherinnen und Erzieher einen supranationalen Identitätsstatus, der für alle gleich sein sollte. Fremdheit, wie sie sich durch kulturelle Vielfalt oder Sprache ausdrückt, wäre dann nicht mehr der Sonder-, sondern der Normalfall.

Die Problematik einer Gesellschaft, in der viele verschiedene Kulturen beheimatet sind, gewinnt dadurch zumindest für den begrenzten Rahmen Europa eine operationalisierbare Perspektive. Der Anforderungsrahmen an integrative Begegnungen ist damit festgelegt, und zwar so, dass Kinder europäischer Länder (selbst wenn sie Farbige sind) sich »im Haus« befinden und Erzieherinnen und Erzieher lernen müssen, mit ihnen als Gleiche unter Gleichen zu leben, Kinder aus außereuropäischen Ländern jedoch nach wie vor qua Herkunft zu den Fremden zählen. Begreifen wir multikulturelle Gesellschaft nicht als etwas allumfassendes, sondern beziehen die Gesellschaft mit ihren verschiedenen Kulturen auf Grenzen, die vom Individuum in ihren organisatorischen, politischen und ökonomischen Aspekten überschaubar bleiben müssen, dann haben wir in den Reflexionsprozessen hin zu einer solchen Perspektive die Chance zu erfahren, ob und welche Veränderungen der persönlichen Identität möglich sind. Dazu werde ich den Verlauf der Auseinandersetzung mit eigener und fremder Identität anhand des Supervisionsprozesses der beiden Kindergartenteams der Fortbildungsstudie skizzieren.

3.2. Zwei Kindergartenteams auf dem Wege zur Klärung ihrer Identität

Der Weg der beiden Teams begann mit einer gemeinsamen Beschreibung der Vorstellungen über Europa: »Ein Bild vom Europa der Zukunft: Das Europäische Haus«. Jedes Team malte ein Bild des Hauses Europa mit allen Nationalitäten, die nach Meinung der Erzieherinnen dazugehörten. Es ergaben sich zwei ganz ähnliche Vorstellungen. Deren Inhalt und der weitere Weg der Diskussion um Europa und interkulturelle Erziehung während der Eingangstagung des Projektes »Haus Europa« wurde von den Erzieherinnen selbst protokollarisch folgendermaßen umschrieben:

»Gemeinsamkeit im Team bei der Herstellung der Wandbilder ›Haus Europa‹, – offenes Haus – viel ›reinlassen‹ wollen, – Versuch, gemeinsame Ziele der Integrationsarbeit in Erfahrung zu bringen, – Thema: Hausbesuche bei ausländischen und deutschen Familien, Vergleiche gezogen bezüglich der Gastfreundschaft usw., – jedem Zeit zur Eingewöhnung lassen, – schlechte personelle Besetzung, – hohe Anzahl wechselnder Kolleginnen, – Problem, neue Kolleginnen zu integrieren (sich öffnen können oder distanzieren?)« (Protokollauszug, angefertigt von Team 1)

Hier ist implizit bereits der spätere Weg beider Teams aufgezeigt: Er führte von der Beschäftigung mit Konzeptionen im Umgang mit einzelnen Kindern über einen gemeinsamen Standpunkt gegenüber der Außenwelt (Eltern) bis hin zur Beschäftigung mit der institutionellen Identität (welche Kollegin gehört dazu, welche nicht). Was sich im Detail hinter diesem Protokollauszug von Team 1 verbirgt, charakterisiert das Team 2 folgendermaßen:

»Am Anfang unseres Weges hatten wir bereits in einem vorangegangenen Projekt Prinzipien zur interkulturellen Erziehung entwickelt. Sie lauteten u.a.: – Alle Kinder müssen sich willkommen geheißen fühlen, – das Prinzip der Wertschätzung und das Prinzip der Repräsentanz muss gewährleistet sein, – Kinder dürfen nicht als Repräsentanten einer nationalen oder einer ethnischen Kultur gesehen werden, – Abbau von Überlegenheits- und Unterlegenheitsgefühlen, – Eltern und Familien als Experten für herkunfts- und familienkulturelle Erfahrungen der Kinder.

Wir halten diese Prinzipien auch weiterhin für richtig, uns wurde im Laufe des Projektes ›Haus Europa‹ jedoch deutlich, wie schwierig die tatsächliche Umsetzung in der Praxis ist« (Team 2).

Am Endes des gemeinsamen Weges steht für beide Teams der Vorbehalt der Klärung eigener kultureller Standorte und Identitäten der einzelnen Kolleginnen sowie das Wissen um die Notwendigkeit, sich ständig neu um eine gemeinsame Definition von inneren und äußeren Grenzen zu verständigen. Dies sei notwendig, um gemeinsame Wege und Ziele für die Arbeit mit den Kindern zu finden und um die kollegiale Offenheit so zu gestalten, wie es den professionellen Anforderungen durch Träger und pädagogische Grundhaltungen angemessen ist. Das Ende der Fortbildungsstudie wird – wiederum von den Teams selbst – so beschrieben:

»Uns ist deutlich geworden, dass eine Voraussetzung zur Integration die Sicherheit der eigenen Identität ist. Gemeinsam müssen wir einen festen und sicheren Rahmen erarbeiten, erst dann ist es möglich, das Anderssein anderer Kulturen zulassen zu können. Unsere Zielsetzung, ein ›Haus Europa‹ werden zu können, ist die gleiche geblieben. Allerdings hat sich der Anspruch bzw. die Wertigkeit verändert. Das heißt für uns bedeutet Integration nicht mehr Vereinnahmung sondern die Ergänzung unserer Arbeit durch Bestandteile anderer Kulturen. Die Erkenntnis, dass nicht alles und jeder integrierbar ist, beinhaltet eine größere gegenseitige Toleranz und schließt die wechselseitige Abwertung aus« (Team 1).

Das zweite Team formuliert etwas vorsichtiger:

»Sich mit der kulturellen Andersartigkeit auseinander zu setzen ist aus unserer Sicht eine notwendige Sisyphusarbeit, ohne die wir nicht in der Lage wären, unsere pädagogische Arbeit wirklich den Bedürfnissen der Kinder entsprechend zu verändern. Solange wir glauben, dass unsere kulturelle Wahrnehmung allgemeingültig ist, können wir nicht wirklich das Kind in seiner Persönlichkeit wertschätzen. Dies kann aber nicht bedeuten, das wir unsere Identität völlig aufgeben, sondern nur, dass wir bewusster und flexibler mit unserer Identität umgehen und sie eventuell um einige Aspekte erweitern. Gleichzeitig müssen wir akzeptieren, dass andere Identitäten gleichberechtigt neben uns sind. Wichtig erscheint uns auch, unsere Identität weitmöglichst transparent zu machen, z.B. durch viel Kommunikation. Wie dies genau funktionieren soll, wäre ein Aspekt, an dem wir noch arbeiten müssen. Ebenso ist uns noch nicht klar, wie eventuell auch Grenzen gesetzt werden müssen« (Team 2).

3.2.1. Der erste Abschnitt des Weges: Die persönliche Identität

Was in diesen knappen Zusammenfassungen vielleicht nicht besonders spektakulär erscheint, ist das Resultat eines langen Auseinandersetzungsprozesses im Detail. In ca. 30 Supervisionssitzungen über einen Zeitraum von drei Jahren standen nicht nur die Probleme mit einzelnen Kindern bzw. Eltern im Mittelpunkt, es ging gegen Ende des Weges zunehmend um die differenzierten Probleme der Zusammenarbeit und die Schwierigkeiten der kollegialen Kommunikation. Der Schwerpunkt der Supervision wurde darauf gelegt, das scheinbar Bekannte und unproblematisch Erscheinende als etwas Fremdes herauszustellen, um daran die eigene Position zu erkennen und die Annäherungs- bzw. Abgrenzungsprozesse erfahrbar zu machen. Wenn z.B. von ausländischen Eltern die Rede war, die Schwierigkeiten mit der täglichen Organisation hätten, dann wurde der Kindergarten in die Perspektive des neuen, unbekannten Landes gerückt, in das man »einwandere«. Haustür (die zu bestimmten Zeiten verschlossen ist!) und Flur markieren die Grenzen, an denen – wie bei wirklichen Einwanderungen – sich entscheide, ob und wie man in das neue Land, die Gruppenräume, »hinüberkomme«. Diese Perspektive erwies sich bei nahezu allen Konflikten als außerordentlich hilfreich. So beschreibt z.B. Team 1 an folgenden Beispielen, wie sich Änderungen in der Haltung dem scheinbar Vertrauten gegenüber ergeben haben:

»Ein Punkt ist die Vereinnahmung ausländischer Kinder aus den europäischen Kulturen. Da sie in unseren Augen ›deutsch‹ sind, wird auf ihre Identität wenig Rücksicht genommen. Es existiert zwar der italienische ›Macho‹, aber er wird eher belächelt ... Bei den ausländischen Eltern sind wir nicht nur auf sprachliche Missverständnisse gestoßen. Schon der Begriff ›Kindergarten‹ ist Familien aus anderen Kulturkreisen fremd. Folglich sind die für uns so selbstverständlichen konzeptionellen Inhalte ausländischen Familien nicht bekannt« (Team 1).

Hier einige Beispiel der erarbeiteten kulturellen Differenzen:

- Der Umgang erithreischer Mütter mit ihren Kindern ließ den deutschen Umgang mit kleinen Kindern in einem völlig neuen Licht erscheinen: Während die fremden Mütter ihre kleinen Kinder prinzipiell der Gruppe der Kinder überlassen, herrscht bei den deutschen Müttern die Vorstellung, sie selbst müssten sich ganz intensiv um ihre Kinder kümmern; während erithreische Jungen gegenüber den Mädchen ihres Kulturkreises häufig Beschützerfunktion übernehmen, suchen die deutschen Mädchen den Schutz bei der Erzieherin.
- Ein anderes Beispiel betrifft die unterschiedlichen kulturellen Vorstellungen des Verhältnisses zum eigenen und zum fremden Körper: Alle Kinder springen nackt im Garten umher, nur die muslimischen Kinder nicht. Sie werden zum Entkleiden überredet, weil die Erzieherinnen befürchten, sie müssten sonst schwitzen. Die Erzieherinnen handeln in bestem Glauben, den Kindern Gutes zu tun, bringen sie aber in große Konflikte gegenüber ihren Eltern.
- Die anstehende Neuaufnahme von Zwillingen führte zu der Überlegung, ob man sie gemeinsam in eine Gruppe oder in getrennten Gruppen betreuen solle, zugleich aber auch zum bewussten Wahrnehmen von Fremdheit, mit der man es im Umgang mit Zwillingen, also etwas eher Seltenem und deshalb weitgehend Unvertrauten zu tun hat.
- Ein besonders gravierendes Problem, der Umgang mit aggressiven Jungen, entpuppte sich so als die Konfrontation von Frauen mit der ihnen fremden Identität von Jungen als Mitgliedern des männlichen Geschlechts.

Die Jungen befinden sich in diesem Sinne im Kindergarten in einem »fremden Land« – allenfalls vertraut in Analogie zum Mütterlichen in der Familie.

In fast allen Supervisionssitzungen ging es um Problemfälle und Außenseiter. Besonders an der Rolle des Außenseiters wurde denn auch die Fremdheit persönlicher Wahrnehmungen und Haltungen gegenüber abweichendem Verhalten deutlich, die nicht nur bei ausländischen Kindern, sondern auch ganz alltäglich bei deutschen Kindern das pädagogische Handeln (mit den typischen Reaktionen des Ausgrenzens oder Bestrafens) bestimmt. Die »problematischen« Kinder sind selbst häufig die Fremden, in die man sich nicht einfühlen kann, die eigentlich die »Übergangshilfe« in das Land »Kindergarten« bzw. »Kindergruppe« – als ein Bündel von (manchmal recht widersprüchlichen) Vorstellungen und Erwartungen der Erzieherinnen – bräuchten. Viele der durchgearbeiteten Fälle erwiesen sich so als Beispiele für die Schwierigkeit des erzieherischen Umgangs mit der Fremdheit einzelner Kinder. Allzu oft wurde das Sich-Einfühlen in die Andersartigkeit durch normative Vorstellungen ersetzt. Ein Beispiel:

»Ein Mädchen – 6 Jahre – wird beleidigt, weil es eine Brille trägt. Es sähe aus wie eine Oma, Das Mädchen löst den Konflikt, indem es seine Brille versteckt. Wir können diese Lösung aus medizinischen Gründen nicht akzeptieren, mischen uns ein. Selbst wenn sie aussehen würde wie eine Oma, würden wir sie verteidigen. Gedanken wie ›Sie kann nichts dafür, dass sie eine Brille braucht‹ können die Unsicherheit bei dem Kind verstärken – positive Diskriminierung. Der Verdacht tritt auf, dass etwas (hier: Brille) auffällt auf der Oberfläche, jedoch etwas Tieferes gemeint ist, in diesem Fall Neid und Eifersucht auf das Mädchen, das sehr beliebt ist bei den Jungen und eine besondere Rolle im Kindergarten hat ... « (aus einem Supervisionsprotokoll Team 2).

Besonders dramatisch zeigte sich das Bemühen um Einfühlung in die Fremdheit kindlichen Erlebens am Thema Kriegskinder aus dem ehemaligen Jugoslawien. Ist es wichtig, genau zu wissen, was diese Kinder erlebt haben? In welchen Verhältnissen sind sie aufgewachsen, bevor der Krieg ausbrach? Wie leben die Kinder jetzt in ihren Familien? Es wurde deutlich, dass diese Fragestellungen eigentlich für die Beziehung zu allen Kindern, nicht allein für ausländische Kinder gelten könnten. Kann es z.B. eine Hilfe sein – wenn man selbst das Schlimme, was ein Kind aus seiner Vergangenheit erzählen könnte, sei es eine Misshandlung, sei es der Krieg, nicht aushalten kann -, dass ein anderes Kind in seiner Sprache mit ihm spricht? Oder soll das Kind deutsch im Kindergarten lernen, damit man es als Erzieherin versteht? Kommt das Kind nicht in eine Art »Niemandsland«, wenn es – unabhängig von seinen Problemen – weder die eigene noch die fremde deutsche Sprache richtig lernt? »Niemand weiß, wie ein Kind sich wirklich fühlt« resümieren die Erzieherinnen von Team 2 in dem entsprechenden Supervisionsprotokoll.

3.2.2. Von den Problemen der Einigung auf eine gemeinsame professionelle Identität

Das scheinbar Vertraute als das Fremde zu sehen öffnete den Blick auch für die kollegialen Fremdheiten. War bisher die Teamauseinandersetzung eher als Gruppen- und Kommunikationsproblem betrachtet worden, so wurde sie nun unter dem Gesichtspunkt des »Fremden in der Kollegin« verstanden. Die Beziehungen zu Kolleginnen, deren Verhalten und Einstellungen im Team trotz vieler Bemühungen unverständlich blieben, führten in Einzelfällen zu unerträglichen Spannungen:

»Wir mussten feststellen, dass in uns recht enge Grenzen existieren, und diese waren schon in der Arbeit mit dem Team zu erkennen. Zwei Beispiele: Ein gravierendes Problem zeigte sich in der konzeptionellen Arbeit durch die Öffnung der Gruppen. Schon hierbei waren die Grenzen einiger Mitarbeiterinnen erreicht mit der Konsequenz des Ausscheidens dieser Kolleginnen. Eine weitere Schwierigkeit zeigte sich im Versuch, die Integration zweier Kolleginnen aus den neuen Bundesländern zu erreichen, die u. E. kein Interesse an der Team- und Integrationsarbeit hatten. Auch von ihnen trennten wir uns« (Team 1).

In Team 2 wurde das Problem der Trennung von einer Kollegin in einen Zusammenhang mit der Neuaufnahme von Kindern am Anfang des Kindergartenjahres gebracht: Wie kann man aus dem (Trennungs-)Konflikt zwischen Kind, Mutter und Erzieherin so unbeschadet wie möglich herauskommen? Und: Wie kann man Eltern und Kinder im Prozess des Übergangs aus etwas Vertrautem in etwas Neues, Fremdes am besten unterstützen?

»Für alle Beteiligten ist der Beginn des neuen Kindergartenjahres eine schwierige Zeit. Die ›alten‹ Kinder und wir (die Erzieherinnen) müssen uns neu orientieren ... Das Konzept könnte lauten: Den Eltern je nach Bedarf mehr Übergangsraum zur Verfügung zu stellen (Transiträume) ... Sinnvoll ist es, die Trennung aktiv zu gestalten ... Trennung ist zugleich auch Fortschritt ... In anderen europäischen Ländern geht es nicht um die Entscheidung, ist es gut oder schlecht für das Kind, sondern es ist selbstverständlich ... Unverständnis auch bei unserer kolumbianischen Kollegin. Als sie nach Deutschland kam, verstand sie nicht, wieso man kleine Kinder in

Kindergärten stecken konnte. Sie war es gewohnt, dass Kinder in Großfamilien leben« (aus einem Supervisionsprotokoll Team 2).

Die offene Auseinandersetzung um Unvereinbarkeiten in den pädagogischen Vorstellungen dieser einen Kollegin mit dem Team war beängstigend ungewohnt. Sobald aber die Trennung des Kindes von der Mutter am Anfang des Kindergartenbesuchs positiv im Sinne einer Weiterentwicklung gesehen werden konnte, und zwar von beiden Seiten, fiel es dem Team sowie der ausscheidenden Kollegin leichter, alle Phasen der Trennung bewusst und letztlich im Konsens zu durchlaufen. Für beide war somit ein Übergang in eine neue fremde Situation weitgehend ohne Vorbelastung möglich.

Alt und neu, »das alte Team« und »die neuen Kolleginnen« war auch in Team 1 ein wichtiges Thema auf dem Weg zu einem sichereren Standort. Wie integriert man eine neue Mitarbeiterin, für die zunächst einmal alles fremd ist? Was kann man von ihr erwarten, was nicht? Welche Hilfestellungen sind sinnvoll, welche nicht? (»Ich komme aus einer anderen Einrichtung, und da wurde alles erst einmal anders gemacht. Und jetzt bin ich hier.«) Welche Verhaltensweisen kann man als Übergangsverhalten erkennen, das sonst üblicherweise als sich-weigernd oder abwertend wahrgenommen wird. Am Beispiel des Eintritts einer neuen Kollegin wurde deutlich, dass deren Rückzug in ihre Gruppe und ihre Verhaltenheit im Team, die zunächst als Verweigerung interpretiert worden war, einen Schutz bot, um am Anfang ihrer Tätigkeit im neuen Team einen sicheren Raum (»Transit«) zu haben, von dem aus sie ja durchaus bereit war, auf die anderen zuzugehen.

3.2.3. Das Team und die Einrichtung

Einen entscheidenden Impuls bekam die Arbeit »auf dem Weg nach Europa« durch die erste Begegnung der Teams nach einer Weile des Alleingangs in getrennten Supervisionssitzungen. Bei einer Zwischenbilanztagung sollten die Erzieherinnen über sich und den Stand ihrer Arbeit berichten. Was dann folgte, war für die einen wie ein Zwang und für die anderen eine unerträgliche Abgrenzung. Statt eines gegenseitigen Interesses der sich fremden Teams füreinander wechselten sich Darstellung und Abgrenzung ab (»In einer solchen Einrichtung würde ich niemals arbeiten wollen«). Team 1 »Wir fühlten uns in eine Rolle gedrängt, die wir nicht beabsichtigt hatten – die Rolle der

Kritiker«, Und Team 2 findet später als ein prinzipielles Problem der Einrichtung über sich heraus: »Wir kommen oft in die Position, dass wir glauben, uns rechtfertigen zu müssen.«

Diese die Erzieherinnen erschreckende Erfahrung »steckte noch lange in den Knochen« aller Beteiligten. Sie wurde abgemildert durch die gemeinsamen Erlebnisse der Fremde: Während eines Frankreichaufenthaltes zur Hospitation in französischen écoles maternelles näherten sich die Teams in der gemeinsamen Abgrenzung gegenüber der französischen Vorschulerziehung wieder an. Wie sie ihre Begegnung als verunsichernd erlebt hatten, so erlebten sie nun gemeinsam die französische Kinderwelt als verunsichernd. Wohltuend war die Versicherung eines gemeinsamen deutschen Standortes – auch wenn dieser vielleicht gar nicht so gegeben war.

Erst bei einem zweiten Aufenthalt in der Fremde (in London) wurde aus dem wechselseitigen Misstrauen ein kollegialer Respekt vor der jeweiligen Andersartigkeit. Gemeinsam konnte man nun das Fremde in England würdigen, das Interessante in Ruhe beschauen und sich eine Meinung bilden, die weitgehend unabhängig von einer gegenseitigen Stabilisierung war. Mit der Abnahme der Ablehnung des Fremden ging eine Zunahme der Identifizierung mit der eigenen deutschen Professionalität einher. Sowohl in der Fallarbeit als auch in der kollegialen Auseinandersetzung gab es eine wachsende Offenheit, Sicherheit und Beruhigung gegenüber den alltäglichen Problemen der Erziehungsarbeit.

Das Fremde musste wohl zunächst abgelehnt werden, und zwar sowohl in den eigenen Reihen (unabhängig davon, wer ablehnte bzw. wer abgelehnt wurde, sozusagen als eine gemeinsame unbewusste soziale Inszenierung) – erst untereinander, dann in der Fremde selbst. Ein weiterer Punkt war aber auch der Leitungsstil in den jeweiligen Einrichtungen, dem gegenüber man sich vertraut bzw. fremd fühlte. Beide Teams waren sich in dieser Hinsicht in hohem Maße fremd: »Jeder Leitungsstil weist etwas auf, das der andere nicht hat und umgekehrt. So war die Leiterin des anderen Teams sehr viel mütterlicher, versorgender und vermittelte mehr Nähe. All diese Dinge könnte unsere Leiterin nur geben, wenn sie an ihre Grenzen gehen würde. So etwas verursacht Wut, Unsicherheit und Kommunikationsstörungen« (aus dem Protokoll der ersten Zwischenbilanztagung von Team 1).

3.3. Resümee am Ende des Weges

Die eigene Kultur hat sich bei den Erzieherinnen nicht als etwas Selbstverständliches und schon gar nicht als etwas Bewusstes und Eindeutiges erwiesen. In einer multikulturell orientierten Gesellschaft kann sie das wahrscheinlich auch gar nicht sein. Im Gegenteil: Sie muss immer wieder neu ausgehandelt werden, wenn man gewaltsame Konflikte vermeiden will. Dabei kann man allerdings zu eindeutigen Grenzen vordringen, etwa inwieweit man bereit ist, die eigenen kulturellen Vorstellungen zu verändern.

Auch die persönliche und die professionelle Identität scheint nichts Sicheres zu sein, und die eigene kulturelle Identität ist nur bedingt positiv besetzt. Die Stabilisierung dieser eher unsicheren Identität verläuft offenbar auch über die »bösen Fremden« und die Identifikation mit den »guten« Kolleginnen. Im eigenen Land hat man es einfacher und kann sich unter Gleichen wähnen. Im fremden Land verschwinden die konflikthaften Unterschiede zwischen Gleichen. Die eigene Situation ist dort derjenigen der Fremden bei uns sehr ähnlich: So wie es mir in der Fremde ergeht, könnte es den Fremden bei mir zu Hause ergehen. Damit haben die Erzieherinnen in der Fortbildungsstudie aber einen Zugang gefunden, die Gefühle der Fremden besser zu verstehen und sich darauf einzustellen. Daraus ließen sich die Schlussüberlegungen am Ende der Studie ableiten: Sich auf das Eigene besinnen, und dann weitergehen, nicht nur mit dem Ziel, die Differenzen zum Verschwinden zu bringen, sondern auch, um sie als ein zwischenmenschliches Faktum zu respektieren und mit der Andersartigkeit koexistieren zu lernen (»Ungleichheit für alle!«). In diesem Sinne ist das abschließende Statement von Team 2 zu verstehen:

> »Wir sind eine Institution mit Regeln und Strukturen. Wie wandelbar müssen diese in einem ›Haus Europa‹ sein, in dem es nicht mehr ›Drinnen‹ und ›Draußen‹ gibt. Sicherlich ist dies zur Zeit eine Fiktion, aber interkulturelle Pädagogik hat immer auch einen idealtypischen und fiktiven Anspruch« (Team 2).

Beide Teams der Fortbildungsstudie haben lange darüber nachgedacht, ob und wie sie ihre Erfahrungen und die Erfahrungen ihrer europäischen Kolleginnen mit europäischer Fremdheit vergrößern können. Voraussetzung dazu ist eine stärkere Bewusstheit ihrer eigenen kulturellen Identität vor allem dort, wo sie sie bisher gar nicht als Teil ihrer persönlichen Identität gespürt haben. Im Vordergrund der professionellen Auseinandersetzungen steht jetzt der Respekt vor der persönlichen Andersartigkeit, der Versuch eines institutionellen Kompromisses zwischen den verschiedenen individuellen Identitätskonzepten sowie die Bereitschaft, Irritationen im Team positiv aufzugreifen, statt sie als Devianz oder Störung wahrzunehmen, die möglichst schnell verschwinden muss.

Das heißt nicht etwa, dass es inzwischen problemlos mehrere Zentren kultureller Identität oder im übertragenen Sinne mehrere »Mütter« verschiedener Kulturen in den Einrichtungen geben könnte. Vielmehr versuchen die Erzieherinnen verstärkt, von dem Familienmodell von Erziehung überhaupt abzurücken und einen Stil zu finden, der einer gesellschaftlich-interkulturellen Erziehung angemessen ist.

Verallgemeinert ausgedrückt gehört dazu auch, dass in einem Beruf Erzieher/Erzieherin, in dem fast nur Frauen beschäftigt sind, zunehmend das Dritte Berücksichtigung finden müsste, seien dies Männer, andere Institutionen oder Kollegen und Kolleginnen aus anderen Ländern. An ihnen könnte probeweise erfahren werden, wie schwer es ist, das Dritte, das Fremde zu einem mitverantwortlichen Anderen werden zu lassen und damit auch den Kindern die multikulturelle Integration vorzuleben, die sie sich nur allzu gerne abschauen würden, würde dies sie doch des Dilemmas entheben, sich mit dem Einen gegen das Andere entscheiden zu müssen.

4. Die Fortbildungsstudie: *Gleichstellung von Jungen und Mädchen – Haus Europa II*[13]

4.1. Die Ausgangsfragestellung

Das Geschlechterverhältnis hat nicht nur in unserer Kultur und nicht nur in der Gegenwart, sondern auch in der Vergangenheit zu unzähligen wechselseitigen Spannungen, Kämpfen und Grausamkeiten geführt (vgl. z.B. Müller 1984; Reiche 1990; Dux 1992; MacDonald 1992; Hollstein 1993; Kahlert 1996; Haas 1996), auch in unserem heutigen Alltag kommt es von der Erziehung (vgl. z.B. Enders-Dragässer/Fuchs 1989; Belotti 1991; Horstkemper/Zimmermann 1998) bis zur Begegnung in gesellschaftlichen Arbeitsfeldern (vgl. z.B. Rastetter 1994; Edding 2000) immer noch zu neuen Spannungen und Ungerechtigkeiten. Dies führt aus der Perspektive der Friedens- und Konfliktforschung zu der Frage, ob und wie diese Verhältnisse zu verändern und andere Formen der Kooperation der Geschlechter möglich sind.

Obwohl man bereits eine ganze Menge über die Entstehung der Geschlechtsunterschiede und die Bedeutung des gesellschaftlich-kulturellen Umfeldes weiß, in dem Geschlechtsrollen geprägt werden (vgl. Faulstich-Wieland 1995; Blank-Mathieu 1997), so hat dieses Wissen bisher einen eher

---

13 Die Leitung der Studie hatten Christian Büttner (HSFK) und Gudrun Nagel (Institutionsberatung, Offenbach und afw, Darmstadt) inne. Es nahmen zwei Einrichtungen aus Offenbach, je eine Einrichtung aus Dreieich und Frankfurt an der Studie teil. Die europäischen Kooperationspartnerinnen waren in Frankreich Claude Chrétiennot (Centre de Recherche de l'Education Spécialisée et de l'Adaptation Scolaire, Paris) und in England Pat Clayton (Urban Learning Foundation, London).

unbedeutenden Einfluss auf die Organisation der alltäglichen Begegnung der Geschlechter in Familie, Beruf und Freizeit gehabt. Zwar sind hier und da Fortschritte in beruflichen Bereichen des Geschlechterverhältnisses gemacht worden, z.B. Quotierungen, sprachliche Regelungen oder die Etablierung von Frauenbeauftragten. In weiten Bereichen des Gesellschaftslebens gelten aber nach wie vor die gleichen Zuschreibungen familiärer und beruflicher Rollen wie z.B. vor Beginn des Einflusses der Frauenbewegung auf die Politik, und zwar im Hinblick auf die Gleichstellung von Männern und Frauen. Der Widerstand gegen Gleichstellung scheint trotz augenscheinlicher Erfolge allerdings immer noch ungebrochen (vgl. z.B. Kurz-Scherf 1999). Ein Blick in die tägliche Fernsehwerbung und die dort präsentierten Frauen-, Männer-, Mädchen- und Jungenbilder demonstriert dies ebenso wie die Erziehungsverhältnisse bei ganz kleinen und kleineren Kindern (um die es i.F. gehen wird): Ungebrochen liegt deren Erziehung in den meisten Fällen in Händen von Frauen und folgt damit den gleichen inhaltlich-strukturellen Prinzipien und den faktischen Rollenzuschreibungen von z.B. weiblicher Fürsorge wie eh und je (vgl. Rosenkranz o.J.).

Die Auseinandersetzung um Macht und Einfluss in sozialen Gruppierungen wie letztlich auch den Kindergruppen ist aber nicht nur durch destruktive Aspekte der Geschlechterspannungen bestimmt. Es ist selbstverständlich auch die Attraktivität der Geschlechter, die mehr oder weniger unerkannt die professionellen Beziehungen beeinflusst und ebenfalls – je nach Perspektive – destruktiv wirken kann. Zumindest aus der Perspektive des Erwachsenen, der in seiner Entwicklung ja mehr oder weniger alle Stufen der Verknüpfung von Lust und Geschlechtsrolle kennen gelernt haben sollte, sind die Erwartungen an das jeweils andere Geschlecht mitbestimmt von seinen erotischen Vorlieben und Abneigungen. Die uneingestandene Attraktivität des einen Geschlechtes kann so mit einer subtiler Ablehnung des anderen einhergehen. Wenngleich der »mütterliche« Aspekt der Förderung und Versorgung in der Beziehung zu den Kindern überwiegt, so spielt doch auch die erotische Attraktivität in der Vorliebe für bestimmte Kinder eine Rolle. Denn: Erzieher und Erzieherinnen sind eben nicht nur »mütterlich«, sondern auch »männlich« und »weiblich«.

Seit dem Anstoß zur Diskussion über Geschlechtsunterschiede, den die Frauenbewegung der 70er Jahre gegeben hat (vgl. z.B. Schwarzer 1975; Mitscherlich 1985; Brede u.a. 1987; Benjamin 1990), sind eine Vielzahl von

Untersuchungen durchgeführt worden, die belegen, wie unterschiedlich Mädchen und Jungen im Laufe ihrer Entwicklung behandelt werden. Mehr oder weniger polemisch hat sich in diesen Jahren eine Übereinkunft dahingehend herausgestellt, dass es nicht nur bei den Mädchen Benachteiligungen gegenüber den Jungen gibt. Auch und gerade bei den Jungen verläuft die Sozialisation nicht so, dass man ausschließlich von Bevorzugung sprechen könnte (vgl. Schnack/Neutzling 1989).

Beide Geschlechter erfahren wahrscheinlich in spezifischer Weise Sozialisations- und Erziehungseinflüsse, bis das, was in der englischen Sprache »gender« heißt, als ein Repertoire geschlechtsspezifischen Verhaltens in Männern und Frauen zur Verfügung steht: das soziale Geschlecht. Die typischen Zuschreibungen für Jungen und Mädchen, Männer und Frauen stimmen natürlich nur im »Mittelwert«. Bei einem Vergleich mit den individuellen Vorstellungen, den man häufig bei Aussagen über das eigene oder fremde Geschlecht unwillkürlich zieht, kann man leicht feststellen, dass sich dieses soziale Geschlecht als außerordentlich differenziert erweisen kann: Mancher Junge weist »weiblichere« Züge auf als ein Mädchen, manches Mädchen kann wiederum ausgesprochen »männlich« wirken.

Durch die interkulturellen Begegnungen, sei es in der zunehmenden Häufigkeit, sei es in der heutigen Vielfalt, ist deutlich geworden, dass es nicht nur innerhalb einer kulturellen oder nationalen Gruppe mehr oder weniger fest umrissene Vorstellungen gibt, wie ein Junge bzw. ein Mädchen zu sein hat. Aus den Begegnungen von Jungen und Mädchen, Männern und Frauen aus verschiedenen Kulturen und Nationen ergeben sich zum Teil ganz neue, manchmal allerdings auch altbekannte Spannungen zwischen den Geschlechtern, für die es bisher nur wenige Ideen gibt, wie man diese vermindern könnte. Man kann dies z.B. an der unterschiedlichen Reaktion von deutschen und muslimischen Mädchen sehen, die im Hinblick auf die Art der Bekleidung und des Umgangs mit Nacktheit in ganz unterschiedlichen Vorstellungen aufwachsen, oder an Unterschieden zwischen deutschen und erithreischen Jungen, die in unterschiedlicher Weise zu sozialer Verantwortung erzogen werden: hier die Jungen, tendenziell als Aggressoren gegen die Mädchen, dort als deren Beschützer.

Offensichtlich spielt für geschlechtsspezifische Probleme in Kindertageseinrichtungen die Tatsache eine besonders große Rolle, dass es dort so wenig Männer gibt. Weder kann dadurch das Männliche, personifiziert durch einen

»echten« Mann, sowohl für die Kinder als auch für die Frauen zur Verfügung stehen. Noch kann sich daraus ein Dialog entwickeln, der den Kindern vorführt, wie sich die Geschlechter konstruktiv begegnen könnten. Die Illusion aus der Hoffnung, man könne das Bild des anderen Geschlechts jeweils nach den eigenen Vorstellungen von männlich und weiblich vorleben, kann so im Bereich öffentlicher Erziehung kleiner und kleinster Kinder eine Schieflage schaffen, an der die Frauen von der Beziehungsseite und die Männer von der Verwaltungsseite her beteiligt sind.

Die Fortbildungsstudie »Gleichstellung von Jungen und Mädchen« untersuchte u. a., was man angesichts dieser – eher ungünstigen – Voraussetzungen für eine Gleichstellung von Jungen und Mädchen tun kann. Da in Frankreich und England an dortigen Forschungsinstituten ähnlich Fragestellungen bearbeitet wurden, bot sich eine Kooperation im Hinblick auf einen Vergleich zu Gemeinsamkeiten und Unterschieden an. In Abstimmung mit den französischen und englischen Partnern haben sich die vier teilnehmenden Kindertagesstätten in Deutschland sowie Einrichtungen in Frankreich und England mit dem Geschlechterverhältnis bei ihren Kindern beschäftigt. Gefragt wurde nach den vorhandenen Mitteln und nach den Kompensationsmöglichkeiten, mit denen sich die Gleichstellung von Jungen und Mädchen pädagogisch fördern lässt. Wissenschaftler, Pädagogen und Pädagoginnen arbeiteten drei Jahre lang gemeinsam auch an den Fragen, wie die jeweiligen nationalen Vorstellungen zu den Geschlechterrollen von Jungen und Mädchen aussehen, welche Gemeinsamkeiten und Unterschiede es in den beteiligten europäischen Ländern gibt und wie solche Unterschiede für die Entwicklung der eigenen pädagogischen Ansätze zur Geschlechtsrollenerziehung nutzbar gemacht werden können.

4.2. Die erste Studienphase

4.2.1. Einführungstagung und erste Supervisionsphase

Die Einführungstagung hatte zum Ziel, sowohl den Forschungs- als auch den Fortbildungsprozess in Gang zu setzen. Dazu wurden erwachsenenbildnerische Methoden für den Anfang einer Fortbildungsveranstaltungsreihe eingesetzt und mit dem ersten Diskurs über die Forschungsthematik (durch einen Vortrag[14] mit Diskussion) eingeleitet. Nach dem Einführungsvortrag bereiteten sich die teilnehmenden Teams in Kleingruppen auf eine Präsentation (Poster) ihrer Einrichtung vor. Diese wurde unterstrichen durch die Darstellung einer typischen Szene zwischen Jungen und Mädchen, Erzieherinnen und Erzieher und Müttern und Vätern. Hiermit sollte ein erstes Problemtableau geschaffen werden. Im Folgenden gebe ich die methodische Struktur sowie die Resultate des Problemtableaus wieder, und zwar zur Verdeutlichung der beiden zentralen Aspekte der Fortbildungsstudie getrennt nach Methode und Ziel:

Fortbildung: Die Teilnehmerinnen und Teilnehmer nennen ihren Namen, ihre Einrichtung und das, was ihnen zu einer Barbiefigur und einem männlichen Flügelscheusal (einer aktuellen Plastikfigur für Jungen) einfällt, die herumgereicht werden. Es kommen sehr unterschiedliche Assoziationen zutage von »finde ich toll« (und zwar zu beiden Figuren) bis zu »finde ich absolut scheußlich«, »habe ich mit gespielt!«, »habe ich nicht mit gespielt«, »sagt mir nichts«, »die Kinder in meiner Gruppe lieben diese Figuren« und Kommentare zum gesellschaftlich-kulturellen Kontext von Medien.

Forschung: Vortrag mit Diskussion zur Einführung in die Thematik der Fortbildungsstudie: »Mädchen und Jungen in Kindertagesstätten«. Die Diskussion ist sehr kurz, es gibt nur zwei Wortmeldungen. Während des Referates scheinen sich die Teilnehmerinnen und Teilnehmer in den vorgetragenen karikaturhaften Schilderungen männlich/weiblicher Klischees wieder zu erkennen, was sich in verhaltenem bis offenem Kichern äußert.

Fortbildung: Vorbereitung zu den Präsentationen der vier Einrichtungen: Lustvoll gehen die vier Teams an die Bearbeitung ihrer Materialien. Eine große Geschäftigkeit breitet sich aus. Einige Teams haben bereits selbst gemalte Plakate und Fotos mitgebracht, die anderen stellen die Plakate jetzt her.

Forschung: Präsentation im Plenum: Mitarbeiterinnen und Mitarbeiter des Teams 1 stellen sich in zwei Dreiergruppen gegenüber. Sie singen verschie-

14 Dieser und die weiteren Vorträge im Rahmen der Fortbildungsstudie werden veröffentlicht in: Büttner/Nagel i.E.

dene Texte zu bekannten Melodien (z.B. »Dornröschen war ein schönes Kind«), zu denen sie einen provozierenden Inhalt zum Thema Jungen und Mädchen gedichtet haben.

Team 2 führt ein Rollenspiel vor: Zwei Erzieherinnen unterhalten sich über einen Jungen, der ihnen zu »weiblich« vorkommt.

Das Team der KT 3 präsentiert ebenfalls ein Rollenspiel, in dem sich ein »Junge« schminken lässt, dessen »Vater« aber gerne möchte, dass er Fußball spielt.

Team 4 hat als Problemaufriss einen kleinen Vortrag erarbeitet, der verschiedene Facetten von Fragestellungen bis hin zur europäischen Dimension beleuchtet. Ergänzt wird diese gedankliche Durchdringung des Themas von einer Collage zum Thema Jungen und Mädchen. Präsentiert werden typische Klischees von männlich und weiblich, die ohne Kommentar gegenübergestellt sind.

Fortbildung: Organisatorisches und Schlussrunde: In der Schlussrunde wird mehrfach betont, dass man zwar immer schon an diesem Thema gearbeitet habe, dass es nun aber irgendwie wieder einen neuen Anstoß bekomme. Es besteht ein großes Interesse, sich wechselseitige Hospitationsbesuche abzustatten und die einzelnen Einrichtungen genauer kennen zu lernen.

Forschung – Supervision

Die erste Supervisionsphase wurde als Fallsupervision durchgeführt, und zwar zunächst ohne eine spezifische Ausrichtung auf die thematische Fragestellung der Fortbildungsstudie. Es ging hauptsächlich um die Herstellung einer stabilen Arbeitsbeziehung zwischen Supervisoren und Teams (Fortbildung). Dies war in sehr unterschiedlicher Weise problematisch: Ein Team hatte bereits kurz vorher sehr negative Erfahrungen mit einer Supervision gemacht und agierte entsprechend vorsichtig. Ein anderes Team hatte – völlig neu zusammengesetzt – die Arbeit in einer KT gerade erst aufgenommen. Die Arbeitsbeziehungen im Team waren entsprechend fragil und z. T. hoch spannungsgeladen. Das dritte Team hatte zwar bereits lange Seminarerfahrungen (Konzeptentwicklung) mit der Supervisorin, musste sich aber auf einen neuen Stil, auf eine Paarleitung und auch eine neue Fragestellung einstellen. Und auch das vierte Team war erst vor kurzer Zeit neu zusammengestellt worden.

Die Fallbesprechungen kreisten in der Hauptsache um aktuelle Probleme mit Kindern, Kolleginnen und Eltern. Da von seiten der Supervisoren – wie bereits erwähnt – keine Systematik vorgegeben war, konnte sich der Teamgruppenprozess sehr frei entfalten. Dies hatte den Vorteil, dass die Supervision in einem Fall zu einer erheblichen Stabilisierung des Teams beitragen konnte. Zum Teil ergriffen die Teams selbst die Initiative, das Geschlechterverhältnis systematisch anzugehen, was etwa in dem Wunsch nach geschlechtsspezifischen Themen (z. B. Jungen und Waffen, »schlimme Ausdrücke«, Geschlechtsrollen im Team) zum Ausdruck kam. Die Supervisoren richteten die Reflexion jedoch immer wieder auf den Beziehungsprozess zurück, so dass es bei der Fallreflexion blieb.

Im Folgenden stelle ich Fälle und Probleme dieser ersten Supervisionsphase vor. Die Auswahl aus der Zusammenfassung der Supervisionsprotokolle wurde durch die Teilnehmerinnen und Teilnehmer selbst vorgenommen und soll die Bandbreite der Themen charakterisieren. Sie diente darüber hinaus zur Vorbereitung der ersten Zwischenbilanztagung:

KT 1:

»*1. Supervision*: Erzieherin berichtet über ein neues Kind in der Gruppe. Der Junge (5 Jahre) ist sehr auffällig unruhig, unkonzentriert und mischt die Gruppe auf. Er ist mit den neuen Eindrücken, Regeln. Bezugspersonen und den Gruppengegebenheiten überfordert. Wir sind der Meinung, dass der Junge Zeit braucht, um in die neue Umgebung hineinzuwachsen.

4. Supervision: Es geht um Personalprobleme. Die Gruppenstrukturen sind so festgefahren und jedem fällt es schwer, Veränderungen Im Team anzunehmen.

6. Supervision: Ein Mädchen aus der xy-Gruppe wird mit ihren Problemen vorgestellt Sie hat Probleme, mit anderen Kindern in Kontakt zu treten, ist kein beliebter Spielpartner, sucht sich nur jüngere Spielpartner aus, um überlegen zu sein. Sie benutzt ihren Freund für ihre Vorteile. Die Erzieherinnen stehen dieser Situation recht ratlos und wütend gegenüber.

9. Supervision: Zwillinge (Mädchen, 4 Jahre alt) werden vorgestellt. Viele Probleme in der Eingewöhnungsphase, wenig Zuwendung von der Mutter. Vater arbeitet Schicht. Mutter bevorzugt die Hübschere; hat mehr Vorteile als ihre Schwester, die Andere muss sich erst die Aufmerksamkeit verdienen (z. B. Jacke und Schuhe) alleine an- und ausziehen.«

KT 2:

»*2. Supervision*: Thema war zum einen die Verständnisfrage über das Grundthema: »Gleichstellung von Jungen und Mädchen«. Welche Punkte/Probleme können unter dem Aspekt besprochen werden? Zum anderen wurde die Frage diskutiert, wie wir die Väter mehr in die Einrichtung integrieren können.

In der *4. Supervision* ging es um 2 Mädchen, Geschwister, die anfangs Trennungsprobleme von der Mutter hatten. Die Mutter erzieht ihre beiden Töchter typisch »mädchenhaft« d.h. sie tragen nur Kleidchen, die nicht schmutzig werden dürfen. Auch die Haare müssen immer ordentlich sein Die Mädchen dürfen nicht toben. Ziel: bessere Zusammenarbeit zwischen Mutter und Erzieherin, um unterschiedliche Sichtweisen auszutauschen und gemeinsame Strategien zu entwickeln.

5. Supervision: Unser Projektthema wurde im Team thematisiert. Wir stellten fest, dass es männliche und weibliche Haltungen und Sprache gibt; z.B. nehmen Männer eher Aggressionen in Kauf, während Frauen lieb sein wollen. Weiterhin tritt bei Männern verstärkt das Denken in bipolaren Strukturen, das Halten an festen Prinzipien und Regeln auf. Frauen kalkulieren dagegen eher im Denken Widersprüche und Ambivalenzen mit ein. Fazit: Es ist gerade in unserer Arbeit wichtig, dass Kinder Grenzen und Konsequenzen, aber auch Unterschiede erleben.

6. Supervision: Freizeitverhalten von Hortkindern; Die Jungen spielen draußen Fußball; die Mädchen nehmen Angebote drinnen wahr. Diese Raumteilung wird immer und überall so gelebt. Die »Kleinen« sind so wichtig, dass wir die Jungen wegschicken, damit Frauen und Mädchen Zeit und Raum haben für die Versorgung der kleinen Kinder. Die Jungen sollten mehr in die »Eingewöhnungsphase« mit einbezogen werden.«

KT 3:

»*1. Supervision*: Konflikt zwischen Junge und Mädchen. Der Junge ergreift einen Teil des Gruppenraums und verteidigt ihn durch das Zeigen von Stärke. Das Mädchen geht mit diesem Verhalten um, indem sie auf den Raum verzichtet und woanders spielen will. Eine Erzieherin mischt sich ein und organisiert, dass das Mädchen dort spielen kann.

2. Supervision: Asiatisches Mädchen. Das Mädchen verweigert das Sprechen mit den Erzieherinnen hier im Kindergarten. Auf dem Heimweg redet sie. Sie lächelt und gibt kaum Gefühlsäußerungen von sich. Das Lächeln wurde als Maske gedeutet, wie es in den asiatischen Ländern üblich ist. Das Mädchen hat anscheinend den Auftrag von seinen Eltern, hier nichts zu sprechen, um nichts vom Familienleben preis zu geben.

3. Supervision: Anhand eines Konfliktes mit Eltern wurde deutlich, dass im Team Unsicherheiten in Bezug auf die Arbeit der Kolleginnen an die Mütter weitergegeben wurden. Uns wurde klar, dass wir nach außen Einigkeit demonstrieren müssen, um nicht angreifbar zu sein.

6. Supervision: Junge, der fast ausschließlich Dinosaurier oder wildes Tier spielt. Er ist ziemlich ungestüm und bedroht andere Kinder mit seinem Verhalten, sie haben Angst. Für uns geht es darum, dem Kind Sicherheit zu geben und ihm eine Begrenzung zu setzen, die freundlich ist.«

KT 4:

»Bisher hatten wir fünf Fallbesprechungen, in denen Jungen und Mädchen gleichermaßen berücksichtigt wurden. In den restlichen Supervisionssitzungen sprachen wir über folgende Themen:

1. Eingewöhnungsphase der Kindergartenkinder: Bei dieser Supervision befassten wir uns mit der Eingewöhnungsphase der Kindergartenkinder. Wir haben beobachtet, dass es auffällige Unterschiede zwischen Jungen und Mädchen in dieser Zeit gibt. Wir stellten uns die Frage, ob es Müttern schwerer fällt den Sohn abzugeben als eine Tochter. Werden an die Kinder unterschiedliche Erwartungen gestellt?

2. Rollenspiel und Verkleidungen: Thema bei dieser Supervision war »Rollenspiel und Verkleidungen« bei Jungen bzw. Mädchen. Uns fielen dabei die jeweils typischen Jungen- bzw. Mädchenverkleidungen auf (Cowboy, Kämpfer, Prinzessinnen usw.), die besonders während der Faschingszeit zu beobachten sind. Mit diesem Thema befassten wir uns in zwei Supervisionssitzungen.«

Es zeigt sich hier eine erste, gemeinsam von Wissenschaftlern (Supervision) und Erzieherinnen erarbeitete Materialzusammenstellung. Zudem wird deutlich, wie schwer sich aus der allgemeinen »Fallarbeit« heraus das Besondere am Thema Mädchen/Jungen herausarbeiten lässt. Aus Mädchen und Jungen werden in den Supervisionsprozessen unter der Hand Kinder, Geschlechtlichkeit bleibt ein Aspekt, bei weitem aber nicht der zentrale in der bewussten Wahrnehmung der Erzieherinnen. Es werden allerdings deutlich mehr Jungen als Mädchen in den Mittelpunkt der Aufmerksamkeit gerückt. Die wesentlichen und am häufigsten berichteten Schwierigkeiten liegen in den Beziehungen der Erzieherinnen zu den Jungen und den Müttern, den Jungen deshalb, weil man mit ihrer Wildheit (häufig gewählte Metapher: Tarzan oder Saurier) nicht zurecht kommen konnte, mit den Müttern, weil man sich gegen deren Eingriffe bzw. Übergriffe nicht durchzusetzen vermochte. Hier deutet sich eine erste Erkenntnis über die Konfliktlage an, die die Wahrnehmung des Geschlechtlichen strukturiert: die Auseinandersetzung mit dem »Fremden«, den Jungen, und der Kampf um die eigene geschlechtliche fürsorgliche Rolle und Identität (mit den Müttern).

In allen Teams wurde die Unterschiedlichkeit des männlich-väterlichen und weiblich-mütterlichen Beziehungsstils angesprochen und z. T. auf die eigene Geschlechtsrolle bezogen. Da lediglich in zwei Einrichtungen Männer an den Supervisionen teilnahmen, blieb es bei der dominierenden weiblichen Wahrnehmungsperspektive. Auf Grund dieses vorläufigen Ergebnisses wurde die inhaltliche Thematik der ersten Zwischenbilanztagung entwickelt: die Auseinandersetzung mit dem Thema »Biographie und professionelle Identität«.

4.2.2. Die erste Zwischenbilanztagung

Fortbildung: Die erste Zwischenbilanztagung war vor allem als *Fortbildung* geplant. Sie stand im ersten Programmteil im Zeichen des Austauschs der bisherigen Supervisionserfahrungen innerhalb und zwischen den Teams (Fortbildung). Die interne Verständigung der Teams untereinander (das erste Jahr/Zusammenfassung) und »Wie sehen die Teams ihren eigenen Prozess?« zielte darauf ab, die zweite Phase des Supervisionsprozesses vorzubereiten. Dazu wurde zunächst eine Einzelarbeit organisiert: Was war mir in diesem ersten Jahr persönlich besonders wichtig? Die Ergebnisse wurden im eigenen Team mitgeteilt und diskutiert. Die Mitteilungen an das Plenum wurden auf einem Plakat vorbereitet, das in die nächste Phase (aus den Teams gemischte Kleingruppen) mitgenommen werden konnte. Hier kam es vor allem auf die Erarbeitung der Gemeinsamkeiten und Unterschiede an.

In einem »Pressekonferenz«-Rollenspiel hatten die Teilnehmerinnen und Teilnehmer danach die Möglichkeit, sich einer ersten inszenierten Präsentation auszusetzen, die zugleich eine Zusammenfassung der in den vorigen Arbeitsphasen gesammelten Ergebnisse der Reflexionsarbeit beinhaltete. Außerdem war dies die erste »Übung«, aus der Haltung des Empfängers von Fortbildung in eine aktive Rolle der Vermittlung zu treten, und zwar in dem »geschützten Rahmen« einer internen Tagung. Dies bereitete die Teilnehmerinnen und Teilnehmer bereits zu einem sehr frühen Zeitpunkt auf das Ziel der Fortbildungsstudie vor, in Multiplikatorenfunktion nach Abschluss der Studie selbst Fortbildungen anzubieten.

Das Szenario des Rollenspiels: Je zwei Vertreterinnen der vier Teams stellen sich der »Fachpresse«, die übrigen sind ReporterInnen oder Zuhörer. Das Pressekonferenzspiel wurde von den Teams zwar angenommen und es bildeten sich auch verhältnismäßig zügig aus den vier Teams die ersten 6 Mitglieder der Präsentationsgruppe. In Team 4 gab es jedoch erhebliche Probleme, und es dauerte unverhältnismäßig länger als in den übrigen Teams, bis auch dort zwei Delegierte gefunden waren. Schließlich saßen auf dem Podium die zwei im Plenum anwesenden Männer (einer davon Leiter), drei Erzieherinnen sowie drei Leiterinnen (!). Das – gruppenanalytisch interpretierte – Problem in Team 4 bestand offensichtlich darin, wie die Erzieherinnen die beiden zu ihrem Team gehörenden Männer in ihre Aktivitäten integrieren könnten und welche Rollen ihnen zugewiesen werden sollten. Dies schien weniger einfach, als die Zuordnungen in den rein weiblichen Teams.

Die Vorbereitung zur Präsentation des Rollenspiels fand während des Umbaus (Podium und Zuhörer) statt, es gab dafür nur etwa drei Minuten Zeit. Dennoch verlief die Präsentation flüssig und kooperativ (es war lediglich abgesprochen worden, wer anfangen sollte). Die Teilnehmerinnen und Teilnehmer ergänzten sich gegenseitig, so dass der komplette und in den vorigen Tagungsabschnitten reflektierte Prozess der ersten Supervisionsphase vorgestellt werden konnte. Ein Ausschnitt aus dem sprachlich leicht überarbeiteten Transkript des Rollenspiels »Pressekonferenz« befindet sich im Anhang (1):

Nach Abschluss der Pressekonferenz fand ein Austausch über den Verlauf statt. Man war erstaunt, dass es möglich gewesen sei, »aus dem Stand« etwas Inhaltliches über das Projekt mitzuteilen. Das Publikum habe sich allerdings mit kritischen Fragen sehr zurückgehalten. Dies schaffe eine gute Basis der Zuversicht für die in der letzten Phase der Tagung zu treffende Vorbereitungsarbeit einer Präsentation des Projektstandes für die Erzieherinnen in Frankreich.

Der zweite Tagungsabschnitt begann mit einem Vortrag zum Thema »Biographie und professionelle Identität«. Für die biographische Reflexionsarbeit, die sich unmittelbar anschloss, erhielten die Teilnehmerinnen und Teilnehmer einen Fragebogen mit Leitfragen, der die Gruppengespräche zum Thema »Biographie und professionelle Identität« unterstützte (vgl. Rüttinger/Kruppa 1988). Für jede der acht Kleingruppen à vier Teilnehmerinnen und Teilnehmer wurde zunächst eine Tutorin gewählt, deren Aufgabe die Überwachung der Arbeitszeit sowie des Arbeitsprogramms ihrer Gruppe war. Dazu gehörte auch, in der letzten Phase der Kleingruppenarbeit die Frage nach möglichen Gemeinsamkeiten bzw. Unterschieden zu stellen. Hier die Leitfragen:

»Beantworten Sie bitte die nachstehenden Fragen:

- Was ist Ihre Lieblingssendung im Fernsehen? Radio?
- Was ist Ihr Lieblingsbuch?
- Was war Ihre Lieblingsgeschichte oder Ihr Lieblingsmärchen, als Sie noch ein Kind waren?
- Welche darin vorkommenden Personen mochten Sie? Welche nicht? Ähneln Sie irgendeiner Person?
- Was war das Schlimmste, was Ihre Eltern jemals zu Ihnen oder über Sie gesagt haben?
- Was war das Netteste, was sie zu Ihnen gesagt haben?
- An welche typische Bemerkung Ihrer Mutter (Vater) über das Leben können Sie sich erinnern?
- Was sollte nach dem Willen Ihrer Eltern aus Ihnen werden?
- Wann haben Ihre Eltern Ihnen am meisten Aufmerksamkeit geschenkt – als Sie krank, wohlauf oder in Sorge waren? Oder wann sonst?
- Wo sind Sie als Kind am liebsten mit Ihren Eltern hingegangen?

- Wie konnten Sie Ihre Eltern aufregen, wie besänftigen?
- Zeichnen Sie gedanklich oder real ein Bild aus Ihrer Kindheit, wo Sie mit Ihren Eltern zusammen gerade etwas unternehmen.
- Wie lange werden Sie leben?
- Was wird auf Ihrem Grabstein stehen?
- Was möchten Sie in den nächsten fünf oder zehn Jahren erreichen?

Welche angenehmen oder unangenehmen Gefühle hatten Sie bei der Beantwortung der Fragen?
- Was haben Sie über sich gelernt?
- Wo sind Sie mit Ihrer Biographie zufrieden, und wo würden Sie gerne etwas ändern?
- Wo empfinden Sie Ihre Biographie als einzigartig, und wo erkennen Sie Ähnlichkeiten oder Gemeinsamkeiten in den Biographien der anderen?
- Denken Sie jetzt einmal bewusst an Ihren vollen Namen. Welche Bedeutung hat er für Sie im Hinblick auf Ihre Biographie? Welche Identität hat er Ihnen gegeben?«

Die Teilnehmerinnen und Teilnehmer diskutierten diese sehr intimen und möglicherweise auch innerlich sehr bewegenden Fragen zu den tieferen Schichten einer biographischen Reflexion in der Kleingruppenarbeit. Sie brachten die Aspekte der durch den Fragebogen angeregten Erinnerungen nur dann in das Gruppengespräch ein, wenn sie sich dafür selbst entschieden. Es war klar, dass dieses Material nur dann zur Veröffentlichung im anschließenden Plenum gedacht sei, wenn dies die Teilnehmerinnen und Teilnehmer wünschten.

Um die Intimität der Kleingruppenarbeit zu respektieren und zu garantieren, war zwar darauf verzichtet worden, eine von der Tagungsleitung ausgehende plenare Zusammenschau der Ergebnisse zu organisieren. Die Rückfrage im anschließenden Plenum, ob man etwas mitteilen wolle, ergab jedoch unerwartet viele und positive und z. T. auch intime Mitteilungen, die sich sowohl auf Ähnlichkeiten bezogen, die man entdeckt zu haben glaubte, als auch auf Mitteilungen, dass man jetzt einen bestimmten Punkt seiner persönlichen Professionalität und persönlichen Identität erreicht habe und dabei bleiben wolle. Damit war die Reflexion des persönlichen Ausgangspunktes für die weiteren (Entwicklungs-)Phasen der Fortbildungsstudie abgeschlossen. Diese Mitteilungen enthielten allerdings kein im Sinne der Forschung verwertbares Material, weil sie sich sehr stark auf den jeweiligen individuellen Kontext der Berichtenden bezogen. Deshalb wurden die biographischen Aspekte in einer späteren Studienphase anhand biographischer Interviews gemacht (vgl. Nagel i.E.).

Frankreich-Präsentation

Die während der Tagung anwesende französische Wissenschaftlerin gab zunächst Informationen über die Pariser Einrichtungen, die zu besichtigen seien, sowie über die Planung der Begegnung mit den französischen Kolleginnen. Die Teilnehmerinnen und Teilnehmer würden zunächst einige inhaltliche Themen für die deutsche Präsentation sammeln (12 Personen präsentieren die Ergebnisse des ersten Projektjahres: Was wollen wir mitnehmen und zeigen, was müssen wir dazu vorbereiten, wie wollen wir die Vorbereitung organisieren, wie gestalten wir die deutsche Präsentation?) und dann eine Vorbereitungsgruppe bilden, deren Aufgabe es sein sollte, die Präsentation im Detail auszuarbeiten und entsprechende Materialien zu sammeln (Poster, Videos, Fotos etc.).

4.3. Die zweite Studienphase

4.3.1. Erste Auslandserfahrungen

Eine erste Auslandserfahrung konnten Erzieherinnen und Erzieher in Paris machen. Dort war ein Besuch in zwei Krippeneinrichtungen vorbereitet worden. In den anschließenden Präsentationen und Diskussionen zwischen den deutschen Erzieherinnen und dem Personal der französischen Krippeneinrichtungen konnten erste Erfahrungen mit den organisatorischen und inhaltlichen Problemen der jeweiligen nationalen Vorschulerziehung gemacht werden. Ein Besuch des Exploradoms (ein Technik-Museum für Kinder im Bois de Bologne) schloss den Besuch ab.

Im Folgenden gebe ich den Bericht zur Hospitation wieder, der im Zusammenhang mit der Produktion eines Videos über den Parisaufenthalt erstellt wurde.

Forschung: Die Hospitationen in Pariser Krippeneinrichtungen: Die deutschen Erzieherinnen und Erzieher aus der Fortbildungsstudie »Haus Europa – Gleichstellung von Mädchen und Jungen« waren von zwei Pariser Vorschuleinrichtungen zur Hospitation eingeladen worden. Die französischen Erzieherinnen nahmen an dem Projekt des CRESAS »Gleichstellung der Geschlechter« teil und hatten eine Fortbildung in der »pédagogie interactive«[15] des gleichen Instituts absolviert.

Am ersten Tag des Arbeitsprogramms konnten die deutschen Erzieherinnen und Erzieher zwei crêches (Krippen; Berçy 2ième étage und Les Abesses) besuchen und dort z.T. Filmaufnahmen machen. Die Pariser Kolleginnen gaben auf Fragen Auskunft über die jeweilig aktuellen Aktionen, die simultan übersetzt wurden. Hier die Erfahrungsberichte zu den beiden Krippen:

Berçy 2ième étage

Nach einer generellen Vorstellung der Einrichtung erläuterte die Leiterin die aktuelle Situation der Einrichtung: Zur Zeit des (Besuches) befinde sich die Krippe in der jährlichen Übergangssituation. Die älteren Kinder hätten die Einrichtung vor den Ferien (Juli) verlassen und die neuen Kinder seien noch nicht alle anwesend oder noch in der Eingewöhnungsphase. Z.B. blieb ein Vater noch eine Weile, um sein Kind zu beobachten. Die deutschen Kolleginnen konnten sich während des Beobachtungszeitraums frei in der Einrichtung bewegen und an die französischen Kolleginnen nach Bedarf Fragen stellen. Eine deutsche Studentin stand als Übersetzerin zur Verfügung. Die Aktivitäten: Mit Wasser spielen für die Größeren in einer speziell dafür eingerichteten Ecke, Spiel mit Flaschen, in denen verschiedenen Gegenstände zum Rasseln oder Anschauen enthalten waren, für die Kleineren. Die Kinder

15 Die »pédagogie interactive« ist am CRESAS entwickelt worden und steht in deutlichem Gegensatz zur allgemeinen Vorschulerziehung in Frankreich. Sie ist vergleichbar mit dem deutschen Situationsansatz (vgl. Büttner u.a. 2000; vgl. auch den Beitrag von Daniela Bleck in diesem Band).

konnten sich ebenfalls in der gesamten Einrichtung frei bewegen und machten z.T. auch Gebrauch davon.

Da die Einrichtung nicht voll belegt war, hatten die Erzieherinnen genügend Zeit, um sich um die anwesenden Kinder zu kümmern. Deshalb herrschte eine angenehme Ruhe und Ausgeglichenheit bei Kindern und Personal. Unterbrochen wurde sie (dafür um so abrupter) durch das heftige Schreien eines 8 Monate alten Mädchens, das zum Schlafen gelegt worden war. Trotz mehrmaliger Versuche der französischen Kolleginnen ließ es sich nicht beruhigen und wurde – sehr zum Entsetzen der deutschen Kolleginnen – weiter schreiend sich selbst überlassen. Der Schlafraum war mit Gitterbetten übereinander ausgestattet, die auf die deutschen Erzieherinnen wie Kleintierkäfige wirkten. Durch eine Scheibe konnten man von außen in den Raum einsehen.

Die Großen waren inzwischen fertig mit ihrem Wasserspiel, abgetrocknet und wieder angezogen worden. Vor dem Mittagessen beschäftigten sie sich mit Verkleiden. Mehrere Mädchen und Jungen verkleideten sich als Braut oder Dame. Eine Erzieherin half den Kindern beim An- und Ausziehen. In allen »ateliers« lagen Beobachtungsbögen bereit, die »grilles d'observation«, in denen die Erzieherinnen die Aktivitäten der Kinder im Details vermerkten (wie lange ein Kind sich mit was beschäftigt hat, mit wem es im Kontakt stand, welche Probleme auftraten, was es gesprochen hat usw.). Diese Bögen stehen den Eltern zu Verfügung, und man konnte sehen, dass sie von der Möglichkeit Gebrauch machten, sich umfassend über die Erlebnisse und Entwicklungen ihrer Kinder zu informieren. Zur Mittagszeit wurden die Größeren in einem Raum versammelt, der als »Cafeteria« hergerichtet war: Die Kinder nahmen sich ein Tablett, bedienten sich an einem vorbereiteten Buffet und setzten sich dann an Vierertische. Sie taten dies mit einer für die deutschen Kolleginnen erstaunlichen Selbstverständlichkeit und Übung.

Les Abesses

Die Einrichtung befindet sich auf drei Etagen eines Büroneubaus inmitten des Stadtteils Montmatre. Die Leiterin und ihre Stellvertreterin erläuterten zunächst die Situation der Einrichtung und das Konzept: Die 70 Kinder im Alter von 6 Wochen und 3 Jahren werden von 11 Fachkräften betreut, die vorwiegend eine pflegerische Ausbildung haben. In der ersten Etage werden die kleineren Kinder betreut, die größeren in dem 2. Stockwerk. Die Kinder können sich auf ihren Etagen frei bewegen und spielen, wo sie möchten. Im Flur können die Kinder rennen und mit Fahrzeugen fahren. Während dieser Vorstellung war besonders auffällig, dass vorwiegend Väter ihre kleinen Kinder brachten und dass dies – im Gegensatz zu den Erfahrungen der deutschen Kolleginnen in ruhiger und entspannter Atmosphäre geschah. Es waren keine dramatischen Abschiedsszenen zu beobachten, und kein Kind weinte.

Die Räume vermittelten den Eindruck besonderer Kargheit. Es gab wenig Spielsachen und – aus der Perspektive der deutschen Erzieherinnen – geringe Tätigkeitsanreize für die Kinder. Die Raumausstattung innen stand im Gegensatz zu dem Eindruck, den das Gebäude von außen machte. Auf einer Decke mitten im Raum lagen einige Babies, mit denen sich die Krabbler beschäftigten. Die Erzieherinnen hielten sich eher im Hintergrund. Trotz architektonisch interessanter Baulichkeit verwunderte es doch, dass die Fenster sehr weit oben angebracht sind und die Kinder nicht hinaussehen können. Es gibt auch kein Außengelände, die vorhandene Terrasse ist zur Hälfte mit Blumenkübeln zugestellt und es machte nicht den Eindruck, dass die Kinder auch draußen spielen können.

Ein besonderes pädagogisches Angebot ist das wöchentliche Handpuppentheater, das auch am Besuchstag angeboten wurde. Die Erzieherinnen und eine Reinigungskraft denken sich für die Kinder kleine Stücke aus und spielen sie den Kindern vor. Zum Zeitpunkt des Rundgangs war die Vorstellung in vollem Gang. Alle Kinder und Erzieherinnen der Einrichtung waren zum Theater versammelt und verfolgten gespannt das Geschehen, die kleinen Babies genauso, wie die Dreijährigen. Nur zwei Kinder beschäftigten sich im Nebenraum mit anderen Dingen. Nach dem Kasperltheater wurde das Mittagessen angeboten. Die Kinder, die ihr Essen in der zweiten Etage einnehmen, fahren mit dem Aufzug nach oben. Obwohl die Kinder müde waren und auf den Aufzug warten mussten, gat es kein Geschiebe und Gestoße, niemand quengelte, und die Erzieherinnen begleiten die Kinder in ruhigem gelassenen Ton.

Da die Einrichtung noch neu ist, hat das Team erst vor einem Jahr an dem pädagogischen Konzept der »pédagogie interactive« zu arbeiten begonnen.

Forschung – Diskussionen mit den französischen Kolleginnen: Bei einem ersten gemeinsamen Treffen in dem Centre International des Études pédagogiques (Sèvres) stellten die deutschen Kolleginnen ihre Einrichtungen sowie Aspekte ihrer täglichen Arbeit vor. Zwei Videofilme aus den teilnehmenden Einrichtungen demonstrierten (deutsches) Jungen- und Mädchenverhalten, das Anstoß zu einer ersten Diskussionsrunde gab. Die Sprache kam sehr schnell auf die unterschiedliche Einstellung der französischen und deutschen Frauen zu Kindern, Familie und Berufstätigkeit (vgl. BMFSFJ 1996, S. 115 ff.) – dies u.a. auch deshalb, weil die Leiterin der crêche Berçy 2ième étage hochschwanger war. Die französische Wissenschaftlerin fasste die Ergebnisse der ersten Diskussion wie folgt zusammen:

»Gestern hat es augenscheinliche Unterschiede zwischen den beiden Ländern gegeben. In Frankreich gehen ca. 99 % der Kinder in die ganztägige école maternelle, ca 50 % der Kinder zwischen 0 und 3 Jahren werden nicht Zuhause betreut, ein Teil davon wird in der creche betreut. Ab 6 Jahren gehen dann alle Kinder in die Grundschule.

In Deutschland dagegen bleiben die meisten der 0-3-Jährigen bei ihrer Mutter Zuhause. Allerdings können auch in Deutschland Kinder bereits ab dem Alter von 6 Wochen in einer Krippe betreut werden. Insgesamt betrifft dies etwa 2-5%. Ca. 80-90% der Kinder ab drei Jahren gehen in den Kindergarten, viele davon jedoch nur halbtags.

An der Diskussion über diese Altersstufen hat sich gezeigt, wie unterschiedlich die Beziehungen von Vater, Mutter und Kind gesehen werden und wie die Mutter als Frau wahrgenommen wird. Wir haben z.B. über die gesetzliche Situation in Deutschland gesprochen, dass nämlich ein Elternteil eines neugeborenen Kindes bis zu 3 Jahren bezahlten Erziehungsurlaub bekommen kann, dass es aber immer noch meist die Mütter sind, die diesen Urlaub in Anspruch nehmen. Dazu hat die Leiterin der creche Berçy geäußert, dass sie, die z.Zt. schwanger ist, dann ja bei drei Kindern bis zu 9 Jahren aus dem Berufsleben ausscheiden würde (was eine erstaunte Reaktion unter den französischen Kolleginnen auslöste).

Dann sind wir auf die Entwicklung der Aufgaben einer Krippenbetreuung – in Frankreich seit der zweiten Hälfte des vorigen Jahrhunderts – eingegangen, die mit der Aufbewahrung, der Betreuung und der Pflege der Kinder begonnen hat. Dass bei der Krippenbetreuung auch Pädagogik eine Rolle spielt, diese Erkenntnis hat sich erst in der allerneuesten Zeit durchgesetzt.«

Die weitere Diskussion drehte sich um die Frage, wie die französische und die deutsche Gesellschaft in unterschiedlicher Weise zur Unterstützung der Familien mit Hilfe der öffentlichen Betreuungsangebote beiträgt. Zum Vergleich: Ein Krippenplatz in Deutschland kostet ca 600.- DM, in Frankreich – abhängig von der materiellen Lage der Eltern – ab 60.- Francs (ca. 20.- DM). In diesem Zusammenhang wurde die Kinderzahl pro Familie in Ländern mit hohem Anteil gesellschaftlicher Unterstützung durch Betreuungsplätze und niedriger Unterstützung gegenübergestellt: Im ersten Fall gibt es im Durchschnitt deutlich mehr Kinder pro Familie als im zweiten Fall.

Fortbildung – Der Videofilm: Die Hospitationen sowie die Diskussionen wurden von den Erzieherinnen gefilmt und anschließend zu einem Videofilm verarbeitet. Im Mittelpunkt des Filmes steht die Auseinandersetzung mit der Pédagogie Interactive, sowie der Rolle der Frau und Mutter in der französischen Gesellschaft. Der Text des Filmskripts ist im Anhang wiedergegeben (4).

4.3.2. Die zweite Supervisionsphase

Forschung: Während in der ersten und zum Beginn der zweiten Phase der Fortbildungsstudie mit dem Setting der Supervision gearbeitet wurde, kam ab der Hälfte der zweiten Phase ein soziometrisches Setting zur Anwendung. Der Wechsel war notwendig geworden, weil sich in den fortlaufenden Fallsupervisionen nur schwer – wenn überhaupt – eine Verallgemeinerung von Aussagen zu jungen- bzw. mädchenspezifischen Problemen und Entwicklungsverläufen machen ließ. Die Fallbesprechungen liefen immer wieder auf eine Individualisierung zu, die geschlechtsspezifische Anteile an den Entwicklungsprozessen zum Verschwinden brachten: Einzeln betrachtet – so die durchgängige Auffassung der Erzieherinnen – sei jedes Kind einmalig, und zwar unabhängig von seinem Geschlecht, es sei eben ein *Kind.* Die Erzieherinnen konnten sich trotz entsprechender Interventionen nicht auf die Frage einlassen, was denn ein einzelnes Verhalten mit der Tatsache zu tun hat, dass es sich in der jeweiligen Fallszene um einen Jungen bzw. um ein Mädchen handelt.

4.3.3. Gleichstellung in den Gruppen der Einrichtungen

Reflexiver Zugang: Der Wechsel von der Methode der Fallsupervision zur Methode der soziometrischen Darstellung erschien auch deshalb angemessen, weil damit der aktuelle Stand der Gleichstellung von Jungen und Mädchen in den Gruppen der Einrichtungen zum Thema gemacht werden konnte. Die Gruppenteams aller Einrichtungen bekamen in den Supervisionssitzungen die Aufgabe, aus Papprollen die Kindergruppen zu stellen, und zwar pro Sitzung eine Gruppe. Dies gestaltete sich so, dass die Gruppenerzieherinnen (meist zu zweit) abwechselnd die einzelnen Kinder ihrer Gruppe beschrieben und danach eine Papprolle für das jeweilige Kind in die Mitte des Stuhlkreises stellten. So entstand ein Soziogramm in der Art einer Gestalt, zu der sich die Erzieherinnen zuletzt selbst stellten.

Abbildung 1: Beispiel KT 4

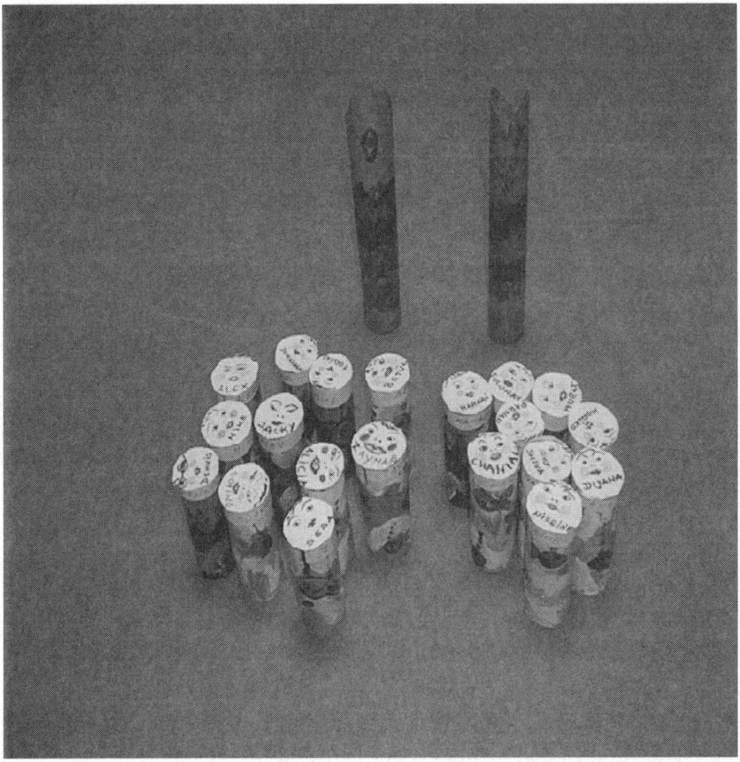

Anschließend wurde das jeweilige Team gebeten, die Einfälle zu der jeweiligen Gruppengestalt mitzuteilen und Interpretationen im Hinblick auf die Frage zu versuchen, was die Gestalt über die Stellung der Jungen und Mädchen jeweils aussagt. Diese Reflexion gestaltete sich als verhältnismäßig schwierig, weil damit in den Positionen sowohl das Verhältnis der Kinder untereinander als auch der Erzieherinnen zueinander offen gelegt war und offenbar z.T. nicht ihrem Idealbild von Gruppe entsprach. Die Rückmeldungen der Gruppe wirkten möglicherweise wie eine (unangenehme) Kritik. So war in allen Teams zu beobachten, dass von der zweiten Sitzung an, d.h. von dargestellter Gruppe zu Gruppe die Erzieherinnen zunächst die Abstände der Kinder zueinander und zu ihnen immer kleiner darstellten. Man konnte deshalb die Stellungsdifferenzen weniger deutlich ausmachen. Zudem begannen die Erzieherinnen, die Rollen vorzubereiten, indem sie vor der Sitzung die Namen der Kinder aufschrieben oder die Rollen in besonderer Weise bemalten. Offensichtlich reagierten die Teams mit einer gewissen Abschottung gegen die Aufdeckung vermeintlicher Ungleichstellungen. Immerhin hatte – so die Mitteilungen einzelner Teams – das Setting den internen Diskussionsprozess in den Einrichtungen erheblich angeregt: Es wurde nun auch informell am Thema Mädchen/Jungen gearbeitet. Diese als Reaktion auf die Befürchtungen der Erzieherinnen interpretierte Tendenz änderte sich jedoch im Laufe des Prozesses hin zu wieder größerer Offenheit und damit deutlicher erkennbarem Abstand der Positionen in den Kindergruppen.

Insgesamt wurden über dieses Setting alle Kinder der Einrichtungen einmal beschrieben und ihre jeweiligen Beziehungen im Kontext ihrer Gruppenstrukturen diskutiert. Die Auswertungen dieser Einzeldarstellungen erfolgte in einer diese Phase abschließenden Supervisionssitzung. Dort ging es um die Zusammenschau der Gruppen in den jeweiligen Einrichtungen und um die Frage, ob denn die Gleichstellung von Jungen und Mädchen realisiert worden sei. Dies führte in allen Einrichtungen zur Frage, woran überhaupt Gleichstellung sichtbar werden könnte, und zwar nicht als Programm, sondern als Resultat eines Programms in der Art einer soziographischen Momentaufnahme. Schließlich wurde auch über Interventionsmöglichkeiten dort nachgedacht, wo Gleichstellung unübersehbar nicht realisiert schien. Hier einige Auszüge aus zwei Supervisionsprotokollen:

KT 1

Frau A: Mir kommen die Jungen und Mädchen deutlicher getrennt vor, während ich den Eindruck hatte, dass sie bei den Gruppenvorstellungen viel mehr zusammen gewesen wären.

Frau D: Jungen und Mädchen gruppieren sich um Erzieher herum. Man sieht, dass eine Erzieherin mit Mädchen belagert ist und die nächste mit Jungen belagert ist, nicht überall, aber in den dreien hier.

Frau M: Interessant ist, dass die Jungen auf der einen Seite, und die Mädchen auf der anderen Seite sind. Die Mädchen sind viel näher bei den Erzieherinnen und die Jungen so mehr außerhalb. Ob die Mädchen mehr Schutz bei den Erzieherinnen suchen?

Frau G: Ich empfinde die Jungen und Mädchen bei den Kleinen noch am meisten gemischt. In den Gruppen mit den größeren Kindern stehen sie schon mehr so geschlechterspezifisch sortiert.

Herr Büttner: Dass die Erzieherinnen sich von der Position her geschlechtsspezifisch darstellen, hat das etwas damit zu tun, dass sich die Jungen und die Mädchen sich jeweils um die Personen versammeln?

Frau A: Das war doch in der einen Gruppe ganz klar, dass die X. mehr zu den Jungen und die Y. mehr zu den Mädchen hingezogen fühlen.

Herr Büttner: Mir ist bei all den Beschreibungen der Jungen in Ihrer Einrichtung aufgefallen, dass Sie – überspitzt gesagt – diese als eher unattraktiv, unfähig und pflegebedürftig beschrieben haben. Dahinter vermute ich den Wunsch: Ach hätten wir doch mal richtig schöne Männer oder tolle Jungen. Aber was sind tolle Jungen? Sind tolle Jungen nicht auch die, die einen selbst als Frau bewundern? Die man ernst nehmen kann, die einen selbst ernst nehmen als Frau. Diese Un-Jungen schmücken einen als Frau doch gar nicht. Die muss man pflegen und putzen, damit man sich mit denen sehen lassen kann.

Frau G: Mit ist dazu diese Nacktbaderei eingefallen. Um jetzt mal so an die Geschlechtsteile zu gehen...Da merke ich bei mir, dass ich mit bestimmten Sachen Probleme habe. Wenn jetzt ein Jungen nackt draußen herumläuft und der hat ein steifes Glied, das sehe ich und nehme ich hin, lächele, das berührt mich nicht so. Sehe ich aber ein Mädchen, das so dasitzt und sich präsentiert, dann wird es mir ganz komisch. Das halte ich schlecht aus. Wir haben im letzten Jahr viel über das Nacktbaden diskutiert, sollen die Kinder ein Höschen anziehen oder nicht. Das war hier ein sehr schwieriges Thema... Auch bestimmte Kinder, die sich angebiedert haben, wenn hier Männer waren, dass sie sich ihnen gleich auf den Schoß gesetzt haben. Die Küsserei... Da haben wir als Frauen oft Probleme mit.

KT 2

Frau D: Wenn man ein Gleichgewicht in der Gruppe haben möchte, ist es wichtig, dass die Kinder miteinander harmonieren können, und da ist es im Grunde eigentlich egal, ob es Junge oder Mädchen ist. Man guckt natürlich, wenn man eine Gruppe bildet, dass man gleich viel Jungs und gleich viel

Mädchen hat. Aber das ist utopisch. Wichtig ist, dass ein Mädchen auf Jungen zugehen kann und dass ein Junge auf Mädchen zugehen kann. Und dann ist es eigentlich egal, wieviele man hat. Ich hatte auch mal eine Gruppe mit 14 Jungs und zwei Mädchen, und das geht auch.

Frau F: Je älter die Kinder werden, so im Vorschulalter oder so mit 6 oder 7, dann schauen die Jungs, dass sie eine Gruppe für sich bilden. das ist ihnen ganz wichtig. Die Mädchen bilden so eine Gruppe für sich, und die Jungen bilden eine Gruppe für sich. Am Anfang mit 3 oder 4 Jahren, ist es nicht so wichtig wie dann später zur Schule hin. Das kommt eigentlich von den Kindern aus und hat auch was mit dem Alter zu tun. Und dann ist es eigentlich egal, ob man jetzt ein Erzieherpaar hat.

Frau Z: Für mich ist die Frage, biete ich mich den Jungs eher an oder merken die, dass ich bestimmte männliche Anteile oder sagen wir mal eher maskuline Anteile eher aktivieren kann als meine Kollegin. Ich glaube, dass man das wahrscheinlich durch seine Art signalisiert und dass es auch solche Mütter gibt und dass man deswegen auch dann als Mutter die Kinder in der mütterlichen Übertragung beeinflusst. Das ist ja keine Frage. Aber ich glaube nicht, dass die Kinder das in einem suchen, sondern dass man da im Grunde sehr aktiv ist. Das hätte ja so was, als würden die Kinder alles magisch aufnehmen und so was spüren und dann aha, da ist das Männliche, was ich suche. (Gelächter) Ich glaube dass wir alle da einen sehr aktiven Teil dran haben, der ist einem selbst nur meist unbewusst.

Auswertung: Die Auswertung der Gruppendarstellungen erbrachte eine weitere Systematisierung der bis dahin gewonnenen Erfahrungen. Die zentrale Frage der Auswertung ist hier, welches innere Bild für Gleichstellung adäquat ist. Während z.B. normalerweise in traditionellen Soziogrammen die Gestalt der abgebildeten Beziehungen im Hinblick auf ihre *Dichte* und *Qualität* abgelesen werden kann, existieren keine Vorstellungen hinsichtlich der Gestalt, die eine Gruppe kennzeichnet, in der Gleichstellung verwirklicht wäre. Die Definition der Geschlechter zueinander, wie sie sich – gemäß den Falldarstellungen in den Supervisionen – verständigen und wie sie den eigenen Geschlechtsgenossen gegenüberstehen, ergab keine plausiblen Interpretationsmöglichkeiten: Die Selbstdefinition der Kinder konnte erheblich von der Definition der Erzieherin abweichen, etwa wenn das Mädchen immer Opfer und der Junge immer Täter, das Mädchen immer passiv und der Jungen immer aktiv usw. sind, also komplementäre Verhältnisse hätten abgebildet werden müssen. Davon war in den Gruppenstellungen kaum etwas sichtbar geworden.

Das probeweise Angebot des Kreisschemas mit abwechselnden Mädchen und Jungen oder des Bildes einer Balance (Waage) zwischen einer Mädchen und einer Jungengruppe (oder deren Gleichverteilung in ihren Beziehungen) zueinander erzeugte bei den Erzieherinnen ebenfalls keine zustimmende Resonanz. Zu unklar blieb dabei das Kriterium von Gleichstellung, die Referenz, der Messpunkt.

Am plausibelsten erscheint deshalb die Vorstellung, dass ein durchschnittlich gleicher Abstand aller Kinder zu einer Erzieherin oder eine entsprechende Zuordnung bei mehreren Erzieherinnen zeigt, wie beide Geschlechter ihren Pol als dem jeweils anderen vergleichbar darstellen. Entscheidend für eine realisierte Gleichstellung scheint der annähernd gleiche Abstand der Erzieherinnen zu beiden Geschlechtern zu sein. Hier die Zuordnung gemäß Abbildung 1.

Abbildung 2: Beispiel KT 4

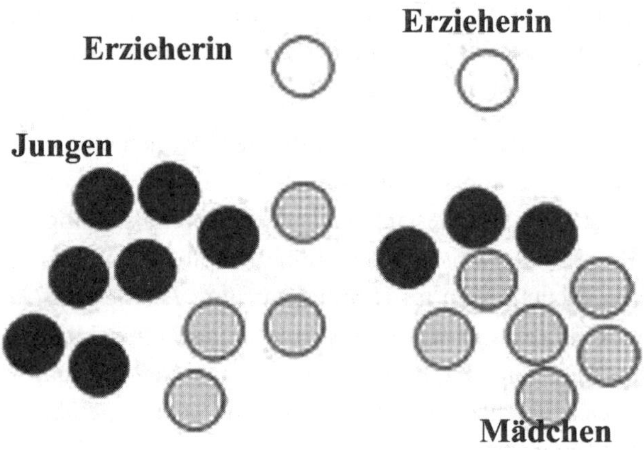

In den Gruppenbildern der Fortbildungsstudie stellt sich dies folgendermaßen dar: Dargestellt sind 17 Gruppen aus 4 Einrichtungen. Von diesen sind Mädchen und Jungen in 13 Gruppen (72 %) als eine jeweils eigenständige

Gruppe (gegenüber, nebenan, um herum etc.) dargestellt. In insgesamt acht Gruppen (ca. 50%) stellen sich die Erzieherinnen beide jeweils in die Nähe eines Geschlechtes. In den Einrichtungen, in denen keine solche Positionierung zu erkennen ist, stehen die Erzieherinnen gemeinsam zwischen oder vor den Gruppen.

Diesen systematischen Vergleichen lassen sich verschiedene Themen zuordnen, die im Laufe der Fortbildungsstudie ein Rolle gespielt haben: die Thematik der Einrichtungen zu Beginn der Studie, die Anzahl der Jungen und Mädchen, die in den Supervisionen der 1. Phase vorgestellt wurden, die Fallvignetten, die zur Zwischenbilanztagung ausgewählt wurden sowie andere Informationen aus verschiedenen Einzelsupervisionen.

Demnach verteilt sich über die gesamte Fortbildungsstudie die Thematik Jungen und Mädchen nahezu symmetrisch über die Einrichtungen, d.h. es gibt eine strukturelle Gesamtlogik der thematischen Darstellung des Gleichstellungsproblems, die sich gewissermaßen unbewusst, aber gleichwohl sinnhaft hergestellt hat. Während sich die männliche Thematik, d.h. die Rolle, die Väter und Erzieher in der Gleichstellungsthematik spielen, als Übertragungsgeschehen verständlicherweise dort am deutlichsten zeigt, wo Erzieher und Leiter involviert sind, wird die weibliche Thematik eher dort zur Darstellung gebracht, wo Frauen unter sich verschiedene Aspekte der weiblichen Identität und ihrer Bedeutung für die Gleichstellung zum Ausdruck bringen. Die »Vaterthematik« ist die der »Abwesenheit«, der Distanz zur Weiblichkeit, des sexuellen Missbrauchs und der Hoffnung auf Erlösung, Die »Mutterthematik« enthält dagegen die Problematik der Autonomieversuche der Tochter gegenüber der Mutter, der Verleugnung von Sexualität, der Rivalität um die »beste« Mutter und die Ambivalenz zwischen verlockender Männlichkeit und der (versteckten) Wut darauf. Am deutlichsten wird dies im Vergleich der Einrichtungen, die die (polare) Vater- bzw. Mutterthematik präsentieren:

KT 3: Hier steht die Vaterthematik und sexueller Missbrauch oder versorgender/versagender Vater im Vordergrund; die Jungen sind mehrfach gegenüber den Mädchen als potentielle sexuelle Täter im Blickfeld; der Leiter wurde als der starke Mann symbolisiert.

KT 4: Geschlechtsunterschiede werden häufig verleugnet, es gibt nur »Kinder« (und »wilde Tiere«); hier stand die Mutter-Tochter-Thematik (eine komplette Supervision zum Thema: Auseinandersetzung mit den Müttern) und der Kampf gegen die Mütter um die Söhne im Vordergrund.

Diese Thematiken sind in den Fallvignetten unbewusst gespiegelt worden – unbewusst deshalb, weil es keine rationale Begründung bei der Auswahl der verarbeiteten Supervisionsfälle gab (außer der, dass jeweils einer pro Einrichtung interpretativ verarbeitet werden sollte).

In der Gesamtschau der Teams stellt sich das Problem Gleichstellung als stellvertretend dar: Jede Einrichtung demonstriert den Aspekt, der von ihrer Konstellation her nahe liegt. An den Fallgeschichten wird deutlich: Wenn die Distanz des einen Geschlechts zum anderen oder die Selbstentwertung besonders zum Ausdruck gebracht wird, führt dies offenbar zu einer Polarisierung. In KT 3 und KT 4 scheint die Geschlechtsidentität aufgrund der Auswahl des Fallmaterials durch Spannungen zum anderen Geschlecht gekennzeichnet zu sein, die sie das Verhältnis der Geschlechter entsprechend darstellen lässt. Es könnte deshalb eine große Wut auf die Väter (Männer?) geben, weil sie sich in unterschiedlicher Weise verweigern, der eine, in dem mit dem Weiblichen nichts zu tun haben will, der andere, in dem er als Leiter nicht für eine gemeinsame Phantasie auf der Ebene der Erzieherinnen zur Verfügung steht. Es könnte eine große Wut auf die Mütter (Frauen untereinander?) geben, weil die Weiblichkeit nicht anerkannt werden kann und die Funktion der Versorgung verweigert wird (afrikanische Mutter). Die Geschlechtertrennung ist zwar vollzogen, aber die Männer und Frauen sind nicht so, wie sie im Idealfall sein sollten. Was beide Einrichtungen im Vergleich zu der KT 1 und der KT 2 vermissen, ist die Bandbreite von männlich und weiblich innerhalb der eigenen Geschlechtsidentität (du wirkst sehr männlich, Affinität zu den Mädchen; du wirkst sehr weiblich, Affinität zu den Jungen).

Die handlungspraktische Konsequenz aus den Gruppendarstellungen ist eine zweifache: Zum einen zeigen sich in den gestellten Beziehungen die Nähe bzw. Ferne der jeweiligen Geschlechter zu einer Erzieherin, so dass der Bedarf an Auseinandersetzung mit den unterschiedlichen inneren Positionen zu den jeweiligen Geschlechtern virulent wird (steckt hinter dem unterschiedlichen Abstand eine innere Auf- bzw. Abwertung des einen Geschlechtes gegenüber dem anderen? Und muss dies in einem Auseinandersetzungsprozess geändert werden, der auch die Reflexion der eigenen Geschlechtsidentität mit einschließt?). Zum anderen kann der unterschiedliche

Abstand dadurch relativiert werden, dass eine zweite Erzieherin die komplementäre Position in der Gruppe einnimmt, so dass beide Geschlechter ein Orientierungs- und Identifikationsobjekt haben, auch wenn es nicht – mehrheitlich bei den Jungen – durch das eigene Geschlecht repräsentiert ist.

Gleichstellung hat allerdings ihre objektiven Grenzen, die auch mit einer selbstreflexiven Auseinandersetzung nicht zu überschreiten sind. Was die Mädchen und die Jungen jeweils alleine oder miteinander machen, machen sie als Individuen. Das entsprechend individuelle Verhalten ist zumeist verständlich aus ihrer Biographie. Handlungsrelevant werden die o.g. Überlegungen an der Stelle, wo die Erzieherin den »Täter« (die Jungen nehmen den Mädchen die Dreirädchen weg) niedriger bewertet als die »Opfer« (die Mädchen lassen sich die Dreirädchen wegnehmen) und glaubt, Gleichstellung dadurch realisieren zu müssen, dass sie den Rollentausch forciert. Genau darin kommen die Maßnahmen zur Gleichstellung an ihre Grenzen. In der Art, wie die Erzieherin den Jungen und den Mädchen begegnet, definiert sie bewusst und unbewusst, ob und wie sie die Jungen und Mädchen für gleichgestellt hält – ohne Rückbezug auf die Vorstellungen und Definitionen der Kinder, weil es zwischen Erzieherinnen und Kindern um Abhängigkeitsbeziehungen geht. Da nicht jeder jede Rolle übernehmen kann (der Junge kann nicht Mädchen sein), kann auch Gleichstellung letztlich nicht vollständig realisiert werden. Es bleibt eine Differenz, die um so größer ist, je mehr die Erzieherin das eine oder das andere Geschlecht favorisiert.

Die weitergehende (Selbst-)Reflexion könnte folgende Überlegungen beinhalten:

- Ich habe einen Kollegen, der für die besonderen Probleme der Jungen da ist. Kann ich mich um die Mädchen kümmern?
- Ich habe eine Kollegin, die sich um die Jungen kümmert. Kann ich mich um die Mädchen kümmern?
- Wir mögen beide die Mädchen lieber, wer könnte für die Jungen da sein?
- Wir mögen beide die Jungen lieber, wer ist für die Mädchen da?
- Unterscheiden wir überhaupt zwischen Mädchen und Jungen?

4.3.4. Die zweite Zwischenbilanztagung

Forschung/Fortbildung: In den Vorbereitungssitzungen zur Zwischenbilanztagung machten die Erzieherinnen einen ersten systematischen Versuch, ihr bereits vorhandenes, aber noch nicht systematisiertes Wissen und ihre Kompetenz, die sie sich auch informell und im Anschluss an die Supervisionssitzungen erworben hatten, formell sichtbar zu machen. Zudem knüpfte diese Idee der Vorbereitung an die Erfahrungen aus der ersten Zwischenbilanztagung an: Während des Rollenspiels »Pressekonferenz« hatte sich gezeigt, dass die Teilnehmerinnen zwar über Erfahrungen verfügten, diese aber nicht mitteilen konnten bzw. nicht in der Vermittlung geübt waren.

Im Einzelnen wurden folgende Fragestellungen zunächst in Einzel- bzw. Partnerarbeit bearbeitet:

- Was verstehe ich unter Gleichstellung?
- Wo habe ich Gleichstellung verwirklicht, wo nicht?
- Wo sehe ich die Verwirklichung von Gleichstellung bei meinen Kolleginnen?
- Auf welche Fallszenen aus den Supervisionen kann ich meine Beurteilungen stützen?

Die Ergebnisse wurden im Team mitgeteilt. Anschließend erfolgte eine gemeinsame Verständigung über folgende Fragen:

- Was verstehen wir unter Gleichstellung?
- Wo haben wir als Team Gleichstellung verwirklicht?
- Was bleibt zu tun/zu reflektieren?

Die Ergebnisse dieser Vorbereitungssitzungen zeigten, dass es ein hohes Maß an Reflektiertheit zum Thema Gleichstellung von Jungen und Mädchen gab, welches bisher noch nicht in dieser Konzentration versammelt worden war. Eine Auswahl der transkribierten Einzelaussagen aus den vier Einrichtungen befindet sich im Anhang (2).

Die Einzeleinschätzungen lassen erkennen, dass es eine große Variation in den Einstellungen der Erzieherinnen zur Gleichstellung gab, die von »Ich habe die Gleichstellung bereits verwirklicht« bis »Ich bin durch meine Erziehung so geprägt, dass ich die Geschlechter unterschiedlich behandle« reichte. Die anschließende Diskussion zu dem Versuch, das Profil der Einrichtung im

Hinblick auf Gleichstellung zu beschreiben, gestaltete sich dementsprechend z.T. sehr kontrovers. Der Diskussionsprozess wurde informell in den Einrichtungen fortgesetzt. Gleichwohl waren die Teams damit auf die geplanten Versuche eingestimmt, während der Zwischenbilanztagung zu den Übereinstimmungen zu gelangen, die – unabhängig von den einzelnen Einrichtungen – möglich sein würden.

Die Gestaltung der Vorbereitungssitzungen prägte die Struktur der 2. Zwischenbilanztagung. Sie wurde gemeinsam mit Vertreterinnen aus drei Einrichtungen erarbeitet:

Nach einem informellen Austausch der Teams und einem vorbereitenden Fortbildungssetting am ersten Tag folgte ein Vortrag am zweiten, in dem die Ergebnisse der Studie aus dem ersten Supervisionsteil exemplarisch aufbereitet wurden (Fallvignetten). Anschließend bereiteten sich vier Teilgruppen zu den Themen Mädchen, Jungen, Männer und Frauen in Kindertageseinrichtungen vor und arbeiten heraus, was sie zum Thema im Sinne eines Ergebnisses für mitteilenswert hielten. Zusätzlich hatte jede Gruppe den Auftrag, eine Moderatorin und eine Berichterstatterin für die zweite Phase der Kleingruppenarbeit zu wählen.

In dem zweiten Teil dieser Phase wurden die Gruppen von jeweils einer Referentin/einem Referenten befragt, der/die in dem jeweiligen Thema der Gruppe als fachkompetent ausgewiesen ist. Dazu wurden eingeladen:

Cornelia Mansfeld (EFH, Darmstadt)
Mara Dittmann (EVA, Darmstadt)
Tim Rohrmann (Bildungswerkstatt, Hamburg)
Heinz Bartjes (VHS, Tübingen)

Die Eröffnung: Der erste Tag konfrontierte die Teilnehmerinnen mit der Aufgabe, in gemischten Kleingruppen jeweils zu den verschiedenen Positionen Mädchen-Jungen/Frauen-Männer typisierende Zuschreibungen zu finden, um diese dann in einer plenaren Diskussion auf ihre Stichhaltigkeit zu überprüfen:

- Was sind aus Ihrer Sicht gute Eigenschaften von Mädchen, was sind problematische Eigenschaften?
- Was sind aus Ihrer Sicht gute Eigenschaften von Jungen, was sind problematische Eigenschaften?

- Was sind aus Ihrer Sicht gute Eigenschaften von Männern bzw. Vätern, was sind problematische Eigenschaften?
- Was sind aus Ihrer Sicht gute Eigenschaften von Frauen bzw. Müttern, was sind problematische Eigenschaften?

Die Ergebnisse der Kleingruppen waren auf Postern festgehalten worden. In der z.T. äußerst lebhaften plenaren Diskussion wurden die einzelnen Zuschreibungen überprüft und im Hinblick auf die Wichtigkeit klassifiziert. Es ging u.a. darum, ob manche der Eigenschaften nur negativ, nur positiv oder in beiden Richtungen zu werten wären. Diese Festlegung auf gemeinsam geteilte Klischees geschah auf Anregung von Claude Chrétiennot, die im Rahmen ihres Projektes am CRESAS mit den französischen Erzieherinnen das gleiche Setting durchführte (siehe Tabelle 2; die Zuschreibungen der deutschen Erzieherinnen, soweit sie von allen als zutreffend klassifiziert wurden, finden sich in Tabelle 1):

Tabelle 1: Bewertungen der deutschen Erzieherinnen

positiv	**negativ**	**positiv**	**negativ**
Mädchen		***Jungen***	
sozial kreativ selbständig suchen eher verbale Auseinandersetzung schlagen nicht gleich zu stellen sich dar		technisch begabt Wettkampf kameradschaftlich körperliche Präsenz	
Frauen		***Männer***	
gutes Organisationsvermögen	zerreden sehr viel wenig entscheidungsfreudig	zielgerichtet	wehleidig

Tabelle 2: Bewertungen der französischen Erzieherinnen

positiv	negativ	positiv	negativ
Mädchen		***Jungen***	
mütterlich ruhig suchen verbale Ausei- nandersetzung, (versu- chen zu verhandeln) sanft, weich, können gut beobachten, gegenseitiges Verstehen vorhanden kein Konflikt Schmusekatze bilden solidarische Gruppen	zu nett nicht so körperlich aktiv unterworfen weniger wettbe- werbsfähig passiv weniger zielge- richtet empfindlich überempfindlich schwätzen gerne	kameradschaftlich neugierig viele Bewegungs- und Bauspiele widerstandsfähig schützend jammern nicht beginnen mit sym- bolischen Spielen früher als die Mäd- chen entdeckungsfreudig	Gewalt aggressiv Faulheit körperliche Präsenz jähzornig mehr »männliche« Spiele Schüchternheit Individualität schelmisch
Frauen		***Männer***	
Organisationsvermögen Verantwortungsbe- wusst/mütterlich setzen sich (in der Fa- milie) ein (sich betroffen fühlen) suchen verbale Ausei- nandersetzung (versuchen zu verhan- deln) intuitiv entgegenkommend sanft, weich verständnisvoll geduldig »Hörbereitschaft« dynamisch spontaner sinnlich	schwätzen gerne ausgabenfreudig impulsiv geizen gerne (zanken um nichts) pingelig/kleinlich Autoritätsmangel unruhig/nervös nörgeln gerne gestresst	basteln gerne manuell veranlagt setzen sich im Beruf gerne ein sparsam/ zuvor- kommend väterlich mit Autorität gerne Informant (vermitteln gern Information) vermitteln ihr Wis- sen gern (Jagd, Na- tur, Angeln ...) mehr dabei (spürba- re Präsenz) im Fa- milienleben »Charmeur« (einschmeichelnd)	unzufrieden machtlos zerstreut, vergesslich betrügerisch weniger verantwor- tungsbewusst verräterisch weniger tolerant manipulieren gerne schnell überlastet lax unterschiedliches Einsatzvermögen (in der Schule) egoistisch karriereorientiert unentschieden unaufrichtig teilweise altersbedingte Taubheit geizig gewalttätig

Der zweite Tag begann mit dem Vortrag »Auf dem Weg zur Gleichstellung – Entwicklungsförderung für Jungen und Mädchen in Kindertagesstätte und Hort« im Zusammenhang mit je einer exemplarischen Fallsupervision aus den vier Einrichtungen. Ein Ausschnitt davon ist i.F. deshalb wiedergegeben, weil er ein wesentliches Element der Datenauswertung und ein Teilstück des Ergebnisses präsentiert.

Vier Fallvignetten – Entwicklungsaufgaben für Jungen und Mädchen

Anhand von vier Fallvignetten[16] aus der Projektsupervision »Haus Europa: Gleichstellung von Jungen und Mädchen« wird die Frage zu beantworten versucht, was man – abgesehen von besonderen pädagogischen Maßnahmen wie etwa der Bereitstellung von besonderen Zeiten und Räumen – für Jungen bzw. Mädchen tun kann, um die Gleichstellung der Geschlechter im Hinblick auf die *Entwicklungsaufgaben* der Kinder zu fördern.

Fallvignette 1: »Die Hickemanns«

Die erste Fallvignette bezieht sich auf das grundsätzliche Problem von Gleichstellung zweier Kinder – unabhängig vom Geschlecht. Das grundsätzliche Gleichstellungsproblem ist wahrscheinlich nirgendwo deutlicher zu beobachten als bei Zwillingen. Die erste Fallvignette betrifft deshalb zwei fünfjährige Jungen, zweieiige Zwillinge. Die Mutter wollte eigentlich lieber ein Mädchen. Warnte sie deshalb bei der Anmeldung die Erzieherinnen gleich am Anfang, »wie schlimm diese Kinder wären«? Jedenfalls sind sie nicht nur in der Kindertagesstätte, sondern auch im Einzugsgebiet der Einrichtung wohlbekannt. So werden in der Regel z. B. zu Kindergeburtstagen auf keinen Fall beide gleichzeitig eingeladen, das wäre zu anstrengend: »Einer kann sich mit einem Freund verabreden, der andere geht zum Opa«.

Bei Zwillingen sucht man unwillkürlich den Vergleich: Wie ähnlich sind sie sich? Worin unterscheiden sie sich? Kann bzw. darf man sie trennen? Kann der eine ohne den anderen auftreten? Die Mutter jedenfalls differenziert zwischen ihren beiden Jungen sehr deutlich. Während sie den einen meint, noch »füttern« zu müssen, lässt sie dem anderen weitgehend große Selbständigkeit. Die Erzieherinnen nehmen deutliche Unterschiede im Verhalten war: »Der Paul, das ist der schmächtigere von den beiden, der fängt an zu weinen, und wir ertappen uns ganz oft, dass wir dann sofort an Julius gehen, aber Julius war es eigentlich gar nicht. Und Julius reagiert jetzt schon so, dass er es eigentlich ganz gut abschätzen kann. Er versteckt sich, wenn er wirklich Mist gebaut hat. Aber wenn nicht, dann sagt er es auch. Aber manchmal sind wir uns dann auch nicht mehr so ganz sicher. Sie sind halt wirklich sehr brutal miteinander: Sie treten, schlagen auch die anderen Kin-

16 Fallvignetten sind kleinere plakative Falldarstellungen.

der.« Die Jungen werden also eher als Individuen denn als Zwillinge angesehen, die so besonders »gleich« sind – wie man denn auch anderweitig Zwillinge gerne gleich behandelt.

Als eines der Probleme mit den beiden wird die Abholsituation geschildert. Es wächst sich jedesmal zur Katastrophe aus, wenn die Mutter ihre Kinder abholen kommt: »Die wollen die Mutter ärgern, die wollen sie solange reizen, bis sie richtig laut wird...Es ist auch immer so, dass der eine mit Sicherheit schon fertig ist und irgendwo wieder rumschwirrt, und dann rennt sie dem anderen hinterher und schreit den an, er soll sich jetzt gefälligst mal anziehen, und dann rennt sie hier durchs Haus und sucht den anderen, und dann hat sie den, und dann ist der andere wieder weg. Und wir sind dann auch ständig am Rennen und Flitzen und Gucken: Jetzt bleib du mal bitte hier. Weil wir ja dann auch – so eine nervige Mutter, immer hin und her, da wird man ja auch ganz scheckig und will, dass die endlich mal da rauskommen.« Im immer wieder gleichen Ärger deutet sich an: Die beiden Jungen inszenieren etwas ihnen so Wichtiges, dass sie die Spannungen zu Mutter und Erzieherinnen immer wieder in Kauf nehmen (statt »brav« zu sein).

Hinzu kommt, dass beide immer wieder beim Abholen in die Hose machen, so dass die Mutter mit eingenässten Kindern nach Hause gehen muss. Dort soll dann der jeweilige »Missetäter« zur Strafe die Hose auswaschen. Sein Zwillingsbruder streitet sich dann aber regelmäßig mit ihm darüber, wer die Hose auswaschen darf. So wird das Strafritual zum Streit um etwas. was beide Jungen gleichermaßen wollen. In der Einrichtung stellt sich – wie bereits beschrieben – häufig eine ganz ähnliche Situation her: Die beiden tun so, als ärgerten sie sich gegenseitig, bis der eine heult und die Erzieherinnen nicht mehr entscheiden können, wer denn »Schuld« hat und auf beide gleichermaßen ärgerlich werden – als sei dies das eigentliche Ziel der Zwillinge.

Der Vater, der tagsüber arbeiten geht, scheint in diesen Beziehungsverhältnissen kaum eine Bedeutung zu haben. Er wirkt auf die Erzieherinnen eher zögerlich: Er zählt in der Abholsituation bis »drei«, was ein Erzieher kommentiert: »Ich denk, der Herr XY zählt genauso wie meine Mutter immer gezählt hat: 2, 21/4, 21/2. (Ja. ...) Ich kann mich erinnern, ich wusste das genau: Bis drei zählen heißt, du hast noch fünf Minuten Zeit. (Lachen) Da passiert erst mal gar nichts. So bei Zweidreiviertel, da erhebt man sich dann langsam und denkt, naja, gut jetzt.« Mit einem solchen erwachsenen Erziehungsverhalten sind also die Resultate eher mäßig.

Während der Vater von den Jungen erwartet, dass sie »...zwei Stunden am Tag sitzen und malen«, wird die Mutter als außerordentlich sportlich interessiert geschildert. Sie treibt ihre Kinder zur Aktivität an, indem sie sie z.B. regelmäßig zum Kinderturnen begleitet. So entsteht durch die elterlichen Identifikationsangebote eine fast schon paradoxe Situation, die auf Unterschiedlichkeit, ja geradezu auf gegensätzliche Erwartungen angelegt ist, während die Zwillinge bei den Erzieherinnen Reaktionen hervorrufen, bei denen diese dann das Gefühl der »Gleichbehandlung« entwickeln können: wenn nämlich wirklich alle auf beide Jungen wütend sind. Diesem (vordergründigen?) Wunsch der Jungen nach Gleichbehandlung steht der Wunsch der Erzieherinnen (und der Mutter, also der Frauen) nach Individualisierung im Gegensatz zum Vater entgegen.

An dieser Fallvignette zeigt sich die allgemeine Problematik, wie eine Gleichstellung vernünftigerweise zu bewerkstelligen sei. Das, was aus der Erziehungsperspektive ungleich gehalten werden soll (die Individualität der Zwillingsbrüder), kann für die Kinder aus den unerkannten (und vielleicht auch unverstandenen) Anforderungen aus dem Elternhaus auf die Notwendigkeit einer Gleichheit hinauslaufen. Möglicherweise spiegelt sich in der Fallvignette die unausgesprochenen und widersprüchlichen Erwartungen von Vater und Mutter an ihre Kinder.

Fallvignette 2: »Die Krawallschachtel«

Die nächste Fallvignette betrifft die Auseinandersetzung der Erzieherinnen mit zwei Mädchen. Die entsprechende Supervisionssitzung fand zu Beginn des Kindergartenjahres statt, und so fiel den Erzieherinnen auf die Frage nach einem Kind, über das sie sprechen wollten, spontan die dreijährige Daniela ein. Sie wird folgendermaßen beschrieben: »Sie ist kein Problemkind, es ist halt ein Kind, was alles und jedes sehen und erforschen will, das jüngste Kind in der Familie, das wahnsinnig verwöhnt wird. Das wars eigentlich in meinen Augen auch schon. Das wird sich in drei, vier, fünf Wochen – hoffe ich – ein bisschen legen...Schickt uns durch die Gegend, kommandiert die Kinder, hat ihren Willen schon. Da müssen wir schon anders mit umgehen, wenn so ein kleiner Knirps da kommt... Geht heim, wenn sie heimgehen möchte, sofort und spontan. Tschüß, ich gehe...Irgendwann habe ich gesagt: Daniela, jetzt reicht mirs. Ich renne die ganze Zeit nur rum und suche dich. Du bleibst jetzt mal hier vorne. Ich habe es ihr wirklich ziemlich massiv gesagt. Jedes andere neue Kind hätte irgendwie verschüchtert reagiert oder sonst irgend etwas. Ja, ja, zwei Minuten später war sie wieder weg. Dann habe ich sie mir noch mal geholt und habe ihr gesagt, du bleibst jetzt hier vorne, sonst gehst du rein. Dann lass ich dich heute nicht mehr rausgehen. Dann ist sie mit der Paula hinten rum bei euch. ich habe dann gerufen: Daniela, kommst du her, du sollst vorne bleiben. Dann steht die da, geht rückwärts und winkt (Gelächter) und ich rufe, kommst du jetzt her? Und sie winkt immer weiter, geht aber immer weiter rückwärts. Da bin ich aufgestanden, und das hat die überhaupt nicht beeindruckt. Ich bin dann wirklich hin zu ihr, und habe gesagt, hier vorne bleibst du jetzt, wo ich dich sehen kann. Dann ist sie auch wieder mit nach vorne gekommen, und dann hat es ihr wohl gestunken. Zehn Minuten hat sie sich daran gehalten, dann sagte sie, sie geht jetzt rein. Und ich habe dann gesagt, ja, ist okay.« Alle Erzieherinnen der Einrichtung sind entsprechend »genervt«, erzählen aber diese und vergleichbare Szenen mit einem anerkennenden Unterton, so dass sich vermuten lässt, Danielas Persönlichkeit wird grundsätzlich akzeptiert – wenn sie sich den Ordnungs- und Regelvorstellungen unterordnet.

Während also Daniela als ein Kind beschrieben wird, mit dem man sich ständig anlegen muss, das man gleichwohl wegen seiner Stärke bewundert und wertschätzt, kommt die Sprache später auf Sabrina: »Wenn ich jetzt die Sabrina betrachte, jeder hat schon mal gesagt, die ist aber...die mag ich nicht, ihre Art und Weise. Aber alle, die Zivildienstleistenden, die Männer, sogar dieser junge Kerl, der hier war, die hier irgendwo auftauchen, die lieben die Sabrina...Die lieben diese Mädchen, die wir vielleicht nicht mögen...die geht zu jedem Mann, sogar zum Milchmann.« Später wird das Team deutlicher: Es ist der Lolita-Aspekt, der auf die Erzieherinnen anstößig wirkt. Dabei ist Sabrina so ungepflegt, dass sie abstoßend stinkt, selbst dann, wenn sie mit scheinbar sauberen Kleidern in die Einrichtung kommt. Hier schwingen in den Erzählungen der Erzieherinnen Gefühle der Entrüstung, Verachtung und Ablehnung mit, die sich erst im Laufe der weiteren Supervision differenzieren.

Bei näherer Untersuchung stellt sich nämlich heraus, dass es nicht nur um Sabrinas Erscheinung geht, sondern auch um die Art, wie sich ihre Mutter (nicht) um sie zu kümmern scheint. Sie ist eine noch sehr junge Mutter, die offenbar mit ihren Aufgaben überfordert ist. Auch der Mann scheint keine

Hilfe zu sein: »Sabrinas Papa ist auch nicht erwähnenswert...Ich habe ihn mal von weitem auf der Straße gesehen, er kommt nicht rein...Er hat sie um 5 vor 5 am Freitag abgeholt...Da hast du ihn gesehen?..Ja. Also so ein Bübchen ist es, ein Junge.« Da sich Erzieherinnen immer wieder mit den Müttern der ihnen anvertrauten Kinder messen müssen, entwickeln sie natürlich ebenso Vorstellungen von der idealen Mutter, wie die Mütter Vorstellungen von der idealen Betreuung im Kindergarten haben.

Jungen gegenüber mit ähnlichen Erscheinungsformen (ungepflegt und stinkend) und ähnlichen familiären Hintergründen fühlen sich allerdings die Erzieherinnen so mütterlich, dass sich ihre Abscheu in pflegerische Besorgnis wandelt: »Aber warum fällt dir das jetzt nicht beim Peter ein? Der stinkt genauso nach Urin (Durcheinandergerede, Gelächter)...Ich denke, den René assoziierst du mit einem Baby, trotz seiner Größe und Masse, die er hat, weil er wie ein Baby wirkt vom Bewegungsablauf und wie er so ist. Wogegen die Sabrina...die assoziiere ich mit so einer Lolita, die geht in so eine sexuelle Richtung schon rein.« Mädchen und Jungen erwecken offenbar in den Erzieherinnen unterschiedliche Gefühle von Mütterlichkeit: Während man von den Mädchen erwartet, dass die Pflege von deren Mutter ausgeht bzw. das Mädchen diese selbst übernimmt (was sich später hin zu den Klischees von weiblicher Körperpflege entwickeln mag), übernehmen die Erzieherinnen den Jungen gegenüber die Mutterrolle schlechthin.

So entpuppt sich die kollektive Einstimmung des Teams gegenüber Jungen und Mädchen als die einer positiven Haltung gegenüber dem Bild eines starken Mädchens (das man gleichwohl noch unter Kontrolle bekommen muss) und einer mütterlichen Haltung gegenüber schwachen und ungepflegten Jungen. Mädchen, die nicht »geliebt« werden, müssten dagegen erst einmal von ihren Müttern »richtig« auf dieses Idealbild hin versorgt werden: »Daniela empfinde ich als Kind, so wie ein Kind ist, mit Trotz und allem, und bei der Sabrina nehme ich das als Erwachsene...Daniela ist ein Kind, wie ein Kind sein soll, mit Trotz und mit allem drum und dran. Sabrina (Zwischenruf: ist Lolita)...durch ihr schweres Leben, nehme ich mal so an. Ich habe das Gefühl, sie hat viel schon im Leben erlebt, dadurch nehme ich sie auch schon ein bisschen als Erwachsene an. Das ist für mich ein Teenager. Sie weiß schon, was sie will.« Während also Daniela das optimale Mädchen darstellt, stimmt bei Sabrina das Entwicklungsangebot der Einrichtung nicht. Die Jungen stehen jedenfalls in der Beliebtheit erst an zweiter Stelle (oder sind es nur nicht die »richtigen«?): »Bei uns sind mehr starke Mädchen als Jungen. Die Jungen sind alle so an ihre Mutter fixiert. Bis die sich mal so abgenabelt haben...« Die Fixierung der Erzieherinnen (in der mütterlichen Rolle) wird entweder nicht gesehen oder verleugnet. Damit können andere Aspekte in der Entwicklung vom Kind zur Frau nicht in dem Maße wahrgenommen werden, wie es für eine Entwicklungsförderung wünschenswert wäre.

Die »Unart«, die Daniela – noch – zeigt, weist ebenfalls auf die zwiespältigen Einstellungen gegenüber Mädchen hin. Das Hauptproblem, das die Erzieherinnen mit ihr haben, ihr ständiges Sich-unerlaubt-entfernen, ist die Angst, sie könnte auf »Abwege« geraten (wenn sie wegläuft, »da ist sie sofort auf Abwegen«) – wenn man dies metaphorisch und im Zusammenhang mit der Lolita-Thematik bei Sabrina interpretiert.

An dieser Fallvignette wird deutlich, wie sich der Gedanke an Gleichstellung bei zwei Mädchen sehr leicht mit den Vorstellungen vom idealen Mädchen kreuzen kann. Die verschiedenen Aspekte in den Identifikationsmöglichkeiten mit dem, was man als weiblich empfinden könnte, kommen als Herausforderung an die eigene Identität und die kollektiven Vorstellungen im Team so stark zum Vorschein, dass zu erkennen ist, wie schwer es ist, Daniela und Sabrina gleichermaßen zu fördern – ganz abgesehen von den Jungen. Der Wunsch nach Gleichstellung kann so die Notwendigkeit zur Differenzierung in der Entwicklungsförderung bei Mädchen wie bei Jungen verstellen.

Fallvignette 3: »Der Lausbub«

Ein fünfjähriger afrikanischer Junge steht im Mittelpunkt der 3. Fallvignette. Mit dieser Fallschilderung möchte ich zeigen, in welchen Entwicklungszwiespalt Jungen durch Bilder vom »idealen Jungen« geraten können und wie Fremdheit gegenüber einer anderen Kultur vergleichbar ist mit der Fremdheit gegenüber dem anderen Geschlecht (er soll so sein wie ich). Zugleich soll daran deutlich werden, in welchem Zwiespalt Mutter und Erzieherin handeln müssen.

Tivo wird als fröhlicher Lausbub beschrieben, der jedoch seit einiger Zeit sehr bedrückt wirke und kaum noch etwas spreche. Die Mutter sei sehr brutal zu ihm und habe ihn schon öfter beim Abholen zu schlagen versucht: »Ich war ja jetzt letzte Woche unten in der Gruppe, und ich habe diese eine Abholsituation mitgekriegt, wo dieses Kind schreiend und brüllend durch den Flur gelaufen ist, weil es nicht mit heim, sondern mitessen wollte. Das war wirklich total dieser grausame Schrei, das kann man sich nicht vorstellen, das war wirklich schlimm.«

Der Vater sei zugänglicher und im Gegensatz zur Mutter westlich gekleidet. Die Mutter dagegen trage afrikanische Tracht. Man könne kaum mit ihr reden. Tivo habe noch eine kleinere Schwester, die wohl mehrere Krankenhausaufenthalte hinter sich habe: »Diese kleine Schwester ist irgendwie ziemlich krank gewesen. Die war längere Zeit im Krankenhaus, da gab es mal irgendso eine Phase, da hat alles mögliche nicht hingehauen, da war er, glaube ich, nicht hier.« Wenn man bedenkt, dass in afrikanischen Kulturen – aus der Perspektive der westlichen Industriegesellschaften – die Ungleichheit von Männern und Frauen bedeutend größer erscheint als in Europa, könnte man mutmaßen, dass sich die Entwicklung für die Tochter in dieser Familie noch als ungleich schwieriger darstellt. Ihr Vorbild, die afrikanische Mutter, muss sie mit ihrem Vorbild eines zukünftigen Partners, ihrem europäisierten Vater, in eine erträgliche Balance bringen.

Die Begegnung der afrikanischen Menschen mit der deutschen Kultur wird deshalb besonders für das Mädchen, Tivos Schwester, als problematisch herausgestellt: »Es ist erstmal nicht so dramatisch, wenn der Tivo auch so aussieht, von der Kleidung her. Aber dieses Mädchen, was da jetzt gekommen ist, weil es ja ganz viel mit der Mutter zu tun hat: Die Kleidung, der Mutter, die ist gekleidet wie eine Afrikanerin, hat die dollsten Frisuren mit Perlchen und...Wie sieht aber ein deutsches Mädchen, eine deutsche Frau aus? Also die Mutter müsste das Mädchen komplett anders anziehen als sich selber. Dem Tivo kann man schon eher so eine Deutschisierung da zumuten als dann dem Mädchen...Mir sind zwei eritreische Mädchen eingefallen, die ich in der Kindertagesstätte vorher hatte. Und ich habe grade überlegt, wie ich die wahrgenommen habe. Die waren von der Herangehensweise anders, die sind wirklich Stückchen für Stückchen gekommen, also nicht so wie der Tivo, der war da und: Hier bin ich. Und die beiden Mädels, die waren eigentlich vorsichtiger und ihre Mutter auch. Und die haben sich so nach und nach integriert, auch bei Elternabenden mal erzählt, dann die Mutter oder bei Eltern-Kind-Nachmittagen. Dann hat sie auch mal für unser internationales Fest was zu essen gemacht. Die sprach gut deutsch, muss man dazusagen.

Die hat auch versucht, sich zu integrieren. Wir haben es dann irgendwann so gemacht, dass wir einen Elternstammtisch in einer eritreischen Gaststätte gemacht haben, das war traumhaft, da hat sie endlich mal gesehen, wie doof die Deutschen sind, wenn sie uns mit der Hand hat essen sehen. Die hat sich halb totgelacht, die fand das total Klasse. Aber das ist so eine langsame, vorsichtige Art und Weise, die Mutter mit den Kindern, und hier so das krasse Gegenteil, das hat richtig geknallt.« Die hier angesprochenen Unterschiede in den Wahrnehmungen schwarzafrikanischer Mädchen und Jungen und deren Eltern verweisen auf die grundsätzlichen geschlechtsspezifischen Erwartungen: Die Jungen kommen und sind da (notfalls mit Gewalt), die Mädchen sind ein bisschen vorsichtiger – oder sie werden krank.

Es ist nicht allein die Ungleichheit zwischen Jungen und Mädchen, mit der man sich bei Kindern aus anderen Kulturen auseinandersetzen muss. Es ist viel mehr: Es ist bei Schwarzafrikanern das absolut andere, welches die Herausforderung an die eigene Identität hervorruft. Das Hauptproblem wird dagegen darin gesehen, dass Tivo unglaublich gierig auf das Essen sei, was ihm im Kindergarten angeboten werde, so, als bekäme er Zuhause überhaupt nichts. Im weiteren wird von der Lebenssituation der Familie berichtet (in einem einzeln stehenden Haus, quasi in einem Ghetto mit anderen afrikanischen Familien).

Damit erschließt sich aber auch das Problem des Jungen Tivo: Die Erzieherin möchte Tivo gerne weiter so (deutsch) versorgen wie bisher (vor allem mit Essen), während die Mutter offensichtlich Angst hat, ihr Kind an die fremde Kultur, an die sich der Vater offenbar hat anpassen müssen, zu verlieren: »Ich erinnere mich an die Übernachtung, wo die Mutter hier morgens gefrühstückt hat, da konnte man nicht hingucken, weil es einem schlicht schlecht geworden ist, wenn man dieser Frau beim Essen zugeguckt hat. Und der Tivo hat mit einer unglaublichen Akribie richtig gegessen, ordentlich gegessen. Vielleicht spürt der Tivo das, dass es hier gefährlich ist für die Familienkultur, dass hier Gefahr droht. Also es geht ihm hier gut, aber aus Sicht der Eltern droht ja die Entfremdung.« Wenn also Tivo bei der Erzieherin (der deutschen Mutter) ist, isst er »anständig«. Die Mutter dagegen verlangt eine afrikanische Lebens- und Essweise. Diese Spannung kann Tivo allein nicht ausgleichen. Sie geht zu Lasten seiner Entwicklung. Dabei könnte er der Mutter ebenso wie seiner Erzieherin zeigen, dass er seine (bikulturelle) Entwicklungsaufgabe bereits gelöst hat: Er kann afrikanisch und europäisch essen!

Emmanuel, das zweite afrikanische Kind in dem Kindergarten, lebt in Hausgemeinschaft mit Tivos Familie. Emmanuels Familie ist sehr viel europäischer orientiert. Während Tivo und Emmanuel bislang zusammen auch von Emmanuels Mutter abgeholt wurde, scheint dies nun nicht mehr zu gehen: »Also man läuft dann in fünfminütigem Abstand den gleichen Weg hintereinander her, weil man nicht in der Lage ist, die andere Frau im Haus zu fragen, hier, kannste den Tivo mal mitnehmen oder auch den Emmanuel, denn wer diesen Weg macht, ist ja egal. Das geht fast noch ein Stück weiter, weil Emmanuels Mutter deutsch spricht, eher deutsch angezogen ist, also das ist jemand, mit dem auch Kontakt möglich ist. Und wird auch klar, dass der Tivo sich von dem Emmanuel abgrenzen muss. Das kann man sich vorstellen, in diesem Haus tobt der Kampf um die Identität.« Die Europäisierung von Emmanuels Familie ist soweit fortgeschritten, dass sich der Konflikt an der Beziehung zwischen den beiden Jungen analog Kindergarten zeigt.

Obwohl mit diesen Überlegungen klar sein müsste, dass der Kindergarten mit der Familie, besonders der Mutter kämpft und es den Jungen zu zerreißen droht, weil er seine Gruppenerzieherin mag, bleibt sie dabei, dass sie ihm zu essen geben müsse, selbst auf das Risiko hin, dass sie ihn an seine Mutter verliere. Dabei geht es um viel mehr als essen: »Ab 12 (nachdem er abgeholt worden ist) hockt der drinnen, muss möglichst noch leise sein, weil er unten drunter oder oben drüber die Leute stören könnte, und merkt ja auch, der hat hier schon auch eine Freiheit gehabt: ihm ging es hier ja auch gut, er wurde nicht geschlagen, man hat Verständnis, er hat Kinder. Er hat Spielsachen ohne Ende, der hat das ja auch genutzt. Es ist ja jetzt nicht so, dass er so schüchtern war. Er war immer mal woanders oder ist es noch, weiß ich nicht. Und jetzt wird er heimgeholt«.

Die Vorstellung der deutschen Mutter, die ihr Kind auf die Welt bringt und dann eine Weile allein für das Kind lebt, das ist eine typisch deutsche Vorstellung, aber keine afrikanische. Eine deutsche Mutter »zetert« und schimpft erst einmal eine Weile. Die afrikanische Mutter schlägt sofort zu, so die Wahrnehmung der Einrichtung. Gibt es dort nur den deutschen (oder nur den weiblichen?) Lebensraum?

Die Annäherung an die Kultur derer, die durch ihre Hautfarbe sofort ins Auge fallen, scheint ähnlich schwierig zu sein wie an die, die durch ihr anderes Geschlecht kenntlich sind. Man könnte ein schönes afrikanisches Fest machen, das wäre ja kein Problem, und man könnte gesonderte Räume für Jungen und Mädchen einrichten. Wie aber kann man die Erfahrung von Andersartigkeit, die Schwarze und Jungen jede Sekunde machen, die sie in der Einrichtung gegenüber den (weißen) Erzieherinnen verbringen, in eine Gleichstellung, d.h. eine Entwicklungsförderung lenken, die man den »Gleichen«, den Mädchen gibt? Für die Erzieherinnen ist eine Erfahrung von Fremdheit, die Schwarze in der Welt der Weißen machen, sehr selten. Für diese ist sie aber ein zentraler Teil ihres alltäglichen Lebens – was dann u. U. dazu führt, dass die Afrikaner dann auch untereinander bleiben, also sich in ihrer Gruppierung zusammenfinden und versuchen, daraus ihre Lebenskraft zu schöpfen – und eben sich nur schwer oder gar nicht integrieren können. Die Entwicklungsaufgaben der Mädchen und Jungen sind in diesem sozialen Feld besonders schwierig: Sie müssen zwischen den Erwartungen von Nord und Süd und zwischen Vater und Mutter ausgleichen. Sie haben gegenüber Kindern deutscher Kultur eigentlich zwei (manchmal sich ausschließende) Entwicklungsaufgaben zur gleichen Zeit.

Wo also ist die Entwicklungsmöglichkeit für Tivo, seine »afrikanische Ecke« in der Einrichtung, die ihm ermöglicht, seine Reaktionsweisen auf den Zwiespalt zwischen den beiden Müttern nicht »geschlechtsspezifisch«, d.h. möglicherweise durch Ablehnung beider »Mütter«, ja des mütterlich-weiblichen überhaupt, leben zu müssen? Und wo ist in übertragenem Sinne die Ecke für die Jungen, so wie sie sind – in all ihrer Vielfältigkeit?

Fallvignette 4: »Das vorprogrammierte Chaos«

Die letzte Fallschilderung betrifft einen 11-jährigen Jungen im Hort, Michael, der als intelligent, schlau, listig und gerissen geschildert wird: »Er kann aber auch hundsgemein sein. Zum einen kann er in einer guten Phase lieb sein. Wenn er durchdreht, wenn ein Chip durchgebrannt ist, dann ist er unberechenbar, schlägt, ärgert, hört nicht zu, lässt sich nicht ermahnen. Und wenn man ihn ermahnt, dann grinst er einen an, er grinst einen nur an. Der bleibt unberührt davon, ob man bittet oder ihn laut anschreit, es geht an ihm vorbei.« Das Team ist sich in dieser Charakterisierung einig.

Der Fall wird von Michaels Gruppenerzieher vorgetragen, der selbst als Hobbys Volleyball, Tischtennis, Basketball und Kampfsport angibt. Er lässt sich mit Michael auch in Kämpfchen verwickeln, kann ihn aber nicht davon abhalten, zu fest zuzuschlagen, so als habe er kein Gefühl für Schmerzen. Michael kann es nicht ertragen, wenn andere Kinder mit dabei sind. Sein »Hobby« ist, andere zu ärgern, meist kleinere Kinder: »Und die kommen dann immer und heulen, der Michael hat mich geärgert, also gar nicht mal so körperliche Gewalt, das ist auch dabei, aber es ist nicht so vorrangig. Es ist mehr so dieses Ärgern, dieses Andere-Leute-ärgern, den Kindern etwas wegnehmen,, wegrennen oder es durch die Gegend schmeissen, Gegenstände, die anderen Kindern gehören. Das hat er sehr gut drauf, das kann er sehr schnell. Da steht man dann immer da, die Kinder kommen dann zu einem und beschweren sich darüber, und dann steht man immer da...Dann sag ich Michael, lass das, er grinst einfach nur.«

Der Erzieher ist sich sicher: Wenn Michael da ist, dann ist Chaos vorprogrammiert. Eine Kollegin zeichnet allerdings ein ganz anderes Bild: Er kümmert sich um die ganz Kleinen der Kindergartengruppe – »wie ein Erzieher« -, schiebt sie im Buggy und ist dabei »ganz lieb und goldig«. Diese Paradoxie löst sich ein wenig auf, nachdem seine Lebensgeschichte zur Sprache gekommen ist: Die Mutter hat den Vater verlassen, als Michael drei Jahre alt und sein Bruder Gerd gerade geboren war. Sie lebte dann bei den Großeltern (der Opa sei »auch nicht ohne« gewesen). Als der Großvater gestorben sei, habe sie mit ihren Kindern eine eigene Wohnung bezogen, die Kinder wüchsen jedoch vorwiegend auf der Straße auf. Die »andere Seite« von Michael scheint auf eine Sehnsucht hinzuweisen, die auf den ersten Blick typisch weiblich aussieht, vielleicht aber seine Sehnsucht nach einem fürsorglichen Vater meint, so wie er sich – in Anwesenheit der Erzieherin – gegenüber den Kleineren verhält.

Zwei Versuche der Mutter, mit einem Mann zusammen zu leben, müssen wohl fehlgeschlagen sein: »Die Mutter hat keinen anderen Mann. Als der Gerd, der jüngere Bruder, bei uns war, hat sie zwei Freunde gehabt, erst einen, dann noch einen, das war auch ein halbes Jahr. Da war der Gerd so begeistert. Und dann sind die verschwunden...«. Wegen Michael haben wohl auch zwei Kollegen die Einrichtung verlassen, weil er sich zu stark an ihnen gerieben habe. Mit seinen 11 Jahren kreisen seine Gedanken häufig um Sexualität: »Der hat sexistische Ausdrücke, der kennt vom Fernsehen den Telefonsex. Dann kennt er fast jedes Heft, wenn er mit seinem Freund G. zusammen ist, dann geht es nur um das Thema. (Durcheinandergerede)...Das sind Ausdrücke, bei jeder kleinen Provokation: Hure, Nutte...Dann frage ich, was soll das? Warum sagst du das? So eine kleine Lappalie, und dann regst du dich so auf? Das finde ich ja nicht so toll.« Hier bietet sich der Erzieher zwar verbal als prosoziales Identifikationsobjekt an, ohne ins Kalkül gezogen zu haben, dass (der 11-jährige) Michael sich am Beginn Übergang zum »Mann« befindet, ohne ein positives inneres Bild dazu, gewonnen an konkreten väterlichen Erfahrungen, zur Verfügung zu haben.

Die durchaus positiven Kontakte, die Michael mit seinem Erzieher hat, wiegen nicht seine enormen Schwierigkeiten in der Gruppe auf. Der Erzieher hat ebenfalls schon überlegt, seinetwegen die Einrichtung zu wechseln! Auch zuhause kommt die Mutter mit ihm und seinem Bruder nicht zurecht. Von der Mutter ist also nichts zu erwarten. Es scheint, als ob Michael einerseits von großen Hass- und Rachegefühlen heimgesucht ist, andererseits durch seine Fürsorge demonstriert, wie man sich als Mann um kleine Kinder kümmern sollte. Der Vater, der ihm durch die Mutter vorenthalten wird (sie will – aus verständlichen Gründen – nichts mehr von ihm wissen) schickt allenfalls Geschenke, »die neuesten Sachen«, mit denen die Brüder dann »prahlen«. Die Söhne, vor allem aber Michael, machen die Erfahrung, dass alle Männer, die irgendwo in ihrer Nähe auftauchen, ihnen nicht gewachsen sind. Auch der Gruppenerzieher kennt seine Grenzen: »Soviel kann ich nicht einstecken.«

Als problematisch wird von dem Team allerdings beurteilt, wenn der Vater seinem Sohn nicht überlegen ist: »Der Vater muss schon besser sein als der Sohn, und der Sohn muss ihn bewundern und auch das erreichen wollen, was der Vater schon kann. Der Wille muss da sein, das dann auch zu lernen...Der Vater muss ihm aber auch die Möglichkeit geben, ihm etwas beizubringen...Er muss ihm etwas zeigen wollen...Das auf jeden Fall. Das Kind muss den Vater bewundern und das auch erreichen wollen.« Einen Lichtblick geben die Erfahrungen aus den Ferienspielen, da werden immer Ausflüge gemacht, »...da ist immer viel los, action, action. Da ist Michael zufrieden. Das macht ihm Spaß. Das ist schön...Das ist Abwechslung...Da ist er gefordert...Da ist immer wieder etwas Neues los...« Es scheint so, als ob man in dieser besonderen Situation das anbieten könne, was Michael braucht. Solch ein Angebot ist allerdings im normalen Hortalltag nicht zu realisieren. Damit ist Michaels Entwicklungsaufgabe, die Auseinandersetzung mit seinen Kräften an seinem Vater oder einem vaterähnlichen Objekt nicht zu meistern. Er verlagert sie auf die Straße. Dort – so wird berichtet – »treibt« er sich mit älteren Jugendlichen »herum«.

Das Dilemma in diesem Hort (wie in fast allen vor- und außerschulischen Einrichtungen): Es gibt nicht nur Michael in seiner Suche nach einem starken (überstarken) männlichen Identifikationsobjekt und den entsprechenden Wünschen nach kraftvoller Auseinandersetzung mit einem Mann. Und es ist nicht nur Michaels Vater, den seine ehemalige Frau nicht mehr sehen möchte, es sind meist ganz ähnliche Familienverhältnisse, die den Jungen die Entwicklungschancen vorenthalten, in denen sie (leider oft nur allzu verständlich) das Männliche vermittelt durch die Mütter als wertlos, verachtenswert und trennend erleben. Und es gibt nur einen Erzieher in der Gruppe, der sich diesen Entwicklungsaufgaben stellen muss.

Das Hearing – Forschung

An den Vortrag anschließend wurden vier Kleingruppen um die Themenbereiche Frau/Mann/Mädchen/Jungen gebildet. Sie hatten die Aufgabe, eine Moderatorin und eine Berichterstatterin für das Hearing zu wählen und sich auf die Befragung durch die Experten vorzubereiten. Parallel dazu fand die Vorbereitung der Experten durch das Leitungsteam statt. Da es sich um ein für alle Beteiligten unbekanntes neues Setting handelte, herrschte zu Beginn noch eine gewisse Unklarheit bei Teilnehmern wie Referenten über die Vertauschung der Rollen Referent-Teilnehmer. Diese Irritationen machten dann aber einer produktiven Neugier auf beiden Seiten Platz.

Nachdem jeweils die Referenten im Anschluss an die Hearings berichtet hatten, was sie aus den Gruppen vernommen hatten, wurden die Berichterstatterinnen um Ergänzung bzw. Korrektur gebeten. In drei Fällen bestätigten sie die Berichte der Referenten. Die Berichterstatterin der Gruppe um das Thema »Mann« hob hervor, dass man aus Zeitmangel nicht dazu gekommen sei, über Erotik und Sexualität zu sprechen, das sei aber unbedingt noch nötig. Insgesamt entstand so ein hochkomplexes Themenspektrum dessen, was bisher in der Fortbildungsstudie zur Gleichstellung von Jungen und Mädchen erarbeitet worden war. Im Folgenden sind die sprachlich überarbeiteten und autorisierten Berichte der Referentinnen und Referenten als wiederum ein Teil des Studienergebnisses wiedergegeben:

Mara Dittmann: Die Gruppe, aus der ich berichte, hat sich mit der Entwicklungsförderung von Mädchen in Einrichtungen für Kinder beschäftigt. Auffallend war, dass gerade diese Gruppe nur sehr schwer zustande kam. Auf meine Nachfrage sagte dann auch etwa die Hälfte der Mitglieder, dass sie eigentlich gar nicht in diese Gruppe zu diesem Thema gehen wollte. Allein dieser holprige Gruppenfindungsprozess wirft meiner Meinung nach ein sehr deutliches Licht auf die Situation von Mädchen in Kindereinrichtungen: nur wenige kümmern sich ernsthaft darum, wie sie gefördert und unterstützt werden könnten. Es ist sicher auch schwierig für Erzieherinnen, den fremden Blick auf das eigene Geschlecht zu werfen. Dazu muss eine Erzieherin bereit sein, die eigene Kindheit anzuschauen mit ihren häufig spezifischen Verletzungen und Demütigungen. In der weiteren Diskussion wurden Beispiele genannt, die weiter unten ausgeführt werden. Es scheint so zu sein, dass Frauen, die sich sich diesem Thema zuwenden, das Gefühl haben, sich auszusetzen.. Gerade wer einen Schritt zur Seite tritt und auf das schaut, was täglich in der Einrichtung passiert, insbesondere auf die eigenen Handlungen, und das in Beziehung setzt zu dem, was man in der Kindheit erlebt hat, kann schon sehr erschrecken.

So schien es auch zunächst leichter zu sein, auf der Ebene allgemeiner Statements zu bleiben: z.B. das Thema »Entwicklungsförderung ist für beide Geschlechter wichtig« -»Warum muss man das überhaupt unterscheiden?« u.a. Es war nicht ganz einfach, die Gruppe zu konkreteren Aussagen zu bewegen. Am ehesten gelang das durch die Beschreibung von dem was bereits geschieht. Die Handlungsebene berührte dann Fragen wie: Was kann ich anbieten, was kann ich machen? Hier gab es für einzelne Gruppenmitglieder die Erkenntnis: »Unsere Einrichtung ist eigentlich eine weibliche Einrichtung (mit viel Firlefanz)« und »Für Jungens haben wir nichts zu bieten, gehen das Thema aber an«. Hier war die Gruppe sich schnell einig, dass damit auch den Mädchen die Chance gegeben wird, ihre Handlungsspielräume zu erweitern. Als »Sinnbild« hierfür stand die Werkbank, bzw. der Werkraum. Etliche Teilnehmerinnen machten deutlich, dass sie mit solchen Tätigkeiten gar nichts »am Hut« hätten. Das naheliegende Aufstöhnen: »Was sollen wir denn noch alles machen?« wurde durch die Überlegung entschärft, dass es nicht darauf ankomme, dass jede einzelne Erzieherin alles beherrschen muss, sondern dass innerhalb einer Einrichtung mehrere Personen unterschiedliche Rollen übernehmen können.

Die »Werkbank« steht hier für alles, was Mädchen eigentlich nicht zugetraut und eher als Jungendomäne gesehen wird. Hierbei wird deutlich, dass Mädchenförderung vor allem als Möglichkeit gesehen wird, »die gleichen Chancen wie für Jungen« zu schaffen. Belegt wurde diese Vermutung durch Äußerungen wie »Ich wäre gerne Pilotin geworden und wurde für meinen Wunsch ausgelacht« oder »Als Mädchen durfte ich nie Fußball spielen, deshalb möchte ich den Mädchen mehr Möglichkeiten geben. Sie sollen größere Handlungsfreiheit haben.« Interessanterweise wurde dieser Diskussionsstrang vorwiegend von den über 40-Jährigen Frauen verfolgt.

Bei der Gruppe der unter 40-Jährigen wurde überwiegend geäußert »Bei mir haben sich keine Rollenklischees entwickelt«. Als Erklärung wurde angeführt, dass sie überwiegend mit dem Vater groß wurden. Oder dass die Mutter arbeiten ging und der Vater zu Hause die Kinder erzog. Es ist sicher so, dass für jüngere Frauen die Chancengleichheit der Geschlechter nicht mehr die gleiche Brisanz hat wie für die älteren. Aber Rollenklischees bilden sich unabhängig vom jeweiligen Elternhaus, sie nähren sich aus viel breiteren Einflüssen. Hier genauer nachzufragen wäre für die weitere Arbeit sicher wichtig.

Die Gruppe war sich nach diesem kleinen »Ausflug« schnell wieder einig, dass Mädchen und Jungen von einer Einrichtung, die ein breites Spektrum an Möglichkeiten anbietet profitieren: Wichtig erscheinen »Räume, in denen man etwas erschaffen kann, auch mal schmutzig sein und etwas liegen lassen kann«.

Ein weiterer Ansatzpunkt auf der Handlungsebene war: dass »Mädchen ... auch mal Vorrang haben« sollten. Da wurden zwei Beispiele genannt, einmal die Rollschuhdisco nur für Mädchen, die den Beteiligten sehr viel bedeutet hat und der Ansatz, den Bauteppich an einigen Tagen nur für die Mädchen zu reservieren. Daraus wurde der Schluss gezogen, dass Mädchengruppen offensichtlich wertvoll sind, damit die Mädchen erkennen, dass sie sich etwas zutrauen können.

Insgesamt war die Gruppe der Ansicht, dass es hilfreich ist, offene Angebote bereit zu stellen, z.B. eine Ball-AG an Stelle eines Fußballspieles damit nicht von vornherein die Mädchen ausgegrenzt werden. In dem Zusammenhang wurde deutlich, dass sich bei einer Arbeit mit offenen Gruppen die Angebote für beide Geschlechter breiter fächern lassen als bei geschlossenen

Gruppen. Hier waren einige Teilnehmerinnen deutlich anderer Meinung. Dieser Punkt müsste also noch überprüft werden.

Um etwas genauer dem auf die Spur zu kommen, was das spezifisch Mädchenhafte ist, das es zu fördern gelte, sind wir zunächst einen Umweg gegangen: Auf mehreren Wandzeitungen aus der Vorarbeit der Gruppen wurden Mädchen als »zickig« bezeichnet. Auf die Frage, was könnte positiv an diesem Verhalten sein, kam heraus, dass es zur Reaktion auffordert, also eine Strategie ist, um ein Ziel zu erreichen. Häufig scheint ein solches Verhalten nach Wahrnehmung der Gruppenmitglieder auch bei emotionaler Überforderung zu entstehen. Förderung in diesem Zusammenhang wäre dann, die Mädchen dabei zu unterstützen, die eigenen Bedürfnisse herauszufinden, emotionale Überforderung zu erkennen und Wege mit ihnen zu gehen, die ihren Bedürfnissen angemessen sind.

Das ist für Mädchen keineswegs einfach, wie folgende Aussage belegt: »Ich kann für mich sagen, dass ich auf Verfehlungen von Mädchen oft heftiger reagiere als auf die von Jungen.« Ein Hinweis darauf, die eigenen Erwartungen an Mädchen zu überprüfen, da sie nicht nur bei dieser Erzieherin höher zu sein scheinen als an Jungen. Das führt direkt zu den Erwartungen der Erzieherin an sich selbst. Die eingangs zitierte Aussage man »habe den Jungen nichts zu bieten« wird von vielen Erzieherinnen auch in ganz anderen Zusammenhängen geäußert, was zu einer verstärkten Beobachtung und Beachtung der Jungen aus dem Gefühl eines Defizits führt. Es wäre an der Zeit, den Mädchen und damit der eigenen Weiblichkeit, den eigenen Vorstellungen von Frau sein Aufmerksamkeit zu widmen. Hier scheint der eigentliche blinde Fleck zu liegen, sonst wäre es nicht so schwierig gewesen, sowohl diese Gruppe zusammen zu stellen, als auch konkrete Ansätze zur Mädchenförderung zu entwickeln.

Ganz am Ende wurde das Gespräch wieder sehr allgemein und führte zu folgendem Schlusssatz: »In meiner Arbeit ist mir wichtig, das Ich zu unterstützen und zu stärken und ein Kind in seinen Möglichkeiten und Wünschen zu begleiten.« Ein wunderbarer Satz, der allerdings davon ausgeht, dass Mädchen und Jungen bereits gleiche Chancen haben. Solange unter Mädchenförderung – überspitzt formuliert – verstanden wird, dass ihnen auch die Werkbank zur Verfügung steht, ist es meiner Meinung nach dringend notwendig mehr auf die Mädchen zu achten, um ihre spezifischen Qualitäten auch wirklich erkennen zu können. Erst dann kann man sich um ihre Entwicklung und Förderung kümmern.

Tim Rohrmann: Das kann ich unterstützen. Bei Jungen gibt es einen Widerspruch: Zwar gibt es wenig Jungentypisches in den Einrichtungen, aber Jungen bekommen sehr viel Aufmerksamkeit. Ich war in der Gruppe zum Thema Jungen. Ich fange mal an mit einem Zitat. Eine Teilnehmerin hat zusammengefasst: »Es ist schwer zu beschreiben, was durch die Supervision passiert ist, durch die Fortbildungsarbeit, weil es soviel mit uns, den Kindern und den Eltern zu tun hat. Aber man kann es sehen an der Arbeit, die wir machen. Und die hat sich in den letzten zwei Jahren verändert.«

Ich stehe jetzt vor der schweren Aufgabe, das mit kurzen Worten zusammenfassend zu vermitteln.

Ich habe erst einmal gefragt: Wie ist es überhaupt mit diesem Prozess im Laufe der Studie gewesen? Einige haben gesagt, im ersten Jahr sei es schwer gewesen, den roten Faden zu finden. Das hat sich für einige in diesem zweiten Abschnitt sehr verändert, aber nicht für alle. Es gibt immer noch Probleme, den roten Faden zu finden. Andere sehen das jetzt klarer. Interessanterweise passiert ganz vieles nicht nur in den eigentlichen Sitzungen, sondern nach der Supervisionssitzung kommt plötzlich ein Gespräch in Gang. Da passiert dann plötzlich etwas, was irgendwie auch dazu gehört.

Wir haben ein paar Aha-Erlebnisse gesammelt. Die nenne ich mal kurz. Es sind einige Sachen, die beziehen sich nicht nur auf Jungen, sondern auch auf Mädchen und einen selbst. Zum Beispiel stellt ein Team die Frage: »Wer tritt eher männlich, wer tritt eher weiblich auf?«. Was ich sehr spannend fand, war, dass sich im Team die Kolleginnen Rückmeldung gegeben haben, nicht nur gegenseitig, sondern auch die Kinder gefragt haben. Das war schwierig, wenn die Rückmeldungen der Kolleginnen mit denen der Kinder übereinstimmten, nicht aber mit dem eigenen Bild. Ich fand es mutig und sehr spannend, das zu tun, danach auch Kinder zu fragen und diese Möglichkeit zu nutzen, sich gegenseitig auszutauschen. Dies zeigt auch, dass es vieles gibt, was man selbst so nicht wahrnimmt.

Ein Grundproblem, das sich durch die Beschreibung des Projektverlaufs zog, war: Einerseits gibt es typisch männliche bzw. weibliche Eigenschaften, andererseits ist jedes Kind anders, wir wollen jedes Kind individuell betrachten. Das war ein häufiges Thema in unserer Gruppe. Spannend fand ich das Beispiel von einem Mädchen, das sehr »weiblich« wirkt, sehr »weiblich« zurecht gemacht ist, aber auch »männliche« Dinge tut, z.B. auf Bäume klettert. Die Mutter ist sehr ähnlich, sie wirkt sehr »weiblich«, hat aber einen Beruf, der nicht unbedingt »weiblich« ist, alles natürlich im Sinne der Klischees. Das zeigt: Das »Weibliche« und das »Männliche« ist beides da, kann sogar in ein und demselben Menschen sehr ausgeprägt sein. Ich fand es wichtig, sich diese Begriffe genau anzugucken, da sonst die Gefahr besteht, im Gespräch und im individuellen Blick auf das einzelne Kind das Thema Junge-Mädchen wieder vom Tisch zu wischen.

Dann haben wir dasselbe gefunden, was Sie auch in der Mädchengruppe gefunden haben: Es fehlen jungentypische Angebote. »Der Kindergarten ist weiblich.« Das ist hier auch gesagt worden: Der Kindergarten ist zu »weiblich« und die Jungen finden zu wenig ihre Sachen. Dann haben wir herauskristallisiert: Es geht um dabei zwei Dinge, es geht einerseits um die jungentypischen Angebote, und andererseits geht es um die Jungen. Das ist ja nicht das selbe Thema. Dann wurde gesagt, es geht eigentlich um die jungentypischen Angebote, das merkt man bei den Jungen, aber eigentlich geht es auch um die Mädchen, betrifft also nicht nur die Jungen. Da ging es z.B. um einen Bauarbeiterhelm, der eine große Faszination auslöste, oder einen Motorradhelm. Eine Kollegin sagte, eine Feuerwehrausrüstung, das wäre das Richtige. An dieser Stelle kamen die Eltern ins Spiel. Jungentypisches Verhalten, zum Beispiel sich eher schmutzig zu machen, kann auch Irritation auslösen kann, mehr noch bei den Mädcheneltern, wurde in der Gruppe berichtet. Neben dem Jungentypischen, was in den Einrichtungen fehlt, gibt es auch das Jungenuntypische, was Jungen auch haben sollten. Da gab es ganz spannende Erfahrungen. Wenn Jungen ganz untypische Dinge tun, wurde das in der Gruppe als Erfolg gewertet. Zum Beispiel haben sich die Jungen getraut, auch Kleider anzuziehen. Für die Eltern war das nicht immer so super. Und gerade bei Jungen scheint untypisches Verhalten noch mehr Besorgnis auszulösen als bei Mädchen. Beispiel: Ein Junge, der Nagellack benutzt. In einem konkreten Fall gab es Ärger mit dem Vater, der dann auf der Matte stand und sagte, das sei wider die Natur, weil: Sein Sohn könnte Schaden an seiner Männlichkeit nehmen. Das meinte der ganz ernst. Da ist etwas bedroht. Was dann immer kommt, ist die Angst, der könnte schwul werden. In dem Moment also, in dem für Sie ein Ziel erreicht ist, nämlich Überschreitung der geschlechtstypischen Verhaltensweisen, kommen plötzlich die Eltern ins Spiel. Da geht es gar nicht mehr um das Thema, was Sie bei Jungen ideal finden, sondern wie man mit Eltern umgeht.

Was ist Gleichstellung? Das habe ich versucht herauszufinden und habe gehört, dass Sie sogar eine ganze Supervisionssitzung mit dieser Frage zugebracht haben. Es ist ganz schwierig zu beschreiben und zu erfassen, was Gleichstellung ist. Ziemlich klar ist: Es heißt nicht, einfach alle gleich zu behandeln. Es heißt, dass man dies manchmal möchte, aber nicht immer. Es geht darum, auf das eigene Verhalten zu schauen: Wir sind der Meinung, wir behandeln alle gleich, aber im Alltag ist es nicht immer so, wie können wir das ändern? Vielleicht ist das eher das, was den Begriff Gleichstellung trifft, was von dem Riesenanspruch herunterkommt, den man gar nicht fassen kann, der schwammig bleibt. Ein Beispiel drehte sich um die Jungen und die Mädchen in der Küche. Eine Kollegin, hatte festgestellt, dass – obwohl sie es nicht wollte – sie die Mädchen eher aborderte in die Küche. Eine andere Kollegin stellte dagegen fest, dass sie eher Jungen nimmt, weil sich manche Jungen nämlich vor dieser Arbeit drücken. Und plötzlich werden nur noch die Jungen geschickt, und die Mädchen, die sich drücken, werden übersehen – die gibt es nämlich auch. Es macht also keinen Sinn, als allgemeine Regel zu verschreiben: Jungen müssen in die Küche geschickt werden. Sondern: Was tue ich mit Jungen und Mädchen aus meinem persönlichen Blickwinkel heraus? Nehme ich das wahr? Und passt das zu dem, was ich mir vorgenommen habe?

Das andere Problem, das sich genau an derselben Stelle zeigt: Was ist eigentlich mit Kindern aus anderen Kulturen? Genau an diesem Beispiel wurden die unterschiedlichen Bewertungen deutlich, nämlich am türkischen Jungen, der abwaschen soll und das von zu Hause nicht kennt. Dazu gab es in der Gruppe zwei Reaktionen. Die eine war: »Für den ist das ein Schock!« Die andere: »Das tut dem mal ganz gut.« Die Frage ist natürlich: Was wissen wir wirklich über die türkischen Jungen? Und wem tut es eigentlich gut, wenn der Junge abwäscht? (Lachen im Saal) Das kann für uns amüsant sein, für den Jungen aber nicht ganz so einfach.

Dann ging es noch einen Schritt weiter. Erwünscht ist eine Erweiterung des Verhaltensrepertoires von Jungen und Mädchen. Auch die Jungen sollen mal Kleider anziehen und sich mit Nagellack anmalen dürfen. Die Eltern sollen das – hoffentlich – auch ein bisschen lockerer sehen, sollen nicht gleich die Krise kriegen, wenn ihr Junge mal so etwas tut. Wie sieht es aber mit der Erweiterung der eigenen Möglichkeiten aus? Man stößt an Grenzen. Mehrere Kolleginnen waren sehr klar in ihren Aussagen: »Es hat keinen Sinn, dass ich irgend etwas tue, was mir gar nicht entspricht, was ich gar nicht will. Wenn ich überhaupt kein Fußball spielen will oder überhaupt nicht Barbie spielen will, kann ich nicht sagen, bloß weil das sinnvoll wäre, tue ich das.« So funktioniert das nicht. Es ist wichtig, die eigenen Grenzen zu kennen. Wobei ich dann als Außenstehender gedacht habe, dass ein gewisser Konflikt dadurch entsteht: Wenn ich einerseits möchte, dass Kinder oder auch Eltern ihre Grenzen erweitern und andererseits selber merke, ich selbst will das für mich gar nicht. Die Hoffnung ist dann die, dass man jemand anderen im Team findet, der das übernimmt. Und wenn es gut geht, klappt das auch. Die Frage bleibt aber offen, was mache ich eigentlich, wenn ich so jemand nicht im Team habe? Wenn ich einerseits sehe, es wäre wichtig, dass es bestimmte Möglichkeiten in der Kita gibt, andererseits merke, ich persönlich kann das nicht. ich kann mich auch nicht dazu zwingen. Ich kann mich nicht völlig verbiegen. Da bleibt etwas offen.

Dann habe ich gefragt, was Jungen brauchen. Die ersten Reaktionen: »Einen Lederball, viel Bewegung.« Dann: »Aber nicht nur action, sondern auch Zuwendung.« Ich habe gehört, dass darüber schon viel gesprochen worden ist. Auf der einen Seite fällt also erst einmal das Jungentypische ein, dann fällt das Jungenuntypische ein. Aber warum das Jungen besonders brauchen, ist nach wie vor nicht so leicht zu beantworten. Man ist dann sehr schnell wieder auf der Ebene des Jungentypischen oder des Mädchentypischen.

Welche Bedingungen müssen gegeben sein, damit sich die Situation in Richtung Gleichstellung verändern kann? Erstmal wurde gesagt: Mehr Männer in Kindertageseinrichtungen, das ist ein wichtiger Punkt, am besten in jede Gruppe ein Mann und eine Frau. Was weiter notwendig wäre, wären andere Bilder von Familie, also eine Veränderung in den Familien bzw. in den Bewertungen, dass es auch Hausmänner gibt usw. Schon angesprochen wurde, dass es mehr jungentypisches Material geben müsste. Auch die Räume müssten sich verändern. Sie sollten attraktiver sein im Sinne von mehr Vielfalt, auch Dinge herein zunehmen, die bis jetzt unterrepräsentiert sind. Als Idee wurde dazu genannt, die Eltern anzusprechen, z.B. mit einer Pinnwand, wo drauf steht, was gebraucht wird, und die Eltern stellen das der Kita zur Verfügung anstatt es wegzuschmeißen.

Vor allem ist wichtig, sich gegenseitig Anregungen zu geben und sich auszutauschen. Mir ist dazu eingefallen, dass es wichtig ist wertzuschätzen, was man weiß und was man getan hat. Am Anfang hatte die Gruppe Schwierigkeiten auszudrücken, was sie gelernt hat. Dann aber war es doch eine ganze Menge, was ich gehört habe und versucht habe wiederzugeben. Wertzuschätzen, was man hat, das ist vielleicht gar nicht so einfach: »Das ist ein Thema, da haben wir uns Gedanken darüber gemacht, da haben wir etwas verändert.« Dies wurde an einer ganz kleinen Sequenz deutlich, wo eine Kollegin kurz etwas erzählte: »Da haben wir etwas gemacht, aber das will ich jetzt gar nicht erwähnen, das ist ja nichts Neues, und ein anderer Kollege sagte: »Moment mal, für uns ist das vielleicht interessant.« Das ist vielleicht wieder ganz typisch, dass so schnell darüber hinweggegangen wird, was man schon getan hat. In typischen Männergesprächen ist das anders: Es wird viel mehr mit dem geprahlt, was man alles schon getan habe, selbst wenn nicht viel dahintersteckt. Hier war es umgekehrt, hier ist nicht damit geprahlt worden, was alles Tolles schon gemacht wurde, es wurde eher sehr bescheiden formuliert. Ein bisschen unbescheidener sollten Sie damit umgehen!

Cornelia Mansfeld: Ich berichte aus der Gruppe »erwachsene Frauen«. Wir haben uns von dem Thema entfernt und wieder darauf zu bewegt. Die erste Frage, die ich an die Gruppe gestellt habe war: Welche Erfahrungen und Überlegungen können Sie nennen, wo Sie etwas gelernt haben und etwas aus der Fortbildungsstudie mitnehmen? Eine Kollegin berichtete spontan, was sie aus der Supervision mitgenommen habe. Als erstes sei ihr eingefallen: Was bieten wir Frauen den Jungen an Entwicklungsmöglichkeiten? Dies bezog sich auf ein ähnliches Thema wie bei der Jungengruppe – weibliche Einrichtung, weibliche Tätigkeiten: Wenn man mit den Jungen etwas macht, z.B. Backen oder Kochen, ist dies eher mit Weiblichkeit verbunden.

Der zweite Punkt bezog sich auf die Erfahrung der Hospitationen und Diskussionen in Frankreich, die im Vergleich Deutschland/Frankreich zugespitzt wurden auf die Frage: Fördern wir eigentlich das Sozialverhalten der Kinder, wenn diese ein Problem haben, weinen, schreien und wir gleich springen und trösten und machen und tun? In Frankreich wurde beobachtet: Die Erzieherinnen bleiben durchaus auch sitzen und tun nichts, und die Kinder trösten sich untereinander. Müssen wir dieses Konzept nicht überdenken?

Es wurde betont, dass – wenn man nicht eingreift – sich bei den deutschen Kolleginnen leicht ein schlechtes Gewissen herstellt.

Frauen in Frankreich wirken viel emanzipierter, die Kinder erscheinen selbständiger und disziplinierter, dies belegt mit zwei Beobachtungen:

- die schwangere Leiterin der Crêche, die gesagt hat: Wenn ich in Deutschland wäre und bei drei Kindern neun Jahre Erziehungsurlaub nehmen würde, dann wäre ich ja neun Jahre aus der Gesellschaft raus;
- das Übersetzungsproblem, das bei der Frage entstanden sei: Wie geht es Ihnen denn, wenn Sie Ihr Kind so früh in die Crêche oder in die Betreuung geben? Haben Sie nicht das Gefühl, dass Sie Ihr Kind abgeben (das Wort »abgeben« mit einer eher negativen Konnotierung im Deutschen)? Daraus entstand die Frage nach der richtigen Übersetzung, und es wurde schließlich übersetzt mit: übergeben im Sinne von anvertrauen – was zeigt, dass in Frankreich eine ganz andere Grundhaltung zu beobachten ist.

Dieser Vergleich hat dazu geführt, einige Selbstverständlichkeiten hier zu überprüfen. Daraus entstand eine Debatte zum Thema: Wie lebt man in Deutschland mit dem Konflikt, als Mutter berufstätig sein zu wollen? Es wurde berichtet, dass die Gruppe zur Vorbereitung der Befragung erst sachlich und entlang dieser Zuschreibung, wie Männer und Frauen sind, diskutiert hatte: männlich galt als sachlich, geordnet. Ab einem bestimmten Punkt – als der Konflikt Mutterschaft und Beruf zur Sprache kam – wurde die Diskussion emotional und unstrukturiert – weiblich, entwertet.

Das ist ein sehr wichtiger Punkt, den man bewusst machen muss: Wann reagieren Frauen empfindlich? Wann kommen Gefühle so vehement ins Spiel? Ist das Ausdruck einer Natur gegebenen Charaktereigenschaft oder einer bestimmten Konfliktlage, für die man keine Lösung findet oder wo man keine Unterstützung erfährt? Es wurde vermutet, dass in Frankreich eine Debatte um diese Frage nicht so gefühlsbetont verlaufen wäre wie in Deutschland bzw. wenn, dann unter umgekehrten Vorzeichen: Was passiert, wenn in Frankreich eine Frau ihre Kinder nicht in Betreuung geben will, also sich diesem Konzept verweigern will?

Als persönliche Anmerkung dazu: Ich finde es sehr wichtig, dass man heftige Gefühlsausbrüche auch als eine Konfliktlage deutet, für die man keine Lösung findet. Und diese sind gerade in Bezug auf Berufstätigkeit und Mutterschaft Konfliktlagen, die strukturell angelegt sind, die nichts mit der individuellen Fehlleistung von Frauen zu tun haben. In Deutschland wird man mit diesem Widerspruch sehr allein gelassen. Dann kommen die Gefühle hoch. Das ist dann auch richtig. Nur muss man versuchen, in Gruppen in einen Austausch darüber zu kommen. Ich würde es als sehr schwierig empfinden, wenn dies an eine Selbst-Entwertung gebunden wäre. Das müssen wir vermeiden.

Eine weitere Frage, die ich gestellt habe: Was würden Sie von dem, was Sie alles erkannt haben, gelernt haben, weiter vermitteln wollen? Der erste Gedanke war, die Ergebnisse in der Elternarbeit weiter zu vermitteln, und zwar, dass Jungen zu mehr Selbstverantwortung erzogen werden sollten. Das müsste den Eltern nahegebracht werden. Dann kam sehr schnell der Gedanke: Das verlangt aber auch die Selbstreflexion des eigenen Erziehungsverhaltens. Wir waren uns einig, dass wir unsere Töchter zu starken, autonomen Personen erziehen, während wir unsere Söhne eher betüdeln bzw. umsorgen. Der Widerspruch ist, dass einerseits die Töchter zu starken Personen erzogen werden sollen, die Geschlechterstereotypen aber den Jungen die Stärke unterstellen. Was bedeutet das? Das Umsorgen bedeutet, dass die Söhne hauswirtschaftlich umsorgt werden. Man müsse aber darüber nachdenken: Was brauchen Jungen im Kindergarten und: Was brauchen die Töchter? Wenn sie ohne Umsorgung bzw. mit sehr viel weniger Umsorgung zu starken Persönlichkeiten werden sollen, wenn Mädchen weniger Raum haben, immer funktionieren sollen bzw. Fehlleistungen nicht so ohne weiteres zugelassen werden, dann kann man davon ausgehen, dass auch Mädchen bedürftig sind, dass sie da zu wenig bekommen, ihre Bedürftigkeit nicht anerkannt wird. Von dem Thema der Elternarbeit ausgehend kamen wir also zu der Frage: Wie verhalten wir uns unterschiedlich zu Mädchen bzw. Jungen?

Der zweite Punkt betraf ein Umdenken in der Frage, wie man auf Aggression reagiert und wie man zwischen Aggression und Gewalt unterscheidet.

Dritter Punkt: Wie kann man eigentlich an andere etwas weitergeben, wenn man noch nicht alles selbst reflektiert hat? Ich habe vorgeschlagen, das Prinzip Selbstreflexion weiterzugeben. Auch das ist ja ein wichtiges Element von pädagogischem Tun – als Eltern wie auch als Erzieher. Aus meinem Fernblick würde ich sagen, dass Gruppenbildung, also Gruppen, in denen Mütter und Väter sich austauschen können, z.B. auch Väter über die lackierten Fingernägel ihrer Söhne, dass das wahrscheinlich sehr hilfreich wäre, um ein entspannteres Verhältnis zu der Frage zu bekommen, wie soll meine

Tochter, mein Sohn sein? Was wünsche ich mir und was wollen die Kinder selbst?

Auslandsaufenthalte bringen einen enormen Anstoß zu Möglichkeiten zur Selbstreflexion.

Als Letztes ist die Frage nach den jungentypischen Aktivitäten aufgegriffen worden: Fußball, Werkbank usw. Was sind eigentlich geschlechtstypische Räume für Mädchen und Jungen? Wie entstehen sie? In einer Stadterkundung, einem Projekt, von dem berichtet wurde, stellte sich heraus, dass im Wald Mädchen und Jungen Verschiedenes machen und sich auch in der Stadt Mädchen und Jungen unterschiedliche Räume erobern. Mädchen machen nichts Abenteuerliches ... Ist dies ihr Geschlechtscharakter? Von frühestem Kindesalter an sind wir selbst gewarnt worden, nicht in den Wald zu gehen. Das sei gefährlich. Und auch heute werden Mädchen davor gewarnt, während Jungen offenbar diese Warnung entweder nicht bekommen oder nicht beherzigen. Da müssten z.B. die Mädchen ermuntert werden, in großen Gruppen in den Wald zu gehen.

Am Ende wurde zusammengefasst: Wir haben zwei Perspektiven, die als Mutter und die als Erzieherin.

Mein Resümee: Ich finde es wichtig, sowohl im Bezug auf sich selbst als auch im Bezug auf Mädchen, das, was getan wird, nicht zu entwerten, also z.B. ein gefühlvolles Agieren oder »zickiges« Verhalten, sondern es im Kontext von gesellschaftlichen Strukturen zu sehen und auch zu sehen, welche eigenen Ängste und Betroffenheiten man dabei hat.

Heinz Bartjes: Arbeitsgruppe Männer: Ich kenne aus der geschlechtsbewussten Arbeit mit Jungen und Männern den Satz: »Jungenarbeit beginnt vor dem Spiegel«. Das finde ich eigentlich ein ganz schönes Bild, weil es darauf verweist, dass Erziehen, überhaupt Pädagogik erst einmal sehr viel mit mir selber zu tun hat und dass es darum geht, mich selbst anzuschauen, und dass es darum geht, dass sich Männer und Frauen jeweils u.a. als Männer und Frauen anschauen und natürlich um die Dynamik zueinander. Das ist das, was wir in der Arbeitsgruppe gemacht haben, eben stärker mit dem Blick auf das Mann-Sein.

Ich möchte als Eindruck vorweg schildern, dass dieses Thema von den Teilnehmerinnen und Teilnehmern sehr professionell diskutiert worden ist. Es ging ja auch darum: Welche Lernprozesse sind gemacht worden?

Was heißt in diesem Zusammenhang professionell? Es war eine sehr große Offenheit zu dem Thema da, sich auch in Frage zu stellen, sich anzuschauen: Das ist eine wichtige Voraussetzung, eine hohe Sensibilität im Bezug auf die eigene Rolle. Zu den Kränkungen sind wir nicht mehr gekommen. Das wäre etwas, wo man hätte weiter daran arbeiten können. Das ist ein wichtiges Thema in dem Zusammenhang. Ich habe auch eine hohe Sensibilität für das gefunden, was im Team passiert. Der dritte Aspekt der Professionalität: Dem Thema überhaupt Gewicht zu geben und sich darin zu engagieren. Und viertens, die Kompetenz, diesen geschlechtsbewussten Blick im Zusammenhang mit andern Perspektiven zu bringen. Das kam hier ja auch schon ein paar mal vor, ob es jetzt Klasse, Schicht, Milieu oder ob es Ethnie ist, ob es Stadt/Land ist. Alle diese Faktoren spielen ja hinein, wenn es um die Deutung von sozialem Handeln geht. Manchmal, wenn wir uns mit dem Thema Geschlecht beschäftigen, ist plötzlich alles Geschlecht, man muss aber immer daran denken, dass andere Faktoren auch eine sehr wichtige Rolle spielen. Mein Eindruck war also, dass hier wichtige Lernprozesse stattgefunden haben.

Im Einzelnen: Wir sind eingestiegen damit, Beispiele zu der Frage zu sammeln: Wie kommt das Mann-Sein im Alltag vor, wo wird es bedeutsam, wo fällt es auf? Normalerweise denkt man ja nicht permanent daran. Es ging also um ein paar Szenen, die auch in der Fortbildungsstudie vorkamen und die wir kurz diskutiert haben und versucht haben, sie ansatzweise zu deuten.

Situation 1: Da ging es darum, dass ein männlicher Erzieher schilderte, dass er allein in der Gruppe war. Die Eltern – zwei bis drei Mütter – kamen, um die Kinder abzugeben und hatten offensichtlich Schwierigkeiten zu gehen – nicht, weil sie Trennungsprobleme gehabt hätten, sondern – so hat der Erzieher dies interpretiert, davon müssen wir jetzt ausgehen – weil sie ihm seine Kompetenz abgestritten haben im Sinne der Botschaft: Du bist hier ganz allein, schaffst du das auch? Es gab vergleichbare Situationen, wo Frauen in dieser Situation allein waren und dies offensichtlich nicht in dieser Klarheit der Fall war. Das verweist darauf: Das Erziehen ist eine deutliche Frauendomäne, es ist ein weiblicher Beruf, es wird Frauen zugeschrieben. Offensichtlich passiert es dann relativ leicht – in dem Fall bei den Eltern -, dass man Männern das nicht so richtig zutraut, dass sie das richtig können. Da denkt man, man bleibt besser noch mal hier und guckt, was so passiert. Notfalls muss man den Mann auch unterstützen, der ist wohl willig, aber...

Zweites Beispiel: Umgang der Väter und Mütter mit ihren Kindern am Beispiel der Trennungssituation, also wenn die Kinder abgegeben werden und wieder abgeholt werden. Was passiert da? Was passiert, wenn Mütter die Kinder abholen, was passiert, wenn Väter oder andere Männer, der Opa z.B., die Kinder abholen? Die Schilderungen waren relativ eindeutig in die Richtung: Bei Frauen gibt es eher die Schwierigkeiten des Loslassens, noch mal ein Küsschen, noch mal Umarmen, jetzt geh aber, noch mal um die Ecke gucken, das Kind hat es gesehen, noch mal Küsschen. Bei Männern – ich pointiere jetzt etwas – würde das Ganze, so die Schilderung, doch etwas klarer vonstatten gehen. Wir haben dann diskutiert – das fand ich sehr wichtig – hat das etwas mit Männern und Frauen zu tun oder hat es vielmehr mit den Lebenssituationen, in denen diese Menschen jeweils stecken, und zwar unabhängig, ob sie Väter oder Mütter sind, etwas zu tun? Es kam nämlich dann die Beobachtung: Bei einem Mann ist das ganz anders, der ist zu Hause und hat sehr viel mit den Kindern zu tun, hat also eine sehr große Nähe zu den Kindern. Bei dem ist es offenbar auch schwierig, sich zu trennen. Da spielen sich ähnliche Situationen ab, wie sie sonst bei den Frauen vorkommen. Das verweist noch mal auf die Diskussion, dass es weniger um männliche und weibliche Stereotype geht – das ist ebenso bei Männern und bei Frauen -, sondern es geht um Lebenssituationen, die eben typischerweise sehr stark von Frauen besetzt werden, nämlich dass sie in der Regel zu Hause sind und die Kinder betreuen und dann mit diesem Problem eher zu kämpfen haben als die Männer. Das fand ich eine ganz wichtige Diskussion, die man sicher auch zu den anderen Punkten hätte fort führen können.

Drittes Beispiel (wir sind immer noch bei Themen, wo das Mann-Sein vorkommt): »Tatütata, die Feuerwehr ist da.« Es gab ein Wespennest im Kindergarten, die Feuerwehr rückte an. Das war eine große Attraktion, und es wurde so interpretiert: Es war auch deswegen eine große Attraktion, weil – kein Mann im Kindergarten – nun endlich mal die Männer kamen. Wir haben das natürlich auch im Kontext diskutiert, dass die Uniformen eine Attraktion hatten. Jemand hat dann erzählt, dass die Polizei auch mal da war, und es war auch eine weibliche Polizistin dabei, das war auch eine Attraktion. Also auch da war es nicht so deutlich: Sind die Männer die Attraktion oder ist es die Uniformierung oder das überhaupt etwas los ist, das Spektakel, dass man etwas macht, dass der Alltag unterbrochen wird.

Wir haben uns dann lange mit dem Thema beschäftigt: Was repräsentieren eigentlich Männer in der weiblichen Domäne Kindergarten? Oder anders gefragt: Welche Rollen übernehmen sie oder werden ihnen zugeschoben? Darüber haben wir immer wieder diskutiert: Wie ist dieser Prozess, der ja wechselseitig ist? Das wird an den verschiedenen Rollen, die sie einnehmen, deutlich. Ich pointiere jetzt auch wieder ein bisschen, ich hoffe es ist nicht zu salopp.

Als eine Rolle oder als ein Typus haben wir den »Raufbold« festgestellt. Als Beispiel: Der einzige Mann im Kindergarten, wohl zu der Zeit ein junger Praktikant, der offensichtlich ein Bedürfnis bei den Kindern abdeckte, was vorher nicht so abgedeckt worden war, nämlich Fußball-Spielen, Raufen, ein bisschen Kämpfchen machen, viel körperliche Bewegung, körperlicher Kontakt, aber auf eine etwas robustere Art und Weise, und und und... Wir haben – ein bisschen salopp und zugespitzt – die Formulierung gefunden: »Männer sind zum Raufen da, und Frauen sind zum Ausheulen da.« Weil auch beim Nachfragen deutlich wurde, was präsentierte der junge Mann eigentlich, dass er aber auch nur diese Seite präsentierte. Wenn dann eines von den Kindern beim kräftigen Fußball-Spielen hingefallen war, war die Versorgung nicht seine Sache, sondern da waren die Frauen wieder dran. Auch an diesem Beispiel, was wir nicht nur an diesem jungen Praktikanten gezeigt haben, sondern auch an anderen Beispielen von den Kolleginnen und Kollegen, wurde deutlich, dass es durchaus eine Aufteilung der Belange gab, für die man sich zuständig fühlte und was man auch gerne machte und wo man auch sein wesentliches Tätigkeitsfeld fand und was sehr geschlechtsspezifisch aufgeladen war. Eben Männer stärker das Spielerische, bisschen Kämpferische, in diesen Bereich hineingehend, und bei den Frauen eher, wenn es körperlich war, dann eher die Zärtlichkeit, das Tröstende usw. Auch da war wieder die Frage: Wie kommt das jetzt? Wir haben das als wechselseitigen Zuschreibungsprozess zu verstehen versucht, aber natürlich auch von den Kindern, dass sie entsprechend mit diesen Bildern aufwachsen und entsprechend auch bei Männern etwas anderes suchen in der Tendenz, als bei Frauen. Wenn das Knie blutet und man ein bisschen Trost will, geht man eher zur Erzieherin als zum Mann.

Das war das Modell Raufbold mit einer bestimmten Form von Körperlichkeit.

Das zweite Modell ist sicherlich auch allen bekannt, das ist das Modell »Techniker«. Wenn es etwas zu schrauben oder zu reparieren gibt, heißt es: Mach du das mal. Meist ist es auch so, dass die Männer das können und übernehmen. Da will ich mich jetzt gar nicht weiter darüber auslassen, das ist relativ plausibel.

Die dritte Rolle – auch bekannt in der Tendenz, vielfach in Statistiken beschrieben – »Leitung«, es wurde auch die Zahl genannt. Der Tendenz nach sind Männer in Leitungspositionen im Erziehungsbereich überrepräsentiert. Auch da ist wieder die Frage, was wir an zwei, drei Beispielen diskutiert haben: Wenn es denn nicht nur eine Entscheidung von oben ist, sondern auch im Team diskutiert und entschieden werden kann, wie kommt eine Entscheidung zustande, dass vielleicht sogar der einzige Mann im Team dann die Leitung übernimmt? Auch hier ist es ein wechselseitiger Prozess von etwas Annehmen, von etwas Übernehmen an Verantwortung, an Leitung, an Macht, an Ansehen. Gleichzeitig von der anderen Seite bei Frauen: Eher lieber nichts übernehmen, weil man nicht absieht, was das bedeutet oder weil man an bestimmte Rollen nicht herankommt und sich eher zurückziehen möchte und dann auch – wie bei dem Techniker – mach du das mal. Das kannst du sicherlich ganz gut.

Beschrieben wurde damit im Zusammenhang – das wäre ganz interessant, das hier zu diskutieren -, dass man von Männern eine andere Streitkultur eher erwartet und auch eher beschrieben wird. Sie geht in die Richtung, dass Männer in bestimmten Konfliktsituationen nicht so stark empfindlich reagieren, das Klima dadurch nicht so schnell auf ein höheres Konfliktniveau angehoben wird, sondern das eher mit burschikosen Maßnahmen abwiegeln: »Das ist alles nicht so schlimm, kein Problem, müssen wir jetzt schon wieder darüber reden« und dergleichen. Hier käme es natürlich darauf an, sehr genau zu schauen, was ist das jetzt genau für ein Konflikt? Es fiel eine Formulierung: »Bei Dingen, die eh nicht so wichtig sind, da ist es dann gut, wenn Männer auch klar sagen – das können Frauen nicht so gut -: Das ist jetzt nicht so wichtig, lassen wir das mal, da müssen wir nicht schon wieder drüber diskutieren.« Das wurde auch von Frauen beschrieben, dass sie das manchmal ganz heilsam finden, wenn jemand sagt: »So, jetzt ist Schluss, Ende der Diskussion, ich kann's nicht mehr hören, fertig, aus.« Das war also das Stichwort andere Streitkultur.

Eine fünfte Rolle, die Männer anbieten oder annehmen ist – ganz schlicht – ein anderes Körperbild. Das kam im Laufe der Arbeitsgruppe an verschiedenen Stellen vor, dass Männer durch ihren anderen Körperbau – da gab es das Beispiel mit den Bartstoppeln, was bei manchen Kindern offensichtlich sehr beliebt ist, sich an den Bartstoppeln zu reiben, weil einfach aufgrund der Biologie Frauen da nichts zum Reiben haben – im Sozialbereich unterschätzt man ja manchmal die Körperlichkeit. Auch das sollte erwähnt werden.

Wir haben uns dann gefragt bzw. haben ganz konkret die Männer befragt und dann diskutiert: Wie geht es denn den Männern mit der Tatsache, dass sie in einem weiblichen Arbeitsfeld agieren, sich bewegen? Was passiert da mit ihnen? Wie sehen sie das? Als erstes wurde diskutiert – das war auch ziemlich unisono -, dass Erzieherinnen als Frauenberuf einen geringeren gesellschaftlichen Status haben, eine geringere gesellschaftliche Wertigkeit, entsprechend ist die Bezahlung. Und wenn man das, was in vielen Köpfen immer noch gesellschaftliche Realität ist, Familienmodell zugrunde legt, d.h. der Vaterlohn die Familie ernähren können sollte, dann ist eben in vielen Köpfen auch, dass ein Mann den Beruf gar nicht machen kann, weil man mit dem Lohn gar keine Familie ernähren kann. Das schwingt immer noch mit.

Bei der Frage, wie es den Männern in dem weiblichen Arbeitsfeld geht, ist ein weiterer Punkt, tauchte auch folgendes Thema auf: Ein Mann hat es sehr freundlich formuliert: Er wüsste inzwischen sehr viel über Schwangerschaft. Man könnte daraus auch schließen: Es dominieren wie in Männerkreisen ja auch bestimmte Themen, die man als Mann nicht immer so furchtbar interessant findet: Keine weiß, wie Bayern-München gespielt hat. Eine interessante Erfahrung war die Schilderung – und dies weniger freundlich – eines Hühnerhof-Feelings, und dass er am Anfang auch die Schnauze voll davon hatte (auf gut Deutsch) von zu viel Diskussion: alles breit treten, alles diskutieren, jede Kleinigkeit angucken. Das hat einen Zusammenhang mit dem Thema der anderen Streitkultur, die offensichtlich oder vielleicht Männer haben. Im Zusammenhang damit steht, dass häufig von den Frauen im Team Männern eine stärkere Effizienz und Klarheit und Rationalität in Diskussionen zugeschrieben wird. Das wurde an ein paar Beispielen deutlich, wenn es um Formulierungen ging, »das mach du mal, das kannst du besser, das kannst du klarer.« Frauen würden sich da eher diffuser ausdrücken und vorsichtiger und nicht so klar und zielgerecht. Offenbar ist im Bild vom Mann immer noch sehr dominant, dass er zielbewusst und klar ist.

Vielleicht ist es nicht zufällig, dass wir über das Thema Sexualität und Erotik sowohl im Team, also bei Männern und Frauen untereinander, als auch was das unterschiedliche Geschlecht für die Kinder bedeutet, erst zum Schluss gekommen sind. Ich möchte das nicht überinterpretieren. Eine Arbeitsgruppe muss sich ja erst einmal finden und muss sich an verschiedenen Themen entlang hangeln und wagt sich dann auch mal zu anderen Themen vor. Da könnte man jetzt weiter machen.

4.4. Die dritte Studienphase

4.4.1. Videosequenzen

Forschung/Fortbildung: Die Vorbereitung auf den Abschluss bestimmte die dritte Studienphase. Für eine Präsentation im Rahmen einer bundesweit ausgeschriebene Tagung bereiteten die Erzieherinnen ein Video vor, das Aufnahmen aus dem pädagogischen Alltag zeigte und von den Erzieherinnen anhand eines Leitfadens zur Reflexion der Videoszenen kommentiert wurde. Zur Vorbereitung des Videos (das von einem Praktikanten in den jeweiligen Einrichtungen hergestellt worden war) wurden in den Supervisionssitzungen die von den Erzieherinnen ausgewählten Sequenzen, die am Ende auf eine Länge von ca. 15-20 zusammengeschnitten wurden, folgendermaßen reflexiv aufbereitet:

- Was ist passiert? Rekonstruktion der Szene: logisches Verstehen;
- Warum passiert es so, wie es passiert? Motivsuche in den verschiedenen Herkunftsfeldern;
- (Familie, Gruppe/Institution, Beziehung zur Erzieherin): psychologisches Verstehen;
- Welche Motive kann man plausiblerweise annehmen, aber nur mit Hilfe von Analogien und Metaphern belegen? Szenisches Verstehen unbewusster Motive;
- Sollte interveniert werden? Wenn ja, warum und wie?

Die in diesem Zusammenhang erarbeiteten szenischen Sequenzen waren zwar einerseits zielgerichtet als Impulsmaterial für Fortbildung konzipiert. Gleichwohl fassten sie im Kontext handlungstheoretischer Reflexion und hermeneutischer Interpretation auch die Forschungsergebnisse in eine dem Ziel der Fortbildungsstudie angemessene und adressatenadäquate Form.

4.4.2. Zweite Auslandserfahrung

Im Rahmen einer zweiten Hospitationsreise besuchten die Erzieherinnen verschiedene nurseries in Londoner Schulen sowie das »Pen Green Center for under fives and their families« in Corby. Die Erfahrungen in den Schulen waren aus der deutschen Perspektive eher ernüchternd (Erinnerungen an militärischen Drill wachrufend) und ergaben zum Thema lediglich die Zuschreibungen »good boy (girl)« und »bad boy (girl)« im Sinne disziplinierender Etikettierung und vermutlich gemeint in traditionell englischer Rollenzuschreibung.

Der Empfang der Erzieherinnen und die Begleitung durch das Personal des Pen Green Center für Kinder unter 5 Jahren entsprach – nicht zufällig – dem psychoanalytisch-pädagogischen Konzept der Einrichtung: Herausfinden, welche aktuellen Entwicklungsschritte ein (junger) Mensch gerade macht und ihn in seinem Engagiert-Sein, im Erfassen der Welt und im Lernen unterstützen (empowerment). Das Center legt dabei das sogenannte Schema-Konzept zugrunde, nachdem solche Entwicklungen entlang von Entwicklungslinien einem individuellem Verlaufsschema folgen (vgl. Whalley 2001). Dieses zu erkennen und zu begleiten ist die zentrale Aufgabe der Erwachsenen – der professionellen Erzieher, der Wissenschaftler und der Eltern.

Die wesentlichen Prinzipien des pädagogischen Konzeptes sind:

- leichte Zugänglichkeit zu allen Angeboten, die in ein kommunales Gesamtkonzept der Familienunterstützung (»shure start«)integriert sind;
- eine hohe Flexibilität im Hinblick auf die Bedürfnisse und Lebenslagen aller Kinder im Einzugsgebiet einschließlich der weiteren Familienverhältnisse;

- die Unteilbarkeit von Versorgung und Erziehung, die angemessene Unterstützung der Entwicklung durch die zentralen Elemente Spiel und Sprache;
- der Respekt und die Wertschätzung der Vielfalt individueller, religiöser, sprachlicher und kultureller Unterschiede bei Kindern und Eltern;
- Erziehung beginnt mit der Geburt, Angebote müssen berücksichtigen, dass Eltern als die ersten Erzieher die Schlüsselposition in der Entwicklung eines Kindes inne haben und in der Pflicht für die Früherziehung ihrer Kinder stehen;
- elterliche Erziehung gemeinsam mit der Unterstützung durch andere Erwachsene/der Gemeinschaft sollte innerhalb der Angebote für Früherziehung möglich sein;
- das gesamte Personal muss eine hoch qualifizierte Ausbildung haben und aus reflektierten Praktikern bestehen mit hinreichenden guten Arbeitsbedingungen (z.B. angemessener Bezahlung, Freizeit (non-contact-time), berufsbegleitender Fortbildung, Supervision, beruflichen Entwicklungsmöglichkeiten usw.);
- die Beschäftigten müssen in den pädagogischen Projekten für Kinder unter 5 Jahren an der bekräftigenden Unterstützung und an der Integration der Arbeit in die Fortentwicklung der sozialen Gemeinschaft Interesse haben;
- im Rahmen all dessen sollten Angebote für Kinder unter 5 Jahren so angelegt sein, dass sie den lokalen Bedarf berücksichtigen.

Während der Hospitation konnten eindrückliche Beispiele dafür erlebt werden, wie die Entwicklung der Kinder im Hinblick auf ihre Neugier, ihre besonderen Wege der Aneignung und Ausbildung von Fähigkeiten und Fertigkeiten durch die professionellen Kräfte gemeinsam mit einzelnen Eltern unterstützt wurden. Beobachten, Sich-Austauschen über das Beobachtete mit Kolleginnen und Eltern, den Kindern wie den Eltern mit Angeboten liebevoll entgegenkommen, ihre Aktionen dort unterstützen, wo Ansätze von Aktivität zu beobachten sind – all dies beeindruckte in zahlreichen Szenen immer wieder. Von besonderer Bedeutung ist die Entwicklung der Zusammenarbeit mit den Eltern. Einige von ihnen haben sich entschieden, selbst im Zentrum aktiv mitzuarbeiten und können sich dort auch pädagogisch qualifizieren.

Die Fachkräfte setzen zur Unterstützung ihrer Arbeit das Medium Video ein. Sie filmen Eltern und Kinder und nutzen diese Aufnahmen, um die Eltern in der Unterstützung zu bekräftigen. So war z.B. im Rahmen eines Eltern-Kind-Gruppen-Angebotes eine sehr depressiv, d.h. in sich zurückgezogene Mutter dabei gefilmt worden, wie sie ein einziges Mal ihren ca. 1½-jährigen Sohn anlächelte und dieser das mit einem freudigen Gesichtsausdruck quittierte. Im Anschluss an die Gruppensitzung suchten die Fachkräfte diese Szene aus dem Videomaterial heraus, machten ein Standbild davon und berieten, wie sie dieses der Mutter zeigen könnten, um sie in der Zuwendung zu ihrem Kind zu bestärken.

Zum Entwicklungsförderungskonzept des Pen Green Centers gehört auch, dass Jungen und Mädchen gleich behandelt werden. In Forschungen der in das Zentrum integrierten Forschungsabteilung sind die Kolleginnen und Kollegen allerdings auf Unterschiede jungen- und mädchentypische Unterschiede gestoßen. Bei Mädchen und Jungen gibt es Gemeinsamkeiten und Unterschiede in ihren Entwicklungslinien. Es kann Schwierigkeiten bereiten, in diesen gemeinsamen Entwicklungsbreichen ein Verhalten zu akzeptieren, das man den unterschiedlichen Entwicklungsbereichen zurechnet, z.B. Jungen, die »wie Mädchen spielen«. Wenn man sich dessen nicht bewusst ist, reagiert man »instinktiv« und wirkungsvoll, ohne zu wissen, ob man ein Kinder unterstützt oder blockiert.

Gerade weil Mütter und Väter für die Entwicklung von Jungen und Mädchen als gleichermaßen bedeutsam eingeschätzt werden, bemüht man sich im Pen Green Center besonders um die Väter, dies auch deshalb, weil das Personal fast nur aus Frauen besteht. Die Bezahlung sei so gering, dass die Arbeit für Männer nicht attraktiv genug sei. Irritierend war in diesem Zusammenhang, dass die vergleichsweise geringe Bezahlung für Frauen akzeptiert zu werden schien: Erzieherinnen seien ja vergleichsweise wie Mütter.

4.5. Der Studienabschluss und zusammengefasste Ergebnisse

Die Abschlusstagung bildete den Schlusspunkt der Fortbildungsstudie. Hier wurden einerseits in Vorträgen die Studie selbst sowie ein Überblick über die Thematik im Rahmen sozialwissenschaftlicher Forschung gegeben, als auch in von z.T. durch Studienteilnehmerinnen geleiteten Arbeitsgruppen Detailfragestellungen aus der Studie behandelt. Das Tagungsprogramm ist im Anhang (3) wiedergegeben.

Die Fortbildungsstudie hat u.a. folgende Ergebnisse erbracht:

- Gleichstellung ist etwas, was man leicht in normativen Überlegungen fassen kann, was sich aber empirisch nur schwer darstellen lässt. Die (meist selbsttäuschende) Behauptung vieler Erzieherinnen, sie könnten sich auf beide Geschlechter gleichermaßen einstellen, erweist sich bei genauerem Hinsehen mit einer Haltung verknüpft, die mit nur schwer eruierbaren familiär-biographischen und sozial-professionellen Erfahrungen verbunden ist. In dem Moment, wo sich die geschlechtsspezifische Haltung in eine »rein menschliche« aufzulösen scheint, ist deshalb der Aspekt der Gleichstellung in der pädagogischen Haltung zu Mädchen und Jungen nicht mehr transparent.
- Das Wissen um eine unterschiedliche Haltung gegenüber Jungen und Mädchen weist in diesem Sinne nicht auf etwas Defizitäres hin. Im Gegenteil, es zeugt von einem Bewusstsein der geschlechtsspezifischen eigenen Identität. Es kann helfen, im konkreten pädagogischen Alltag die Grenzen der eigenen Möglichkeiten zu kennen und Interventionen zu planen, die andere Haltungen und Identitäten ansprechen und beteiligen lässt. Es kann damit dem Einzelfall insofern gerecht werden, als wechselseitige Illusionen über die Beziehungen der Erzieherinnen zu Jungen und Mädchen vermieden werden und damit auch den Kindern die Möglichkeiten der Entwicklung eines eigenen Standortes geboten wird.
- Wichtig ist, dass man, wenn man selbst nur die eine »Hälfte« der Polarität von männlich und weiblich bieten kann – wie auch immer diese Eigenschaften hergestellt oder biologisch verankert sind – die Möglichkeit hat, den anderen Teil als ebenso wertvoll wie den eigenen zu werten. Es bietet aber auch die Möglichkeit, genauer und gezielter dafür zu sorgen, dass – obwohl nicht eine Ganzheit herzustellen ist, weil sich nicht genügend Männer für den Erzieherinnenberuf interessieren – den Kindern dieser Wert zu demonstriert wird.
- Kinder beiderlei Geschlechts benötigen beide Geschlechter, um zu einer integrierten und sich mit beiden Seiten des Geschlechterverhältnisses positiven Lebensplanung arrangieren zu können. Es hängt nicht vom »goodwill« der Erzieherinnen oder Erzieher ab, den Kindern irgendeinen Ersatz für das jeweils andere Geschlecht zu bieten. Vielmehr ist wichtig, dass der Ersatz als Ersatz erkannt wird – auch wenn Erzieherinnen mit Jungen

Fußball spielen und die Erzieher die Kleinsten nach allen Regeln der Kunst versorgen können.

- Kinder beiderlei Geschlechts brauchen das (positive) Vorbild beider Geschlechter, um es in ihrer Person – mit welchen Mechanismen auch immer – zu synthetisieren. An Scheidungskindern kann man die Tragödie der nicht gelingenden Synthetisierung beobachten, wenn der eine getrennte Elternteil vom Kind verlangt, den anderen zu verleugnen, entwerten oder zu ignorieren. Wechselseitige Abwertung des einen Geschlechts durch das andere kann diese Probleme verstärken, und umgekehrt kann eine wechselseitige Achtung bisher misslungene Synthetisierungsversuche abmildern oder gar in neue, positive Tendenzen umwandeln.
- Die Gleichwertigkeit von Mann und Frau im Team und ihr physisches Vorhandensein sind Voraussetzungen für eine gesunde psychosoziale Entwicklung, und zwar so, dass es Bereiche gibt, die beiden Geschlechtern jeweils allein und Bereiche, die beiden gemeinsam zustehen.

5. Die Fortbildungsstudie: *Leitung in Einrichtungen für Kinder*[17]

5.1. Die Fragestellung

»Männlich« und »weiblich« sind sehr unscharfe Begriffe für Phänomene, über deren Herkunft auch heute noch kontrovers diskutiert werden. Ist es die Biologie, die den Unterschied verursacht, die primären Geschlechtsmerkmale, die unterschiedlichen Hirnstrukturen, sind es die gesellschaftlichen Einflüsse auf das werdende Leben? Können Frauen besser mit dem Chaos, mit Gefühlen umgehen als Männer? Beherrschen Männer besser die Ordnung, die verstandesgemäßen Vorgänge?

Auch wenn eines der heutigen Klischees zu männlich und weiblich besagt, dass Männer und Frauen eigentlich gleich seien, unterscheiden sich die meisten Männer und Frauen doch auf eine Weise, so dass sie (fast) jedes Kind *erkennen* kann. Und auch Männer unterscheiden sich deutlich in ihrer »Männlichkeit« so wie Frauen in ihrer »Weiblichkeit«. Neben dem (vielleicht wissenschaftlich verallgemeinerbaren) männlichen und weiblichen Blick auf Aus-, Fort- und Weiterbildung von sozialpädagogischen Fachkräften – in dieser Fortbildungsstudie speziell Leiterinnen und Leitern – gibt es einen ganz persönlichen Blick, der vielleicht deshalb von Belang ist, weil das Persönliche im gesellschaftlichen Kontext entstanden ist und sich auch nicht beliebig von ihm lösen kann.

---

17 Die Leitung der Studie hatten Christian Büttner (HSFK), Annelinde Eggert-Schmid Noerr (Kath. Fachhochschule, Mainz), Martin Siegler (Arbeitszentrum Fort- und Weiterbildung des Elisabethenstiftes, Darmstadt) und Gretl Wildt (Diakonisches Werk, Stuttgart) inne.

Die besondere Schwierigkeit einer Forschungsfragestellung zu männlicher und weiblicher Leitung liegt darin, dass es sich dabei um ein – nicht nur unter Wissenschaftlern – besonders gut gehütetes Tabu handelt (vgl. Nadig 1987). Aus der Perspektive weiblicher Forschung ist immer wieder zu spüren, wie selbst scheinbar »gutwillige« Kollegen sich dann gegen die Aufdeckung der Herrschaftsverhältnisse sperren – und sei »nur« bei deren theoretischer Abhandlung –, wenn es um ihre eigenen Positionen geht. Dies hat für die selbstreflexive Beschäftigung, um die es im Folgenden gehen soll, die Konsequenz, dass man nicht »Parteiisches« erwarten muss. Zudem ist die theoretische Auseinandersetzung nicht gradlinig und eindeutig, sondern vielmehr polar einerseits und ambivalent andererseits verlaufen.

Ich werde in den folgenden Textabschnitten Ergebnisse, Eindrücke, Analysen und theoretische Erörterungen vorstellen, die im Zusammenhang mit dem Forschungsprozess in der Fortbildungsstudie stehen, an der Leiterinnen und Leiter sowie Trägervertreterinnen und Trägervertreter von Einrichtungen für Kinder mitgearbeitet haben. Diese Studie entstand im Rahmen des Gender-Diskurses in den Sozialwissenschaften zur Frage, ob weibliche Leitung nicht nur ein der männlichen Leitung abgeschauter Führungsstil sei, sondern ob er eigene, eben geschlechtstypisch weibliche Elemente haben könnte (vgl. Erhardt-Kramer 1996, S. 27 ff.; Goos/Hansen 1999). Dahinter stand die Hoffnung, der Geschlechterspannung in professionellen Beziehungen dadurch beizukommen, dass die weiblichen Leitungsqualitäten nicht nur die gleiche Wertschätzung erhalten sollten wie die männlichen; vielmehr dass sich aus den beiden »Hälften des Himmels« erst ein gemeinsames Ganzes ergäbe. Wie produktiv könnte es z.B. sein, wenn sich an der Schnittstelle zwischen Leitung und Träger eine Kooperation entwickeln ließe, die die Vorteile des männlichen und die Vorteile des weiblichen Führungsstils zum Wohle der Kinder oder anderer nützlicher Ziele verknüpfen ließen (vgl. Dobner 1997)!

Da es bisher in sozialwissenschaftlicher Forschung zum Bereich vorschulischer Erziehung nur wenig Anhaltspunkte für die besonderen Elemente eines weiblichen Führungsstils gibt und die Begegnung zwischen weiblichen und männlichen Führungskräften im Management von Unternehmen als hoch konkurrent beschrieben wird (vgl. z.B. Loden 1988; Edding 2000), sollte mit der Fortbildungsstudie »Leitung in Einrichtungen für Kinder« an diese Frage im Sozialisationsfeld Kindertageseinrichtungen herangegangen werden.

5.1.1. Inhaltliche Aspekte

Während man im Zusammenhang mit den Diskussionen zum allgemeinen Arbeitsvermögen von Frauen einen weiblichen Führungsstil verhältnismäßig plausibel gegen einen männlichen, weil traditionellen Führungsstil abgrenzen konnte (vgl. Kruse 1978; Ernst 1998), haben diese Gedanken im sozialen Bereich, vor allem für Einrichtungen vorschulischer Erziehung, bisher nur wenig Eingang gefunden.[18] Wenn man an Frauen, Erzieherinnen und kleine Kinder denkt, kommt vielleicht am ehesten die Vorstellung in den Sinn, dass Frauen in Kindergärten am rechten Platz seien und man nicht ausdrücklich über Leitung und Führung nachdenken müsse. Dass Erzieherinnen »muttern« (vgl. Weiß-Zimmer 1985) und ihre Leitungsqualitäten den organisatorischen Anforderungen von Familien entlehnt seien, entspricht in erster Linie den traditionellen Vorstellungen von der Rolle der Frauen in sozialpädagogischen Berufen, die sich mit kleinen und kleinsten Kindern beschäftigen. Andere weibliche Qualitäten geraten bisher nur selten ins Blickfeld (selbst der Betroffenen). Männliche Qualitäten werden zwar für notwendig gehalten, allerdings nur in begrenztem Umfang und für spezielle »typisch männliche« Aufgaben.

Da auf der Ebene der Kolleginnen meist das männliche Pendant fehlt, ist es allein schon deshalb schwierig, sich an der Reibung mit männlichen Vorstellungen von Leitung über die spezifisch weiblichen Leitungsqualitäten in Einrichtungen für Kinder klar zu werden. Ein typisches Konfliktfeld ist das Spannungsverhältnis von Team und Leitung, an dem – versteckt – die Konfrontation der Konzeption von Team (aus der Perspektive der Erzieherinnen) und in Konzeption von Leitung (aus der Perspektive der administrativen Belange von Trägern, die zumeist hierarchisch organisiert sind; vgl. Sandleitner 2000) zu Konflikten führen kann. Die Herausarbeitung dessen, was weibli-

18 Neubauer (1999) z.B. definiert Führungsaufgaben und –qualifikationen vollständig unabhängig von der Diskussion des Geschlechterverhältnisses, während vorwiegend Autorinnen die spezifischen Führungsqualifikationen von Frauen herauszuarbeiten versuchen (vgl. z.B. Brückner 1996).

che Leitungsvorstellungen gegenüber männlichen darstellen könnten – ohne bei dem Klischee von »Familienkompetenz« (vgl. Vollmer 1997) stehen zu bleiben – ist deshalb die zentrale Frage der Fortbildungsstudie: Wie könnte weibliche Leitung von Einrichtungen für Kinder aussehen, die sich nicht nur an den männlichen Strukturen und Organisationsroutinen orientiert oder ihnen folgt, sondern gerade die nicht-mütterlichen Qualifikationen in Leitung einbringt, die traditionellerweise als männlich wahrgenommen werden.

Da die nächste vorgesetzte Stelle weiblicher Leitung in Einrichtungen für Kinder personell häufig von Männern repräsentiert wird (Pfarrer, kommunale Beamte; vgl Erhardt-Kramer 1996, S. 20 ff.), kann aus der Gegenüberstellung der beiden entsprechenden Konzepte von Leitung – so sie denn unterschiedlich sind – eine Klärung folgender Fragestellungen erwartet werden:

- Gibt es eine von männlichen Vorstellungen abweichende Leitungskonzeption?
- Lässt sich diese Leitungsvorstellung mit männlichen Konzepten vereinbaren, mit ihnen zu einem Gesamtkonzept integrieren?

Für die Fortbildungsstudie wurde deshalb eine Teilnehmerzusammensetzung realisiert, die bewusst Teilnehmer aus beiden Bereichen zusammenführte. Zugleich wurde in der Zusammenstellung der Studienleitung darauf geachtet, dass eine paarweise Leitung der jeweils einzelnen Gruppierungen möglich sein würde.

5.1.2. Organisatorische Aspekte

Die Fragen der Fortbildungsstudie wurden im Sinne gemeinsamen Forschens und Lernens von Wissenschaftlern und Fortbildungsteilnehmern[19] untersucht. Und zwar wurden sie zunächst in zwei verschiedenen Teilgruppen angegangen: in einer Arbeitsgruppe mit Leiterinnen und Leitern von vorschulischen Einrichtungen, Kinderhorten und Jugendhäusern. Die Einzelfragen, die in dieser Gruppe untersucht wurden, waren dabei:

19 Es nahmen Leiterinnen und Leiter aus Einrichtungen in Darmstadt, Offenbach, Frankfurt und Dreieich sowie Trägervertreter aus Neu Isenburg, Oberursel und Frankfurt teil.

- Welche allgemeinen und speziellen Leitungsprobleme werden auf verschiedenen Ebenen der Institution gesehen?
- Wie sehen bisherige Anstrengungen zur Lösung von Leitungsproblemen aus und zu welchen Resultaten haben sie geführt?
- Welche Probleme werden als von Innen entstanden beurteilt, und zwar in Bezug auf Probleme mit den Eltern, mit den Kolleginnen und Kollegen bzw. welche mit den Organisationsabläufen des Trägers?

Eine zweite Teilgruppe mit Vertreterinnen und Vertretern von Trägern von Einrichtungen befasste sich mit ähnlichen Fragestellungen aus der Perspektive der Träger, und zwar:

- Mit welchen allgemeinen und spezifischen Leitungsproblemen von Einrichtungen sind Träger konfrontiert?
- Welche Leitungsvorstellungen haben sie hinsichtlich ihrer Trägerschaft?
- Welche Probleme werden als Einrichtungs- und welche als Trägerprobleme wahrgenommen?

5.2. Der Forschungsprozess

Die Fortbildungsstudie begann mit einer eintägigen Eröffnungsveranstaltung, bei der nach dem Einführungsvortrag »Gesellschaftliche Formen von Leitung« (Büttner 1994, S. 13 ff.) bisherige Erfahrungen der Teilnehmerinnen und Teilnehmer mit Kursen zur Fortbildung von Leiterinnen und Leitern, Problemen von Kooperation zwischen Leitung und Trägern von Einrichtungen sowie die Konzeption der Fortbildungsstudie vorgestellt und erläutert wurde. Darüber hinaus wurde den Teilnehmerinnen und Teilnehmern die Gelegenheit geboten, sich kennen zu lernen und sich auf die erste Phase der Gruppenarbeit vorzubereiten (Konstitution der Arbeitsgruppen).

Anschließend fanden je 10 Sitzungen der Arbeitsgruppen unter der gemeinsamen Leitung je eines Supervisors und einer Supervisorin statt, bei denen im Rahmen einer fachlichen Beratung spezielle Probleme im Sinne der Fragen der Fortbildungsstudie als Falldarstellung erhoben und erste Lösungsansätze erarbeitet wurden. Die Sitzungen wurden auf Band aufgezeichnet, um möglichst authentisches Material zur Verfügung zu haben, falls die

Gruppen darauf zurückzugreifen wünschten bzw. zur wissenschaftlichen Auswertung der Studie.

Parallel zur ersten Arbeitsgruppenphase wurden biographische Tiefeninterviews mit Leiterinnen/Leitern durchgeführt, die lebensgeschichtliche Aspekte geschlechtsspezifischer Leitungskompetenz erhellen sollten (vgl. Eggert-Schmid Noerr 1994).

Zu einer zweitägigen Zwischenbilanztagung wurden Mitarbeiterinnen und Mitarbeiter von Fortbildungsinstitutionen sowie Wissenschaftler eingeladen (Gäste), die mit den Fortbildungsteilnehmern die Ergebnisse der bisherigen Arbeit diskutierten. Ziel dieser Tagung war festzuhalten, welche weiteren Arbeitsinhalte in der zweiten Arbeitsphase mit weiteren zehn Supervisionssitzungen in den Vordergrund rücken sollten.

Während der Tagung konstituierte sich eine Redaktionsgruppe, die die Auswertung der Studie sowie eine Abschlusstagung vorbereitete. Neben dem Projektteam waren darin die Teilnehmer repräsentativ vertreten.

Abschließend fand eine Bilanztagung statt, bei der die Einzelergebnisse der Arbeitsgruppen zusammenfassend gesichtet und Kriterien für curriculare Elemente von Leiter/Leiterinnen-Fortbildung diskutiert wurden. Auch zu dieser Tagung, die mit Vorträgen von zwei externen Referenten, Karin Flaake und Franz Wellendorf (vgl. Flaake 1994; Wellendorf 1994), eingeleitet wurde, waren Gäste eingeladen.

Ich werde im Folgenden den Forschungsprozess aus meiner Sicht als Leiter der Studie beschreiben. Damit soll ein kleiner Einblick in den Gegenübertragungsanteil am Forschungs- und Fortbildungsprozess gegeben werden, der deutlich macht, dass interaktive Sozialforschung es immer auch mit der »intimen Subjektivität« der Forscher zu tun hat. Diese subjektive Sicht liegt allein schon deshalb nahe, weil das Forschungsthema mit der Forschungsorganisation unmittelbar verschränkt ist. Auch in der Leitung Fortbildungsstudie durch zwei Frauen und zwei Männer gibt es ja möglicherweise das Problem männlicher und weiblicher Leitungsstile.

5.2.1. Der Verlauf

Es ist durchaus nicht so, dass wir als Leitungsteam der Studie bereits zu Beginn exakt gewusst hätten, was unter männlich und weiblich zu verstehen sei sowie welche männlichen und weiblichen Leitungsvorstellungen es im Detail gäbe, geschweige denn, wie sie sich miteinander vereinbaren ließen. Vielmehr begann die Fortbildungsstudie mit einem Teamvorgespräch, also mit zwei Männern und zwei Frauen, in einer Auseinandersetzung um die Leitungskonzeption (der Fortbildungsstudie). Wie wollten wir die Teilnehmerinnen und Teilnehmer an das Thema heranführen (deshalb Fortbildung)? Wie sollten wir uns als Leitung zweier Supervisionsgruppen paarweise männlich/weiblich zusammensetzen, um mit der Gruppe der Trägervertreter und der Gruppe der Leiterinnen einen ersten Supervisionsblock durchzuführen? Während wir zunächst davon ausgingen, diese Fragen mit einer Leitungssupervision klären zu wollen, ließen wir diesen Wunsch später wieder fallen. Offenbar wollten wir uns am Anfang nicht gleich selbst dem Forschungsthema »Leitung männlich/weiblich« aussetzen.

Die Diskussionen über unsere eigenen Vorstellungen von Leitung wurden von uns als sehr anregend empfunden, obwohl sie in der Rückschau am Ende der Studie keinen besonders großen Einfluss auf Diskussionsprozess hatten. Wir waren als Leiterinnen und Leiter der Studie am Ende genauso weit gekommen wie unsere Teilnehmerinnen und Teilnehmer: Wir hatten – als Forschungsergebnis – eine Vorstellung davon, welche Schritte zur Absprache von Leitungskonzeptionen zwischen Männern und Frauen notwendig sind. Auch wir begriffen uns ja von Beginn der Fortbildung an als Lernende, als Forschende.

Die vorhergehenden Überlegungen führten deutlich zu mehr Fragen als Antworten. Wenigstens hierzu gab es eine »Antwort«: Fortbildung, die zu Fragen führt, die erst einmal Verwirrung im Gewohnten stiftet und die zu Forschung motiviert, öffnet die Teilnehmer/innen und Teilnehmer auch hin zu Veränderungsmöglichkeiten. Wir, die Mitglieder eines Leitungsteams hatten, selbst wenn wir uns über unsere jeweiligen Interventionsstrategien einig waren, doch unterschiedliche Perspektiven des gleichen Prozesses. Welche Veränderungen lassen sich also am Ende der Fortbildungsstudie »festhalten«?

Wer über Veränderungen durch Fortbildung nachdenkt, kann diese eigentlich nur für sich selbst ergründen. Veränderungen in der persönlichen Entwicklung – häufig das Resultat handfester Krisen (vgl. Meueler 1987) – ergeben sich oft erst nach Jahren und ohne dass man den Zusammenhang mit einer bestimmten Fortbildungssequenz im Detail parat hätte. Manche Erkenntnis kommt zwar blitzartig, aber vielleicht gerade deshalb, weil sie sich schon lange unerkannt angebahnt hat. Ob aber solche Fortbildungserkenntnisse überhaupt gravierende und überdauernde Verhaltensänderungen nach sich ziehen? Könnte man im Falle einer Fortbildungsstudie, bei der es vor allem um geschlechtsspezifisches Verhalten ging, dies erwarten, wenn einer der renommierten Sexualforscher, Ernest Bornemann, davon ausgeht, dass sich geschlechtsgebundenes Verhalten über das gesamte Leben hinweg als außerordentlich resistent gegen Veränderung erweist (Bornemann 1981, S. 40)? Dazu wäre nämlich die Auseinandersetzung mit der eigenen Geschlechtsidentität vonnöten, eine Auseinandersetzung, die die Möglichkeiten von Fortbildung (und Forschung am selben Objekt) bei weitem übersteigt (was aber nicht ausschließt, dass es im Einzelfall auch bei einer Fortbildung durchaus zu solchen Veränderungen kommen kann).

Darüber hinaus zeigte sich bereits bei den ersten Diskussionen im Team, aber auch später in der Auseinandersetzung mit den Teilnehmerinnen und Teilnehmern, dass die Begriffe »männlich« bzw. »weiblich« zu diffus sind, als dass man sich schnell auf ein gemeinsames Verständnis einigen könnte. Zu eng sind die individuellen und geschlechtsspezifischen Wahrnehmungen mit der persönlichen Biographie verknüpft. Aus dieser Einsicht heraus werde ich also in erster Linie über meine eigenen Veränderungen als Studienleiter, über mich selbst berichten, und zwar ohne Rücksicht auf verbindliche Begriffsdefinitionen von männlich/weiblich. Ich folge damit u.a. auch einer Einsicht von Franz Wellendorf, der sich seinerseits auf die Erkenntnisse Georges Devereux's (1976) zur Gegenübertragung in der empirischen Forschung bezieht: »Diskussionen über Männlichkeit, Weiblichkeit und das Geschlechterverhältnis finden stets in einem emotional geladenen Raum statt. Alte Abwehrkonflikte brechen auf und drohen, eine ruhige Betrachtung der Probleme unmöglich zu machen. Insofern enthält jede wissenschaftlichen Analyse in diesem Feld ein Element der Selbstanalyse und einen Versuch, die Vorstellungen über die eigene Geschlechtsidentität und ihre Einbettung in die Beziehungen zu anderen Menschen des gleichen oder anderen Geschlechts neu zu bestimmen« (Wellendorf 1994, S. 126).

5.2.2. Selbstreferentielle Reflexion

Zunächst die erste Begegnung mit dem Leitungsteam: Was hat mich zu Beginn besonders beschäftigt? Im Angesicht des Teams: Bin ich der typische Mann? Wie nehme ich mich gegenüber meinem Partner im Leitungsteam wahr? Eher väterlicher, eher mütterlicher? Meine Biographie legt letzteres nahe (als Einzelkind ohne Vater aufgewachsen). Mein Kollege: ein weichherziger Mann mit einem väterlichen Anteil? Und die Frauen? Kämpferisch engagiert, irgendwie auch typisch »weiblich«. Die eine, Gruppenanalytikerin, etwas »mütterlicher«, die andere, »Verbandsfrau«, etwas »männlicher«. Oder sollte ich hier genau dem Klischee von männlich aufgesessen sein, nur weil die eine Frau einen Beruf ausübt, der der Tendenz nach fürsorglich ist, während die zweite eine Funktion bekleidet, die ich lieber bei Männern sähe? Vermisse ich an mir etwas, was ich bei meinem Kollegen, dem Organisationsberater, erkenne? Oder sind die Geschlechtsidentitäten so beschaffen, dass sich alle gerade deshalb für ihre beruflichen Wege entschieden haben? Ist der Kollege deshalb väterlicher, weil er – in meiner Wahrnehmung – als Organisationsberater eher in Strukturen als in Prozessen denkt?

Die hier durch Anführungszeichen hervorgehobenen Bezeichnungen offenbaren schon das große Problem der Fortbildungsstudie: Sind diese Etikettierungen nicht eher Abwertungen? Werde ich überhaupt richtig verstanden, wenn ich solche Bezeichnungen verwende? Unsere ersten Teamdiskussionen jedenfalls ließen die Vagheit und die Problematik des Forschungsvorhabens bereits deutlich werden, ohne dass mein Einführungsreferat (über männliche und weibliche Leitungsstile in Politik und Industrie) und die statements der anderen drei Mitglieder des Leitungsteams während des Anfangsplenums der Fortbildungsstudie etwas daran zu ändern schienen. Diese statements charakterisieren m. E. deutlich unsere unterschiedlichen Positionen als verschiedene Repräsentationen männlicher und weiblicher Identität.

Nach dem Einführungsreferat ging zunächst die Gruppenanalytikerin mit einem Kurzvortrag darauf ein, wie sich der im Referat charakterisierte Unterschied zwischen den Geschlechtern psychoanalytisch-empathisch erklären ließe, nämlich als unterschiedliche Loslösung und Abgrenzung vom ersten Liebesobjekt, der Mutter. Anschließend bemühte sich der Organisationsberater um eine (strukturelle) Definitionsabgrenzung: Ob die Fähigkeit der Männer zur Abgrenzung nicht auch zwanghafte Züge bekommen könne und deshalb als Fähigkeit in Anführungszeichen bezeichnet werden müsse. Die Kollegin aus dem Verband entwickelte am Ende der Vorträge zwei Positionen: Ob es gelingen könnte oder sollte, eine Integration männlicher und weiblicher Vorstellungen hinzubekommen, die »eine Balance des Glücks darstellt«. Die Gefahr bestünde, dass eine Integration unter männlicher Dominanz daraus würde. Zweitens seien prozesshafte Leistungen wie die der Erziehung von Kindern einer (männlichen) Kontrolle nicht zugänglich.

Hier die beiden anschließenden Diskussionsbeiträge einer Teilnehmerin und eines Teilnehmers. Sie definiert sich an den Rand männlichen Interesses und reagiert mit Verständnis, während er der Macht aufgeschriebener Konzepte das Wort redet:

Frau M., Leiterin: »Wenn Sie sagen, dass bei der Kontrolle letztlich nur zählt, dass man Frau ist: Da macht jeder wahrscheinlich unterschiedliche Erfahrungen mit seinem Vorgesetzten oder Träger. Das größte Problem ist aber, dass die meisten Trägervertreter eigentlich wenig kompetent sind, was die Kindergarteneinrichtungen betrifft. Ich höre das auch oft von unserem Pfarrer oder von anderen Pfarrern, dass sie sagen, da sind soviel andere Aufgabengebiete in der Gemeinde, Und ich komme vom Theologiestudium in die Gemeinde rein. Da sind Kindertagesstätte oder Kindergarten eigentlich Randthemen, Die sind teilweise wirklich überfordert, Und es hängt von jedem einzelnen ab, inwieweit er die Notwendigkeit sieht, sich kompetent zu machen, und dann auch Kriterien findet, was eine gute oder eine schlechte Kindergartenarbeit sein kann. Es sind so viele Themen, die ein Pfarramt hat, Konfirmanden, Jugendarbeit... Da sucht sich jeder vielleicht einen Schwerpunkt aus. Und in den meisten Gemeinden ist Kindergarten ein Randthema.«

Dann HerrX., Trägervertreter: »Man kann nicht gängige Bewertungsmaßstäbe anlegen: Was bringt ihr für die 200.000.-, die wir euch bezahlen? Ich glaube aber, es ist nicht nur ein persönliches Problem, ob der Pfarrer oder die Pfarrerin XY die Schwerpunkte in seiner oder ihrer Gemeinde setzt. Es hängt auch von der Struktur ab, dass Kindergarten, obwohl er soviel Geld kostet, unten rangiert. Das hängt damit zusammen, dass es keinen Plan gibt. Es gibt kein Konzept. Wir bekämen zwar hier 15 Konzepte raus. Ich weiß aber nicht, ob das wirklich durchdachte Konzepte wären, die vielleicht auch mal aufgeschrieben worden sind. Jedenfalls in der Kirche, so wie ich es wahrnehme, ist so etwas erst langsam auf dem Weg. Und wenn die Erzieherinnen das selber nicht gepackt hätten mit Protestformen, die für dieses Klientel neu waren, Demonstrationen, go ins auf der Synode, dann hätten wir heute noch keine neue Kindergartenverordnung, die uns doch wenigstens ein bisschen nach vorne gebracht hat. Das hängt auch an der Struktur, nicht nur an den einzelnen Personen.«

Spiegelt sich in dieser ersten Teilnehmer/Teilnehmerin-Kontroverse am Beginn der Studie nicht auch die Zuschreibung männlicher und weiblicher Eigenschaften im Team (Person/Struktur)? Deutet sich hier bereits eine Spannung zwischen Männern und Frauen an, die sich u. a, in der wechselseitigen

Abwertung entlädt (mangelnde Kompetenz, Frage nach Leistung)? Die Spannungen zwischen Männern und Frauen spiegeln sich interessanterweise auch in der spontanen Sitzordnung (Stuhlkreis) während dieses Anfangsplenums: Das Leitungsteam hatte sich paarweise gesetzt, wobei die beiden Männer nebeneinander innen und die beiden Frauen nach außen zum Teilnehmerkreis hin orientiert saßen. Auf der linken Seite saßen die Leiterinnen und der Leiter von Kindertagesstätten, auf der rechten Seite die Trägervertreter sowie eine Leiterin aus einer Einrichtung für offene Jugendarbeit. Diese Einrichtung fällt insofern aus dem Rahmen, als es bei ihrem Klientel im Unterschied zu den übrigen um Menschen am Umbruch zwischen Kind und Erwachsenen geht. Der einzige Kindergartenleiter saß neben dem Pfarrer an der Grenze zur Trägervertretergruppe und gegenüber vom Leitungsteam. Die einzige Trägervertreterin saß rechts neben der Frau aus dem Leitungsteam. Im Anschluss an dieses Plenum arbeiteten die Gruppen getrennt, und zwar die eine Gruppe mit 8 Leiterinnen und einem Leiter von Kindergärten, die andere Gruppe mit vier Trägervertretern und einer Trägervertreterin.

5.2.3. Der Supervisionsprozess in der ersten Phase

Als Supervisor sitze ich also schließlich vor einer der Gruppen mit der Frau aus dem Leitungsteam, die ich als eher männlich eingeschätzt hatte. Ein Zufall oder ein »ideales« Paar? Dann die ersten Supervisionen in den zwei getrennten Gruppen: In der Leiterinnengruppe ein (Teilnehmer-) Mann, in der Trägervertretergruppe eine (Teilnehmerin-) Frau – Grenzgänger? Die späteren plenaren Diskussionen brachten dazu erst einmal wenig Erhellendes. Hier die Statements der Teilnehmerin und des Teilnehmers dazu. Die Trägervertreterin: »Im ersten Plenum fühlte ich mich sehr betroffen wegen der Fremdheit und dem Misstrauen zwischen den beiden Gruppen, der ›LeiterInnen‹ und ›TrägervertrerInnen‹ und hatte große Schwierigkeiten, mit der Situation und mit der LeiterInnengruppe umzugehen, auf diese zuzugehen. Bei der Identifikation mit der Situation der LeiterInnen hatte ich gleichzeitig das Gefühl des Verrats, des ›Überläufers‹ meinen Gruppenmitgliedern gegenüber«. Und der Leiter: »Leider blieb ich in der Gruppe der Leiterinnen und Leiter jedoch der einzige Mann. Um so mehr sehe ich der Zusammenarbeit mit der Trägergruppe (andere Männer) entgegen. Die Ressentiments der

Kolleginnen gegenüber der Trägergruppe (›Wie die schon dasitzen‹) kann ich zunächst nicht teilen.«

Die paarweise Zusammensetzung der Supervisoren konstelliert die ersten Probleme: In der einen Gruppe erweist sich die Supervisorin als scheinbar unzuverlässig. Sie fehlt bei der ersten Supervisionssitzung, ohne dass irgend jemand weiß weshalb. In der anderen Gruppe arbeitet das Paar wechselweise einzeln in der Leitung – die Gruppe sei zu klein, als dass man sie mit einem Leiterpaar konfrontieren könne (eine vielleicht zu oberflächliche Begründung für ein Verhandeln des männlich/weiblich/ Paarproblems?). In der Gruppe der Leiterinnen und des Leiters ergibt sich insgesamt die Tendenz zur Aufwertung des Weiblichen (was immer wir zu diesem Zeitpunkt darunter verstehen) und zur Vermeidung von Selbstabwertung, In der zweiten Gruppe herrscht sehr bald ein hohes Maß an Zufriedenheit (die Kumpels unter sich?). Welche Spuren werden zu Beginn gelegt? Welcher »rote Faden« wird den weiteren Verlauf bestimmen?

Aus den protokollarischen Aufzeichnungen wird der außerordentlich spannende Supervisionsprozess in beiden Gruppen deutlich. Er bringt sehr viel Material zur Situation von Männern und Frauen an verschiedenen Stellen der Hierarchie in sozialpädagogischen Arbeitsfeldern zutage:

»Das erste Thema der ersten Sitzung (der Trägergruppe mit der Supervisorin) war ›Kompetenz‹. Die Gruppenmeinung: Schwäche ist nur bei Frauen tolerierbar. Das zweite Thema: die Doppelbelastung. Der Gruppenmechanismus: Die Männer beraten die Frau. Das dritte Thema: Das Feilschen um Minuten. Es sind deutliche Inszenierungen der aktuellen Gruppensituation erkennbar (Doppelleitung im Projekt, Frage nach der Kompetenz der Leitung und eine gewisse Spannung am Ende der Gruppensitzung). Die zweite Sitzung (mit dem Supervisor) ist geprägt von einer längeren Fallschilderung: Schwierigkeiten mit dem Kirchenvorstand (Entscheidung alternativ für Kindergarten oder Kirchturm!). Die Gruppe macht einen normativen Schluss, indem sie die zentralen Werte von Kameradschaftlichkeit, Vertrauen und dem guten Vorgesetzten zur Norm erhebt. Die Fallschilderung aus der ersten Sitzung der Leiterinnen-Gruppe ergibt folgende Problemkonstellationen: Schwierigkeiten im Umgang mit behinderten Kolleginnen. Das Bild von Behinderung als Behinderung von Weiblichkeit, in der Inszenierung der Gruppensituation: weil von außen keine Hilfe kommt (die fehlende Supervisorin). Beide Teilnehmerinnen, die Fälle schildern, fühlen sich in ihrer Weiblichkeit

›behindert‹: die eine im Umgang mit ihren Kolleginnen, die andere im Umgang mit sich selbst. Der Beginn der zweiten Sitzung: Wenn Not an der Frau ist, ist das Team fit. Dann die Fallschilderung des Leiters: Wenn es um Förderung geht, handeln die Kolleginnen am Leiter vorbei, wenn es um Leistung geht, muss er den Kopf hinhalten. Das Problem der Gruppe: Sie muss sich den Mann ›männlich‹ halten, will ihn aber gleichzeitig gefahrlos im ›Damenclub‹ willkommen heißen können. Deshalb darf der Mann nicht zu ›männlich‹, aber auch nicht zu ›weiblich‹ sein. Sein Problem: Er kann nicht so ›potent‹ sein, wie ihn die Teilnehmerinnen sich wünschen, er ist aber eindeutig anders als sie.«

Zur Verdeutlichung einiger Themen gebe ich das Transkript aus dem Supervisionsprozess der Leiterinnen/Leiter-Gruppe wieder:

Frau A.: Ich habe weniger Konflikte mit meinen Vorgesetzten, weil ich immer an denen vorbei entscheide. Die sind für mich nicht vorhanden, weil überbelastet. Wenn man sie braucht, sind sie sowieso nicht da. Das habe ich mir wirklich abgeschminkt, da irgendwie anzuklopfen und eine Fachberatung zu erreichen. ... Mir ist die Geschichte nach unten das Problem, dass ich mit meinen Ideen und meinen Vorstellungen nach unten nicht weiterkomme ... dass ich mit meinen pädagogischen Überlegungen und Beobachtungen auch immer wieder irgendwo gegenrassele und dann irgendwann vorgeworfen kriege, ich hätte Überansprüche und wie ich dann meine Überansprüche rüberbringe. In diesem Moment tauchen dann irgendwann auch die Vorgesetzten auf und sagen: So geht das aber nicht.

Frau J.: Mir wird oft nachgesagt, dass ich die Mutter der Nation wäre und dass ich meine Kollegen im wahrsten Sinne des Wortes mit allen möglichen Dingen füttere, mit Naturalien angefangen.... Ich versuche auch immer, eine warme, freundliche Atmosphäre für die Mitarbeiter zu schaffen. Ich sehe meinen Schwerpunkt mehr bei den Mitarbeitern, weniger bei den Kindern... Wenn die funktionieren, um das mal grob zu sagen, dann läuft auch das andere... Die wissen genau, da gibt es so manche Sachen, die mache ich nicht. Da bin ich eine totale Niete. Da habe ich nichts mit am Hut. Da läuft nichts. Andere Sachen wieder, da probiert man es erst gar nicht. Z B. mit der Tür .., mit dem Schraubenzieher. Da schreien schon alle: Du musst mal gucken. ... Einmal geschockt hat es mich, da haben wir Deckenplatten ausgetauscht. Die waren zerstört. Die hatten sie mit Stäben hochgedrückt und eingesetzt, zu sechst. Ich bin dann auf den Speicher gegangen und habe neue Platten runtergeholt und mache die rein und raus, klettere da auf den Schrank drauf, und da kommt ein Junge: ›Und wann kommt denn der Mann?‹ ›Was für ein Mann?‹ ›Ja, der das jetzt macht.‹ ›Da brauch ich doch keinen Mann für, die Deckenplatten auszutauschen.‹... Ich bin ehrenamtlich beim Roten Kreuz sehr engagiert und arbeite dort nur mit Männern zusammen. Ich bin also die einzige Frau und übernehme dort eigentlich wirklich diesen weiblichen Part. Mich stört oftmals das Verhalten der Männer. Ich ertappe mich aber dabei, dass ich in der Einrichtung genau den Part spiele, den Männer spielen, einfach wieder so alles zusammenraffen, Linie schaffen, klare Strukturen. Und eigentlich weiß ich nicht, wo ich dazu gehöre, zu der Seite oder zu der Seite. Ich kann zwar in meinem Verhalten nicht sagen, ich finde mich mit dieser weiblichen Rolle zurecht. Aber ich merke, dass ich mit männlichem Verhalten besser fahre, in dem ich das Verhalten einsetze...Das hat mir schon Gedanken gemacht, dass ich oft nicht weiß, bin ich Frau oder bin ich Mann.

Herr U.: Wir haben viele Probleme gehabt und haben die auch zur Zeit auch auf ganz persönlicher Ebene, also auch im persönlichen Umgang miteinander. Und da erlebe ich mich nach wie vor sehr oft als unheimlich hilflos. Z.B. Sachen den Kolleginnen rüberzubringen, wo ich meine, in meiner Funktion als Leiter, jetzt mal überspitzt gesagt, einschreiten zu müssen. Da gelingt es mir eben nicht, es irgendwie, ja zu verdeutlichen. Und es passiert mir dann sehr schnell, dass ich auf eine Ebene abgleite, wo ich mit Paragraphen, Vorschriften und Sachen argumentiere und eigentlich das, was mich tatsächlich im Gefühl bewegt, nicht vermittle.

Frau Q.: Vom Führungsstil her ist mein Anspruch: Ich möchte einen demokratischen Führungsstil haben. Ich merke aber immer wieder, dass ich in so eine Position gedrängt werde, einmal ganz klar vom Träger und von der Elternschaft, die die Hierarchie drinnen haben und mich als Leitung darin immer greifen, wenn was vorfällt oder wenn was kritisch ist. Einerseits schreien auch die Kollegen – das ist somit mein Punkt, wo ich schlichtweg am verzweifeln bin – nach Verantwortlichkeit. Die wollen andererseits aber auch eigenverantwortlich arbeiten, müssen sie sogar auch. Aufgrund der Größe der Einrichtung erwarte ich selbständiges Arbeiten. Das ist gar nicht anders machbar.

5.2.4. Zwischenbilanz

Dann folgt während einer zweitägigen Zwischenbilanztagung der Fortbildungsstudie die erste Begegnung der beiden Gruppen (mit Gästen[20]): Die Gruppen bereiten sich aufeinander vor. Eine deutliche Spannung liegt in der Luft. Welche? Die in Autoritätsbeziehungen liegende, d.h. zwischen Trägervertretern und Abhängigen? Oder die zwischen Männern und Frauen? Oder beides?

Und dann ergibt sich tatsächlich ein großes Misstrauen bei der ersten Begegnung. Trägervertreter und Leiterinnen sitzen sich in einer fast schon körperlich spürbaren feindseligen Atmosphäre gegenüber. Das Resultat einer Autoritätsbeziehung oder der ja bekanntermaßen spannungsreichen Beziehung zwischen Männern und Frauen? Die wechselseitigen Erwartungen spiegeln sich in Aussagen, die eher nach Autoritätskonflikten bzw. Konflikten zwischen pädagogischen und verwaltungsmäßigen Belangen aussehen als nach Spannungen zwischen Männern und Frauen: »Die Frage, was wir mit

20 U.a. Uta Enders-Dragässer (Frauenforschungszentrum), Irmgard Wagner (Diakonisches Werk, Frankfurt).

den Kindern machen oder warum wir das mit welchem Ziel machen, die wird viel seltener gestellt als was kostet der Stuhl und warum kostet der soviel«, so eine Leiterin, und die Replik eines Trägervertreters: »Aber ist es denn nicht sogar so, dass es uns allen, und ich schließe uns jetzt einfach mal als Fachabteilung oder Fachamt mit ein, viel schwerer fällt, solche Strukturen darzustellen, als über einen Stuhl zu reden?«. Er sagt »Strukturen«, meint er sinngemäß nicht Prozesse? Ist dies die »Fehlleistung« eines Mannes, die verdeckt, dass Männer und Frauen mit unterschiedlichen Perspektiven »eigentlich« von gleichen Dingen reden? Immerhin sitzen sich Männer und Frauen in Autoritätsverhältnissen gegenüber: Männer wollen Ergebnisse sehen, einen kontrollierbaren Erfolg, am besten in Form von schriftlichen Berichten oder Statistiken. Von Frauen wird ein Beziehungsprozess dagegen gesetzt, der sich sprachlich nur schwer vermitteln lässt, weil er sich u. a. auch aus dem Zusammensein mit Kindern ergibt, die der Erwachsenensprache noch gar nicht mächtig sind, und sich schon gar nicht in Schriftform mitteilen lässt (die Kinder können ja noch nicht schreiben).

In den Kleingruppen- und Plenumsdiskussionen muss ich, um das Forschungsthema zu fokussieren, sehr viel Energie dafür aufwenden, Teilnehmerinnen und Teilnehmer, manchmal aber auch meine Kolleginnen und Kollegen im Leitungsteam daran zu erinnern, dass sie in einer bestimmten Geschlechtsrolle sprechen: »Ich als Frau/Mann sehe das Problem so... Ich als Mann/Frau will von meinen Kolleginnen/Kollegen das... Ich als Mann/Frau fühle mich von meinem/ meiner Vorgesetzten so behandelt...« Immer wieder setzt sich in den Diskussionen die Tendenz durch, professionelle Auseinandersetzungen ausschließlich auf dem Hintergrund von Autoritätsbeziehungen wahrzunehmen, so als sei die Tatsache des Mann- bzw. Frau-Seins das Nebensächlichste der Welt.

Vor Beginn des zweiten Supervisionsblocks gerate ich selbst in Tendenz zur Entwertung und Selbstentwertung: Wenn sich die Begriffe »männlich/weiblich« als untauglich zur weiteren Arbeit erwiesen hätten, dann sei ja bisher »gar nichts« herausgekommen. Ich werde beruhigt: So könne man das ja nun auch nicht sehen. Ich spüre nachlassende Energie, mich der generellen Fragestellung weiter zu widmen. Hatte ich mir am Anfang der Fortbildungsstudie schnellere und vor allem spektakulärere Ergebnisse erhofft? In Erinnerung kommt mir die Kleingruppendiskussion mit Gästen während der Zwischenbilanztagung. Auch dort schon hatte ich eine gewisse Enttäuschung über den von mir als (zu) gering wahrgenommenen Profilierungswunsch der Leiterinnen geäußert. Die Antwort einer Frau darauf: Es sei nach so langer männlich-patriarchalischer Determiniertheit und Entwertung schon ein großer Fortschritt, wenn Frauen in sozialpädagogischen Berufen überhaupt so weit kämen wie in der Studie, wenn sie begännen, darüber nachzudenken, worin ihre geschlechtsspezifische professionelle Identität bestünde. Ist mir das zu wenig? Will ich es als Mann unter diesen Umständen lieber beim Alten belassen? Kann ich mir auf diese Weise nur schwer »die Erlösung des Weiblichen in mir« (Marie Luise von Franz) vorstellen? Wieviel ist mir letztlich die gemeinsame Entwicklung von Frauen und Männern wert?

Erst später fällt mir auf, dass diese Abwehr des Themas genau im Zentrum der Studie steht und gar nicht allein mein Thema und das Thema der Fortbildungsteilnehmerinnen und -teilnehmer ist. Auch die Mitglieder des Leitungsteams stehen ja als Männer und Frauen zur Disposition. Auch im Team gibt es immer wieder die Unklarheit, ob wir beim Thema männlich/weiblich bleiben oder die Praxisprobleme der Teilnehmerinnen und Teilnehmer »professionell« und geschlechtlich neutral angehen sollen. Schließlich sind wir ja die offiziellen Leiter und Leiterinnen der Fortbildungsstudie, gleichwohl mit einem Repertoire von Leitungskompetenz ausgestattet, das wir bisher nicht als spezifisch »männlich« bzw. »weiblich« zur Diskussion gestellt haben. Zugegebenermaßen sind die Begriffe männlich/weiblich in vielerlei Hinsicht untauglich, Differenzierungen vorzunehmen, wo es eigentlich um Auf-oder Abwertung geht, und Alltagsprobleme zu analysieren, ohne in Klischeedeutungen zu verfallen. Und dennoch sitzen sich Männer und Frauen in dieser Fortbildungsstudie und in der Leitung gegenüber. Worin also liegt die Bedeutung des Geschlechtsunterschiedes? Könnte der Unterschied in der Priorität des Prozesshaften bei den Frauen und die Priorität des Regelhaften bei den Männern liegen?

5.2.5. Die zweite Phase

Im Verlauf der Fortbildungsstudie berichten viele Teilnehmer und Teilnehmerinnen von Veränderungen. Die Wahrnehmung ihrer geschlechtlichen Identität in professionellen Auseinandersetzungen wird zunehmend geschärft. Manche stellen erst nach der Zwischenbilanztagung in aller Deutlichkeit fest, wie sehr sie in geschlechtliche Klischees (der Abwertung des jeweils anderen Geschlechts bzw. der Selbstabwertung) eingebunden sind, und zwar gerade dort, wo diese in aller Regel hartnäckig verleugnet werden. Die Polaritäten zwischen Männern und Frauen als Teile professioneller Spannungen, aber auch als Ausdruck darunterliegender erotischer Wünsche werden klarer. Gleichzeitig scheint aber im Fortgang der Fortbildungsstudie alles unklarer zu werden, unsere Leitung wird diffuser. Mir kommt es so vor, als seien wir immer weniger in der Lage, unseren rudimentären Verpflichtungen nachzukommen, der Ruf nach der sicheren, strukturierenden Autorität wird immer drängender. Soll ich als »oberster« Leiter der Studie die Dinge wieder in die Hand nehmen?

Ich tue es! Meine (männlichen?) Verantwortungsgefühle lassen offenbar nicht zu, die Dinge weiter »fließen« zu lassen: Es muss wieder eine sichernde Struktur her. Und ich befinde mich wieder im Einklang mit den gängigen Standards von Gruppenleitung. Dabei merke ich nicht einmal, dass von weiblicher Seite im Team die gleiche Verantwortung existiert, sich aber irgendwie anders artikuliert als in den gewohnten Bahnen, dass ich mit meinem Vorstoß eine massive Kränkung bei den Frauen im Team bewirke (über die wir uns in einer Teambesprechung dann gleichwohl konstruktiv auseinandersetzen können). Ich habe mich bei den Teilnehmerinnen und Teilnehmern der Studie gar nicht versichert, wie denn ihre Wahrnehmung des aktuellen Standes ist!

Bezeichnenderweise kam der Ruf danach von einem Teilnehmer (-Mann), einem Trägervertreter: »Ich finde – darf ich das jetzt mal so sagen -, dass ihr manchmal zu wenig Distanz habt zu den Erzieherinnen. Ich weiß nicht, ihr seid sehr stark drinnen.« Warum sollte man nicht »drinnen« bleiben, warum sollte man es eigentlich an dieser Stelle nicht einfach weiterlaufen lassen – ohne zu wissen, wohin sich der Prozess entwickelt? Mit dem Risiko, dass wir selbstverständlich als Männer und Frauen in der Leitung sowieso mit in dem Thema »drinnen« sind? Warum sollte man eine sichernde Distanz schaffen zu einem Thema, bei dem es ja gerade die um die Aufhebung von Distanz und Sicherungen geht? Warum sollte man also nicht den Teilnehmerinnen und Teilnehmern in Zusammenarbeit mit uns in der Leitung überlassen, was sie/wir aus dem Thema männliche/weibliche Leitung machen? Schließlich sind die Teilnehmerinnen und Teilnehmer selbst gestandene Leiterinnen und Leiter mit einem hohem Maß an beruflicher Kompetenz.

Die Fortbildung in die eigene Hand nehmen? Als Männer und Frauen, die Leitungsfunktionen ausüben? Das hieße, die Abhängigkeiten von den Fortbildnern, aber auch vom Verhältnis männlich/weiblich zu überwinden, die eigene Identität kreativ einzusetzen. Und was würde dies bedeuten? Die Auseinandersetzung zwischen Männern und Frauen zu führen (die in der Geschichte und aktuell fast immer in offener Gewalt von Männern gegen Frauen und Destruktion sozialer Systeme endet; vgl. Brückner 1993; Minssen/Müller 1995), die Auseinandersetzung zwischen Vätern und Müttern voranzutreiben? Zwischen Partnerinnen und Partnern, die – ob sie wollen oder nicht – auf- und abwertende Phantasien übereinander entwickeln?

Die Äußerung des Teilnehmers zu seiner Unzufriedenheit berührt aber noch ein weiteres Problem des Fortgangs der Fortbildungsstudie. Für den zweiten Supervisionsblock hatten wir im Leitungsteam einen Vorschlag an die Teilnehmerinnen und Teilnehmer vorbereitet, nämlich zwei Gruppen gemäß der frei gewählten Sitzordnung des ersten Plenums auf der Zwischenbilanztagung zusammenzustellen, und zwar sowohl Teilnehmerinnen und Teilnehmer als auch Team. Die Platzwahl im Großkreis (mit Gästen der Tagung) dieser Tagung hatte nämlich Trägervertreter und Leiterinnen in einer Weise gemischt, die uns nicht zufällig erschien. So saßen diesmal die beiden männlichen Leiter der Studie nebeneinander rechts von den beiden Frauen des Teams. Rechts und links schlossen sich Mischungen an, die »zufälligerweise« exakt achsensymmetrisch zwei Gruppen à sieben Teilnehmerinnen und Teilnehmer ergaben. Es sollten also eine Gruppe von den zwei Männern, die andere von den beiden Frauen geleitet werden, so jedenfalls der Plan, die »Gestalt der Großgruppe« für den Reflexionsprozess nutzbar zu machen.

Es kam jedoch anders, weil die Gruppenanalytikerin gerne weiter in der alten Leitungskooperation verbleiben wollte. So folgten zwar die Teilnehmerinnen und Teilnehmer unserem Vorschlag, keiner merkte jedoch, dass die Aufteilung im Sinne der dahinterliegenden Forschungsabsicht nicht korrekt war, und zwar wahrscheinlich in einem wesentlichen Aspekt, nämlich in dem von Leitung männlich/weiblich. War dies vielleicht der Grund dafür, dass eine Gruppe (mehrheitlich mit Trägervertretern besetzt) sich in den folgenden Sitzungen in dieser Konstellation besonders wohl, die andere Gruppe (mehrheitlich mit Leiterinnen besetzt) sich aber besonders unwohl fühlte? Für eine Asymmetrie, die sich bis zur letzten Aufteilung der Teilnehmer auf zwei (geschlechtshomogene) Gruppen immer wieder in den plenaren Sitzungen artikulierte, mal durch einen Mann, mal durch eine Frau vorgetragen, ohne dass wir sie hätten bearbeiten können, weil niemand (auch ich nicht) auf den vielleicht entscheidenden »Schönheitsfehler« des Arrangements hinwies? Der Effekt war jedenfalls der, dass die Teilnehmerinnen und Teilnehmer den Eindruck hatten, »falsch« aufgeteilt worden zu sein, eine Gruppe, in der überwiegend Leiterinnen waren, die auf die andere – mit überwiegend Trägervertretern – Neidgefühle entwickelte und dazu tendierte, ihre Arbeitsfähigkeit selbst abzuwerten (»bei uns kommt nichts Ordentliches heraus«). Drückte sich darin wieder einmal die Spannung zwischen Männern und Frauen, Bewertung und Selbstabwertung aus?

Wenn auch das Geschlechterverhältnis zwischen den Gruppen nicht ausgeglichen war, so wurde dennoch die Gruppenbegegnung in den plenaren Treffen nach den Gruppen-Einzelsitzungen von Mal zu Mal deutlich spannender und interessanter. Es stellte sich z.B. heraus, dass ohne vorherige Absprache in beiden Gruppen häufig dasselbe Thema, wenn auch mit deutlichen (geschlechtsbezogenen?) Unterschieden behandelt wurde. Am auffallendsten wurde die Übereinstimmung in den Arbeitsprozessen beider Gruppen am Beispiel des vierten Supervisionsblockes. In beiden Gruppen war über weite Strecken die Rolle des »großen Bruders« Thema. In meiner Supervisionsgruppe z.B. wurde ausführlich diskutiert, inwieweit familiäre Beziehungsmuster bei der Wahrnehmung und Interpretation professioneller Beziehungen eine Rolle spielen, etwa

- dass eine Kirchenvorstandsvorsitzende als eher mütterlich erlebt wurde und der entsprechende Leiter eines Kindergartens auch mit der Sohnes-Rolle ganz zufrieden leben konnte,
- dass eine Leiterin sich ihrem Team gegenüber eher schwesterlich, wie die große Schwester fühlte, zwar sehr vertraut mit dem familiären (mütterlichen?) Geschehen, aber dennoch schon irgendwie außer Haus und der Leiter als großer Bruder, der die »kleinen Schwestern« beschützt, der darüber aber auch Macht ausübt.

Vor allem die Große-Bruder-Phantasie war für die Teilnehmerinnen und Teilnehmer attraktiv, eine Rolle, die nicht allzu autoritär wie etwa die des Vaters erfahren wurde, die aber dennoch männlich-bestimmend und mit Fähigkeiten ausgestattet, die in einer patriarchalischen Welt vielleicht eher zum Erfolg führen könnte als die einer weiblichen Rolle. Das angenehm-

Brüderliche wurde vor allem von den Männern in der Supervisionsgruppe hervorgehoben und geteilt. Ja, man könnte fast sagen, es hätten zwei »Brüder« in dieser Gruppe gesessen. In der anderen Supervisionsgruppe ging es über weite Strecken um biographische Details einer eher unglücklichen Beziehung einer Teilnehmerin zu ihrem Bruder und die Phantasien, die die Gruppe dazu hervorbrachte. In der späteren plenaren Diskussion war zunächst unklar, ob es sich um einen »größeren Bruder« in diesen Phantasien gehandelt habe (der Bruder der Teilnehmerin war jünger) oder ob von der Schilderung der realen Beziehung ausgegangen werden müsse. Hier ein Ausschnitt aus dieser Diskussion:

Frau A., Leiterin: Hattet ihr auch einen »großen Bruder«?
Frau K., Leiterin: Ja, aber eurer hört sich drohend an. Unserer nicht.
Frau A.: Ja.
Frau K.: Unserer war nicht drohend. Unserer war ein guter großer Bruder.
Herr Z., Trägervertreter: Wir hatten einen großen Bruder, der das alles durchsetzt (Gelächter). Aber ich will ja keine Vermutungen los werden, wer der große Bruder ist.
Frau A.: Stellvertretend für die Macht der Männer. (Gelächter)
Herr Z.: Der Austauschpoker.
Frau A.: Poker? Dann haben wir darüber gesprochen, dass das eine Inszenierung ist, wie jeder sein eigenes Programm oder seine eigenen Spielregeln hat. Und deshalb verstehen sie sich nicht und man kommt zu keinem Ergebnis oder selten.
Herr X., Studienleiter: Also die individuelle Selbstinszenierung?
Frau A.: Nein, Geschlechtsinszenierung, Männer Frauen.
Herr B.: Also für mich war auffallend, dass bei dem Bild des großen Bruders so eine Scheinharmonie unter den Männern entstand, die wir erst mal etwas abklopfen mussten.
Frau E., Studienleiterin: Mir fällt auf, dass ich gar nicht weiß, ob unser Bruder groß war.
Frau A.: Der war gar nicht groß.
Herr Z.: Stimmt.
Frau E.: Wir haben nämlich nur einen Bruder gehabt, den wir jetzt gerade groß gemacht haben.
Frau I., Trägervertreterin: Es war einfach nur ein Bruder.
Frau E.: Es war einfach ein Bruder. (Durcheinandergerede)
Herr Z.: Aber der Bruder hat. . .er konnte viele Sachen besser. Darum ging es.
Frau K.: Das können auch kleine Schwestern (Gelächter).
Frau T., Leiterin: Wir hatten auch einen Bruder.
Frau E.: In der Gruppe? Ich dachte gerade, bei uns der Bruder, der war ja gar nicht da. Der war nur als Phantasie anwesend. Und warum war das so? Vielleicht haben wir die Männer geschont. (Gelächter)
Frau T.: Das war ganz einfach so, der Bruder war bei uns! (Gelächter)

Die Inszenierung professioneller Beziehungen auf der Folie von Familienvorbildern hatte in unserer Supervisionsgruppe ein Vorspiel. Eine Sitzung zuvor hatten wir in zwei Rollenspielen genauer untersucht, mit welchen szenischen Arrangements unter männlicher und weiblicher Leitung eine Teamsitzung in einer Einrichtung gestaltet wird. Thema des Spiels war eine Teamsitzung, in der geklärt werden sollte, ob man von Kindern Entschuldigungen fordern solle bzw. könne (»Müssen denn eure Kinder auch ›Danke‹ sagen?«). Es stellten sich ganz verblüffende Unterschiede heraus. Während die Leiterin im ersten Rollenspiel zwar recht klare Vorstellungen davon hatte, wohin sie ihr Team bringen wollte, inszenierte sie eine Gesprächssituation »Gleiche unter Gleichen«. Die (Rollenspiel-) Mitarbeiterinnen wurden dadurch an einer Konfrontation gehindert, so dass die gespielte Sitzung sich eher zäh und unergiebig hinzog.

Im zweiten Rollenspiel ging es um eine Teamsitzung zu einem möglicherweise noch nicht schulreifen und den Leiter offensichtlich störenden Jungen (»Mir ist es so vorgekommen, als hätte der eigentlich in dem letzten knappen Jahr jetzt kaum eine Entwicklung gemacht, der ist nur größer geworden.«). Auch in diesem Spiel kommt der Leiter mit seiner Absicht im Team nicht so recht voran, ja, er handelt sich sogar eine offene pädagogische Kritik einer Kollegin ein:

Herr U., Leiter: Und die Kinder haben dann gesagt, das wäre immer so mit ihm, als ich da im Stuhlkreis mal mit denen darüber sprechen wollte und auch mal gefragt habe, ob der Dominick sich immer so aufführt. Das haben die gesagt: Ja, das ist immer so.

Frau T., Leiterin: Ich muss ja ehrlich sagen, ich finde das ja ganz schön heiß, dass du im Stuhlkreis da drüber sprechen wolltest. Also ich denke jetzt wirklich an das, was du gesagt hast, also ich meine das ist ja, das stimmt ja, der ist schon recht auffällig, Der ist so hyperaktiv, Das ist ja alles okay, ich meine, es ist natürlich nicht okay. Aber mir fällt auf, dass wirklich gar nichts positiv ist. Er wird ja abgestempelt, wenn du jetzt im Stuhlkreis mit den Kindern drüber redest. Dann ist er noch immer in diese negative Schiene gehauen, oder er wird so abgestempelt. Also ich meine, gut, das hat jetzt nichts mit deinem Thema Schulfähigkeit zu tun, aber es stößt mir halt auf. Deswegen muss ich es dir irgendwie sagen. Das fällt mir jetzt so auf.

Diese beiden Rollenspiele waren für die gesamte Gruppe und uns Supervisorinnen und Supervisoren sehr erhellend für die Art und Weise, wie unterschiedlich Männer und Frauen eine Beziehungssituation mit abhängigen Mitarbeiterinnen und Mitarbeitern gestalten. Während der Mann sich mit einem konkreten Fall und der Schilderung seiner Befindlichkeit darstellt und dies im Team eine deutliche und offene Konfrontation hervorruft, die zu einer Auseinandersetzung zwischen ihm und dem Team führt, beginnt die Leiterin ein eher abstraktes Gespräch über ein prinzipielles pädagogisches

Problem. Der Effekt bei ihr: In der Diskussion bewegt sich wenig, die Fronten bleiben subtil verhärtet. Die Leiterin redet allerdings einzelne Teammitglieder direkt an und verwickelt sie in Einzelauseinandersetzungen – wenn auch ohne nennenswerten Erfolg. Der Leiter hingegen spricht die Gruppe als Ganzes an und geht auf Angebote zur Auseinandersetzung mit einzelnen nicht ein. Zusammenfassend lassen sich die Leitungsstile etwa folgendermaßen auf männlich/weibliche Klischees reduzieren, die hier geradezu paradox den allgemeinen Vorstellungen von männlich/weiblich gegenüberstehen:

- der Mann konkret, die Frau abstrakt,
- der Mann aufregend und prozessstimulierend, die Frau langweilend und zum Stillstand führend,
- der Mann auf die ganze Gruppe bezogen, die Frau eher auf einzelne in der Gruppe gerichtet.

Ich habe diese Sitzung gerade wegen dieser paradoxen Erfahrung als die in der zweiten Supervisionsphase spannendste in Erinnerung. All diese Treffen empfand ich anstrengender als in der ersten Supervisionsphase, und es gab auch hier und da mehr Spannungen zwischen der Ko-Leiterin und mir, sei es in inhaltlichen Fragen, sei es zu Problemen der Leitung. Wir konnten diese Spannungen allerdings in der Gruppe artikulieren und für den Diskussionsprozess zum Thema nutzbar machen. War dies die Anstrengung einer echten Auseinandersetzung, einer Auseinandersetzung um die Macht in der Gruppe? Spiegelte sich in meiner Anstrengung die Anstrengung der Teilnehmerinnen und Teilnehmer, in ihrem Berufsalltag zu Klarheiten zu kommen? Eine Klarheit, für die ich ja nun auch verantwortlich war? In der Sitzung des folgenden Supervisionsblockes wurde in diesem Zusammenhang u. a. erfahrene mütterliche Macht als eher diffus und unklar in den verlangten Verhaltenskriterien, erfahrene väterliche Macht dagegen als klarer und strukturierter in Richtung auf Gesetze und Normen beschrieben.

Aus der Plenumsgruppe kam der Vorschlag, in der letzten Phase der Fortbildungsstudie noch einmal neue Gruppen zusammenzustellen, und zwar homogen nach den Geschlechtern. Vielleicht war der Anstoß dazu die z.T. sehr intensive individuelle Auseinandersetzung der Teilnehmerinnen und Teilnehmer mit den biographischen Interviews, die ich mit den Leiterinnen und Leitern bereits ein Jahr zuvor durchgeführt hatte. Wir fassten den Beschluss, auch die Trägervertreter entsprechend zu interviewen, um vergleichbares Material zur Verfügung zu haben. Vielleicht ergab sich daraus etwas Erhellendes zum Thema aktuelle Leitungsposition und Biographie. Jedenfalls fanden die Interviews großes Interesse bei den Teilnehmerinnen und Teilnehmern, und bei einigen bewirkte bereits das Interview selbst ein Nachdenken über lebensgeschichtliche Zusammenhänge und professionelle »Karriere«. Wir wollten uns in den geplanten Gruppen fragen, ob es Gemeinsamkeiten in den Biographien zwischen Frauen und Männern, Leiterinnen/Leitern und Trägervertreterinnen/Trägervertretern gäbe, etwa was sie für diese Position prädestinierte. Einen eher vagen Hinweis ergab eine kleine Statistik der Leiterinnen/Leiter-Gruppe, in der sich herausstellte, dass positive Vaterbilder lediglich bei dem Leiter und der Leiterin vorzufinden war, deren Leitungsstil in der Gruppe als vorbildlich angesehen wurde, die aber von Schwierigkeiten mit ihrer persönlichen Identität sprach.

Vielleicht stand aber bei dem Wunsch nach geschlechtshomogenen Gruppen gar nicht so sehr das wissenschaftliche Interesse im Vordergrund. Ich vermute, es ging vielmehr darum, nun endlich einmal »unter sich« zu sein, die letzte Chance während der Fortbildungsstudie dazu zu nutzen und die Spannung männlich/weiblich durch eine eindeutige Gruppenzugehörigkeit wenigstens einmal auf die Spitze zu treiben. Für uns vom Leitungsteam erschien dieser Vorschlag jedenfalls plausibel (oder war ich gar neidisch, dass wir nicht selbst auf diese Idee gekommen waren?), hatten wir doch bisher diese Dimension von Begegnung in der Studie nicht einmal vorgesehen. Zudem waren wir in den vorangegangenen Supervisionssitzungen des zweiten Fortbildungsblocks peu à peu in Bereiche vorgedrungen, die – im Sinne der Familienanalogien – sich geradezu aufdrängten:

Frau W., Studienleiterin: Interessant finde ich das Bild auch deshalb, wenn man den gesamten Gruppenprozess in den Blick nimmt, dass wir im Moment... Ausgegangen sind wir ja von den Männern und Frauen, männlich und weiblich. Und jetzt im Moment bewegen wir uns in so einer Geschwisterkonstellation. Wir sind auf Geschwisterbilder gekommen. Wir haben ja auch noch verschiedene andere Bilder bei uns entworfen: ausgezogene große Schwester, die Distanz aus dem gleichen Haus kommend, die weiß, welche Prozesse in dem Haus ablaufen und wie man damit umgehen kann. Wir hatten das an ein paar Stellen, diese Geschwisterkonstellationen, Und die Frage, die sich bei uns am Ende gestellt hat: Ergeben sich aus diesen Erfahrungen in der Geschwisterkonstellation für uns als Männer und Frauen neue Verhaltensmöglichkeiten und auch Verhaltensinterpretationen? Und auch die Frage, wie kann ein Erwachsen- Werden-Prozess von da aus in Gang gesetzt werden? Das finde ich jetzt auch im Bezug auf unsere Fragestellung ganz interessant, dass wir kurz vor dem letzten Abschnitt zumindest schon mal Geschwister geworden sind. Da ist jetzt auch die Feststellung: Das sind jetzt nicht mehr die Väter und die Töchter. Das Bild haben wir zwar nie gehabt. Aber das gab es für mich atmosphärisch und in der Spannung bei der Zwischenbilanztagung sehr stark, wenn ich jetzt im Nachhinein darüber nachdenke. Das haben wir damals nicht so benannt, diese sprachlosen Töchter vor den dominanten und den Anweisung gebenden Vätern, Väter, die wissen wollen, was los ist, und Töchter, die still schweigen und verstummen. Und inzwischen sind es Geschwister.

Herr S., Studienleiter: Du meinst, es kann noch weitergehen.
Frau W.: Die Frage ist, ob es noch gelingt...
Herr S. : ...zu realen Männern und Frauen zu werden...
Frau W.: ... wieder zu dem zu werden, was wir waren, als wir angefangen haben (Gelächter). Das fällt mir so auf.
Herr B., Studienleiter: Wir bereiten die Initiation vor, weil wir ja tatsächlich zwei geschlechtshomogene Gruppen geplant haben.
Herr X., Trägervertreter: Zugespitzt in der Kultur der Organisationen: Wir waren fast alle in kirchlichen Einrichtungen, in einer Organisation, die über Jahrhunderte, ja über Jahrtausende vom großen Vater geprägt ist, wo keiner erwachsen werden darf. Dort gilt dieses Geschwisterliche als Nonplusultra, und wirkliches Erwachsen-Sein ist eigentlich tabuisiert.

5.2.6. Der letzte »Wurf«

Für die letzten beiden Supervisionsblöcke in der geschlechtshomogenen (Männer-) Gruppe hatte ich mir vorgenommen, zunächst die Ereignisse auf mich wirken zu lassen, war ich doch als Leiter und Mann hier in besonderem Maße befangen, d. h. in meinen Interventionen eher zurückhaltend zu sein. Um so schwieriger wurde es für mich, als ich in der ersten der beiden Sitzungen ohne den Kollegen vor der Gruppe saß, den ich als deutlich »männlicher« als mich selbst bereits beschrieben habe (er war kurz vor der Sitzung erkrankt). Was hatte dies nun wieder zu bedeuten? Sollte ich nicht »ausweichen« dürfen? Es wurde eine sehr spannende Diskussion über die Verschiedenheit männlicher Vorstellungen zum Verhältnis zu Frauen. In der Gruppe waren sehr unterschiedliche Positionen vertreten: von der starken Abgrenzung gegenüber Vertretern des eigenen Geschlechts und der damit verbundenen Zuwendung zum fremden Geschlecht bis hin zum Wunsch nach Unterordnung der Frauen unter den Mann als »Patron« französischer Provenienz.

Wir konnten diese verschiedenen Vorstellungen in aller Offenheit und ohne wechselseitige Abwertungen ausbreiten. Wir konnten sehen, dass es ganz unterschiedliche Zugangsmöglichkeiten in Auseinandersetzungen mit dem anderen Geschlecht gibt, ohne uns auf eine bestimmte »männlich« genannte verpflichtet zu fühlen. Es deutete sich aber auch die Problematik an, eine

Koalition zu finden, die Verschiedenheit unter einen Hut zu bringen. Um so erstaunter waren wir (und auch die Frauengruppe), als wir im anschließenden Plenum erfuhren, die Frauen hätten sich in ihrer Gruppe als wechselseitig ausgesprochen ähnlich erlebt (»Die Frauen betonen mehr das Gemeinsame, wenn sie untereinander sind.«) – ganz im Gegensatz zu ihrem Erlebnis mit gemischtgeschlechtlichen Gruppen. Dort nämlich empfänden sie sich als ausgesprochen unterschiedlich. Dies wiederum gelte nun gar nicht für Männer. Sie fänden sich in gemischt-geschlechtlichen Gruppen eher ähnlich. Hier hatten wir wie so oft im Verlauf der Studie eine scheinbar paradoxe Beschreibung der Klischees »männlich/weiblich«, auf jeden Fall aber einen gravierenden Unterschied, auf den wir bisher noch gar nicht gestoßen waren, der aber große Konsequenzen für die Erwartungen dem jeweils anderen Geschlecht gegenüber zu haben schien.

Auf den Punkt gebracht ließe sich die Erfahrung dieses Plenums etwa zu folgender Hypothese verdichten: Wenn Männer mit Frauen zusammen sind, empfinden sie sich als gleich männlich; allein unter sich erleben sie sich als sehr verschieden, es gibt dann eigentlich gar nichts eindeutig Männliches. Und umgekehrt erleben sich Frauen mit anwesenden Männern verschieden, es gibt nichts eindeutig Weibliches. Frauen allein unter sich erleben sich als ähnlich = weiblich. Vielleicht ist dies die Crux des gesamten Themas männlich/weiblich: Aus der jeweiligen Perspektive der sozialen Situation heraus (wer schaut mit wem in welche Richtung und in Beziehung zu wem?) ergeben sich unterschiedliche Konnotationen zu diesen Begriffen. In dem einen Fall scheint es eindeutige Zuschreibungen zu geben, die sich im anderen Fall wieder in ein Nichts auflösen.

Diese Erfahrung belegt noch einmal ganz allgemein die Schwierigkeit, eindeutige Definitionen von männlich und weiblich zu finden. Vielleicht wäre es hilfreich, wenn man sich um wechselseitige Zuschreibungen streitet, sich den jeweiligen Standort eines solchen Diskurses genauer anzuschauen: Von wo aus soll mit wem welches gemeinsame Verständnis der Geschlechterspannung erreicht werden? Geht das in dem jeweiligen speziellen Fall überhaupt?

Der letzte Supervisionsblock der Fortbildungsstudie ist gewissermaßen der auf den Punkt gebrachte »Showdown« des Forschungsthemas: Wie verhalten sich männliche und weibliche Vorstellungen zu Leitung und Trägerschaft zueinander? Während Männer und Frauen sich in ihren jeweiligen Gruppierungen mit ihrer geschlechtlichen Identität einrichten, beginnt die geplante Begegnung der beiden Gruppen im Plenum mit einem Eklat. Die Verabredung, sich zu einem bestimmten Zeitpunkt zutreffen, wird von den Frauen nicht eingehalten (unbewusst, um das Thema inszenieren zu können?). Die Frauengruppe wird von den Männern de facto zum Plenum geholt:

Es schließt sich eine heftige Diskussion um wechselseitige Kränkungen sowie ein Klärungsversuch an, die Wahrnehmungen im Kontext der hinter den Kränkungen versteckten Ängste sichtbar zu machen. So leistet dieses Schlussplenum zum einen eine exemplarische Auseinandersetzung über Affekte, die aus der Spannung zwischen Männern und Frauen entstehen können, lässt aber auch diese Affekte tatsächlich sich artikulieren. Während die Frauen – um es vereinfachend zu charakterisieren – die Männer eigentlich nicht nötig haben (und damit letztere so kränken, dass ihnen »das Messer in der Tasche aufgeht«), entwickeln die Männer vor der von ihnen in besonderer Schärfe wahrgenommenen Frauensolidarität (Betonung der Gemeinsamkeit in der Frauengruppe) eine unverhohlene Angst: Frauen seien wie »Skinheads«. Dies wirkt nun wiederum so ungeheuerlich aggressiv gegen die Frauen, dass diese erst im Verlaufe der weiteren Diskussion und erst nach und nach in das Bewusstsein der Frauen dringt. Dabei erscheint, oberflächlich betrachtet, der Diskussionsstil ausgesprochen nett, freundlich und zugewandt. Vielleicht käme ein Fremder nicht auf die Idee, dass sich hier zwei Gruppen als Repräsentanten der geschlechtlichen Spannung am äußersten Pol der Feindschaft einerseits, aber auch am äußersten Pol der produktiven Auseinandersetzung andererseits gegenübersäßen.

So erscheint es mir denn auch konsequent, dass die Schlusszusammenfassung im Rahmen des Fortbildungsteils der Studie mit der Forderung nach Räumen beginnt, in denen Auseinandersetzungen zwischen Männern und Frauen möglich sind, und zwar so, dass die Affekte (die ja tatsächlich an fast allen gemischt-geschlechtlichen Arbeitsplätzen in unserer Gesellschaft vorhanden sind) auch benannt und in beidseitiger Anstrengung um Verständigung bearbeitet werden können. Die anschließenden Schlussstatements einzelner Teilnehmerinnen und Teilnehmer sowie des Teams seien hier als Schlusspunkt in Auszügen wiedergegeben:

Frau T.: Also ich will in Zukunft darauf achten, was ich hinter dem gesprochenen Wort oder Satz wahrnehme, also rein gefühlsmäßig wahrnehme, was da so mitschwingt. Das war für mich ganz markant bei dieser Zwischenbilanztagung, als da diese Spannung war, weil eigentlich immer geantwortet wurde, zwar mit Worten auf das, was man hintendran so gefühlsmäßig wahrgenommen hat, da ist was, da ist was hintendran...

Frau I.: Ich bin ein bisschen daran hängen geblieben, dass ich die Trägervertreter abschaffen wollte (Gelächter). Eigentlich meine ich das nicht so. Aber ich würde gerne weiterüberlegen, und zwar: Wie kann man eigentlich bei dieser Kompetenz die Einrichtungen ein Stück weit autonomer machen von einer solchen Verwaltung, wie ich sie jetzt z.B. kenne?

Herr X.: Mir hat die Zeit hier mit euch geholfen, wesentlich klarer zu werden in meiner Rolle als Leiter, im Zusammenhang mit Kindergarten, aber auch in verschiedenen anderen Rollen, die ich einnehmen muss oder von mir aus freiwillig aus eigener Entscheidung einnehme. Und es hat mich ein erhebliches Stück weiter gebracht in meiner Entwicklung als Mann. Wer bin ich da eigentlich?

Herr V.: Das kann ich für mich auch bestätigen. Ich bin jetzt dabei, klarere Aussagen zu treffen, für die anderen durchschaubarer zu sein. Das ist mir auch jetzt schon in ziemlich vielen Fällen gelungen. Ich glaube schon, dass auch die Mitarbeiterinnen jetzt eher wissen, was sie hinter den Entscheidungen verstehen und sehen können.

Frau I.: Ich wünschte mir auch selber, dass ich mir etwas mehr Autonomie auch gewähre, also innerhalb der Einrichtung. Ich glaube, ich bin damit auch sehr, sehr vorsichtig. Und dann noch eines, was mir auch noch aufgegangen ist, dass ich schon so eine Haltung von Verachtung entdeckt habe gegenüber meinen Vorgesetzten, und nachdem das so einigermaßen, also etwas klarer geworden ist, dass ich denke, dass sich darin etwas verändert. Ich weiß nicht, ob es Verachtung auch Männern gegenüber allgemein ist oder was das ist. Ich muss da noch weiter dran arbeiten.

Frau J.: Ich glaube, ich bin mir in meiner Rolle als Frau sicherer geworden. Ich wollte eigentlich immer ein Mann sein, (Gelächter) weil ich dachte, dann wäre es einfacher, Aber ich denke, ich habe es als Frau einfacher. Jetzt durch diese ganze Sichtweise kann ich das Verhalten der Männer, mit denen ich zu tun habe, besser beurteilen und tolerieren, kann z.T. mithalten, weil ich denke, ich habe auch gelernt, logisch zu denken und dem Ganzen zu folgen, kann aber auch durch das ganze Gefühlsmäßige, was ich als Frau einfach mitbringe, da ganz andere Dinge verstehen und Zusammenhänge erkennen. Und die möchte ich auch in dieser Frauengruppe nicht missen.

Frau O.: Das war bei mir auch eine Lampe, die aufgeleuchtet hat, also wo du gesagt hast, ich bin bei uns der Mann im Haus. Das kann ich für mich in gewissen Bereichen ganz ähnlich sehen. Was mir die Fortbildung da wirklich gebracht hat, das ist so eine bessere Selbstwahrnehmung. Auch das, was ich vorhin gesagt habe, dass ich das einfach nicht außer acht lassen kann, mit wem ich rede. Und ich weiß auch, dass ich die Diskussion, die hier um das Thema gelaufen ist, ganz lange abgewertet habe für mich, also dass mich das unheimlich genervt hat, dieses Gewäsch um Mann oder Frau, wo ich für mich gedacht habe, ich reagiere hier als ... (nennt ihren vollständigen Namen, C. B.) und nicht als die Frau sowieso. Und ich merke aber, dass ich das wirklich in mir nicht zugelassen habe.

Frau U.: Für mich war die Fortbildung ein wichtiger Teil, um den Prozess, in dem ich gesteckt habe, zu reflektieren und den auch nicht als ein persönliches Problem allein oder als Versagen zu erleben, sondern praktisch gucken zu können, was steckt dahinter, was eben sehr viele betrifft, und was sind auch Sachen, Faktoren, wo ich denke, das geht in bestimmtem Rahmen jedem so. Das ist mir ein bisschen zu kurz gekommen bis jetzt, also dieser Punkt: Müssen diese Strukturen, wie sie heute einfach gesetzt sind, sein? Müssen die so bleiben? Ich denke, dass Frauen, wenn ich mir so angucke, was da beschrieben wird, dass ganz viele schon viel weitergehend arbeiten könnten.

Frau A.: Ich muss sagen, nachdem ich so die beiden Seiten festgestellt habe, die Kompetenzen eigentlich auch auf beiden Seiten (Leitung und Trägervertretung, C. B.) und die unterschiedlichen Strukturen, da ist bei mir der Wunsch noch größer geworden, dass man eigentlich gemeinsam damit etwas anfangen können müsste. Diese Feststellung jetzt, wir als Frauen und Leitung sind so und die Männer als Träger sind so und einzelne Frauen als Leitung und als Träger sind anders, aber dass ja beide Seiten ihre Vorzüge haben. Und was ich eigentlich gerne hätte, dass die Erkenntnisse aus diesen beiden positiven Erfahrungen dazu benutzt werden, auch etwas Gemeinsames daraus zu machen. Dabei bin ich überhaupt kein Mensch von Kompromissen.

Herr S.: Ich würde mich gerne da anschließen, weil es hat sich für mich sehr verdeutlicht und verdichtet, auch heute noch mal in der Stunde, wie wir mit den Männern zusammengesessen haben, wie wichtig in diesem Punkt die Auseinandersetzung ist und dass es geradezu organisationsnotwendig ist, Räume für Auseinandersetzung zu haben und gleichzeitig eine Form von Begleitung oder Strukturierung, die es möglich macht, den angemessenen emotionalen Anteil dieser Auseinandersetzung zuzulassen. Ich mache es fest an dem Beispiel des Aufeinanderprallens (der beiden Gruppen, C. B.) bei der Zwischenbilanztagung. Da ist es für meine Begriffe nicht gelungen, jedenfalls nicht plenar, dieses Erlebnis so weit aufzuarbeiten, dass man daraus etwas hätte machen können. Und das lag für meine Begriffe daran, dass die Emotionalität der dort scheinbar Unterlegenen, der Leiterinnen, wo sich die Frau I. auch noch mal differenziert dazu geäußert hat und hat gesagt, eigentlich schlägt mein Herz jetzt mehr auf dieser Seite als auf der Seite meiner Kollegen, dass das mit so viel Kränkung verbunden war, dass die Auseinandersetzung an diesem Punkt nicht weiterzuführen war. Und da denke ist für mich etwas, was auch mit meinem Job zu tun hat, nämlich: Wie schafft man das, einen qualifizierten Raum für Auseinandersetzung so zur Verfügung zu stellen, dass sich gefetzt werden kann und dass man etwas daraus entwickeln kann?

Die beiden Frauen aus dem Leitungsteam betonten, dass Frauen zwar oft ihre Situation beklagen, dass sie andererseits aber auch untereinander eine große Stärke aus ihrer Geschlechtszugehörigkeit ziehen können. Männer erwiesen sich oft als sehr vereinsamt. Männer in der gleichen beruflichen Situation wie Frauen nähmen sie als völlig anders wahr. Sie seien eingebunden in die männliche Institutionshierarchie und einig in der vom Chef repräsentierten Frauenverachtung.

5.3. Ergebnisse

Was lässt sich am Ende der Fortbildungsstudie zur Ausgangsfragestellung sagen? Gibt es unterschiedliche Leitungskonzepte bei Männern und Frauen? Lassen sie sich zu etwas Gemeinsamem integrieren, miteinander vermitteln oder gar ineinander überführen? Ich möchte mit einer Zusammenfassung meines Schlussstatements vor den Teilnehmerinnen und Teilnehmern der Studie beginnen, enthält es doch das aus dem Prozess gewonnene unmittelbare Resümee:

Die Studie wurde zu einer Zeit ins Leben gerufen, als sehr heftig begonnen wurde, zu diesem Thema zu diskutieren, und ich war mir der Tatsache bewusst, dass es nicht so gehen könnte, als seien wir diejenigen, die nun alles wüssten und könnten und dies qua Fortbildung weitergäben. Ich bin davon ausgegangen, dass es so etwas wie eine weibliche Leitungsqualität geben müsste, und wir könnten sie jetzt hier heraus destillieren und würden dann sagen: Das ist die weibliche Leitung, das ist die männliche Leitung und jetzt finden wir die Synthese. Wenn man in den ersten Papieren zu der Fortbildungsstudie nachliest, dann steht dies so darin. Der Wunsch, etwas zu verknüpfen, was zunächst als Unterschied herausgearbeitet werden soll, scheint angesichts der realen männlicher und weiblicher Machtverteilung den Forschungsprozess extrem erschwert zu haben.

Es gab eine Phase, in der ich gedacht habe, das war nichts, das war die falsche Fährte, da kommt nichts dabei heraus. Ich sehe es jetzt so, dass ich nach etwas mir Gleichem oder Ähnlichem gesucht habe. Und gerade in der Schlusssitzung der Studie ist mir klargeworden, dass genau das ja nicht geht, dass es das nicht gibt, wie es in den (von Männern geschriebenen) Lehrbüchern immer drinsteht, wie Leitung sein soll und das auf weiblicher Linie. Das steht immer bei den Männern. Aber bei den Frauen wird oder kann so etwas nicht drinstehen. Oder ich muss den Verdacht haben, es sind Konzepte von verkappten Männern oder von Frauen, die sich verkleiden.

Das macht am Ende dieser Studie die Sache nicht leichter, das macht sie nicht klarer, was die Ausgangsfragestellung anbelangt. Aber es sind doch eine ganze Menge Linien dabei herausgekommen, die sehr praxisrelevant für den Umgang miteinander sind, also für den Umgang von Männern mit Frauen in Leitungsposition, wo es nicht darum geht, verschiedene Konzepte ineinander zu verschachteln, sondern wo es darum geht, Orte und Räume für Auseinandersetzungen zu schaffen, die von gegenseitiger Wertschätzung und Achtung geprägt sind.

Ich glaube, dass das hier auch immer wieder passiert ist, diese wechselseitige subtile Aggression destruktiver Art. Abwertung, mehr oder weniger offen, schafft Kränkungen und erschwert die Auseinandersetzung, gerade auch in solchen Gruppenprozessen, wo es dann nicht mehr um die Auseinandersetzung mit einzelnen geht, sondern wo man ganzen Teams oder Seilschaften gegenübersteht und wo man völlig den Blick dafür verlieren kann, um was es eigentlich geht.

Gemessen an den elaborierten Vorstellungen zu männlicher Leitung, wie sie in dem theoretischen Versuch des Einführungsvortrags angedeutet und in den

Handbüchern für Leitung ausgeführt werden, hat die Studie zwar keine zusammenfassenden Kriterien weiblicher Leitung erbracht und konnte sie letztlich auch nicht. Von daher ließen sich am Ende der Fortbildungsstudie dennoch Empfehlungen für die Fortbildung von Leiterinnen und Leitern in Einrichtungen für Kinder angeben. Wir sind aber in der Diskussion um Unterschiede auf Aspekte und Details gestoßen, die anregen, in entsprechenden Praxis- und Fortbildungskonzeptionen Räume zu schaffen, in denen diese Aspekte als Fragen gestellt werden können:

- Leitungsstrategien scheinen weder männlich noch weiblich festgelegt. Die Machtausübung über Abhängige und die dazu notwendigen Qualitäten der Personalführung erwiesen sich als geschlechtsneutral. Beide, Männer und Frauen, beherrschen gleichermaßen das dazu notwendige Instrumentarium. Das heißt allerdings nicht, dass Zuschreibungen im Sinne der gesellschaftlich vermittelten Klischees (Männer können besser..., Frauen können besser) nicht irritierend wirken können, wenn sich beide Geschlechter in professionellen Beziehungen begegnen.
- Frauen favorisieren aber eher einen kooperativen Arbeitsstil unter Gleichen als Leitung in hierarchischen Verhältnissen. Selbst wenn sie in diesen Verhältnissen genauso gut »ihren Mann stehen« und Männer in sozialpädagogischen Arbeitsfeldern genauso gut »Mutter« sein können, bleibt eine gewisse Tendenz der Männer zu ihren Hierarchien und der Frauen zu ihrer Kollegialität.
- Es gibt allerdings deutliche Spannungen im Verhältnis der Geschlechter zueinander. Diese Spannungen verführen geradezu, sich der meist abwertend gemeinten gesellschaftlichen Klischees zu bedienen und führen damit zu starken Irritationen in den professionellen Beziehungen. Sie überlagern die Beziehungsverhältnisse manchmal so stark, dass der Eindruck entsteht, die Männer könnten dieses oder jenes besser als die Frauen und umgekehrt.
- Durch diese Spannungen und die Schwierigkeiten, sie offen auszutragen, werden die Polarisierungen insofern befördert, als die sich gegenüberstehenden Geschlechter in eine gewisse Einseitigkeit gedrängt werden. Hieraus kann sich ergeben, dass scheinbar geschlechtstypische Zuschreibungen professionelle Kooperation bis zur Unmöglichkeit erschwert.

- Der größte Teil dieser Spannungen zwischen den Geschlechtern geht wahrscheinlich auf die objektiven und teilweise eklatanten Ungleichheiten zwischen Männern und Frauen in professionellen Arbeitsbezügen wie im Privatleben zurück. (Oder sollte es umgekehrt sein, dass nämlich diese Spannungen einen wichtigen Grund für solche objektiven Ungleichheiten abgeben?)
- Die in der Studie durchgängig wahrgenommene wechselseitige Fremdheit der Geschlechter kann zu einer Verschärfung der Wahrnehmung eigener Identität führen: Frauen unter sich spüren etwas von der Verführung, den anderen gleich zu sein (etwa um möglicherweise verletzenden Auseinandersetzungen zu entgehen); Männer unter sich spüren, dass ihre Bündnisse und Seilschaften nur auf Zeit gedacht und brüchig sind (und auch dazu dienen, ihre Einsamkeit als »Platzhirsch« zu verdecken); Frauen mit Männern müssten aus der Erfahrung ihrer Verschiedenheit gefordert sein, über Anpassung und Widerstand neu nachzudenken; Männer mit Frauen müssten lernen, ihre Angst vor Frauen gemeinsam so zu überwinden, dass ihre Aktionen nicht in Destruktion oder Ausschluss von Weiblichkeit enden (der Wunsch nach Klarheit und Stärke verbunden mit der Überwindung der Angst vor Fremdheit).

Diese Erkenntnisse können enorme Konsequenzen für die Aus- und Fortbildung von Leiterinnen und Leitern, aber auch von Trägervertretern haben, die überwiegend mit Frauen zusammenarbeiten. Zunächst einmal gilt es, die Illusion zu beseitigen, geschlechtsneutrale Leitungskonzepte aus den Erfahrungen der (männlich gedachten) Gruppendynamik und Organisationsberatung seien bereits ausreichend, um Leitungskompetenz zu vermitteln. Professionelle hierarchische Beziehungen sind in jedem Fall von den geschlechtsspezifischen Wahrnehmungen im Kontext der Geschlechterspannung überlagert und damit determiniert, und zwar so dass wechselseitige offene oder subtile Kränkungen das beste Leitungskonzept und die beste einzelne Leitungsstrategie unterlaufen.

In Aus- und Fortbildung müssten also Kompetenzen dazu vermittelt werden, wie man sich Räume und Zeiten für Auseinandersetzungen schaffen könnte. Und es müssten Kompetenzen vermittelt werden, diese Auseinandersetzungen produktiv in das Verhaltensrepertoire als Leiterin oder Leiter zu integrieren.

Der Verführung, diese Details bereits für Ansätze einer weiblichen Konzeption zu halten, haben wir gerade am Ende der Leitungsstudie deshalb widerstanden, weil ja das Niederlegen einer Konzeption, gar das Verschriftlichen und das verbindliche Darauf-Verpflichten ein eher starrer Vorgang ist, der in der Gestaltung der Beziehungen zu kleinen Kindern nicht genügend Spielraum lässt. Dort, wo Konzeptionen bis in die letzte Konsequenz »durchgezogen« wurden, haben sie meist auch destruktive Wirkungen (gerade weil ihnen die Flexibilität fehlt, sie in Entwicklungsprozessen als etwas Vergangenes insgesamt in Frage zu stellen). Dennoch muss in der Männerwelt, etwa der Politik oder Administration, etwas »verkauft« werden. Und ohne »Produktbeschreibung« ist das nur schwer zu machen.

Die Trägervertreter als Männer an der Schnittstelle zu den ihnen unterstellten Leiterinnen und Frauen sind hier in besonderer Weise gefordert, etwa sich damit anzufreunden, dass sie eine Leitungskonzeption, wie man sie unter Männern versteht, nicht erwarten können – es sei denn eine männliche. Und umgekehrt müssen männliche Leiter in Einrichtungen für Kinder offenbar mühsam lernen, sich auf den Fluss der Beziehungsprozesse einzustimmen.

Die Trägervertreterinnen dagegen stehen vor der schwierigen Aufgabe, eine Administration im Rücken zu haben, die sie eher demütigt als sie in ihren Aufgaben zu unterstützen. Sie werden zugleich ständig zur Illoyalität (mit den ihnen unterstellten Leiterinnen) verführt. Das kann sich dann auch ins Gegenteil verkehren (männlicher zu sein als mancher Mann). Die Leiterinnen schließlich stehen in der Gefahr, etwas ersetzen zu müssen/zu wollen, was sie nicht besitzen: männliche Eigenschaften, was immer sie ausmachen. Besser wäre sicherlich, die Leitung der Einrichtungen gemischtgeschlechtlich zu besetzen.

Noch ein letztes Wort zu einem zentralen Fortbildungsaspekt: Von Anfang an wurde den Teilnehmerinnen und Teilnehmern abverlangt, ihre Fortbildung nicht nur zu konsumieren, sondern immer auch an die Vermittlung der von ihnen gewonnenen Erkenntnisse zu denken. Dazu gehörte zum einen die Planung einer schriftlichen (Gesamt-)Dokumentation, zum anderen die Weitergabe der Erfahrungen im Rahmen einer Fachtagung. Diese Arbeit wurde von einer Redaktionsgruppe vorbereitet und organisiert, die während der Zwischenbilanztagung gebildet wurde. Sie tagte selbständig und hatte in den plenaren Sitzungen jeweils Raum, um ihre Wünsche und Informationen an die Gesamtgruppe weiterzugeben. Zwei Mitglieder des Leitungsteams unterstützten diese Arbeit.

Ich war zu Beginn der Studie unsicher, ob es gelingen würde, nicht nur die Teilnehmerinnen und Teilnehmer überhaupt für diesen Aspekt der Fortbildungsstudie zu gewinnen, sondern auch eine Gruppe zustande zu bringen, die diese zusätzliche Aufgabe übernehmen würde. Es gab jedoch eine hohe Bereitschaft zu dieser Arbeit, und auch die Teilnehmerinnen und Teilnehmer übernahmen bereitwillig die von der Redaktionsgruppe vorgeschlagenen Schreibarbeiten. Ich bin mittlerweile überzeugt, dass eine in dieser Richtung mehr oder weniger explizite Aufgabenstellung generell in Fortbildungen sinnvoll ist, weil sie einerseits die individuellen Fortbildungsergebnisse auf eine ganz andere Weise einer Reflexion zuführt, als dies durch die üblichen Methoden von Abschlussrunden usw. erreicht werden kann. Am Vergleich der individuellen Ergebnisschilderungen in der Schlussrunde mit den schriftlichen Äußerungen der entsprechenden Teilnehmerinnen und Teilnehmer wird deutlich, dass der Schwerpunkt der Mitteilung an Fremde sich u.U. sehr stark verschiebt und damit neue Erkenntnismöglichkeiten eröffnet.

Andererseits bleibt Fortbildung damit nicht nur ein schwer evaluierbares Geschäft, sondern wird nutzbar auch in der »back-home«-Situation, und zwar anders als: »Am Montag muss ich meinen Kollegen, die ja doch nur neidisch sind, etwas erzählen« (um es etwas überspitzt auszudrücken). Vielmehr wird mit der Kombination von Fortbildung und Forschung eine Professionalisierung auch darin erreicht, dass Fortbildungsinhalte über Fortbildung hinaus generell mitteilbar werden.

6. Die Ergebnisse der Fortbildungsstudien: eine Synopse

6.1. Die Qualität von Ergebnissen qualitativer Sozialforschung

Die Frage nach den Ergebnissen von Wissenschaft führt an den Anfang meiner Ausführungen zurück: Wie lautete die Fragestellung? In der Friedensforschung – vor allem als angewandte Sozialwissenschaft – steht am Ende die Frage: Ist es gelungen, die Welt ein wenig friedlicher und die Menschen ein wenig zufriedener zu machen? Können sie »Ungleichheiten« ein bisschen besser ausgleichen, wo diese auf veränderbaren Verhältnissen beruhen oder aushalten, wo sie Bestandteil der individuellen Existenz sind? Waren die Methoden auf dem Weg dorthin richtig? Stimmen die theoretischen Überlegungen über die Potentiale der Menschen und die aktuellen Voraussetzungen, die zu den Methoden geführt haben? Darüber hinaus: Lassen sich die Methoden für vergleichbare Verhältnisse und/oder für ähnliche Fragestellungen verallgemeinern?

Die Ergebnisse der Friedens- und Konfliktforschung als angewandte Sozialwissenschaft lassen nicht oder in nur sehr begrenztem Umfang erwarten, dass man im Sinne der akademischen Tradition von Grundlagenforschung etwas vollkommen Neues über menschliches Verhalten herausfände – wenngleich dies eine der typischen öffentlichen und z.T. auch akademischen Erwartungen an Forschung ist und sie sich diesen Erwartungen oft mit »altem Wein in neuen Schläuchen« zu entledigen versucht. Denn wissenschaftliche Erkenntnisse mögen alt sein, sie müssen – um Akzeptanz und damit Relevanz zu erhalten – immer wieder neu und auf die zeitgeschichtlich aktuellen Bedingungen bezogen hervorgebracht werden.

In der Friedens- und Konfliktforschung sind die Antworten auch nicht immer neu oder umwerfend oder verständlich. Da hilft auch nicht viel der Trost, dass der Weg schließlich das Ziel sei. Und doch geht es gerade in der Friedens- und Konfliktforschung um den Weg: Wie und mit welchen Strategien erreichen und sichern wir den Frieden? Die Strategie der Aufklärung erschien lange Zeit als die via regio gesellschaftlicher Veränderung, dann die Strategie der Professionalität. Im aktuellen Forschungsprogramm der HSFK[21] stehen Konflikte der Demokratisierung im Zentrum der Forschung.

Wenn man erwartet, auch im Detail viele Bedingungen angeben zu können, die erfüllt sein müssen, damit sich ein bestimmtes Ergebnis reproduzieren lässt (eines der Kriterien naturwissenschaftlich-psychologischer Forschung), bei der Forschung des Menschen am Menschen ist eine Bedingung virulent, die sich partout nicht kontrollieren lässt: die Bedingung der Subjektivität und der Einmaligkeit. Schon in den fünfziger Jahren des vorigen Jahrhunderts hat George Devereux auf die Bedingung hingewiesen, die bei der Forschung des Menschen am Menschen nicht zu umgehen ist: Der Forscher verändert mit jeder neuen methodischen Anwendung sein Objekt. (vgl. Devereux 1976). Dieses kann lernen und Erfahrungen machen, die es selbst ständig verändert bzw. in gewisser Weise inkonstant und neu erscheinen lässt. Diese Erkenntnis nutzt z.B. die systemische Familientherapie schon lange in ihren Interventionskonzepten (vgl. Selvini-Palazzoli u.a. 1974). Durch jeden Forschungsprozess werden im Sinne solcher Interventionen auch die Verhältnisse der Menschen untereinander systematisch verändert, allein dadurch, dass gemäß einer Forschungsstrategie ein bestimmter Fokus in die Wahrnehmung der Beforschten eingeführt wird, den diese bislang nicht hatten.

Aber mehr noch: Die Objekte der Forschung, die Menschen verändern sich selbst ständig – mit und ohne Forschung. Was heute noch an aktuellen Aussagen über sie gelten mag, kann morgen schon überholt sein. Und was für sie heute noch wichtig war, ist morgen vielleicht schon anderen Prioritäten gewichen. Nirgendwo deutlicher wird dies als in der Lebensspanne, in

---

21 Das aktuelle Forschungsprogramm der HSFK trägt den Titel »Antinomien des demokratischen Friedens« (vgl. Müller 2001).

der sich Entwicklung besonders sichtbar und besonders schnell vollzieht: im Alter von 0-8 Jahren. Aber auch bei den Erzieherinnen ergeben sich Entwicklungen, die sie sich persönlich und professionell verändern lassen, ohne dass dies in einem Forschungsrahmen zu integrieren wäre. Hinzu kommt, dass der Blick der Generationen aufeinander und die Fragestellungen, die sich daraus ergeben, immer auch von dem jeweiligen historischen Kontext geprägt ist, und nicht zuletzt von den Moden, denen sozialwissenschaftliche Forschungsthemen ebenso unterliegen, wie die sozialen Prozesse, die Sozialwissenschaft untersucht.

Es ist also eine Illusion zu glauben, man könne Daten unabhängig von einem Einfluss des Forschers, dem (unabhängigen) Veränderungsprozess der Forschungsobjekte oder den Merkmalen einer historischen Forschungssituation erhalten. Als Beispiel dafür mag die Methode des biographischen Interviews aus zwei Fortbildungsstudien dienen (vgl. Eggert Schmid-Noerr 1994; Nagel i.E.): Die Fragen des Interviewers bringen die Interviewten zum Nachdenken, so dass sie die Darstellung ihrer Lebensgeschichten im Prozess des Interviews ändern. Und die biographischen Daten enthalten Themen, auf die der Interviewer kommt oder die ihm aus seiner historischen Situation heraus als irrelevant erscheinen. Im Gegensatz und als Verdeutlichung sei dazu die aufgeschriebene Lebensgeschichte als Beispiel ergänzt, die bei der Interpretation einer Forschung am »Text« entspricht (Texthermeneutik).

Diese grundsätzlichen Bedingungen sozialwissenschaftlicher Forschung gelten im Rahmen ihres Forschungsparadigmas. Es bleibt also bei aller Objektivität, mit der man überhaupt Ereignisse oder Daten interpretieren kann, ein varianter »Rest« aufgrund der historischen Bedingtheit eines Forschungsergebnisses (vgl. Batscheider 1993, S. 37), d.h. eine Unsicherheit, ob eine erforschte Strategie aufgeht oder eben nicht.

Dies gilt selbstverständlich auch für die Ergebnisse der Fortbildungsstudien. Und dies gilt dort um so mehr, als ja der Fortbildungsprozess dem Lerntempo der jeweiligen beforschten »Objekte« angepasst ist, und zwar so, dass sowohl der Idee der Anpassung als auch der neu gewählten Einzelstrategie mehr eine Intuition zugrunde gelegen hat als eine wissenschaftliche Analyse.

Was also ist zu den Ergebnissen von Fortbildungsstudien zu erwarten? Zunächst einmal die detaillierte Beschreibung der Effekte, die das jeweilige Setting hervorgebracht hat, dann die Antworten auf die Ausgangsfragestellungen der Studien, und schließlich die eine oder andere vorsichtige Verallgemeinerung im Hinblick auf die Problemdefinition. Was man auf keinen Fall erwarten kann, sind große Überraschungen im Sinne absolut neuer Erkenntnisse, die ja voraussetzen würden, dass man auch einen vollständig neuen Weg gegangen sei. Es ist sicherlich auch notwendig, für die Frage, was überhaupt an menschlichem (Konfliktlösungs-)Potential vorhanden ist, immer wieder besondere Bedingungen zu schaffen. Pädagogisch-psychologische Friedens- und Konfliktforschung muss sich jedoch auf das beziehen, was ist, und das heißt, dass Utopien in der Wissenschaft nur dort einen Platz haben, wo sie in einzelnen Aspekten eines Settings den Beforschten eine Innovation abverlangen, die in ihren Alltag integrierbar ist. Im Vergleich mit dem Modell der Zukunftswerkstatt ist pädagogisch-psychologische Friedens- und Konfliktforschung als angewandte Sozialwissenschaft deshalb eher konservativ.

Getreu den Motto, dass man mit jeder Art von Weiterentwicklung in Wissenschaft und Praxis die Menschen nur da abholen kann, wo sie im Moment der Begegnung »stehen«, kann man in seiner Forschungsstrategie nur das aufgreifen, was man an Praxis vorfindet – selbst wenn dies nach wissenschaftlichen Erkenntnissen noch so überholt scheint: ein Team, das mit Supervision schlechte Erfahrungen gemacht hat, ein neu zusammengesetztes Team mit erheblichen Spannungen zwischen den Mitgliedern usw.. In diesem Sinne sind die folgenden Ausführungen zu den Studienergebnissen zu verstehen.

6.2. Die Diskussion der Studienergebnisse

6.2.1. ...aus der Perspektive von Forschung

Die alle drei abgeschlossenen Studien betreffende Frage war: Wie lassen sich unterschiedliche und/oder wechselseitig fremde Haltungen und Erfahrungen von Menschen in sozialpädagogischen Handlungsfeldern von einem Spannungszustand in einen der Kooperation bzw. der Integration überführen? Wie kann das Fremde zu einem positiven Anteil des Eigenen werden? Wie können Mädchen und Jungen, Männer und Frauen, Einheimische und Fremde voneinander profitieren?

Diese Fragen bezogen sich auf normative Gleichheit und sozialisationstheoretisch definierte Ungleichheit der Bürger in demokratischen Gesellschaften. Ich werde i.F. auf drei Aspekte eingehen, die mir in diesem Zusammenhang als Strukturierungsgesichtspunkte plausibel erscheinen: den biographischen Aspekt (persönliche Identität), den institutionellen Aspekt (professionelle Identität) und den interaktionellen Aspekt (Fremdheit und Abgrenzung). Die Einzelergebnisse der drei Fortbildungsstudien sollen damit ganzheitlich und in dem Rahmen diskutiert werden, in dem sie ihren Sinn haben. Ich verwende zur Diskussion auch hier wieder Elemente der Psychoanalyse als Sozialwissenschaft (Lorenzer u.a. 1971; Leithäuser u.a 1977; Leithäuser, 1981,1989; Leithäuser/Volmerg 1988) und der Psychoanalytischen Pädagogik, soweit sie von der Handlungstheorie her (vgl. Muck/-Trescher 1993) eine Rolle gespielt haben. Da sich alle bisherigen Fortbildungsstudien nicht nur mit der Praxis des Kindergartens, sondern auch mit dem Geschlechterverhältnis und der Konfrontation mit »Fremdem« befasst haben, werden ich versuchen, die grundsätzlichen Probleme der Realisierung von Gleichheit, Kooperation und Fremdenfreundlichkeit im Spannungsfeld von Familie und Kindergarten zu diskutieren.

Die Übertragung familiärer Beziehungsmuster

Ein wesentliches Moment des Diskurses über Kinder, Eltern und Kindergarten liegt in den Analogien von Mutter zu Frau, von Vater zu Mann und von den (meist unerkannten) Übertragungen familiärer Beziehungsmuster auf die institutionellen Beziehungen im Kindergarten. Sie liegt auch wegen des Verhältnisses von Familie und Kindergarten sehr nahe. Seit dem Aufkommen von Kindergärten im 19. Jahrhundert, ist die Konzeption von Kindergarten immer wieder von zwei gegensätzlichen Fragestellungen geprägt worden: Ist der Kindergarten eine Vorschule, in der das Kind allmählich mit den Kulturtechniken vertraut gemacht werden und an den schulischen Alltag herangeführt werden soll, oder ist Kindergarten so etwas wie eine Insel der bewahrten Kindheit, in der Kinder noch ungestört reifen dürfen, bis sie in die Welt der Erwachsenen und der Schule entlassen werden können (vgl. Ostermann 1999)?

Als nach 1945 in Deutschland auch das Bildungswesen neu konzipiert werden musste, setzte sich in den alten Bundesländern das zweite, eher sozialfürsorgerische Verständnis von Kindergarten durch. Aus diesem Verständnis heraus, ist vorschulische Erziehung in erster Linie als Entlastung für die Familie gedacht. Gleichwohl muss die eigentliche Erziehungsarbeit innerhalb der Familie geleistet werden. Dieses historisch gewachsene Kindergartenverständnis, welches die Einrichtung eher als einen Erziehungshelfer der Familie definiert, als ihr eine eigenständige Erziehungsaufgabe zuzuschreiben, ist eine entscheidende Voraussetzung, die Übertragung familiärer Beziehungsmuster und familiärer Kultur in die Kindergärten nahe zu legen.

Die Übertragung familiärer Beziehungsmuster ist den tatsächlichen Beziehungsverhältnissen im Kindergarten als einer gesellschaftlichen Institution nicht angemessen. Eine Erzieherin, die ihr Bedürfnis nach Schutz vor der Kritik der Eltern auf den oder die Leiter/in einer Einrichtung überträgt, begibt sich damit indirekt in die Rolle einer »Tochter« und kann den Leiter oder die Leiterin in die Rolle des »Vaters« oder der »Mutter« hineindrängen. Dieses familiäre Beziehungsmuster Vater-Mutter-Tochter (oder Schwester-Bruder, wie in der Leitungsstudie) kann aber den Anforderungen an beide Seiten nicht gerecht werden. Das Arbeiten in einem Kindergarten verlangt von der Erzieherin als der Repräsentantin einer gesellschaftlichen Institution gegenüber den Eltern der von ihr betreuten Kinder eine eher partnerschaftliche Beziehung, vor allem aber eine, die gegenüber den Erwartungen der Eltern autonom bleiben kann.

Umgekehrt steht die Leiterin oder der Leiter in der Verführung, gegenüber ihren bzw. seinen Mitarbeiterinnen und Mitarbeitern die »Mutter«- bzw. »Vaterposition« einzunehmen, das heißt, die Mitarbeiter als »Kinder« so zu behandeln, wie dies Vater oder Mutter in der Familie häufig tun. Allzu starke Kontrolle oder die Abnahme sämtlicher Schwierigkeiten auch in Auseinandersetzungen kann so einerseits für die Mitarbeiterin oder den Mitarbeiter sehr angenehm sein, sie/ihn gleichzeitig aber in starker (kindlicher) Abhängigkeit halten. Die Erzieherinnen hingegen geraten mit den Müttern häufig in eine Position der Rivalität um die Kinder oder haben aus ihrer »mütterlichen« Haltung heraus unrealistische Erwartungen an die häusliche Erziehung.

Einseitige Übertragungen, bei denen die Zielperson nicht auf die in der Übertragung vermittelten Wünsche übereinstimmend reagiert, führen häufig zu

Kommunikationsproblemen, Missverständnissen und Spannungen. Eine Erzieherin, die sich durch die Übertragung infantiler Wünsche auf den Leiter oder die Leiterin einer Einrichtung in die Rolle der Tochter begibt, kann sich überfordert und frustriert fühlen, wenn Leiter oder Leiterin sie wie eine gleichberechtigte Mitarbeiterin behandeln und auch entsprechende Anforderungen an sie stellen. Und eine Leiterin oder ein Leiter, die/der durch die Übertragung ihrer/seiner Dominanzbedürfnisse auf die Mitarbeiter und Mitarbeiterinnen sich unbewusst in die Rolle der Mutter oder des Vaters hineinbegeben haben, mögen verärgert sein, wenn die Mitarbeiter/innen eigene Ideen verwirklichen und nicht so reagieren, wie es implizit von ihnen erwartet wird. Ähnliche Probleme ergeben sich bei der Übertragung des elterlichen Autoritätsverhältnisses von Einrichtung und Träger – selbst wenn es manchmal so aussieht, als ließen sich damit bestimmte Ziele erreichen.

Man kann sich gut vorstellen, dass das Team einer vorschulischen Einrichtung, das in familiäre Beziehungsmuster verstrickt ist, schwerlich eine andere Identität als die einer Familienanalogie zugeordneten entwickeln kann. Dieses Problem ist besonders für deutsche vorschulische Einrichtungen im Vergleich zu anderen Ländern virulent: Im Gegensatz z.B. zu Frankreich oder England ist der Kindergarten hier weniger eine gesellschaftliche Einrichtung als vielmehr eine Angelegenheit von Eltern, Erzieher/innen und Trägern. Hier hat der europäische Aspekt der Fortbildungsstudien besonders eindrückliche Erfahrungen und damit wesentliche Elemente zur jeweiligen Hypothesenbildung für die Interventionen in den Supervisionen vermittelt.

Kindergarten ist weder Schule, noch ist er Familie. Die Institution Kindergarten hat eigene Ziele, die sich aus ihrem Auftrag und ihrer Struktur ergeben. Ein Kindergarten, der seine Identität aus der familiären Kultur bezieht, die durch die Eltern und Kinder in ihn hineingetragen wird, kann schnell zum »Schlachtfeld« unterschiedlicher Familienkulturen werden, wenn sich sein Umfeld z.B. aus deutschen, türkischen, eritreischen oder italienischen Familien zusammensetzt. Ein Erzieher/innen-Team, das die Familienkultur als Vorlage verwendet, um das Kindergartenleben zu gestalten, muss auf diese Weise ziemlich schnell zwischen die »multikulturellen Fronten« geraten.

Dem Problem der Vereinnahmung des Kindergartens durch die Familien, kann wahrscheinlich am ehesten durch die bewusste Abgrenzung von Seiten des Kindergarten-Teams begegnet werden. Erst jenseits der Familienkultur eröffnet sich für den Kindergarten ein Entwicklungsspielraum, in dem er seine eigene institutionelle Identität bewusst gestalten und gegebenenfalls auch multikulturell organisieren kann. Erst dann können Bräuche, Feste, Erziehungsstile und Geschlechterrollen in den verschiedensten Kulturen, aber auch die Haltungen gegenüber dem jeweils fremden Geschlecht in einem bewussten Akt in die institutionelle Identität aufgenommen werden, weil sie in die strukturellen Rahmenbedingungen hineinpassen und sich das Erzieher/innen-Team damit identifizieren kann.

Biographie, Familie und persönliche Identität

Nach allem, was man heute über die Kausalität von frühen Lebensereignissen und späteren biographischen Linien weiß, gibt es keine eindeutigen Zusammenhänge zwischen bestimmten Familienkonstellationen, persönlicher Identifikationen mit einem bestimmten Männer- oder Frauenbild und beruflichen Karrieren. Am ehesten noch taugt der Begriff der Krise als biographisches Datum, das den Lebensweg entscheidend beeinflusst: Welche Entscheidungen aber aus der Krise heraus gewählt worden sind und wie man in die Krise hineingeraten ist, lässt sich mit unserem gegenwärtige Wissen und unseren Forschungsmethoden nur individuell nachvollziehen: »Die grundlegenden Krisen und Lösungsmöglichkeiten sind durch die frühe Beziehung des Kindes zu seinen Eltern geprägt. Hier werden Verarbeitungsmuster herausgebildet, die als unbewusste Sinnstrukturen die Bewältigung späterer Entwicklungsanforderungen – etwa in der Adoleszenz – nachhaltig formen und die bis ins Erwachsenenalter hineinragen... Dennoch sind Lebensgeschichten keine bloß individuellen Konstrukte. Nicht allein bauen sie auf Determinanten der inneren Natur auf, sie sind auch in einen gesellschaftlichen und historischen Rahmen eingepasst. Das gilt in besonderem Maße für berufliche Entwicklungen, die zweifellos von vielerlei sozialen Faktoren abhängen, die sich den individuellen Einflüssen und Entscheidungen entziehen« (Eggert-Schmid Noerr 1994, S. 56). Wenn sich Biographien von Menschen, die in gleichen oder ähnlichen Arbeitszusammenhängen stehen, sehr stark ähneln, dann kann der Austausch über lebensgeschichtliche Erfahrungen helfen, zu sicheren Erkenntnissen über den Zusammenhang von Biographie und professioneller Identität zu kommen.

Elise Weiss-Zimmer ermutigt zu dieser Auseinandersetzung mit professioneller Identität: »Kann es als eine Funktion des Kindergartens gelten, Frauen in ihrem Entwicklungsstand so zu unterstützen, dass aus ihnen Mütter und aus Müttern wieder Frauen werden?« (Weiss-Zimmer 1985, S. 302). Könnten Männer in Einrichtungen für kleine Kinder in dem ständigen Ausgesetzt-Sein an die kindlichen Wünsche und die Wünsche der Kolleginnen eine Form von Väterlichkeit entwickeln, die hin zu einer professionellen Form von Partnerschaftlichkeit führt? Und kann es die Funktion des Hortes sein, dass dort Menschen beiderlei Geschlechts die Grenzerfahrung des Lebens und Arbeitens zwischen Familie und Schule als Hilfe zum eigenen Übergang in die Gesellschaft nutzen können – einerlei ob Jungen oder Mädchen?

Vater – Mutter – Kind

Welchen von der Familie her stammenden Eigenschaften, welchen biographischen Ereignissen und welchen historischen Umständen hat man es zu verdanken, dass man eine bestimmte professionelle Identität erworben hat? Welche Entscheidungen hat man selbst getroffen, welche wurden einem abverlangt und welche Weichenstellungen haben andere Menschen gemacht? Solche Fragen kann man nur zum Teil wissenschaftlich untersuchen. Der Zusammenhang zwischen individueller Lebensgeschichte und dem Ort, an dem man seinen beruflichen Alltag verbringt, ist eben ein höchst subjektiver und einzigartiger zugleich. Dennoch ist die Frage von Bedeutung, welche professionelle Aufgabe sich in der Berufstätigkeit mit der individuellen Aufgabe eines persönlichen Schicksals verbindet.

Wer Erzieherin/Erzieher geworden ist, hat sich für die Arbeit mit Kindern in einer Umgebung entschieden, in der Förderung statt Forderung, Spiel statt Leistung und Lust statt Last gefragt ist. Wer sich für diesen Beruf entschieden hat, hat wissen können und wissen müssen, dass es ein Beruf ist, in dem fast ausschließlich oder wenigstens vorwiegend Frauen arbeiten und dass das Berufsfeld im Allgemeinen deutlich abgegrenzt wird von den Berufsfeldern Schule und Bildungsinstitutionen. Damit ist auch die Entscheidung für eine professionelle »Gegenposition« verbunden, die auf der Ebene gesellschaftlicher Klischees mit eher männlich/väterlichen Attributen verbunden sind. Sind aber diese oder andere Merkmale ausreichend, um eine bestimmte biographische Disposition entdecken zu können? Kann man sagen, dass frühes Interesse an mütterlichen Themen, eine besondere Nähe zu Empathie oder die Angst vor Auseinandersetzung mit Jugendlichen und/oder Erwachsenen –

wenn man das Berufsfeld Kindergarten/Hort dem der Jugendarbeit oder der Erwachsenenbildung gegenüberstellt – oder gar der *Auseinandersetzung mit männlichen Kollegen* einen wesentlichen Aspekt der professionellen Identität ausmacht?

Stellt man diese Frage ausgehend von dem aktuellen Berufsprofil, dann wäre zunächst zu beschreiben, worin dieses denn besteht. Elise Weiss-Zimmer formuliert dazu das Identifikationsangebot für den Kindergarten: »Kinder im Kindergarten benötigen in ihren einzelnen Entwicklungsabschnitten unterschiedliche Fähigkeiten ihrer Erzieherin. Bei der Aufnahme des Kindes vertritt die Erzieherin eher die schützende häusliche Umgebung. Zunehmend muss es aber in der Beziehung zur ihr Raum für andere Erfahrungen geben. Die Erzieherin gibt Hilfe bei der Loslösung der frühen engen Bindung, stellt sich anfänglich aber auch wie eine mütterliche Person zur Verfügung. Das fällt Frauen in den verschiedenen Epochen ihres Lebens leichter oder schwerer« (Weiss-Zimmer 1985, S. 300).

Hier wird die Identität als eine der Mutter zugeordnete beschrieben. Diese Haltung wird in vielen Kindergartenkonzepten durch den Status »familienergänzende Erziehung« verstärkt. Die (mütterliche) Person der Erzieherin, die das Kind von der Mutter lösen helfen soll, scheint ein weitverbreiteter Aspekt professioneller Identität zu sein. Die »Mütterlichkeit« als ein Aspekt professioneller Identität kann allerdings nur dort professionell umgesetzt werden, wo die Voraussetzungen dazu in der Person gegeben sind. Wenn z.B. junge Erzieherinnen sich selbst noch in der Phase der Verselbständigung befinden, können die Kinder leicht zu Bundesgenossen werden: »Unterstützten sie die Kinder in ihrem Bemühen, Abhängigkeiten zu überwinden, konnte auch eigene Autonomie erfahren und erweitert werden« (Weiss-Zimmer 1985, S. 299). Die an ein Bild von »schlechter Mutter« gekoppelte professionelle Identität, einer Mutter, die ihr Kind zu früh abgibt oder zu lange festhält, behält gleichwohl prinzipiell das Mütterliche als das Zentrum professioneller Identität bei.

Die Fortbildungsstudie »Gleichstellung von Jungen und Mädchen – Haus Europa II« hat zahlreiche Details dafür geliefert, wie stark der »mütterliche« Aspekt in der professionellen Identität enthalten ist. Damit bleibt diese Haltung in einem Berufsfeld, in dem mit überwältigender Mehrheit Frauen tätig sind, in der Gefahr, sich in einen Gegenpol zu der Seite eine professionellen

Haltung zu begeben, die den Aspekt des Loslösens und der weiteren Entwicklung charakterisiert.

Aus der Perspektive des Dritten nämlich, des väterlich-männlichen Geschlechts wäre das Festhalten an der mütterlichen Bindung bzw. deren Übernahme durch die Erzieherin in die »Mütterlichkeit« der Einrichtung nichts, was eine von der Familie deutlich unterschiedene professionelle Identität beanspruchen könnte. Professionelle Entwicklungsförderung – von den klassischen Bildungsinstitutionen ausgehend – scheint nämlich zu heißen, dass es um die schrittweise Ablösung von der familiären Verantwortung und die Übernahme wesentlicher Bildungs- und Erziehungsaufgaben durch die Gesellschaft, hier vertreten durch die Schule gehen muss. Geht man davon aus, dass in der BRD immer noch die Auffassung vorherrschend ist, Kindergarten biete lediglich eine Erweiterung familiärer Erfahrungen, nicht aber etwas ganz Eigenständiges wie später die Schule (vor deren Zugriff man das Kind so lange wie möglich schützen müsse), dann grenzt diese Definition der professionellen Identität in der Tat Aspekte gesellschaftlicher Betreuung von Kindern im Sinne mütterlicher Versorgung als »wertvolle« Identifikation aus.

Elise Weiss-Zimmer berichtet von Erzieherinnen, die sich daran erinnerten, »...wie der Erzieherinnenberuf sich mühsam aus der Nähe zu den unbezahlten häuslichen und gesellschaftlich gering bewerteten Verrichtungen der Mütter eigenständig entwickelt hatte. Sollte dies über die unversorgten Kinder berufstätiger Mütter wieder unwirksam gemacht werden?« (Weiss-Zimmer 1985, S. 298). Oder – so wäre hier auch zu fragen – kann eine sich von den klassischen Bildungsinstitutionen deutlich abgrenzende »Kinderarbeit« überhaupt über das Mütterlich-Familiäre hinausweisen und ein anderes Identifikationsangebot als dieses bieten?

Kind – Familie – Kindergarten

Der Aspekt des Kindergartens als »Drittem«, der mit dem Kindergarten als Entwicklungsraum verknüpft worden ist, ist der, dass diese erste gesellschaftliche Einrichtung, an die die Mütter ihre Kinder abgeben (müssen), eine ganz ähnliche Funktion wie die des Väterlichen in der Familie übernehmen kann. Der Vater[22] ist – aus der Perspektive des Kindes – der erste Fremde mit Verantwortung für das Kind. Genau genommen handelt es sich bei der Beziehung zwischen Familie und Kindergarten ebenfalls um ein Dreieck – Kind/Familie/Kindergarten -, in dem das Kind von der Familie an eine gesellschaftliche Institution abgegeben wird (und zwar mehr oder weniger eine Institution einer männlich dominierten Kultur, Beispiel: Der Pfarrer als Vorgesetzter des Kindergartens).

Thomas Ettl, der sich ausführlich mit der Entwicklungsthematik des Übergangs vom Mütterlichen zum Väterlichen als der ersten Beziehungserfahrung von Fremdheit beschäftigt hat, stimmt dieser Einschätzung der entwicklungspsychologischen Funktion des Kindergartens zu. Allerdings hebt er die Bedeutung des Kindergartens als Dritter in deutlicher Abgrenzung zur vorangehenden Phase mütterlicher Beziehungserfahrung hervor. Er charakterisiert den Kindergarten entlang der Aufgaben die die Familie und die er als »mütterliche« Sozialisationsinstanz selbst hat: Die Familie muss dem Kind Eigenständigkeit gegeben haben, damit es den Kindergarten nutzen kann, und der Kindergarten wiederum muss dem Kind die Möglichkeit geben, auf ihn einwirken zu können. Anders als in den bisherigen Überlegungen des Verhältnisses von Familie und Einrichtung, in der es um familienergänzende, die Ablösung unterstützende Beziehung geht, steht hier das bereits abgelöste Kind dem Kindergarten als einem Beziehungsgeflecht gegenüber, auf das es einwirken kann, das es mitbestimmen kann: »Der Eintritt in den Kindergarten«, so Thomas Ettl, » wird demnach nur unter zwei Bedingungen gelingen:

1. wenn das Kind sich dem Kindergarten anzupassen vermag, also akkommodieren kann und
2. wenn der Kindergarten sich dem Kind anzupassen vermag, wenn der Kindergarten sich also für das Kind assimilierbar erweist, was meint, dass der Kindergarten sich als durch das Kind formbar und beeinflussbar erweisen muss« (Ettl 1987, S.101 f.)

Der Gleichheit der Menschen wird hier in der Regel die Abhängigkeit des Kindes von den Erziehungsvorstellungen der Erwachsenen gegenübergestellt. Die Formbarkeit des Kindes kann nur soweit gehen, wie die Erwach-

22 Ich verwende hier das Wort »Vater« als Synonym für alle dritten Personen, von deren Fürsorge das Kind längerfristig abhängig ist.

senen es zulassen. Die Autonomie des Kindes bleibt auf den Rahmen beschränkt, den die Erwachsenen vorgeben. Dieser Aspekt spiegelt sich in dem familiären Problem, dass es nicht von der Neugier und dem Willen des Kindes allein abhängt, ob es sich ohne Beschränkung von der Mutter fortentwickeln kann. Das Geschlechterverhältnis bestimmt mit darüber, was in der Antinomie der Generationsverhältnisses möglich ist und was nicht.

Über die Hinwendung zum Vater kann die Ablösung des Kindes von der Mutter gelingen, und über die Hinwendung zum Kindergarten kann die Ablösung des Kindes von der Familie gelingen. Dabei vorausgesetzt ist allerdings die Haltung der Mutter, dem Dritten, also dem Vater gegenüber, den Platz an der Seite des Kindes zu räumen, ihm Zutritt zu gewähren, ohne sich selbst ausgeschlossen zu fühlen oder mit dem Dritten zu rivalisieren: »Erst über das Hinzutreten des Dritten erfolgt der Befreiungsschritt aus der Enge der Mutter-Kind-Dyade, und das Kind kann sich auf die differente Praxis eines Dritten einlassen« (Ettl 1987., S. 93). Die Ablösung des Kindes von der Familie setzt demgemäß die Distanz zur familiären Entwicklungsumgebung voraus.

Der Kindergarten könnte aber auch für das »Dritte« herhalten, wenn innerfamiliär die Ablösung von der Mutter zum Vater hin erschwert oder verunmöglicht ist oder wenn der Vater diese Rolle in der Familie – aus welchen Gründen auch immer – nicht ausfüllen kann, verweigert oder von der Mutter für diese Funktion abgelehnt wird. Damit wäre das »Väterliche« als ein Aspekt der professionellen Identität der Erzieherin beschrieben, d.h. der Kindergarten würde diese »väterliche« Funktion übernehmen müssen. Man kann leicht sehen, dass auch diese Variante professioneller Identität vom Familienmodell geprägt ist. Denn welche Anhaltspunkte müssten in der Biographie von Erzieherinnen erkennbar sein, wenn der väterliche Aspekt der dominante wäre oder sein sollte? Wäre dies z.B. – biographisch gedacht – eine besonders starke Identifikation mit dem eigenen Vater? Wäre es der unerfüllte Wunsch, vom Vater angenommen oder gar aus der Umklammerung der Mutter »gerettet« zu werden ? Könnte es die stellvertretende Übernahme von Aspekten der väterlichen Rolle gegenüber den Kindern in der Einrichtung sein? Oder wäre es eine besondere Eigenschaft in der Zuwendung zu Fremdheit oder deren Spiegelung?

Aus der mütterlichen Perspektive sind häufig weder die Väter noch die Kinderbetreuungseinrichtungen und schon gar nicht die Schule Personen und

Orte, die besonders vertrauenerweckend wirken (z.B. im Kontrast zu den Einrichtungen in Frankreich, die eine offenbar größere professionelle Akzeptanz besitzen). Welchen Mut muss man aufbringen, um sich positiv auf das Drängen nach Fortbewegung im Kind und die Anforderungen der gesellschaftlichen Institutionen einzulassen, besonders dann, wenn der erste Schritt der Ablösung, das Abgeben an den Vater, kaum oder nicht gelungen ist? Das Auseinanderbrechen so vieler junger Beziehungen hat vielleicht genau in der Lebensphase des Kindes seinen Ursprung, in der es sich von der Mutter zu seinem Vater hin auf den Weg machen will. Die meisten Scheidungen gehen statistisch gesehen auf den Beginn der »Zerrüttung« der Ehe in der Zeit zurück, in der das erste Kind zwischen 2 und 5 Jahren alt ist.

Vätern wird nachgesagt, dass sie der Familie entweder nur sporadisch oder gar nicht zur Verfügung stünden. Damit ist das Dritte sowohl für die elterliche Koalition als auch für die Entwicklung des Kindes nur sehr eingeschränkt verfügbar. Dieser aus der Perspektive der Familie defizitären Situation steht die Gruppe der Erzieherinnen gegenüber, eingeladen zu einer mehr oder weniger ausgeprägten Koalition mit den Müttern, und zwar in den Gefühlen gegenüber den Vätern (in den Wünschen nach Beziehung genauso wie in den Abwertungen des Männlich-Väterlichen). Diese Position – könnte sie ein Abbild einer eigenen familiären Erfahrung und einer entsprechenden Hoffnung sein? Lassen sich in der Biographie Anhaltspunkte dafür finden, dass mit der Berufswahl die Nähe zu einer »intakten« Familie gesucht wird, intakt insofern, als man sich mit den Kolleginnen schnell einig zu sein glaubt?

Ob in der Identifikation mit Kindern oder mit Müttern – alle diese Aspekte eines professionellen Identifikationsangebotes kreisen um die frühkindliche Lebenssituation und um die Mutterschaft mit kleinen Kindern. Die endgültige Ablösung des Kindes aus der Familie liegt von diesem Zeitrahmen aus gesehen in weiter Ferne. Noch kann man das Kind buchstäblich tragen, noch kann man es – Zeichen seiner Unselbständigkeit – bedienen. Die Bindungswünsche, selbst wenn sie unverhältnismäßig sein sollten, lassen sich noch scheinbar »ungestraft« verwirklichen; Harte und konfrontative Auseinandersetzungen wie mit dem erwachsenen Partner sind nicht zu befürchten. Der Größenunterschied kann noch für die Rechtfertigung einer grandiosen Haltung gegenüber dem Kind herhalten: Du kannst nichts, ich kann alles – ich bestimme die Regeln.

Wäre es denkbar, dass die professionelle Identifikationsmöglichkeit mit diesem Verhältnis verlockt, anstehenden Konfrontationen auszuweichen, also solchen, die man mit elterlichen und pädagogischen Autoritäten austragen müsste, aber auch mit geschwisterlichen Konkurrentinnen und Rivalinnen? Das Größenverhältnis zwischen Erzieherin und Kind ist so eklatant, dass nur schwer bewusst werden kann, welche Macht sie auf die Kinder ausübt, welche Macht sie über diese hat und wie die Kinder selbst diese Macht erleben. Könnte der Berufswunsch etwas mit der Hoffnung darauf zu tun haben, man könne der Auseinandersetzung mit eigener und fremder Macht ausweichen, weil sie im Größenverhältnis ja schon augenscheinlich nicht anstünde? Immerhin gibt es für den Beruf der Grundschullehrerin Untersuchungen bei Studentinnen zur Berufsmotivation, und dort wird ganz eindeutig auf dieses Identifikationsangebot eingegangen.

Gleichstellung Mädchen und Jungen – Männer und Frauen

Gleichstellung von Jungen und Mädchen, Männern und Frauen bedeutet zunächst, beiden Geschlechtern so weit als möglich das Gleiche abzuverlangen (Pflichten) und das Gleiche zuzugestehen (Rechte). Das setzt allerdings voraus, dass man als Frau »weiß«, worin die spezifischen Bedürfnisse und Interessen der Jungen und als Mann »weiß«, worin die spezifischen Bedürfnisse und Interessen der Mädchen bestehen. Gleichstellung heißt in diesem Sinne, dass den Mädchen genauso wie den Jungen das angeboten werden sollte, und zwar nicht nur das, was man normalerweise als jungentypisch wahrnimmt und was man allein den Jungen anbietet, im Extremfall das, was man als Frau nicht bieten kann (Metapher: Bartstoppeln zum sich-daran-reiben) und umgekehrt, was man als Mann nicht zur Verfügung hat (Metapher: einen weichen Busen zum sich-beruhigen). Die Jungen brauchen den Mann, der mit ihnen Fußball spielt, genauso wie die Mädchen, und die Mädchen brauchen die tröstende Erzieherin genauso wie die Jungen. Brauchen aber die Erzieherinnen die Erzieher?

Die Schwierigkeit besteht darin, jeweils als Vertreter des einen Geschlechts nur theoretische Vorstellungen von dem zu haben, was für das andere Geschlecht wichtig ist bzw. sein könnte. Hierin liegen häufige Ursachen für wechselseitige Abwertungen von Erzieherinnen und Erziehern (z.B.

weiblich = Hühnerhof/männlich = gefühllos), weil man dem anderen Geschlecht u.U. das neidet, was man selbst nicht besitzt.

Die Wahrnehmung der Individualität eines einzelnen Menschen muss seine Geschlechtszugehörigkeit mit einschließen. Gerade bei jüngeren Kindern entsteht sonst leicht unter der Hand eine sehr starke geschlechtstypische Zuschreibung von Erwartungen, etwa dass Mädchen von deren Müttern gepflegt werden müssten, wohingegen man als Erzieherin »gerne« die Pflege der kleinen Jungen übernimmt. Diese Zuschreibungsproblematik wurde besonders an der typischen Mädchenzuschreibung »zickig« deutlich: Hinter der als negativ wahrgenommenen Verhaltenseigenschaft scheint sich eine Bedürftigkeit von Mädchen zu verbergen, die im Gegensatz zu der Beachtung steht, die aggressive Jungen genießen.

Insgesamt ist die Bandbreite der subtilen, nicht immer bewussten Verhaltens- und Eigenschaftszuschreibungen, die Ungleichheit zur Folge haben, größer als die Selbstwahrnehmung der Erzieherinnen und Erzieher vermuten lässt. Gleichstellung heißt in diesem Sinne auch, sich mit der persönlichen Geschlechtsidentität im Hinblick auf die Wahrnehmung von Jungen und Mädchen auseinanderzusetzen. Dies um so mehr, als in den Einrichtungen mehrere Generationen von Erzieherinnen und Erziehern zusammenarbeiten, die aufgrund ihrer persönlichen Biographien das Thema Gleichstellung z.T. sehr unterschiedlich bewerten. Während für Erzieherinnen aus der Nachkriegsgeneration »Gleichstellung« aufgrund eigener Erfahrungen von Ungleichheit die Angleichung dessen bedeutet, was Mädchen und Jungen können, sollen und dürfen, wird das Thema »Gleichstellung« bei den jüngeren Erzieherinnen eher als »irrelevant« abgetan: Sie seien gleichgestellt aufgewachsen, das Problem Ungleichheit existiere inzwischen nicht mehr. Die Frauenbewegung als eine Phase historischen Kampfes gehört zur Biographie der Elterngeneration (der wiederum ihre älteren Kolleginnen angehören).

Gleichheit versus Individualität

Nicht nur in den einzelnen Fallsupervisionen, sondern auch in den persönlichen Erfahrungen der Erzieherinnen und Erzieher tauchte immer wieder auf, dass es doch nicht allein um »die Jungen« oder »die Mädchen« gehe. Vielmehr sei jedes Kind individuell zu betrachten, wenn man über Entwicklungsförderung nachdenke. Gleichstellung bzw. Gleichheit wurde deshalb auch mit dem Begriff von Enge und Entwicklungsbehinderung zusammengebracht. Hierbei war allerdings unklar, ob Individualität letztlich nicht doch auf eine unterschiedliche Position gegenüber den Geschlechtern zurückgeführt wird, in der dann, wann man auf der Individualität der Kinder beharrt, die geschlechtsspezifische Ausrichtung verloren geht. Mit anderen Worten: Jedes Kind individuell fördern heißt nicht unbedingt, dass man keine Unterschiede zwischen Jungen und Mädchen macht. Und die Mädchen und die Jungen gleich-stellen heißt nicht unbedingt, dass man die Kinder »richtig« fördert.

Da es bei den Erzieherinnen eine große Vielfalt unterschiedlicher Positionen zum eigenen Geschlecht gibt, kann sich den Kindern die Bandbreite männlich/weiblicher Verhaltensweisen in Frauen darstellen. Wenn aber nur ein oder zwei Männer in den Einrichtungen arbeiten, bleibt die männliche Variation männlich/weiblicher Verhaltensweisen auf die von ein bzw. zwei Positionen beschränkt. Im Fall der beteiligten Einrichtungen kann dann typisierte Männlichkeit auf entweder eine Kampfsport-Mentalität oder das Nähstübchen beschränkt bleiben und zu – im Vergleich zum Frauenangebot – relativer Einseitigkeit führen. Damit bekommt aber auch die Gleichstellungsmentalität in einer Einrichtung eine gewissen Schräglage, weil dann nämlich das »Männliche« zumeist auf die Vorstellungen beschränkt bleibt, dessen Vorbild die Frauen vor ihren eigenen Augen haben. Und die Ideen zur Gleichstellung stellen dann – zumindest bei den Erzieherinnen der Fortbildungsstudie – das in den Vordergrund, was den Jungen an mädchentypischem Verhalten angeboten bzw. abverlangt wird: Kochen, Backen, Tisch-Abwischen, Sich-Schminken.

Erwachsene als Modell geschlechtsspezifischen Verhaltens

Problematisch kann sich die Zusammenarbeit von Erzieherinnen und Erziehern – letztere in der Regel in der Minderzahl oder gar in der Einzahl – gestalten: Die sublimen Zuschreibungen mögen dazu verführen, sich solchen (von der Profession bzw. den Kindern geforderten) Eigenschaften und Verhaltensweisen zu entziehen, die man (aufgrund der gesellschaftlichen Klischees bequemerweise) dem jeweils anderen Geschlecht zuschreiben kann. So wird etwa die Zuschreibung »Hühnerhof« zur Abwertung des eigenen Geschlechts, wenn dahinter die Hoffnung steht, es bedürfe eines Mannes, der endlich mal die nutzlose Geschwätzigkeit der Frauen stoppt. Oder das Übermaß an Frauengesprächsthemen (Aussage eines Erzieher: »Ich weiß zwar inzwischen alles über Schwangerschaft. Mir fehlt aber in der Einrichtung jemand, mit dem ich über das gestrige Spiel von Bayern-München reden kann«) führt zur Abwertung der eigenen Fähigkeiten, liebevoll umsorgend und haltend sein zu können, in dem man diese Eigenschaften überbetont den Frauen rsp. Kolleginnen zuschreibt.

Hinzu kommt die Tendenz in geschlechtshomogenen Gruppen allgemein, die einzelnen wenigen Vertreter des jeweils anderen Geschlechts entweder zu idealisieren oder sie als Fremde auszugrenzen. Der Ruf nach dem starken Mann, auf dessen Muskeln man vertrauen kann, (oder nach der fürsorglichen Frau in Männerorganisationen) führt leicht zu Erwartungen, die kein realer Mann (bzw. keine reale Frau) erfüllen kann. Die Ausgrenzung endet im Arbeitsfeld Vorschulerziehung häufig in einer »Erhöhung«: Der Mann wird für den Leitungsposten vorgeschlagen oder nimmt ihn sich.

Neben der reflexiven Auseinandersetzung mit der eigenen Geschlechtsposition (Welcher Typ von Frau/Mann bin ich?) gibt es durchaus Möglichkeiten, die Gleichstellung selbst da zu verbessern, wo Mädchen bereits auf dem Bauteppich und Jungen auch schon mal in der Puppenecke spielen dürfen:

- Wo geschlechtstypisches Verhalten registriert wird und Erwartungen bestehen, das jeweils andere Geschlecht möge doch auch ...Fußball spielen, kochen, werken, abwaschen, ist zu berücksichtigen, inwieweit Modelle erwachsenen Verhaltens in den Einrichtungen vorhanden sind, die das jeweils andere positiv bewerten. Es gibt aber eine ganze Reihe von Interessen, Wünschen und Verhaltensweisen, die von den Kindern selbst kommen und die man ihnen auch lassen sollte (selbst wenn man mit den elterlichen Erziehungsvorstellungen und deren Lebensstil nicht übereinstimmt). Dazu gehört auch, dass Jungen mädchentypisches Verhalten nicht als das wahrnehmen, was sie zur Demonstration ihrer kollektiven geschlechtlichen Identität brauchen.
- Je mehr Erzieherinnen und Erzieher das in die Hand nehmen, was sie sonst dem anderen Geschlecht zuschreiben, desto mehr Chancen bestehen, den Prozess der Auflösung von Zuschreibungsklischees zu beenden helfen.

Institution und professionelle Identität

Die professionelle Identität integriert nicht nur die in der Biographie und in der Ausbildung gewonnenen Anteile. Sie wird auch – und dies weitaus maßgeblicher – von den institutionellen Erfahrungen des Berufsalltages geprägt. Insofern eine Institution – je nach dem Grad ihrer Offenheit – sowohl materiell als psychosozial das Innen und Außen definiert und vergegenständlicht, zeigt sich in den professionellen Beziehungen besonders deutlich die Antinomie der demokratischen Gleichheit. Wer ist Innen, wer darf hineinkommen, wer muss draußen bleiben, wer gehört nicht dazu?

Institutionen können als abstrakte Organisationsformen durchaus metaphorische Identitäten besitzen, die identifizierbar sind (die meisten Bürger unserer Gesellschaft können mit dem Begriff der Institution Kindergarten eine höchst konkrete Vorstellung verbinden, wenn auch im Dialog die Unterschiede im Detail sichtbar werden). Diese Identitäten dienen u.a. auch als berufliche Orientierung und damit als Orientierung des Dazu-Gehörens.

Die Identität von Institutionen kann einerseits öffentlich festgelegt sein, z.B. als Einrichtung mit einem identifizierbaren Konzept, einem ausgewiesenen ideologischen Hintergrund oder einem bestimmten Menschenbild, das der Erziehungsarbeit zugrunde gelegt wird. Andererseits gibt es Aspekte institutioneller Identität, die sich nur verdeckt bemerkbar machen. Hiermit sind unausgesprochene Wünsche und Erwartungen der Institution an ihr Klientel gemeint, die den offiziell geäußerten Aspekten der Identität widersprechen können. So gehört zu dem manifesten Anteil institutioneller Identität z.B. der Auftrag der Institution, ihre öffentlich erklärten Ziele oder auch das Selbstverständnis, das häufig in einer Satzung festgelegt ist. Zu dem latenten Teil institutioneller Identität gehört das unausgesprochene Selbstverständnis der Institutionsmitarbeiter, die Umgangsformen, das Arbeitsklima, die »heimlichen« Hierarchien in Entscheidungsprozessen u .v. m.

Sozialisationsfaktor Kindergarten

Der Kindergarten ist die erste gesellschaftliche Institution, die im Verlauf der Sozialisation eines Kindes im Hinblick auf Pädagogik eine Rolle spielt. Die Zeit vor Beginn des Kindergartenbesuchs ist geprägt von den familiären Bedingungen der Identitätsentwicklung. Dabei spielt vor allem die Mutter-Kind-Beziehung eine zentrale Rolle. Sie bestimmt die Merkmale der Identität des Kindes, die mit dem Kindergartenbesuch um die gesellschaftlich-soziale Komponente erweitert wird. In der Spielgruppe im Kindergarten macht das Kind zum ersten Mal die gesellschaftlich bindende Erfahrung von Einflüssen, die die soziale Identität formen (z.B. Regeln, die im Kindergartenalltag eine besondere Rolle spielen).

Im Unterschied zur familiären Fürsorge ist das Kind einem Anpassungsdruck an Gruppennormen und Regeln ausgesetzt, die sich aus einer gesellschaftlichen Institution ergehen. Es steht nicht mehr im Mittelpunkt familiärer Aufmerksamkeit (Übereinstimmungen oder Widersprüche zwischen den Interessen des Kindes und der Eltern), sondern es ist eines von mehreren Kindern (Übereinstimmung oder Widerspruch der Interessen der Institution und der Kindergruppe). Ettl beschreibt die typischen Probleme im Übergang von Familie zum Kindergarten als Ausdruck zweier sich überschneidender Entwicklungslinien: In der Familie gebe es eine starke Unterstützung für das Kind, sich zu differenzieren und seine Neigungen und Interessen zu entfalten. Entwicklung bedeute hier zunehmende Individuierung des Kindes. Im Kindergarten dagegen werde die Fähigkeit, sich an Gruppenregeln zu halten, sich anzupassen, sich einzufügen, seine eigene Person zugunsten der Gruppe zurückzustellen und sich mit der Gruppe zu identifizieren, in den Vordergrund gerückt (vgl. Ettl 1987).

In anderer Weise beschreibt Erdheim den Gegensatz zwischen Familie und kultureller Organisiertheit. Er bezieht sich auf den Übergang des Kindes in die Erwachsenenwelt, der dem Übergang vom Beziehungsfeld Familie in des gesellschaftliche Beziehungsfeld entspricht. Erdheims Auffassung nach befinden sich diese Beziehungsfelder in einem antagonistischen Widerspruch z.B. was ihre Definitionen und Ziele betrifft (vgl. Erdheim 1985, 1990, 1991). Bezieht man diesen Widerspruch auf die Antinomie des Generationenverhältnisses, dann lässt sich ebenso plausibel die Spannung zwischen Familie und Institution – hier: der Kindergarten – als antinomisch beschreiben: Im Kindergarten steht nicht die individuelle Identitätsentwicklung im Vordergrund, sondern die soziale oder institutionelle Identität. Das Entwicklungsdilemma zwischen dem Differenzierungsdruck durch die Familie einerseits und dem Entdifferenzierungsdruck durch den Kindergarten andererseits führt zu einer ersten Begegnung mit dem Konflikt zwischen sozialer (= institutioneller) und individueller Identität. Zwischen beiden herrscht ein wechselseitiges Spannungsverhältnis.

Der Einzelne stellt durch die bloße Andersartigkeit seiner individuellen Identität die Homogenität der sozialen Identität in Frage. Diese droht auf Grund ihres institutionellen Geltungsanspruches wiederum, die Identität des Einzelnen zu ersticken. Um das Verhältnis von individueller und sozialer (hier: institutioneller) Identität zu veranschaulichen, vergleicht Leon Grinberg dieses mit dem Verhältnis von »Behälter« und »Beinhaltetem«: Ein Behälter darf nicht mit etwas gefüllt werden, was ihn selbst zerreißt. Er sollte aber auch groß genug sein, um seinen Inhalt nicht zu erdrücken (vgl. Grinberg/Grinberg 1990). Eine Harmonisierung individueller und institutioneller Identität hängt also nicht nur von der Anpassung individueller Identitäten ab, sondern ebenso von der Flexibilität der institutionellen Identität.

Institutionelle Strukturen, wie sie sich z.B. als Ergebnis der Identität eines Kindergartens herausbilden, sind häufig erstarrt und lassen sich oft nur unter großen Schwierigkeiten verändern. Im Folgenden möchte ich drei typische Hindernisse vorstellen, die es zu überwinden gilt, wenn Institutionen ihre Identität im Sinne eines »Profits« von Fremdheit verändern wollen. Dazu gehören die Überwindung institutioneller Mythen, die Überwindung familiärer Beziehungsmuster als Rollenvorlage für institutionelles Handeln und die Überwindung geschlechtstypischer Vorstellungen in der Institution.

Institutionelle Mythen als Hindernis einer Neugestaltung institutioneller Identität

Institutionelles Handeln setzt sich zumeist aus den Einzelhandlungen der Institutionsmitarbeiter zusammen und findet als Beziehungsaustausch zwischen Individuum und Team bzw. Gesamtinstitution oder Individuum und außerhalb der Institution stehenden Personen statt. Durch das Handeln in einer institutionellen Rolle, werden deshalb auch immer persönliche Bedürfnisse, Ängste und Konflikte in das professionelle Handeln hineinwirken. Treten nun ähnliche Ängste und Konflikte bei mehreren Institutionsmitarbeitern gleichzeitig auf, dann können diese in einem Mythos gebunden werden. Umgekehrt kann man vermuten, dass sich in einer Institution vor allem die Mitarbeiter zusammenfinden, die (unbewusst) die gleichen Ängste und Konflikte mit ganz ähnlichen mythologischen Elementen zu binden bzw. abzuwehren versuchen (vgl. Westerlund/Sjöstrand 1981, S. 20; Mentzos 1988).

Während diese Ängste und Konflikte gleichsam die Säulen bilden, auf denen der Mythos ruht, und unbewusst bleiben, ist der Mythos selbst bewusst (vgl. Pühl 1995, S. 70). Als ein kommunizierbarer Inhalt, werden so die Mythen in die soziale Identität einer Einrichtung etwa per organisatorischer Absprache, Integration in ein Institutionskonzept oder die Politik der Institution integriert. Mythen vermitteln aber auch gleichzeitig die Orientierung im Berufsalltag einer Einrichtung. Aus Mythen werden konkrete Verhaltensnormen abgeleitet. Der Mythos »Wir sind eine christliche Einrichtung« z.B, kann zu typischen Verhaltensweisen, Gepflogenheiten und Traditionen in einer Einrichtung führen.

Obwohl Handlungen in institutionellen Rollen primär zweckrational gedacht sind, werden dennoch individuelle Ängste und Bedürfnisse mit transportiert, die im Mythos der Institution gebunden sind (Mentzos 1988, S. 80). Handlungen im Rahmen einer Institution sind somit immer doppeldeutig. Die Erzieherin z.B., die während eines Kindergartenvormittages auf das Kind aufpasst und es behütet, kann dies mit einer objektiven Notwendigkeit begründen (familienergänzende Erziehung), zum anderen könnte die Erzieherin damit aber auch einen erlebten Mangel an eigener Fürsorge in ihrer Kindheit ausgleichen (»Ich muss die Kinder anders behandeln, als es mir als Kind gegangen ist«). Institutionelle Rollen erfüllen eine Doppelfunktion: Sie können zum einen im Dienst der Institutionsaufgabe stehen, zum anderen auch quasi neurotisch ausgestaltet werden (unangemessene Bedürfniserfüllung). In letzterem Falle, stehen sie ganz im Dienst der individuellen Angst- und Konfliktabwehr, die aber mit den eigentlichen Aufgaben der Institution nichts zu tun hat und manchmal mit ihr kollidiert.

Die Arbeit in Institutionen gestattet den Mitarbeitern eine institutionalisierte Abwehr ihrer Ängste und Konflikte über den Mythos. Umgekehrt »profitiert« die Institution von diesem Abwehrmythos. Sie wird in ihrer bestehenden Form dadurch gefestigt, dass die vorhandene institutionelle Identität der Einrichtung den Arbeitsablauf reguliert und dadurch permanent bestätigt. Die Angst vermindernde Funktion des Mythos, sorgt für ein Höchstmaß an Sicherheit der Mitarbeiter. Die regulierende und orientierende Wirkung von institutionellen Identitäten kann aber auch zu einem Nachteil werden, nämlich dann, wenn Probleme und Konflikte in einer Institution dadurch verdeckt werden. Institutionelle Mythen haben die Tendenz, Defizite zu ignorieren und die realen (Beziehungs-)Probleme der Mitarbeiter zu überdecken. Damit berauben sie die Institution ihrer Wachstums- und Entwicklungschancen und führen zu einer Erstarrung ihrer Identität in Mythen.

»Wir sind eine multikulturelle Institution«

Unter diesem Mythos kann sich die Angst der Institutionsmitarbeiter vor einer Auseinandersetzung mit der eigenen Identität und dem Fremden verbergen. Aus diesem Mythos werden konkrete Verhaltensweisen abgeleitet, die es erlauben, weiterhin an ihn zu glauben. Das Einbetten folkloristischer multikultureller Aktionen in den Erziehungsalltag gestattet den Institutionsmitarbeitern, sich tolerant und aufgeschlossen gegenüber Fremden zu fühlen, sich aber dennoch die konfliktreiche Auseinandersetzung mit der eigenen und der fremden Identität zu ersparen. Erst die Auseinandersetzung der Erzieherinnen mit ihrer eigenen, deutschen Identität hat, z.B. in der Fortbildungsstudie »Interkulturelles Lernen – Haus Europa I «, den Mythos der Multikulturalität aufgedeckt. Konflikte entstanden nämlich immer dann, wenn die Vorstellungen ausländischer Eltern über den Umgang mit Vorschulkindern auf die Vorstellungen der Erzieherinnen prallten, die sich gleichwohl nicht explizit über die deutschen Wurzeln ihrer Vorstellungen im Klaren waren. So wurde ihnen erst im Laufe der Studie bewusst, dass sich ihre deutsche Identität in bestimmten Vorstellungen von »gesundem Essen für Kinder«, im Umgang mit aggressiven Jungen oder im Verständnis, was Kindergarten sein soll, bemerkbar machte.

In zunehmendem Maß gelang es den Erzieherinnen, ihre Vorstellungen vor dem Hintergrund ihrer eigenen deutschen Identität zu sehen und sie bewusst in Beziehung zu setzen mit anderen, ebenso »gültigen« Vorstellungen ausländischer Familien. Das Bekenntnis zur eigenen Kultur und die Fähigkeit, Verhalten vor dem Hintergrund der kulturellen Identität wahrzunehmen, ermöglichte es, kompromissbereiter gegenüber den Vorstellungen der ausländischen Eltern zu sein, sie aber auch entschiedener und ohne Schuldgefühle zurückweisen, wenn sie mit dem Arbeitsstil im Kindergarten nicht zu vereinbaren waren. Das Verhalten einer Mutter z.B., ihrem Kind sofort etwas zu trinken zu geben, wenn sie es abholte, wurde nicht länger als ein Affront gegen die Fürsorge der Erzieherinnen gewertet, sondern als ein Verhaltensausdruck ihrer türkischen Identität. Die zahlreichen Konflikte in der Konfrontation von eigener und fremder Identität offenbarten, dass unter dem

Mythos der Multikulturalität eine Vielzahl ungelöster Konflikte und Ängste im Umgang mit eigener Identität und im Umgang mit Fremdem lag. Erst die Sichtbarmachung dieses Mythos' und das Bekenntnis zur eigenen, deutschen Identität ermöglichte es, die Konflikte zu bearbeiten. Damit konnten auch die ersten Schritte in Richtung einer multikulturellen Einrichtung gegangen werden.

Geschlechtsidentität und multikulturell offene Institutionen

Ein weiteres Hindernis auf dem Weg zu einer multikulturellen Institution kann die Geschlechtsidentität ihrer Mitarbeiter/innen sein. Was aber hat die Geschlechtsidentität mit der Aufgeschlossenheit von Institutionen, insbesondere vorschulischen Einrichtungen zu tun hinsichtlich der Auseinandersetzung mit dem Fremden zu tun – sei es in der Hautfarbe, dem Geschlecht oder der Funktion? Warum sollte man sich mit männlichen und weiblichen Vorstellungen in Institutionen beschäftigen?

In vorschulischen Erziehungseinrichtungen spielt der Faktor Geschlecht eine besondere Rolle, zum einen, weil die Entwicklung der Geschlechtsidentität der Kinder noch nicht abgeschlossen ist und sich die Kinder daher noch sehr stark an den Erwachsenen orientieren. Zum anderen haben Männer und Frauen, die mit der Organisation des Kindergartens befasst sind, aufgrund ihrer jeweiligen Geschlechtsidentität ganz unterschiedliche Vorstellungen davon, worauf es im Kindergarten ankommt, welche Aufgaben der Kindergarten hat, wie die Arbeit zu organisieren sei oder wie der Kindergarten gegenüber Eltern oder vorgesetzter Dienststelle auftreten soll.

Erzieherinnen, die die überwiegende Mehrheit des Kindergartenpersonals bilden, betonen gerne die mütterlichen Aspekte ihrer Arbeit. Sich-Sorgen, Sich-Kümmern, Unterstützen, Hilfe-Gewähren sind für sie zentrale Werte. Im weiblichen Denken scheinen zwischenmenschliche Beziehungen eine besondere Rolle spielen. Um diese nicht zu gefährden, bemühen sich Frauen häufig, eine familiäre Atmosphäre zu schaffen, Harmonie und Kooperation zu fördern. Diese Prioritätensetzung kann einen offenen Konfliktaustrag erschweren, denn nicht jeder Konflikt lässt sich ohne Verletzungen und Störungen in den zwischenmenschlichen Beziehungen lösen. Die häufig beobachtete Scheu von Frauen, Konflikte offen auszutragen, kann sich auch in dem Wunsch nach »jemandem, der auf den Tisch haut« äußern. Das Befremden, das Erzieherinnen häufig bei aggressiven Kampfspielen von Jungen empfinden, drückt ebenfalls dieses Unbehagen aus.

Freundliche Beziehungen, Vertrauen, Teamgeist, Flexibilität und Verantwortlichkeit gewährleisten effektive Arbeitsbedingungen. Sie überdecken jedoch manch notwendige Auseinandersetzung (vgl. Schmidbauer 1995, S. 188). Damit die Arbeitsbedingungen trotz der z.T. enormen Anforderungen durch Eltern und Träger akzeptabel bleiben, muss eine Einrichtung ihre Interessen auch konsequent gegenüber den äußeren Ansprüchen behaupten können. Hier kollidieren der Wunsch nach guten zwischenmenschlichen Beziehungen und der notwendigen konfliktreichen Interessenvertretung nach außen. Ein häufig anzutreffender, wenngleich erfolgloser Versuch ist die Projektion der harmonischen Binnenstrukturen nach außen (und sein fast zwangsläufiges Scheitern an der Widersprüchlichkeit den verschiedenen gesellschaftlichen Interessen und Konfliktformen).

Wer versucht, es gleichzeitig den Kolleginnen in der Einrichtung, den Eltern und den Mitarbeitern der vorgesetzten Dienststelle immer recht zu machen, läuft Gefahr, Wünsche und Anforderungen Dritter an den Kindergarten unerkannt zu übernehmen. Damit werden zwar Konflikte in den Beziehungen nach außen vielleicht vermieden, die Belastungen aber, die eine Einrichtung durch die Übernahme äußerst widersprüchlicher Anforderungen dafür in Kauf nehmen muss, können das Arbeitsklima im Kindergarten stark beeinflussen und das Team bis zur Erschöpfung bringen.

Während weibliches Denken in den Institutionen landläufig als wenig konfliktfreudig gilt, wird für männliches Denken genau das Gegenteil angenommen. Männliche Vorstellungen in Institutionen beschäftigen sich oft mit der Verteilung von Macht. Im Vordergrund stehen Fragen der Hierarchie und der Zuständigkeit. Man kann vermuten, dass die Dominanz und die Hierarchieorientierung von Männern in Institutionen mit den gesellschaftlichen und individuellen Erfahrungen, die sie mit Mannsein und Männlichkeit gemacht haben, entstanden sind.

Da Männer von Beginn der Kindheit an ihre Identität aus der Identifikation mit Autorität und Macht erwerben, die sich nach außen hin in das Feld der gesellschaftlichen Auseinandersetzungen erstreckt, sind Positionsmacht und Machtinsignien gewissermaßen die symbolische Absicherung ihrer Identität. Aus diesem Grund steht für Männer wahrscheinlich nicht so sehr die Ausübung von Macht, sondern vielmehr ihr Besitz im Vordergrund. Männliche

Vorstellungen in Institutionen beschäftigen sich daher häufig mit formalen Fragen der Macht, wie sie verteilt ist, nach welchen Regeln sie umverteilt wird, durch was sie symbolisiert wird usw. Aus diesem Grund spielen Hierarchien, Kompetenzbereiche, Prinzipien und Gesetze in männlichem Denken eine große Rolle.

In einem engen Zusammenhang mit der Zentrierung männlicher Vorstellungen auf das Thema Macht steht die starke Abgrenzung eigener Kompetenzbereiche. Das Ordnungsdenken, die Entwicklung von Strukturen, das Festlegen von Kompetenzbereichen, dient nicht zuletzt auch dazu, eigene »Reviere« abzustecken und sie dadurch vor dem Eindringen Fremder zu schützen. Während Frauen die Einmischung in den eigenen Kompetenzbereich wahrscheinlich eher als persönliche Zurücksetzung und Beweis für mangelndes Vertrauen erleben, sehen Männer darin eher eine Revierverletzung und fühlen sich zu einem offenen Machtkampf mit dem Rivalen herausgefordert (vgl. Schmidbauer 1995, S. 198).

Aber auch das Geschlechterverhältnis ist von der Ausprägung geschlechtlicher Identität in Institutionen berührt. Reine Männerinstitutionen wie z.B. Polizei oder Militär spiegeln wie vorschulische Einrichtungen eine Geschlechterzusammensetzung nach außen, die sich dort in dieser extremen Form nicht wiederfindet. Sie sind so einseitig von Männern bzw. Frauen dominiert, dass allein die bloße Existenz des anderen Geschlechts die vorhandene männliche/weibliche Institutionskultur bedroht (»Ist dieser Beruf wirklich Männer-/Frauensache?«; »Sind Männer/Frauen in diesem Beruf wirklich fähiger als Frauen/Männer?«). Mit dieser Bedrohung wird aber gleichzeitig die eigene Geschlechtsidentität in Frage gestellt. Die Abschottung nach außen, ist somit eine verständliche Reaktion geschlechtshomogener Institutionen, die sich damit gegen die Verunsicherungen und Bedrohungen der kollektiv orientierten eigenen Geschlechtsidentität wehren. Geschlechtshomogene Institutionen bilden sozusagen ein relativ geschlossenes soziales System. Sie besitzen eine regelmäßige innere Struktur, die sich aus den männlichen oder weiblichen Vorstellungen und Beziehungsmustern zusammensetzt. Einerseits stehen sie zwar im Dienst der Institutionsaufgabe, andererseits aber dienen sie dazu, die Grenze zur nichtintegrierbaren geschlechtlichen Außenwelt aufrechtzuerhalten (vgl. Bahrdt 1994, S. 120).

Neben dem Phänomen der Abschottung finden wir in geschlechtshomogenen Institutionen eine Sexualisierung der Geschlechterbeziehung als eine besondere Form der Abwehr gegen die nichtintegrierbare Außenwelt. Als Beispiel hierfür sei das Zotenreißen und das diskriminierende Gerede über Frauen genannt, welches in fast allen Männerinstitutionen zu beobachten ist. Es handelt sich jedoch hierbei nicht um einen Ausdruck der »Verderbtheit« dort arbeitender Männer, sondern vielmehr um eine Form des Abwehrprozesses existenzieller Identitätsbedrohung (Schmidbauer 1995, S. 193).

In vorschulischen Einrichtungen lässt sich etwas ganz Ähnliches aus der weiblichen Perspektive beobachten. Viele Erzieherinnen wünschen sich starke und durchsetzungsfähige Jungen in ihren Gruppen, deren potenzielle Gewalttätigkeit man gleichzeitig fürchtet. Einen »Softie« aber möchte man auf keinen Fall in seiner Gruppe haben. Dass – verglichen mit anderen europäischen Ländern – immer noch ausgesprochen wenig Männer in vorschulischen Einrichtungen arbeiten (obwohl der Beruf des Erziehers inzwischen auch in der Bundesrepublik als durchaus geschlechtsneutral anerkannt gelten kann), legt die Vermutung nahe, dass sich viele weibliche Teams über kurz oder lang ihrer männlichen Kollegen »entledigen« (sei es, dass diese die Einrichtung verlassen, um durch zusätzliche Ausbildung »höhere Weihen« zu bekommen, sei es, dass sie in Leitungspositionen in derselben Einrichtung oder in anderen Bereichen aufsteigen).

Mit der Herabwürdigung von Frauen und Männern als Sexualobjekte werden die Aspekte des anderen, Fremden abgewehrt, die die innere Ordnung der männlichen oder weiblichen Institutionskultur in Frage stellen könnten. Insgesamt lässt sich sagen, dass geschlechtshomogene Institutionen darauf abzielen, den Status quo ihrer internen Organisation zu erhalten. Sie sind damit nicht nur schwerfällig, was von außen gewünschte Veränderungen anbelangt, sondern möglicherweise in verschiedenen Aspekten sogar veränderungsresistent. Eine Institution, in der das andere Geschlecht als Eindringling und Bedrohung erlebt wird und die mit Abwehr darauf reagiert, wird sich erst recht herausgefordert fühlen, wenn ihre gesamte bisherige Identität offen zur Disposition steht – wie dies bei der Umgestaltung von nationalen Institutionen zu europäisch-multikulturellen Einrichtungen der Fall ist.

Weibliche Arbeit – männliche Politik

Im Veränderungsprozess von vorschulischen Erziehungseinrichtungen ist die unausgewogene Verteilung von Aufgaben ein weiterer Punkt von Bedeutung.

Während in den einzelnen Kindergruppen Frauen arbeiten, ist die vorgesetzte Dienststelle häufig von einem Mann besetzt. So liegt die Leitung in den Händen von Mitarbeitern, die nicht nur wenig Einblick in die alltägliche Praxis haben (Pfarrer, Referatsleiter in der Gemeindeverwaltung), sondern deren Denkweise sich von den Mitarbeiterinnen in der Einrichtung im Einzelfall deutlich unterscheidet. Dieses strukturelle Ungleichgewicht polarisiert männliche und weibliche Vorstellungen häufig, anstatt sie fruchtbar miteinander zu verbinden.

Nicht nur die Zusammenarbeit zwischen Basis und Leitung wird durch geschlechtshomogene Zusammensetzung auf den einzelnen Hierarchieebenen erschwert, sondern auch das Selbstverständnis beider Bereiche kann sich erheblich auseinander entwickeln. So kann z.B. bei den Erzieherinnen verschiedener Einrichtungsbereiche durchaus der Wunsch und die Fähigkeit zur Kooperation vorliegen, die jedoch von den vorgesetzten Leitern so nicht vorhanden ist bzw. offensichtlich nicht gewünscht wird. In einer deutsch-französischen Einrichtung z.B. wären die deutschen und französischen Kolleginnen zwar in der Lage, die gemeinsame Betreuung der ihnen anvertrauten Kinder zu organisieren, die von Männern repräsentierten kulturellen Unterschiede in der Administration der Einrichtungen müssen jedoch erst einmal überwunden werden. Und da es hier um Macht und Einfluss geht, ist weniger die Kooperation und die integrative Auseinandersetzung, als vielmehr das männliche Kampfritual zu erwarten. So kam es an einer entscheidenden Stelle der männlichen Auseinandersetzungen um einen deutsch-französischen Kindergarten in Liederschiedt erst dann zu einem neuen Schritt der Integration der pädagogischen Arbeit, nachdem beide Machtrepräsentanten, Kanzler und Staatspräsident, ein »Machtwort« gesprochen hatten (vgl. Matheis 1997).

Hier wird deutlich, dass männliches und weibliches Denken auch unterschiedliche Kriterien an die Gestaltung von Institutionen anlegen. Ist männliches und weibliches Denken lediglich einseitig in unterschiedlichen Ebenen von Institutionen vertreten, kann es kaum zu einer fruchtbaren Synthese beider Vorstellungen kommen. Resultat ist eher wachsende wechselseitige Entfremdung (vgl. Wellendorf 1994, S. 136 ff.). Eine Institution, deren Teilbereiche sich voneinander entfremdet haben, ist aber überfordert, sich mit den Problemen auseinander zu setzen, die eine Umgestaltung im Hinblick auf eine Öffnung für das Fremde ermöglicht, das heißt eine produktive Kooperation jeweils fremder sozialer Bereiche, in sich birgt. Wenn quasi simultan auf der Arbeits- und Leitungsebene männliches und weibliches Denken gleichermaßen präsent ist, dann kann eine Herausforderung leichter bewältigt werden, wie sie die Weiterentwicklung von Institutionen oder die interkulturelle Erziehung mit sich bringen. Eine vorschulische Erziehungseinrichtung, die ihre geschlechtsspezifische Aufgabentrennung überwindet, hat gegenüber einer traditionellen Einrichtung zwei entscheidende Vorteile:

1. Männliche und weibliche Vorstellungen können sich gegenseitig auf allen Ebenen ergänzen. Defizite, die durch die einseitige Dominanz rein weiblicher oder männlicher Vorstellungen hervorgerufen waren, können ausgeglichen werden.
2. Beide Vorstellungen können wie ein gegenseitiges Korrektiv wirken, sodass die konterproduktiven Extremformen männlichen und weiblichen Denkens und gewaltsamen Handelns rechtzeitig vermieden werden (vgl. Minssen/Müller 1995, S. 34f.).

Der Weg vorschulischer Erziehungseinrichtungen in die Zukunft führt über Hürden, die deutlich machen, dass Menschen in doppelter Hinsicht gebunden sind: Sie sind nicht nur ihrer persönlichen Identität, ihrem Geschlecht und ihrer Kultur verpflichtet, sondern auch ihrer institutionellen Umwelt, dem gesellschaftlichen Leben und der gesellschaftlichen Organisiertheit von Arbeit. Wenn auch die gesellschaftlich-institutionelle Gebundenheit von Menschen in den Konflikten am Arbeitsplatz Berücksichtigung findet, dann sind damit gute Voraussetzungen geschaffen, Verhältnisse auch dann kooperativ zu verändern, wenn sie antinome Grundlagen haben .

6.2.2. ...aus der Perspektive von Fortbildung

Anhaltspunkte für die Beurteilung von Lernangeboten

Lernen in Beziehungen: Fortbildung in der Erwachsenenbildung ist Pädagogik, und Pädagogik ist intentionales Handeln: Am Ende von Fortbildung sollen Teilnehmerinnen und Teilnehmer von Fortbildungsveranstaltungen oder -programmen etwas gelernt haben, was sie in ihren Berufsalltag weiter professionalisiert. In Abgrenzung zu Weiterbildung, die eine Professionalisierung auf ein quasi höheres Qualitätsniveau von Professionalität hebt, lässt sich Fortbildung auch als Spezialisierung im Detail und/oder eine kontinuierliche Anpassung an sich verändernde Praxisbedingungen im Anschluss an die berufliche Ausbildung verstehen.

Generell sollte sich psychosoziale Erwachsenenbildung etwa zu interkulturellen Themen – so eine weit verbreitete Forderung – neben dem didaktisch-planerischen Kalkül durch folgende Besonderheiten auszeichnen:

- »Teilnehmer/innen sind in der Regel berufstätige Erwachsene, die meist ein begrenztes Zeitbudget mitbringen, teilnehmerzentrierte Vermittlungsmethoden erwarten und Trainingsinhalte in unmittelbaren Bezug zu ihren Praxiserfahrungen und Handlungsproblemen setzen wollen;
- es geht zwar auch um Wissen über andere Kulturen, aber nicht so sehr um abstraktes landeskundliches Wissen, sondern um unmittelbar interaktionsrelevantes (›prozedurales‹) Wissen;
- weil bei interkulturellem Lernen nicht nur die kognitive Ebene, sondern die ganze Person involviert ist, müssen besondere Vermittlungsformen eingesetzt werden;
- im Vordergrund stehen induktive, von den Trainern vorbereitete Lernelemente, die sog. strukturierte Erfahrungen vermitteln; diese Erfahrungen werden durch Gruppenprozesse verstärkt und in theoretischen Zusammenhängen verortet« (Leenen/Grosch 1999, S. 317 f.)

Diese Gesichtspunkte decken sich weitläufig mit der Anlage der Fortbildungsstudie. Der als zweiseitiger Prozess organisierte Lernraum und der unmittelbare Bezug zur Alltagspraxis garantieren, dass die zentralen Kriterien für die systematische Organisation von Lernerfolgen erfüllt wurden. Gleichwohl bleibt die Frage, wie denn in diesem Raum durch die verschiedenen Methoden (von Supervision bis Rollenspiel) die Lernorganisation im Detail den Anforderungen entsprochen haben.

Das Besondere an Fortbildungsangeboten zu psychosozialen Themen wird in einer Erfahrungsorientierung und Praxisreflexion gesehen, die sich offenbar nur schwer curricular planen lässt – abgesehen davon, dass das generelle Handwerkszeug sozialer Berufe vorausgesetzt, aber nicht im einzelnen überprüft wird.

Häufig wird das Dilemma, für Erwachsenenbildung in psychosozialen Themenfeldern keine transparente curriculare Beschreibung abgeben zu können, durch Begriffe wie »Methodenpluralismus«, »Methodenflexibiliät« oder »Prozessorientierung« zu lösen versucht. Die Grundlagen erwachsenenbildnerischer Qualifikation zu psychosozialen Themen sind aus der erziehungswissenschaftlichen Perspektive dagegen keine anderen als die für die Planung und methodische Durchführung von Lernprozessen generell. Als didaktisch-methodische Fertigkeiten gelten u.a. folgende »Merkmale des Lernens Erwachsener in der Weiterbildung«:

1. »Abneigung gegen alle Formen verschulten, abstrakt-theoretischen, vortragsbestimmten Lernens, daher starkes Interesse an guter Verständlichkeit und didaktischer Aufbereitung der Lernangebote.
2. Starkes Interesse an ganzheitlichen sinn-/aufgaben-/fall- und praxisbezogenen Lernangeboten.
3. Wegen höherer statusbezogener Ängste starkes Interesse an partnerschaftlichem Sozialklima, humorvollem Umgang und guter sozialer Kommunikation.
4. Aufgrund sozialisations- und berufsbezogener Erfahrungen starkes Interesse an einer überzeugenden Dozenten-/Trainer-/Ausbilderpersönlichkeit mit hoher Ausstrahlung.
5. Aufgrund sozialisations- und berufsbezogener Erfahrungen starkes Interesse an einer guten Organisation und einem überschaubaren, gut geordneten Ablauf des Lerngeschehens« (Döring/Ritter-Mamczek 1997, S. 116).

In den Fortbildungsstudien waren diese Momente einerseits durch eine auf die außerordentliche zeitliche Länge des Fortbildungsprozesses abgestimmte Studienleitung gesichert. Neben einer gruppenanalytischen Qualifikation der Studienleiter sorgte das Eingebundensein in einen Forschungskontext eines wissenschaftlichen Instituts und die gemeinsame kollegiale Ausgangsbasis (Forscher und Praktiker lernen gemeinsam) für ein hohes Maß an persönlicher Identifikation der Teilnehmerinnen und Teilnehmer mit der Entwicklung der Lernorganisation. In zahlreichen Stadien der Fortbildungsstudien gingen die Impulse zur Veränderung des Settings von den Teilnehmerinnen und Teilnehmern aus. Der gemeinsame Anfang und das organisierte Ende der Fortbildung mit dem Übergang in selbstverantwortliche Fortbildungsangebote der Teilnehmerinnen und Teilnehmer während der Abschlusstagungen motivierte darüber hinaus, die eigenen Lernerfahrungen auch aus sich selbst heraus zu sammeln, zu strukturieren und zu reflektieren.

Lernen in Strukturen: Die Qualität der Fortbildung bemisst sich zwar an einer Teilnahmebescheinigung, diese besagt aber wenig über den Nutzen, den diese Fortbildung im Einzelfall für den nachfragenden Mitarbeiter oder die Institution hat oder haben könnte. Geht man von organisationsfremden Fortbildnerinnen und Fortbildnern aus, dann ist die Frage, inwieweit die methodischen Angebote auf die Belange der jeweils nachgefragten Kompetenz optimal abgestimmt sind.

Die institutionellen Probleme und Voraussetzungen für eine erfolgreiche Umsetzung einer Fortbildung in psychosozialer Kompetenz sind nachdrücklich in den »Leitlinien für Training und Schulung in Organisationen« von Monica Rosenzweig Armour ins Kalkül gezogen worden (vgl. Rosenzweig 2000). Nicht nur, dass alle Ebenen einer Institution am Prozess einer Fortbildungsmaßnahme involviert sein müssen, darüber hinaus müssen auch die Institutionsroutinen den Zielen der Fortbildung angepasst werden. Es reicht also nicht aus, nur eine Ebene der Institution in einen Veränderungsprozess einzubeziehen und zu erwarten, dass die Mitarbeiter aller anderen Ebenen diese Veränderung registrieren, akzeptieren und schließlich »irgendwie« mitmachen. Vielmehr müssen sie systematisch in die Fortbildungsprozesse einbezogen werden. Dies setzt mehr voraus als den »guten Willen« der Institutionsleitung, die eigenen Mitarbeiter fortzubilden. Es setzt voraus, dass sich Fortbildner der institutionellen Komponente ihres Angebots nicht nur bewusst sind, sondern sie auch in ihr professionelles Handeln integrieren können.

Da bei den Fortbildungsstudien keine Kontrolle über den Fortbildungsverlauf, etwa durch eine externe Organisation und/oder eine Evaluation, vorhanden war, können lediglich selbstevaluative Bewertungen in die Beurteilung des Lernprozesses eingehen.

In den Fortbildungsstudien wurde deshalb von Anfang an Wert darauf gelegt, sowohl den Forschungsprozess an seinen verschiedenen Stadien als auch die Ergebnisse unmittelbar in die Trägerorganisationen zurückzutragen. Dies geschah zunächst im Rahmen einer formellen Informationsstruktur (offizielle Informationsgespräche auf der Ebene von Amtsleitungen) sowie durch die Integration verschiedener Abschnitte der Studien in die Fortbildungsstruktur der Trägerorganisationen (Präsentationen bei Leiterinnentreffen und Angebote zu pädagogischen Tagen). Außerdem gab es auf der Ebene der Fachleitungen regelmäßige Informationsgespräche. Die einzelnen Fachleiter und Fachleiterinnen nahmen z.T. an den Exkursionen und den Auswertungen teil. Schließlich wurden Videomaterialien wie z.B. Filme zu Exkursionen sowohl in den Trägerorganisationen als auch bei den Veranstaltungsangeboten der beteiligten Einrichtungen eingesetzt (z.B. bei thematisch gestalteten Elternabenden). Hier gab es also zusätzliche Erprobungsmöglichkeiten für die Teilnehmerinnen und Teilnehmer, sich auf die Rolle als Fortbildnerin vorzubereiten.

Anhaltspunkte für die Beurteilung von Lernerfolgen

Evaluation: Die bisherigen Ausführungen gehen auf normative Aussagen zur Erwachsenenbildung zurück. Die empirische Überprüfung ist vor allem im Bereich der Veränderung von Haltungen, also bei psychosozialen Fortbildungsthemen, schwer oder gar nicht zu leisten. Die Evaluierung von Trainings – wie die Fortbildungen in psychosozialen Kompetenzen z.T. auch genannt werden – birgt eine Reihe von methodischen Problemen, die eine objektive Überprüfung im naturwissenschaftlichen Sinn ausschließt.

In vielen Konzepten zur Fort- und Weiterbildung sowie in curricularen Überlegungen zur institutionsinternen Qualifizierung gibt es inzwischen Begründungen dafür, dass man sich nicht auf die Aussagen der FortbildnerInnen, ja nicht einmal auf die Aussagen der Teilnehmer verlassen könne, wenn es um die Beurteilung des Erfolgs einer Qualifizierungsmaßnahme geht. Hier kann man zwischen interner und externer Evaluation unterscheiden. Interne Evaluation bezeichnet die bei der didaktisch-methodischen Planung berücksichtigten Erfolgskontrollen. Solche Kontrollelemente können sich einerseits auf die Trainingserfolge während des Fortbildungsprozesses beziehen, sie können aber auch die Person des Fortbildners im Auge haben. Hier wäre in einer Fortbildungskonzeption dann ein selbstreflexives Moment enthalten, was sich auf die Zufriedenheit mit dem Lernprozess im Hinblick auf die Erwachsenenbildnerrolle bezieht und Fragen beinhalten könnte wie: »Was ist für mich ein optimales Lehrverhalten? Worauf muss ich bei meinem eigenen Lehrverhalten besonders achten? Welches Verhältnis habe ich zu den Lernenden?« (Tietgens 1990, S. 2). Unter dem Begriff »Gegenübertragungsanalyse« ist die Reflexion auf die eigene Person in der Psychoanalyse seit den Anfängen der Entwicklung ihrer Methode bekannt geworden und bis heute ein unverzichtbarer professioneller Bestandteil (vgl. z.B. König 1995). Sie kann auch für die Überprüfung von Fortbildungsprozessen hilfreich sein.

Die interne Evaluation bedient sich aller Informationen, die durch Fortbildner und Fortbildnerinnen, Teilnehmer- und Mitarbeiterkreis der Institution zu erhalten sind. Es versteht sich von selbst, dass – ähnlich wie bei der Adaptation von Fort- und Weiterbildungscurricula – die Personen und die Institution selbst die Grenze für das bilden, was an Offenheit und Klarheit einer Rückmeldung erwartet werden kann. Selbst wenn man noch einmal nach formellen und informellen Rückmeldungen unterscheidet und davon ausgeht, dass allenfalls die informellen Rückmeldungen (z.B. in der Freizeit) der Wahrheit von Meinungen über die Beurteilung einer Qualifizierungsmaßnahme nahe kommen, so sind diese gerade ihres informellen Charakters wegen nicht verwertbar.

Ein Weiteres kommt hinzu: Qualifizierungsmaßnahmen treffen bei Fortbildungsmaßnahmen auf ganz unterschiedliche Bereitschaften, diese auch anzunehmen. Neben hoch motivierten Mitarbeitern gibt es die abwartende Mehrheit, vor allem aber diejenigen, für die die Qualifizierung zwar als dringend notwendig erachtet wird, die sich aber meist allen Anstrengungen widersetzen, sie dafür zu »missionieren«. Evaluationen sind deshalb nur dann richtig einzuschätzen, wenn man die Relation einer Qualifizierungsmaßnahme zum Gesamtkontext einer Institution im Auge hat. Menschen, die sensibel und offen für einen bestimmten Problemhorizont sind, sind in der Regel auch aufnahmebereit für Qualifizierungsangebote. Sie besitzen zumeist schon die Grundqualifikationen – heute häufig »Schlüsselqualifikationen« sozialer Kompetenz genannt -, die für ein erfolgreiches Lehrangebot Voraussetzung sind. Sie leiden aber unter den Kooperationsschwierigkeiten mit den Kolleginnen und Kollegen, denen der Zugang zu diesen Problembereichen fehlt oder die gar konträr-radikale Ansichten vertreten können. Die Frage, ob eine Qualifizierungsmaßnahme erfolgreich war oder wie man sie optimieren könnte, ist also nicht unabhängig vom institutionellen Kontext zu beantworten, ja nicht einmal so zu untersuchen.

Die externe Evaluation wird dagegen als ein Prozess der mehr oder weniger objektiven Begleitung einer Qualifizierungsmaßnahme angesehen. Sie wird von Personen durchgeführt, die weder der Institution, noch einem Weiterbildungsinstitut angehören. Die Erwartung objektiver Evaluationsergebnisse muss bei psychosozialen Trainings allerdings sehr kritisch beurteilt werden: Evaluation ist »...nicht so sehr zu verstehen als Instrument, angeblich objektive Erkenntnisse über Programme und Projekte zu gewinnen, sondern als Chance zum eigenen Lernen: es geht darum, die verborgenen Regelsysteme der eigenen Kultur, der eigenen Profession und nicht zuletzt der eigenen Biografie ein Stück weit klarer zu sehen« (Wesseler 1990, S. 22).

Evaluationspraxis: Diese Differenzierung hat dazu geführt, die ergebnisorientierte von der prozessorientierten Evaluation zu unterscheiden. Während im ersten Fall der Schwerpunkt auf der Frage liegt, ob und in welcher Hinsicht eine Fortbildung Erfolg hatte, geht es im zweiten Fall eher um eine beratende Begleitung, d.h. um eine aus einem gegenüber den Fortbildnern unabhängigen Status heraus angelegte begleitende Erfolgssicherung. Man kann sich leicht vorstellen, dass zu diesen konstruktionsbedingten Problemen einer Evaluation der gesamte Kanon von Fragen hinzu kommt, wie verlässlich eine Evaluation sein soll bzw. kann, die nicht nach den Kriterien einer repräsentativen wissenschaftlichen Untersuchung geplant bzw. planbar ist. So gesehen liegt der Wert einer Evaluation weniger in der wissenschaftlich unabhängigen Bewertung, sondern vielmehr darin, dass sie ein integraler Bestandteil eines Fortbildungskonzeptes sein kann.

Wird Evaluation extern als eine Untersuchung durch unabhängige Wissenschaftler eingesetzt, dann kann sie – wie z.B. im Fall einer Familienmediation (vgl. Bastine 1999) – durchaus zu dem Ergebnis kommen, dass ein wesentlicher Grund für die Güte des angewandten Verfahrens in der hohen beruflichen Professionalität der Fortbildner und den in Deutschland sehr hohen Standards für Ausbildung und Berufsausübung liegt. Dies kann als Argument dafür gewertet werden, dass einer fundierten Ausbildung zu einer psychosozialen Weiterbildungsmethode mehr zu trauen ist als den bloßen normativen Zielangaben und den methodischen Planungen einer Fortbildung.

Betrachtet man die Ergebnisse bei den Abnehmern von Fortbildung, dann kann wohl kaum eine Veranstaltungsform alle Fortbildungsbedürfnisse aller Teilnehmer vollständig abdecken. So weist z.B. eine neuere Untersuchung zur Wirkung von verschiedenen Fortbildungsformen interkulturellen Lernens bei Polizeibeamten die Angemessenheit unterschiedlicher Settings (kontinuierliche Supervision, mehrtägige Einzelveranstaltungen verschiedener Institutionen usw.) für verschiedene Fragestellungen einer beruflichen Praxis nach (vgl. Witte u.a. 1999).

Die »besonderen« organisatorischen Bedingungen der Fortbildungsstudien

Ein wesentlicher Unterschied zu »normalen Fortbildungserfahrungen« von Teilnehmerinnen und Teilnehmern der Fortbildungsstudien liegt in der Dauer: Eine dreijährige Fortbildung ist ebenso unüblich wie ein Fortbildungsziel, das den Teilnehmern abverlangt, am Ende der Fortbildung selbst Fortbildungsangebote zum Thema der jeweiligen Studie zu machen. Normalerweise sind die Zeiträume von Fortbildungsveranstaltungen sehr begrenzt, z.B. auf einzelne Tage oder aufeinander folgende Einzelveranstaltungen in Zeitrahmen von Wochen oder Monaten. Die Fortbildungsziele sind meist auf den individuellen Profit einzelner Teilnehmerinnen und Teilnehmer oder auf Teams bezogen und betreffen selten die Kooperation verschiedener Teams.

Der zweite ungewöhnliche Aspekt des Studienangebotes liegt in der Kombination von Fortbildung und Forschung. Normalerweise erwarten die Abnehmer von Fortbildung, dass es ein Wissens- oder Kompetenzgefälle zwischen den Anbietern und ihnen gibt. In den Studien dagegen gibt es dieses Gefälle lediglich in der Grundkompetenz. Dies spiegelt sich vor allem im Setting der gruppenanalytischen Supervision. Dort ist ja auch lediglich die Grundkompetenz fest beschrieben, der Gegenstand von Supervision wird in der Supervisionsgruppe erarbeitet. Die Supervisoren sind nicht diejenigen, die die Lösung der Praxisprobleme parat haben, aber sie sind kompetent im gemeinsamen Erarbeiten von Lösungswegen.

Zwar wird ein kompetenter Erwachsenenbildner seine Methode flexibel dem Gruppenprozess seines Klientels anpassen, es kommen aber (institutionell) nur die Fortbildungen zur Ausschreibung, die im klassischen Sinne Ziele und Methoden beschreiben – ohne dass genauer überprüft würde, ob sich die Ziele mit den angegebenen Methoden überhaupt erreichen lassen. Anders ist dies im Ansatz der interaktiven Sozialforschung der Fortbildungsstudien: Durch das Junktim von Fortbildung und Forschung gehört es geradezu zum Prinzip des Ansatzes, die Methoden aus dem Prozess heraus zu entwickeln und das Ergebnis des Prozesses erst am Ende zu kennen. Dies verlangt ein gehöriges Maß an Gelassenheit und persönlicher Stärke, die

Spannung auszuhalten, dass man – selbst als Leiter der Fortbildung – am Anfang noch nicht weiß, wo man am Ende »landen« wird.

Die systematisch auf die Multiplikation angelegten Studien nehmen die Teilnehmerinnen und Teilnehmer von Anfang an mit in die Verantwortung, und zwar nicht nur den Forschungs-, sondern auch den Fortbildungsprozess selbst in die Hand zu nehmen. Man kann allerdings nicht davon ausgehen, dass diese Verantwortung von allen Teilnehmerinnen und Teilnehmern gleichermaßen getragen wird. Vielmehr werden es vorwiegend die besonders motivierten Teilnehmerinnen und Teilnehmer und diejenigen sein, die bereits Verantwortung tragen, sei es in der Leitung einer Einrichtung, sei es im jeweiligen Team.

Ein großes Problem stellt im Zusammenhang mit der relativ langen Zeitdauer der Fortbildung die Fluktuation der Studienteilnehmer dar, die um so stärker ins Gewicht fällt, je mehr sie durch teamimmanente Probleme bestimmt wird. So gab es beteiligte Teams, bei denen im Zeitraum der Studie etwa die Hälfte der Mitarbeiterinnen die Einrichtungen verließen und die jeweils neuen Teammitglieder in den laufenden Prozess der Studie hineinfinden mussten.

Da in den bisherigen Fortbildungsstudien keine explizite klassische Evaluation im Sinne einer Nachkontrolle durch einen externen Evaluator angelegt war, lässt sich die Qualität der Fortbildungsergebnisse auf Seiten der Teilnehmerinnen und Teilnehmer lediglich aus deren Selbstzeugnissen ableiten. Da diese z.T. in den Publikationen zu den Studien veröffentlicht worden sind, gebe ich hier die den Gesamtprozess betreffenden Aussagen von Leiterinnen zu zwei Fortbildungsstudien wieder. Zunächst zur Fortbildungsstudie »Interkulturelles Lernen – Haus Europa II«:

»Die Anstrengung, mit den eigenen Kolleginnen immer wieder neu Kompromisse zwischen den fremden und den eigenen (professionellen) Wünschen zu finden, ist wie eine Art Vorgeschmack auf das Arrangement mit Menschen anderer Kulturen. Der Weg hin zu einer Öffnung gegenüber Fremden besteht deshalb in der Bereitschaft zur Auseinandersetzung – selbst über das, was in meinen Augen auf den ersten Blick als selbstverständlich erscheint. Dazu kommt das bewusste Ein- bzw. Ausgrenzen von Einstellungen etwa zu Kindern und Kindheit unter uns Kolleginnen und dann auch unter den Kolleginnen und Kollegen anderer Länder, bis dahin, dass ich z.B. während der Studie einer Kollegin sagen musste: Wir können deine Art, mit uns zusammenzuarbeiten, nicht akzeptieren, wir müssen uns von dir trennen. (...) Was wir heute und am Ende der Europa-Studie in unserer Einrichtung bieten, ist mehr Raum für die Eigenarten des einzelnen Kindes, aber auch der einzelnen Erzieherin. Dieser Raum ist zugleich sehr viel sicherer geworden. Verändert haben sich also nicht in erster Linie unsere Aktionen, sondern viel mehr unsere inneren Haltungen/Einstellungen. Wir sind uns selbst ebenfalls sicherer geworden, sowohl was die Akzeptanz, aber auch was die Abgrenzung gegenüber dem betrifft, das uns in unseren Vorstellungen, in unserer Identität irritiert. Um es in einem Bild auszudrücken: Wir haben nicht mehr so viel Angst vor dem, was ›da hinten in der Ecke passiert‹. Das Vertrauen ist gewachsen, dass die Kinder (und unsere Kolleginnen) das machen werden, was für sie jeweils kulturell richtig ist und ihnen gut tut. Für uns ist dies der Weg zu einer multikulturellen Pädagogik« (Orth 1997, S. 130/131).

Der zweite Kommentar ist eine gemeinschaftliche Zusammenfassung einer Arbeitsgruppe aus der Fortbildungsstudie »Leitung in Einrichtungen für Kinder«:

»Ursprünglich war geplant, die Ergebnisse der Studie zu ›Curriculum-Elementen‹ für die Fortbildung von Leiterinnen und Leitern von Einrichtungen für Kinder zu verarbeiten. Im Verlauf des Fortbildungsprozesses stellte sich dann aber heraus, dass das Thema männlich/weiblich nicht etwas ist, das man in Fortbildungsplanungen als ›Baustein‹ verwenden könnte. Vielmehr ist dieses Thema durchgängig in den Fortbildungsprozessen aktuell (vor allem dann, wenn sich dort Frauen und Männer begegnen), mal mehr mal weniger brisant. Wenn sich überhaupt eine generelle Empfehlung an Fortbildung aus den Studienergebnissen ableiten lässt, dann die, Räume zu schaffen, in denen die Fortbildungsteilnehmerinnen und -teilnehmer sich über ihre jeweiligen geschlechtstypischen Erfahrungen miteinander auseinandersetzen können. Inwieweit die in unserer Studie zur Anwendung gekommenen Themen und Fortbildungsarrangements über die Supervisionen hinaus Anregung sein können, hängt von den Möglichkeiten und Voraussetzungen der jeweiligen Fortbildungskonzepte ab. Eines kann allerdings hier mit großer Sicherheit gesagt werden: Eigene Offenheit gegenüber dem Thema männlich/weiblich und der Mut zur Auseinandersetzung auch und gerade in der Leitungsposition bei der Fortbildung sind Grundvoraussetzungen dafür, dass die Räume auch genutzt werden können« (Büttner u.a. 1994, S. 11).

Die Bewertungen des Fortbildungsprozesses aus der Sicht der Leitung habe ich ausführlich in der Darstellung der Fortbildungsstudie »Leitung in Einrichtungen für Kinder« wiedergegeben, so dass ich sie nicht noch einmal wiederholen muss.

6.3. Fortbildungsstudien – auch in Zukunft ein brauchbares Modell psychologisch-pädagogischer Friedens- und Konfliktforschung?

Pädagogik und Sozialwissenschaften haben gemeinsam, dass sie sie leicht zu Überschätzungen ihres Wertes und ihrer Wirkung neigen bzw. darin von

Dritten überschätzt werden. Das sieht aus der Perspektive der Pädagogik so aus, als könne man mit ihr nahezu alle Ziele erreichen und aus der Perspektive der Sozialwissenschaften, als sei das Ziel, immer eindeutige Ergebnisse hervorzubringen.

Wenn auch die Fortbildungsstudien für die meisten Teilnehmerinnen und Teilnehmer eine nachhaltige Erweiterung ihrer Erfahrung bedeutet haben mögen, die in ihrem professionellen Leben ihresgleichen sucht, so gehen doch im Allgemeinen Veränderungsprozesse im Hinblick auf persönliche und berufliche Vorgänge auf so viele und so schwer bis überhaupt nicht kontrollierbare Ursachen zurück, dass es vermessen wäre, wollte man Veränderung lediglich der Wirkung von Fortbildungsstudien zuschreiben. Am einleuchtesten erscheint mir die These von Erhard Meueler, der die Krise für das wesentliche Agens von Veränderung hält (vgl. Meueler 1987).

Insofern die Teilnehmerinnen und Teilnehmer der Fortbildungsstudien mit etwas konfrontiert wurden, was ihren Erwartungen an Fortbildung so gar nicht entsprach, mögen auch sie hier und da in Krisen gestürzt worden sein und entsprechend »gelernt« haben. Symptomatisch dafür, wie man sich in der Beurteilung der Wirkung einer Methode täuschen kann und dennoch etwas Entscheidendes bewirkt, scheint mir die Erfahrung zu sein, dass während einer der Supervisionssitzungen in einem der Teams sich scheinbar nichts bewegte. Bei der nächsten Sitzung wurde den Supervisoren dann aber mitgeteilt, dass die letzte Sitzung einen heftigen Streit ausgelöst habe, der die Erkenntnisse weiter voran habe bringen können, als die Supervision selbst.

Die Fortbildungsstudien haben – wie viele andere Fortbildungskonzepte auch – nicht für alle Teilnehmerinnen und Teilnehmer in gleichem Maße einen Fortschritt in Richtung auf die jeweiligen Ziele bewirkt. Nur bei einem Teil kann man davon ausgehen, dass ein Fortschritt in Richtung Gleichstellung von Mann und Frau erreicht wurde, wo es die eigene Person betraf, und von Jungen und Mädchen, wo es um die Klienten der Pädagoginnen ging. Nicht bei allen wirkten sich die Fortbildungserfahrungen auf die Haltung gegenüber der eigenen und der fremden Identität in gleicher Weise aus. Auch in sozialwissenschaftlicher Hinsicht kann man nicht von eindeutigen Ergebnissen sprechen. Vielmehr scheinen die Ergebnisformulierungen von der Perspektive abzuhängen, für die (oder aus der heraus) sie formuliert werden.

Ein eindeutiges Ergebnis ist vielleicht dies: Die Zielvorstellungen für das Handlungsziel »Gleichstellung« bei Männern und Frauen, bei Einheimischen und Fremden, bei Teamkolleginnen und Vorgesetzten sind dort vereinbar, wo sie sich als Gleiche – unabhängig von ihrem Geschlecht – betrachten, und dort unvereinbar, wo ihre Differenz, d.h. ihre Ungleichheit im Vordergrund steht.

Man kann sich gut vorstellen, dass das Festhalten an der einen Perspektive zu Lasten der anderen nicht die Beendigung von Spannungszuständen bringen wird, die im Rahmen der demokratischen Möglichkeiten von Selbstverwirklichung zwischen Männer und Frauen, aber auch zwischen Kindern, Jugendlichen und ihren Eltern oder Erziehern entstehen – also in den Verhältnissen, in denen die Grundlagen der Spannungen tradiert werden. Die sich in diesen Problemen offenbarenden Widersprüche sind eine der Bedingungen demokratischer Stabilität bzw. Instabilität.

Es könnte interessant sein, diese Antinomien auf dem Hintergrund des Hineinwachsens in Partizipation und demokratische Kontrolle und den Übergängen zu untersuchen, an denen aus Kindern Erwachsene – und mündige Bürger – werden. Die Unterstellung, dass die Bürgerinnen und Bürger in ihrer Persönlichkeit per se ein integres Wesen darstellten, dass sie von keinerlei Ambivalenzen zwischen Gewaltimpulsen und Wünschen nach friedlichem Zusammenleben irritiert werden könnten, ignoriert die von Beginn des Lebens an über den gesamten Sozialisationsprozess hinweg offene Frage, ob sich ein Bürger bzw. eine Bürgerin gewissermaßen gradlinig zu einem partizipationsfähigen Demokraten entwickelt. Und sie ignoriert, dass Demokratien labile soziale Großsysteme darstellen, die sich entlang den Spannungen in den alltäglichen Lebensverhältnissen und den Widersprüchen zwischen »Teamgeist« einerseits und hierarchisch-professionellen Verhältnissen andererseits ebenso in Systeme anderer Herrschaftsformen transformieren können.

Wenn man von der Grundfragestellung ausgeht, die auch für die bisherigen Fortbildungsstudien leitend war, wie nämlich in der Demokratie Ungleichheit einerseits zu Gleichwertigkeit bzw. Gleichberechtigung verändert werden oder wie man sie produktiv z.B. als Ressource nutzen kann, dann spiegelt sich darin ein theoretisches Dilemma moderner demokratischer Konzepte. Insofern es zu den demokratischen Grundprinzipien gehört, die Gleichheit der Menschen anzuerkennen, stellt sich ganz allgemein die demokratische Anerkennung der menschlichen Vielfalt als eine Antinomie dazu dar. Sie kann zu Spannungen an den Stellen innerdemokratischer Verhältnisse führen, wo das eine theoretische Prinzip gegen das andere steht, ohne das eine dritte Variante möglich scheint: Entweder Integration oder Akkulturation, entweder Mann oder Frau, entweder Kind oder Erwachsener.

Für all diese höchst praktischen Fragen nach dem Ausweg aus solchen antinomischen Konfrontationen gibt es alltägliche Antworten, die gleichwohl nicht normativ und wahrscheinlich nicht zufällig nicht festgelegt sind. Dies aber kann eine der zukünftigen Forschungsfragen sein: Wie geraten die Menschen aufgrund solcher antinomischen Tendenzen in Spannungen, die zu Gewalt bzw. Gewaltphantasien führen? Welche Kompromisses schließen sie, die letztlich weder dem einen, noch dem anderen handlungsleitenden Prinzip als alleinigem Konzept folgen? Wie tragen diese Spannungszustände zur Zustimmung oder zur Ablehnung von Gewalt in Konflikten bei?

Eine solche Forschung müsste insofern als interaktive Sozialforschung angelegt werden, als solche Antinomien nicht einfach abgefragt oder mitgeteilt werden können. Sie ergeben sich ja überhaupt erst im Handlungsprozess, und zwar als bewusste Reaktionen, wenn sie eindeutig dem (theoretischen) Kompromiss folgen (Ich tue das eine, und gleichzeitig tue ich das andere, obwohl beides sich eigentlich ausschließt). Die Auseinandersetzung mit antinomischen Positionen entspricht im Prinzip dem Problem des Umgangs mit Ambivalenzen, d.h. dem Umgang mit sich widersprechenden Gefühlen (»Ich bin eigentlich ein friedliebender Mensch, aber manchmal könnte ich dreinschlagen«). Es braucht zur Untersuchung solcher Verhältnisse des auslösenden Faktors und des sozialen Korrektivs, das maßgeblich an der Definition der sozialen Situation beteiligt ist, ob sie nun nach der einen oder nach der anderen Seite erfolgt. In der interaktiven Beteiligung von Sozialforschung an diesen Definitionsprozessen kann ein wichtiges Stück Erkenntnis über die Hürden in den innerdemokratischen Voraussetzungen des demokratischen Friedens gewonnen werden.

7. Daniela Bleck: Mikroanalyse und Videographie in der Aktionsforschung – am Beispiel von Forschungsarbeiten des CRESAS

7.1. Die Entstehung des Instituts und seine Entwicklung

In dem folgenden Beitrag beschreibe ich die Methode der Videographie und der Mikroanalyse, wie ich sie bei der Begleitung von Forschungsarbeiten im Centre de Recherche de l'Education Spécialisée et de l'Adaptation Scolaire (CRESAS), Paris, kennen gelernt habe. Da – aus deutscher Perspektive – dieser Ansatz wissenschaftstheoretisch und methodologisch nur unzureichend entfaltet ist, werde ich dies neben der Darstellung einer typischen Auswertungssequenz im Folgenden versuchen.

Mittels Videographie können Beobachtungsvorgänge ikonisch äquivalent kopiert und dadurch vor allem sehr flüchtige, nonverbale, Verhaltensphänomene, aufgezeichnet werden. Eine besondere Bedeutung gewinnt das Medium Video dadurch, dass die Auswertung der Beobachtung im nachhinein durchführbar ist. Auf vorab festgelegte Beobachtungskategorien kann verzichtet werden. Der Beobachtungsvorgang per Video ist dadurch offen für äußerst subtile, flüchtige und unerwartete Verhaltensphänomene.

Der Begriff der »Mikroanalyse« fungiert hier als Bezeichnung einer spezifischen qualitativen Methode: Im natürlichen Alltag audiovisuell aufgezeichnete Interaktionsbeobachtungen werden sinnverstehend und detailliert verschriftet und anhand dieser Protokolle einer Feinanalyse unterzogen.

Die Videographie als Erfassungsmethode und die Mikroanalyse als Auswertungsmethode stellen hinsichtlich der Kinderforschung ein hervorragendes Mittel dar, da deren Forschungssubjekte eine noch wenig entwickelte verbale Kommunikationsfähigkeit haben. Das Potential, das dieses Medium für die qualitative Erforschung der Innenperspektive von Kindern birgt, wird jedoch in der aktuellen Forschung bisher kaum beachtet geschweige denn genutzt.

Zunächst stelle ich in einem ersten Teil das Forschungsinstitut CRESAS, d.h. den Kontext des Forschungsansatzes, vor. Ich beschreibe, wie dort aus dem Wechselspiel zwischen Theorie, Praxis und allgemeinen Zielen die Mikroanalyse von videographierten Alltagsbeobachtungen als Methode entwickelt wurde. Am Beispiel der Interaktionssequenz »Christèle & Alexandra« verdeutliche ich dann die Methode. Im Rahmen des folgenden Textes stelle ich allerdings lediglich die Zusammenfassung dar, für die detaillierte Analyse verweise ich auf die Auswertung im Anhang (5).

Das CRESAS wurde 1969 vom Erziehungsministerium (Ministère de l'Education Nationale) als eine Abteilung des I.N.R.P.[23] gegründet. Unter der Leitung von Mira Stambak wurde das Institut im Zuge des Sputnik-Schocks beauftragt, die Probleme und Gründe der hohen Quote schulischen Misserfolgs zu erforschen – der vor allem Kinder aus unteren und benachteiligten Schichten Frankreichs betraf –, als auch mögliche Mittel und Wege zu finden, diesen Problemen entgegenzutreten.

Nach quantitativen Erhebungen, die belegten, dass der schulische Misserfolg vorrangig Kinder aus benachteiligten Bevölkerungsschichten betraf[24], begannen die Mitarbeiterinnen des CRESAS, diese Problematik mit einer interdisziplinären Herangehensweise zu untersuchen, indem sie Prinzipien und Methoden der Psychologie, Soziologie und Linguistik miteinander verbanden. Sie konzentrierten ihre Studien auf die Institutionen der frühen schulischen Sozialisation: der *école maternelle* und der Grundschule (école primaire). Die Forschungsdaten wurden in der natürlichen Situation erhoben, was bereits einen Bruch mit – nicht nur damals – gängigen psychologischen Untersuchungen darstellte: Sie beobachteten die Kinder teilnehmend in ihrem natürlichen institutionellen Umfeld. Die Forscherinnen ließen die Kinder außerdem in kleinen Gruppen arbeiten, ermutigten sie zur Kooperation, ließen ihnen Zeit, selbst die Themenstellung und Problematik innerhalb des

23 INSTITUT NATIONAL DE RECHERCHE PEDAGOGIQUE: Nationales Institut für pädagogische Forschung.

24 Ca. 70% der Kinder musste eine oder mehrere Klassen der Grundschule wiederholen (vgl. Vasquez-Bronfman/Martinez 1996, S. 71).

Gebietes, das untersucht werden sollte, herzustellen. Aus ihrer Position als Erwachsene intervenierten sie in sehr moderater Weise und nur, um ein Wissenselement an die jeweilige Diskussion der Kinder angepasst einzubringen oder gegebenenfalls die Dynamik der Gruppe zu stimulieren bzw. aufrecht zu erhalten (vgl. CRESAS 1991).

Ausgehend von der Feststellung, dass alle Kinder unter spezifischen, pädagogisch förderlichen Bedingungen lernen können (tous les enfants peuvent apprendre) und mit dem Ziel, allen Kindern schulischen Erfolg zu verschaffen (la réussite scolaire pour tous), ergab sich die zentrale Fragestellung, die seitdem die Studien des CRESAS leitet: wie schulischer Erfolg allen Kindern ermöglicht werden kann (CRESAS 1991, S. 13).

7.2. Forschungsstrategien des CRESAS

7.2.1. Die Aktionsforschung des CRESAS

Das Praxiskonzept, die »pédagogie interactive« des CRESAS, die partnerschaftliche Kommunikation und symmetrische Beziehungen jeder Art in den Mittelpunkt ihrer Aufmerksamkeit stellt, wurde im Rahmen einer engen Kooperation der Forscherinnen mit Praktikern unterschiedlicher pädagogischer Einrichtungen entwickelt: in sogenannten Aktionsforschungen (recherches-action). Fast zwangsläufig ergab sich diese fruchtbare Forschungsform aus den beiden miteinander verwobenen Zielen, die psychologischen Lernprozesse der Kinder zu erforschen, an diese angepasst die pädagogische Praxis zu verändern und zu verbessern und zwischen allen am pädagogischen Prozess Beteiligten eine offene und ausgewogene Interaktionsform zu schaffen.

Zu Beginn jeder Aktionsforschung integrieren sich die Mitarbeiterinnen des CRESAS in jene Institution, die an einer Transformation interessiert ist. Gemeinsam mit dem Personal bzw. einigen gewählten Vertretern, wird im Forschungsprozess ein innovatives Projekt entworfen, diskutiert und reflektiert. Die Form der Erwachsenenarbeit, die in regelmäßigen Gruppensitzungen stattfindet, wird *auto-évaluation-régulatrice 8* (AÉR) genannt. Sie ermöglicht sowohl den Praktikern als auch den Forscherinnen in einer gemeinsamen offenen Reflexion ein kontinuierliches und umfassendes Studium darüber, wie die Transformation des Alltags aussehen sollte. Reflexionsbasis für die jeweilige Fragestellung sind zum einen Alltagsbeobachtungen von Seiten der Praktiker und Videoaufzeichnungen, die von den Forscherinnen in jeder Einrichtung anfänglich zwecks Bestandsaufnahme der jeweiligen Praxis gemacht werden. Zum anderen werden die Gruppendiskussionen herangezogen, die seitens der Forscherinnen analysiert werden und Aufschlüsse über die Entwicklung der Praxis und über die latenten Vorstellungen der Erzieher hinsichtlich ihrer eigenen Rolle, die Kinder und deren Verhalten geben.

Aus diesem Datenmaterial wird dann eine experimentelle bzw. innovative Situation entwickelt, die schließlich in die pädagogische Praxis jeder Einrichtung umgesetzt wird. Hier ist hervorzuheben, dass es sich bei der »experimentellen« Situation keineswegs um ein »künstliches Experiment« handelt. Es sind meist subtile, jedoch bedeutungsvolle Veränderungen, die sich in die jeweilige Praxis und Struktur der Institution eingliedern.

In einer zweiten Forschungsphase wird der Alltag erneut videographiert, nun in der innovativen Situation. Besonderes Augenmerk liegt dabei auf den Auswirkungen der Veränderung auf die Kinder. Diese Aufzeichnungen, die z.T. mikroanalysiert werden bilden dann die Grundlage der folgenden Gruppendiskussionen im Zuge der AÉR. Auf diesem Weg der gemeinsamen Erarbeitung und Analyse entwickeln alle Beteiligten neue (pädagogische) Kenntnisse, die es ermöglichen, sich dem Ziel, allen Kindern die besten Lern- und Entfaltungsmöglichkeiten zu verschaffen, weiter zu nähern.

Die Vorgehensweise der AÉR des CRESAS zieht einen großen Erkenntnisgewinn für die Erzieher nach sich und besitzt in einem allgemeineren Sinn stets den Charakter einer Fortbildung. Der anregende und konstruktive Austausch zwischen den Erziehern und den Forscherinnen erhöht die Professionalität und die eigene Wertschätzung der Praktiker. Diese Wertschätzung wirkt sich wiederum positiv sowohl auf ihre Arbeit mit den Kindern als auch auf diese selbst aus.

7.2.2. Die Mikroanalyse von Videoaufzeichnungen

Die Methode

Der Begriff »Mikroanalyse« bezeichnet eine qualitative Methode, videographierte Beobachtungssequenzen detailliert zu verschriften bzw. zu protokollieren (décryptage[25]) und sie anhand solcher Protokolle zu analysieren. Das CRESAS entwickelte im Laufe der Jahre diese Verfahrensweise, um ihrer oben beschriebenen zentralen Forschungsfrage näher zu kommen. Grundlage ist der Versuch, die Methode Piagets auf die Forschungsfragen des CRESAS und die Interaktionen zwischen Kindern in kleinen Gruppen, zu übertragen. Die Entwicklung einer mikroanalytischen Methode von audiovisuell aufgezeichneten Daten wurde insbesondere durch Veröffentlichungen von Piaget, Inhelder und deren Mitarbeiter angeregt (Inhelder u.a. 1976 und Inhelder & Piaget 1979).

In den Studien des CRESAS über die Dynamik der Interaktionen zwischen Kindern wurde schnell deutlich, dass selbst die Kompetenz mehrerer und gut geschulter Beobachter häufig überschritten wird, in der direkten Beobachtungssituation flüchtige Phänomene in ihrer Komplexität zu erfassen und schriftlich festzuhalten. Aus diesem Grund wurde und ist die Videographie einer Beobachtung fester Bestandteil der Forschungen des CRESAS. Das Ziel dieser mikroanalytischen Methode ist, den Prozess der Interaktionen und die Strukturen und Bedingungen der Ko-Konstruktion von Wissen sinnhaft zu erfassen. Um sich diesem Verständnis zu nähern, werden die Videofilme stets zunächst in ihrer gesamten Länge grob protokolliert, da auf diesem Weg die Kohärenz und die allgemeine Bedeutung der Interaktion aus der Sicht der einzelnen Akteure sichtbar wird. Bestimmte Sequenzen, für die jeweilige Forschungsfrage als besonders aufschlussreich beurteilt, werden im Anschluss daran akribisch protokolliert. In dieser Phase der sehr detaillierten Verschriftung des dynamischen Geschehens steht weiterhin im Vordergrund, den Sinn einer Interaktion, den kindlichen Denkablauf oder – allgemeiner ausgedrückt – den »roten Faden« des Geschehens zu erfassen.

25 Im Folgenden werden die beiden Begriffe »Verschriftung« und »Protokollierung« synonym verwendet.

Diese Protokolle ermöglichen schließlich die sogenannte Mikroanalyse über die Prozesshaftigkeit der Interaktionen. Kindliche Lernprozesse, pädagogische Handlungsweisen der Erwachsenen, komplexe und eng miteinander verwobene Phänomene, wie dynamische Interaktions- und Denkprozesse, können auf diesem Wege gesehen, begriffen und erklärt werden, denn: »je genauer man (mikro-) analysiert, desto mehr sieht man«.[26]

7.2.3. Ein Beispiel: Das Forschungsprojekt *Les apprentissages premiers: à la crèche, à l'école maternelle*

Thema des Projektes waren die Aktivitäten rund um das Kulturmedium Buch. Es wurde der Frage nachgegangen, wie sich Kinder im Alter zwischen null bis vier Jahren das Medium Buch aneignen.[27] Diese Aktionsforschung wurde mit dem Personal aus sechs verschiedenen Einrichtungen im Bereich der vorschulischen Erziehung durchgeführt: Es nahmen zwei Krippen, ein Kindergarten (jardin d'enfants) und drei *écoles maternelles* teil.

Zu Beginn des Forschungszyklus A.P. standen zwei Arbeitsthemen zur Debatte: die Organisation des Lesens und der Bücher oder der Konstruktionsspiele (z.B. Lego, Holzbauklötze). Es stellte sich schnell heraus, dass das Reflexionsbedürfnis über die Aktivitäten rund um das Buch und das Lesen, das die Kinder mit der geschriebenen Sprache in Kontakt bringen sollen und als Medium zur Aneignung der kulturellen Praktiken Erwachsener gelten, bei den Erziehern vordergründig war.

In einer ersten Erhebungsphase wurde in jeder einzelnen Einrichtung deren bisherige Organisation der Aktivitäten um das Buch (z.B. Vorlesen) videographiert. Diese Aufzeichnungen wurden von den Forscherinnen grob protokolliert und einzelne Szenen beispielhaft in den Gruppensitzungen zwecks der *auto-évaluation-régulatrice* mit allen Teilnehmern diskutiert.

Im Zuge der Diskussionen um die Vorgehensweise jedes einzelnen Erziehers, Bücher in den pädagogischen Alltag einzubeziehen, wurde dann eine

26 Bemerkung einer Forscherin während einer Teamsitzung im CRESAS: »Plus on analyse, plus on voit.«

27 »La question traitée: Etude des processus d'appropriation par les enfants des règles fonctionnelles sous-jacentes aux pratiques culturelles des adultes.« Zitat aus dem Zwischenbericht der Arbeitsgruppe A.P.

innovative Situation gemeinsam von Erziehern und Forscherinnen entwickelt, die in jeder Einrichtung die spontanen Lernschritte der Kinder begünstigen und fördern sollte: die freie Benutzung von Büchern (la libre consultation des livres par les enfants).[28] Diese experimentelle bzw. innovative Situation diente als gemeinsame Ausgangsbasis der institutionell übergreifenden Forschung. Trotz der gemeinsamen Achse variierte die Umsetzung dieser Situation in den einzelnen Institutionen z.T. erheblich: z.B. standen in einigen die Bücher den Kindern ständig zur Verfügung, sie hatten permanent freien Zugang zu ihnen; in anderen hatten sie nur zu festgelegten Zeitpunkten Zugang zu Büchern.

In der zweiten Erhebungsphase videographierten die Forscherinnen die Vorgehensweisen der Erzieherinnen, den allgemeinen Ablauf des Alltags und die Aktivitäten der Kinder in der experimentellen Situation der freien Benutzung von Büchern.

7.2.4. Die Verschriftung einer videographierten Beobachtung: *Mikroanalyse der Sequenz »Christèle & Alexandra«*

Die *ateliers*[29] werden für jenen Vormittag beendet und alle Kinder in den Garten geschickt. Zwei Mädchen, Christèle und Alexandra, die vorher aus

28 Bücher haben in Institutionen vorschulischer Erziehung in Frankreich meines Erachtens einen anderen, vergleichsweise »niedrigeren« Stellenwert als in Deutschland (vgl. hierzu auch Dajez 1994). Französische Kinder haben anscheinend seltener (Bilder)Bücher zu ihrer freien Verfügung.

29 Um während des Prozesses die Altersmischung einzuführen, erarbeitete das Personal im Zuge einer Aktionsforschung mit dem CRESAS die *ateliers*: Angebote verschiedener Aktivitäten in offener Gruppenarbeit, die unter der Aufsicht und Teilnahme je einer Erzieherin stattfinden. Die *ateliers* unterstehen den folgenden zwei pädagogischen Ansprüchen: 1. Beobachtung und Aneignung der Realität; dazu gehören die *ateliers* Basteln, Grobmotorik/Bewegung, Wasserspiele, Bauen, Kochen; 2. Imagination und Kreativität: *atelier* Rollenspiele, Erzählungen/Märchen, Bibliothek, Zeichnen, Handpuppen, Malen, verbaler und musikalischer Ausdruck, Körperausdruck. Die Kinder können jeden Morgen frei darüber entscheiden, an welchem der drei täglich angebotenen *ateliers* sie teilnehmen möchten. Um die Autonomie de Kinder zu fördern und den Eltern Transparenz über die Aktivitäten ihres Kindes zu gewährleisten, befindet sich eine Tafel im Eingangsbereich, auf der schriftlich wie auch symbolisch angegeben ist, welche Erzieherin welches *atelier* am jeweiligen Tag anbietet. Die Kinder besitzen Namenskarten, anhand derer sie sich den *ateliers* zuordnen

dem Handpuppenatelier (atelier marionnettes) verwiesen wurden, weil sie zuviel Lärm und Unruhe verbreiteten und dadurch ins Bibliotheksatelier kamen, bleiben ca. zehn Minuten lang allein in der Bücherecke sitzen. Sie sehen sich verschiedene Bücher an und versuchen, sich gegenseitig bzw. gemeinsam die Geschichten zu erzählen. Schließlich entwickeln sie eine Form der gemeinsamen Lektüre, während derer sie einige Zeit lang abwechselnd »petit cochon caca!« ausrufen.

Das Bibliotheksatelier (atelier bibliothèque): In Paris mit einer Kindergruppe eine Bibliothek zu besuchen, ist großer Aufwand, der für alle Beteiligten mit Stress verbunden ist. Das Erzieherteam suchte daher nach einer Lösung, den Kindern trotzdem Zugang zu Büchern zu ermöglichen und schuf das Bibliotheksatelier. Dort werden den Kindern zusätzlich zu den beiden fest etablierten Präsentationsregalen in der Leseecke noch zwei große Bücherwagen zur Verfügung gestellt, die sonst aufgrund des Platzmangels nicht zugänglich sind. Alle Bücher sind mit verschiedenfarbigen Klebeetiketten versehen und klassifizieren die Bücher somit deutlich für die Kinder in unterschiedliche Themenschwerpunkte, wie z.B. reine Bilderbücher, Alltagsgeschichten, Tierbücher, Gruselgeschichten etc.

Die Organisation dieses Ateliers ist ähnlich der einer Bibliothek: Die Kinder dürfen sich zwei bis drei Bücher mit an ihren Platz nehmen und werden gebeten, die Bücher nach deren Gebrauch wieder wegzuräumen, eine feste Regel, die selbst von den jüngsten Kinder stets eingehalten wird. Eine weitere Regel besteht für den Gebrauch der kleinen Leseecke: An einem Pfosten des niedrigen Zauns, der diesen Bereich umgibt, hängen drei Armbänder. Möchte ein Kind sich dort Bücher anschauen, muss es sich ein Armband umhängen. Wenn keines mehr am Zaun hängt, ist dies für die nachfolgenden Kinder das Zeichen, dass sie warten müssen, bis in der Leseecke ein Platz frei wird. Auch diese Regel wird von den Kindern mit großer Sorgfalt eingehalten, und seit ihrer Einführung gibt es weitaus weniger Streit. Die Aufgabe der zuständigen Erzieherin besteht nicht darin, den Kindern Bücher vorzulesen, was je nach Stimmung und Bedarf doch gelegentlich geschieht, sondern die Kinder sollen selbständig die Bücher auswählen und allein oder in kleinen Gruppen anschauen – wie in einer richtigen Bibliothek.

---

können. Diese morgendliche Entscheidung ist außerdem ein Weg, die Eltern-Kind-Trennung für alle Beteiligten konstruktiv zu gestalten.

Die Sequenzen »Christèle & Alexandra« und »Am Tisch mit Tristan« sind Basis der exemplarischen Mikroanalyse (Anhang 5). Diese orientiert sich an der Vorgehensweise von Billmann-Mahecha (1990, S. 42ff.). Ich werde später darauf zurückkommen.

Kurzer Einblick in die Sequenz »Am Tisch mit Tristan«

An jenem Vormittag fanden im Kindergarten V.H. die drei Ateliers Malen (im Badezimmer), Handpuppen und Bibliothek statt. Der insgesamt 90-minütigen Videoaufzeichnung zufolge befanden sich Christèle, Alexandra und Tristan (bis 1-05'50) im Handpuppenatelier. Da die drei Kinder dort offensichtlich zusammen Unfug machten, fordert sie die Erzieherin schließlich (nach erfolglosen Ermahnungen?) auf, nach nebenan ins Bibliotheksatelier zu gehen.

Tristan und Alexandra werden von der Erzieherin M.-F. dort empfangen:

(1) M.-F.: »Viens Christèle, Tristan viens, vous pouvez aller à l'atelier bibliothèque. Ici il y a beaucoup d'enfants, voilà. Regardez, il y a plein de place ici, voilà.«
Sie kommen etwas verunsichert, zögernd, mit verlegenen Mienen langsam in das (fast leere) Bibliotheksateliers, holen sich Bücher aus den Kisten, setzen sich ruhig an den runden Tisch in der Mitte des Raumes und beginnen, ihre Bücher durchzublättern. Kurz darauf kommt auch Christèle schüchtern und verlegen in den Raum (sie hält die Hände auf dem Rücken, läuft gesenkten Blickes in Tiptopschritten), geht zu M.-F. und zeigt dieser ihr Knie und sagt ihr etwas (unverständlich). Es ist hier nicht festzustellen, ob Christèle sich vorher weh getan hat. Diese Geste könnte jedoch eine versöhnende Kontaktsuche mit M.-F. sein, als Reaktion auf den Hinauswurf aus dem anderen Atelier. M.-F. antwortet Christèle (unverständlich), wahrscheinlich etwas Tröstliches, Christèle wendet sich daraufhin ab, nimmt sich zwei Bücher[30] und setzt sich zu Alexandra und Tristan an den Tisch.

Christèle beginnt ihr Buch »Wo die wilden Kerle wohnen«[31] auf der Vorsatzseite und flüstert:

---

30 In dieser Interaktionssequenz betrachten die drei Kinder überwiegend folgende Bücher, die z.T. auch in der mikroanalysierten Interaktion eine wichtige Rolle spielen: »Monstre«, »Wo die wilden Kerle wohnen«, »La nuit d'épouvante«, »Tiere im Wald«, »Ma maman a besoin de moi« und »Millie«. All diese Bücher sind im Präsentationsregal ausgestellt, d.h., es sind entweder allgemeine Lieblingsbücher der Kinder oder Neuanschaffungen. Der Buchinhalt wird jeweils an angemessener Stelle der Analyse kurz beschrieben.

31 Max, der eines Abends in seinem Wolfspelz verkleidet viel Unfug macht, wird von seiner Mutter ohne Essen zu Bett geschickt. Er träumt, mit einem Schiff zu einer Insel zu segeln, auf der die wilden Kerle wohnen. Max lässt sich von ihnen keineswegs einschüchtern, im gegenteil, er zähmt die wilden Kerle und verbringt eine lustige Zeit mit ihnen – vor allem

(2) Christèle (sehr leise): »celui-là, ... Tristan, ... Tristan!«

womit sie die Aufmerksamkeit von Tristan und Alexandra auf sich zieht, die nun ihre eigene »Lektüre« unterbrechen und gespannt warten, bis Christèle langsam, denn sie scheint sehr auf den theatralischen Effekt bedacht, die nächste Seite umblättert (Titelseite). Dort sind Max und seine Traummonster abgebildet, und Tristan schlägt schelmisch (komplizenhaft?) seine Hände vor den Mund, womit er Erschrecken oder Angst mimt. Alexandra und Christèle schließen sich ihm mit derselben Geste an. Christèle schließt ihr Buch, dreht sich um und schaut zur Kamera, und Alexandra folgt ihrem Blick. Nun öffnet Christèle erneut »Wo die wilden Kerle wohnen« und führt mit Tristan einen geflüsterten Dialog (unverständlich). Eine Erwachsenenstimme, der Forscherin, (aus dem Off) interpretiert das Verhalten der Kinder:

(3) »Ils croient qu'il ne faut pas parler.«

Christèle schlägt ihr Buch daraufhin noch einmal zu, beginnt es wieder mit Bedacht zu öffnen, um auf die Vorsatzseite zu gelangen. Erneut schlägt sie die Hände vor den Mund und wiederholt die Geste des Erschreckens oder der Angst, die Alexandra nachahmt. Jetzt ist es Alexandra, die sich Tristan zuwendet, ihm etwas zuflüstert, ihr Buch in dem vorgegebenen Ritus öffnet, und die Geste wiederholt. Dieses Gebärden- und Mimenspiel wiederholen die drei, indem immer eine/r auf die Bilder ihres/seines Buches zeigt und alle zusammen dann die Hände vor das Gesicht schlagen.[32] In dieser »komplizenhaften« Interaktion drücken die Kinder recht deutlich ihre Scham oder ihre Betroffenheit über den Hinauswurf als auch ihre enge Verbundenheit durch dieses Ereignis aus. Möglicherweise bedeutet die Gebärde auch ihr stilles Einverständnis, sich in diesem Atelier nun ruhiger und »brav« zu verhalten.

Tristan steht auf und geht seine Bücher wegräumen. Die beiden Mädchen blättern jede für sich ihr Buch durch, bis Alexandra ihr Buch, leise kommentierend, zu Christèle gewandt, wie es Erwachsene tun, hochhebt und sie flüsternd anspricht:

(4) Alexandra: »regarde!« ... »(... pas)« ... »regarde!« ... »petit (corbeau)« (alles leise geflüstert)

Christèle, die ihr eigenes Buch automatisch weiterblättert, schaut auf und korrigiert oder kritisiert Alexandra in einem sanft freundlichen Tonfall:

(5) Christèle: »c'est pas comme ça le livre! c'est pas comme ça!«

Alexandra senkt daraufhin ihr Buch und dreht sich zu Tristan, der (aus der Bücherecke?) mit »Millie« wieder an den Tisch kommt, und versucht nun, ihn auf ihr Buch aufmerksam zu machen.

---

machen sie zusammen viel Krach. Max beschließt jedoch, wieder nach Hause zu segeln, und als er dort ankommt, steht neben seinem Bett das warme Abendessen.

32 Zur Länge der einzelnen hier zusammenfassend beschriebenen Interaktionen siehe das Protokoll im Anhang 5.

Soweit ein demonstrativer Ausschnitt. Die vollständige Analyse ist im Anhang (5) wiedergegeben.

7.3. Ergebnisse der Mikroanalysen

In der Mikroanalyse der beiden Interaktionssequenzen, zeigt sich, dass sich aus diesem Vorgehen äußerst komplexe Befunde ziehen lassen. In der Absicht, die vielschichtigen Ergebnisse greif- und nachvollziehbar darzustellen und der Komplexität der kindlichen Interaktionen einigermaßen gerecht zu werden, habe ich die Diskussion in folgende zwei Themenbereiche aufgeteilt, die eng miteinander verwoben sind und sich gegenseitig bedingen:
In einem ersten Teil (7.3.1.) werden ausgehend von dem Interpretationsansatz Billmann-Mahechas, die die Art und Weise des Perspektivenwechsels, zu der sich Kinder im Vorschulalter fähig zeigen, in fünf *Kompetenzen* typisierte, die Fähigkeiten der drei Kinder in den hier untersuchten Sequenzen »Am Tisch mit Tristan« und »Christèle & Alexandra« eingeordnet. Billmann-Mahecha zog ihre Erkenntnisse über die kindlichen Verstehensleistungen vorrangig aus Interaktionen einzelner Kinder mit Erwachsenen. In ihrem Ergebnisteil dominiert zwar die starke Abgrenzung, jedoch auch der Bezug zu »klassischen« Untersuchungen im Bereich des Perspektivenwechsels, die sich an dem Konzept der Dezentrierung von Piaget orientieren. Deshalb werden in einem zweiten Teil (7.3.2.) die *Strategien* näher betrachtet, die Kinder innerhalb dieser Kompetenzen anwenden, um ihre individuellen Perspektiven bezüglich eines gemeinsamen Handlungszieles zu koordinieren. Bezugsrahmen sind hier zum einen die Studien von Stambak/Royon (1985) und Rayna u.a. (1990), in denen die psychosozialen Fähigkeiten von drei- bis vierjährigen in Kind-Kind-Interaktionen während Handpuppentheateraufführungen im Kindergarten untersucht werden. Zum anderen sollen die Untersuchungen von Oliveira/Rossetti-Ferreira (1994; 1996), Oliveira (1997) und Oliveira/-Valsiner (1997) herangezogen werden, die unter konsequenter Grundlage der Theorie von Mead Strategien herausarbeiteten, die Kinder in gemeinsamen Spielsituationen im natürlichen Umfeld ihrer Betreuungseinrichtung bei der Koordination gemeinsamer Handlungsziele anwenden.

7.3.1. Kompetenzen des Perspektivenwechsels

Vor dem kritischen Vergleich dieser kindlichen Fähigkeiten, wie sie in experimentellen Studien untersucht werden, definiert Billmann-Mahecha fünf Typen kindlicher Verstehensleistungen (Billmann-Mahecha 1990, S. 131ff.) ausgehend von ihrem in alltäglichen Situationen erhobenen Datenmaterial und hinsichtlich einer gemeinsamen sozialen Handlungsperspektive. Obgleich die unterschiedliche Qualität von Erwachsenen-Kind-Interaktionen zu der Kommunikation zwischen Kindern oft betont wird (z.B. Youniss 1994), stützen jedoch die Ergebnisse aus der Sequenz »Christèle & Alexandra« und »Am Tisch mit Tristan« die Erkenntnisse Billmann-Mahechas. Ihre Definitionen sind stets vorangestellt und werden anschließend anhand einiger besonders anschaulicher Beispiele belegt:

Informationsübermittlung

Billmann-Mahecha definiert diesen Typ so, dass »das jeweilige Kind von sich aus die Informationslage einer anderen Person erkennt, erfragt oder antizipiert« (ebenda, S. 132).

Der eigentlichen Informationsübermittlung, die über hinzeigende Gesten, vielschichtige Rede-Handlungs-Abläufe bis zu rein verbalen Darstellungen erfolgen kann, geht jedoch die grundlegende Fähigkeit voraus, die Informationslage des anderen überhaupt zu erkennen.

Dieser Typ lässt sich in den beiden hier untersuchten Sequenzen kaum finden, da es in den vorliegenden Kind-Kind-Interaktionen wenig um reine Informationsübermittlung geht. Der Moment, in dem Christèle Alexandra bei der Buchwahl hilft (88) oder auch ihre Ausführung, warum sie aufhören sollen zu lesen (131), weil sie in den Garten gehen sollten, könnte jedoch zu diesem Typ gehören.

Berücksichtigung von Kognitionen anderer Personen

Die Definition dieses Typs besagt, »[...] dass das Kind innerhalb einer Verständigungs- bzw. Interaktionssituation Kognitionen anderer Personen antizipiert und/oder aus deren Verhalten interpretiert und diese dann im eigenen Reden und Handeln berücksichtigt. Unter Kognitionen sollen dabei Absichten, Wünsche, Meinungen usw. verstanden werden, die die Person im Prinzip auch ausformulieren könnte und die sich in irgendeiner Weise auf Aspekte der gemeinsamen Situation beziehen.« (ebenda, S. 133).

Billmann-Mahecha betont, dass diese Leistung im alltäglichen Handeln eine kooperative Funktion besitzt und dazu dient, eigene Handlungsabsichten zu korrigieren, d.h. auf den anderen abzustimmen. Das Erkennen der Kognition des anderen ist auch hier Voraussetzung, um diese dann im eigenen Handeln berücksichtigen zu können. Das Erkennen wird über die Interpretation von Äußerungen und Handlungen erreicht oder gar durch Antizipation. In Billmann-Mahechas Studie zeigten sich jedoch erst ältere Kinder, 4;11Jahre, dazu fähig.

Aus der vorliegenden Mikroanalyse ist das häufige Auftreten dieses Typs hervorgegangen, denn die Berücksichtigung der Perspektive, d.h. Kognition, eines anderen, ist die Grundlage einer erfolgreichen Interaktion, und ab der zweiten Episode lassen sich sehr viele Momente dazu finden. Deshalb seien hier nur ein paar sehr illustrative Stellen genannt.

Das Erkennen und Berücksichtigen der Perspektive der anderen findet in diesen Interaktionssequenzen hauptsächlich über verbale Äußerungen statt, z.B. von Christèle in (63), als sie Alexandras Buchwahl kommentiert. Auch kurz danach, als Christèle sich von Alexandra abwendet und sich ein anderes Buch nimmt, woraufhin Alexandra schließlich ausführlich zu erzählen beginnt, (68) bis (69), kann als deren Berücksichtigung von Christèles Wunsch angesehen werden, die Geschichte des Buches zu erzählen. In der Äußerung (97) drückt Alexandra ihren Wunsch aus, auf den Christèle sofort dadurch eingeht, dass sie ihr Buch schnell zu Ende blättert und sich dann Alexandra zuwendet. Zum Erkennen über Handlungen können all die Stellen ab der dritten Episode angesehen werden, in denen Alexandra geduldig auf die meist unausgesprochenen Wünsche von Christèle eingeht, neben dem »Erzählen« einer Geschichte auch eine gemeinsame Form des Buch-Haltens zu finden. Erkennen und Berücksichtigung durch Antizipation konnte ansatzweise nur in der fünften Episode gefunden werden, als Christèle aus Alexandras Haltung, nach (163), schließt, dass Alexandra Millie küssen möchte und ihr schnell zuvorkommt.

Handeln aus der Perspektive einer anderen Person

Billmann-Mahechas Definition dieses Typs ist, »dass ein Kind sich (gedanklich) in die Lage eines anderen versetzt und aus dessen Sichtweise handelt oder spricht.« (ebenda, S. 135). Auch dieser Kompetenz geht das Erkennen der Perspektive des anderen voraus, eine Fähigkeit, die z.B. Christèle sehr deutlich in (80) bezeugt, indem sie sich in die Lage des Schafes Millie versetzt und dem Vogel energisch Einhalt gebietet, den Faden aus dem Pullover zu ziehen.

Auch »Am Tisch mit Tristan«, als die drei Kinder, ausgehend von der Geschichte über Max und die wilden Kerle, aus der Perspektive dieser Bilderbuchfigur die Geste des Erschreckens – über seine Bestrafung und/oder die wilden Kerle – ausführen, kann unter diesem Typ der Perspektivenübernahme aufgefasst werden.

Berücksichtigung mehrerer Aspekte eines Objektes

»Die Objektbeurteilungen sind bezogen auf bestimmte Absichten bzw. Orientierungen der beteiligten Personen. Deshalb erscheint es mir sinnvoll, hier die Fähigkeit zur Objektbeurteilung (Berücksichtigung mehrerer Aspekte) aufzufassen als Fähigkeit zur sozialen Verständigung über Objekte.« (ebenda, S. 138).

Besonders in der zweiten und dritten Episode tritt diese Kompetenz deutlich hervor, als Christèle und Alexandra die beiden Dimensionen des Objektes »Buch« berücksichtigen, d.h. zum einen die Bilder betrachten und die Geschichte erzählen, zum anderen es richtig halten und die Seiten umblättern. Darüber hinaus integrieren sie diese beiden Aspekte als zentrale Bestandteile in ihre Interaktion .

Vermittlung des eigenen Verständigungsbedürfnisses

Billmann-Mahecha klassifiziert das Bemühen um die Vermittlung des eigenen Verständigungsbedürfnisses als einen Typ der Fähigkeit zum Perspektivenwechsel, »als das Ingangsetzen von (zusätzlichen) Verständigungsbemühungen ja voraussetzt, erkannt zu haben, dass der andere einen in dem, was man meint, nicht verstanden hat.« (Ebenda, S. 136f.) und betont, dass es einem Kind in solchen Situationen nicht nur um den Austausch von Worten geht, sondern ihm an einer Verständigung über Inhalte gelegen ist.

In Anlehnung an Valtin (1982) hebt Billmann-Mahecha kritisch hervor, dass diese Kompetenz von Vorschulkinder in der traditionellen Forschung im Bereich des Perspektivenwechsels, in kognitiv ausgerichteten experimentellen Untersuchungsanordnungen, die sich an Piagets Konzept der Dezentrierung orientieren, geleugnet bzw. nicht erfasst wird. Sie belegt jedoch anhand einiger Beispiele, in denen Kinder verschiedene sprachliche Äußerungen einsetzen, um von Erwachsenen verstanden zu werden und somit ihren grundlegenden Wunsch vermitteln, in einer Interaktionssituation verstanden zu werden. Die Feststellung, dass Kinder in der Lage sind, verschiedene verbale als auch non-verbale Mittel einzusetzen, um ihre Äußerungen, Wünsche und Absichten dem anderen verständlich zu machen, impliziert folgende allgemeine Erkenntnis: Bereits kleine Kinder besitzen bezüglich eines gemeinsamen Handlungszieles ein großes Bedürfnis nach erfolgreicher Kommunikation und sind um die Koordination von individuellen Perspektiven bemüht. Zu dieser Erkenntnis gelangte wiederholt auch das CRESAS, denn »face à un partenaire d'âge semblable, les enfants mobilisent tous leurs moyens pour faire durer le contact et ils ouvrent ainsi à notre analyse une fenêtre sur leur fonctionnement.« (CRESAS 1991, S. 29).

Ausgehend von Billmann-Mahechas fünftem Typ der kindlichen Verstehensleistungen, der die Fähigkeit von Vorschulkindern darlegt, sich Erwachsenen gegenüber verständlich zu machen, möchte ich nun jedoch genauer durch dieses Fenster schauen, das sich dem Beobachter in Kind-Kind-Interaktionen öffnet. Im folgenden werde ich der Frage nachgehen, welche Mittel die Kinder bezüglich eines gleichaltrigen Gegenübers anwenden, um eine Interaktion aufzubauen, andauern zu lassen, oder, in Meads Worten, mit welchen Mitteln sie die Koordination einer gemeinsamen Handlungsperspektive erreichen.

7.3.2. Strategien zur Koordination von Perspektiven

Eine von Meads zentralen Aussagen bezüglich der Fähigkeit zum Perspektivenwechsel lautet:

»Die soziale Perspektive existiert in der Erfahrung des Individuums, insofern sie verstehbar ist; und gerade ihre Verstehbarkeit ist die Bedingung dafür, dass das Individuum die Perspektive von anderen -insbesondere seiner Gruppe- übernehmen kann. [...] Die gemeinsame Perspektive ist Verstehbarkeit, und Verstehbarkeit ist Beschreibung im Rahmen der gemeinsamen sozialen Bedingungen.« (Mead 1969, S. 218f.)

Im Rahmen des kindlichen Verständigungsbedürfnisses stellt sich hier die Frage, wie, mit welchen Strategien und Mitteln die Kinder untereinander ihre Absichten, Wünsche, kurz Perspektive »beschreiben«, um reziproke Verstehbarkeit zu erlangen. Aus der Komplexität des Datenmaterials können die Strategien in zwei Bereiche geteilt werden. Um der Kohärenz willen werden zunächst die verbal orientierten Strategien betrachtet (a), und im zweiten Teil wird auf handlungsorientierte Strategien der Kinder eingegangen (b).

Verbal orientierte Strategien

Um das gegenseitige Verständnis in einer Interaktionssituation zu erlangen, benutzen Kinder die Strategien der Erklärung, Erläuterung, Präzision und Rechtfertigung ihrer eigenen Perspektive bzw. Handlungen oder Äußerungen – Fähigkeiten, die vor allem Stambak/Royon (1985) und Rayna u.a. (1990) ausführlich beschreiben.

Diese Strategien verwenden auch Christèle und Alexandra, z.B. in den Redeeinheiten (76) und (80), als Christèle ihre Handlung Alexandra verbal näher erläutert bzw. erklärt. In dem Dialog (164) bis (166) wird von Alexandra eine erklärende Präzision gegeben. Auch in den zweiteiligen Äußerungen (86) und (87) treten diese Strategien deutlich hervor. Die Kinder erklären in einer ersten Aussage ihre Handlungen, fügen dann jedoch beide noch eine Präzisierung hinzu, um ihr Verhalten der Partnerin deutlich und nachvollziehbar zu machen. Ebenso in (100) liefert Christèle eine Erklärung und direkt anschließend daran eine ausführlichere Begründung ihrer Handlung.

Es ist ersichtlich, dass diese Strategien genau voneinander zu trennen sind. Ihr grundlegendes und gemeinsames Ziel ist eindeutig das gegenseitige Verständnis von Handlungen und Intentionen, das bei der Verfolgung eines gemeinsamen Handlungszieles grundlegende Bedeutung besitzt. Aus Punkt b) der Kompetenzen ging hervor, dass auch bereits dreijährige Kinder in der Lage sind, die Perspektive eines anderen nicht nur zu erkennen, sondern auch in ihrem eigenen Handeln zu berücksichtigen. Zur Koordination von individuellen Perspektiven hinsichtlich eines gemeinsamen Handlungszieles, reicht reziprokes Verständnis allein jedoch nicht aus. Die jeweiligen individuellen Perspektiven, d.h. Wünsche und Intentionen, müssen von dem einen Interaktionspartner nicht nur vermittelt und vom anderen erkannt und verstanden werden, sondern auf der Grundlage des reziproken Verständnisses müssen darüber hinaus Aushandlungen stattfinden.

Nach Rayna u.a. (1990) und Oliveira/Rossetti-Ferreira (1996) zeigen sich bereits Kinder im Vorschulalter zum Aushandeln fähig, wobei sie die unterschiedlichsten Strategien verwenden, um den anderen zu überzeugen und allgemein gemeinsam eine Perspektivenkoordination zu erreichen. Vor allem Rayna u.a. (1990) analysierten diese Strategien: Die Kinder machen Zugeständnisse, gehen Kompromisse ein, rechtfertigen ihre Perspektive vor der/dem anderen, verführen, geben sich autoritär und benutzen zeitverzögernde Manöver (vgl. Rayna u.a. 1990, S. 162ff.). Auch diese Strategien sind in einem dynamischen Interaktionsprozess nur schwer klar getrennt herauszufiltern. Aus diesem Grunde werden hier zur Illustration einige beispielhafte Momente erläutert, in denen die Mittel, die Kinder einsetzen, um ihre Interaktion aufrechtzuerhalten, den anderen zu überzeugen oder das Handlungsziel zu koordinieren, besonders klar hervortreten.

In der Sequenz »Am Tisch mit Tristan« verwendet Alexandra kombiniert die beiden Strategien der Autorität und Verführung während ihrer – erfolglosen – Versuche, Tristan auf ihr Buch aufmerksam zu machen. Insgesamt ruft sie ihn 20-mal beim Namen, (30) bis (35). Aus der Intonation ihrer Appelle wird deutlich, dass sie einerseits versucht, Tristan durch die schmeichlerisch bittende Intonation zu verführen, andererseits schlägt sich auch die autoritäre Strategie in ihren Betonungen seines Namens nieder. Nur in der Äußerung (34) »je parle!« drückt sie diese explizit aus. Einige Stellen der Rechtfertigung wurden oben bereits beschrieben, deshalb sei hier nur zusätzlich noch (32) angegeben, in der Alexandra als Antwort auf Tristans Bemerkung (31) ihn über eine Rechtfertigung ihrer Appelle zu überzeugen versucht, sich mit ihr das Buch anzusehen.

Die Aushandlung eines Kompromisses zwischen Christèle und Alexandra konnte nur ansatzweise in (148) bis (155) gefunden werden. Beide Mädchen versuchen, ihre eigene Perspektive der anderen deutlich zu machen bzw. die andere von ihr zu überzeugen, bis Christèle explizit darauf hinweist, dass Alexandra sich täuscht, worauf diese in besänftigendem und verführerischem

Tonfall eingeht. Diese Szene belegt besonders anschaulich die Feststellung von Rayna u.a. (1990), dass die Kinder in all ihren Aushandlungen sehr darauf bedacht sind, Konflikte zu vermeiden: »Les enfants procèdent comme s'ils voulaient à tout prix éviter les conflits aigus. La négotiation se fait 'en douceur': l'un des deux finit par cèder, les enfants parviennent à un accord.« (ebenda, S. 192).

Obgleich Christèle und Alexandra keine echten Kompromisse eingehen, so belegen jedoch viele Szenen die Strategie, Zugeständnisse zu machen, um eine Einigung zu erlangen. In den Äußerungen (77) und (102) verbalisiert Alexandra ihre Zugeständnisse, indem sie sich explizit einverstanden erklärt, Christèles Handlungen nachzugeben. In zwei weiteren Szenen ist der Prozess einer Aushandlung offensichtlich und endet in (128) bis (131) mit einem Zugeständnis seitens Christèles, die sich Alexandras Wunsch, weiterzulesen, beugt; und bei ihren Aushandlungen über die Wahl eines neuen Buches ist es in (132) bis (135) Alexandra, die sich Christèles Vorschlägen fügt. Als Beispiel der Strategie eines zeitverzögernden Manövers kann Alexandras Handlungen als auch Äußerung (66) angesehen werden.

Eine weitere Strategie, die Kindern über ihre verbalen Ausdrucksfähigkeit bei der Koordination ihrer Perspektiven hilft, beschreiben Oliveira/Rossetti-Ferreira (1994, 1996), die hier als »Alternanz der Reihe nach« bezeichnet wird: »The incipient function of verbal language can already be seen, helping children in their new way of coordinating roles through the alternation of turns. The verbal expression used to call the partners attention create the conditions for a more coordinated role playing. By providing the opportunity for role reversal, they help the children to observe the partner while they wait for their turn to play that same role.« (ebenda 1994, S. 219).

Aus der Mikroanalyse geht hervor, dass die Interaktion von Christèle und Alexandra ab Mitte der dritten Episode fast vollständig auf dieser Strategie beruht. Hier wird auf prägnante Weise deutlich, dass alternierende Wiederholungen perspektivenkoordinierenden Charakter haben können. Das Abwarten und genaue Beobachten des anderen, während er seine Handlung ausführt, gibt den Kindern die Möglichkeit, einerseits ihre Ähnlichkeit und Gemeinsamkeit zu erleben, innerhalb dieser Gemeinsamkeit jedoch auch ihre Unterschiedlichkeit zu erfahren. Die Alternanz der Reihe nach kann demnach als ein wichtiges konstitutives Moment in der Entwicklung der Selbst-Andere-Differenzierung angesehen werden.

In zuletzt genannter Sequenz ist jedoch nicht nur eine verbale Alternanz der Reihe nach zu beobachten, sondern dazu parallel auch auf der Handlungsebene eine ausgewogene Alternanz, nämlich die des Buch-Haltens. Unter dieser Strategie kann auch die Szene in »Am Tisch mit Tristan«, in der die Kinder die Geste Erschreckens zu dritt alternierend wiederholen, aufgefasst werden.

Auf einen weiteren, allgemeinen Aspekt in kindlichen Aushandlungsprozessen weisen Oliveira/Rossetti-Ferreira (1996) hin. Sie stellten fest, dass jede dynamische Aushandlung unterschiedlicher, d.h. individueller Perspektiven von Kindern, über deren Opposition zum einen als auch Imitation zum anderen erfolgt (vgl. ebenda, S. 196).

In der letztgenannten Szene aus »Am Tisch mit Tristan« gelingt den Kindern die Koordination einer gemeinsamen Perspektive durch die gegenseitige Imitation einer Handlung. Die reziproke Imitation beschreiben Oliveira/Rossetti-Ferreira (1994; 1996) als das grundlegende Mittel der gemeinsamen Handlungskoordination, das sie bereits bei viel jüngeren Kindern, 1;9 und 1;11 Jahre, beobachteten: »[...] in a period when self-other differenciation is at its beginnings and when the dialogical structure of the interaction with its coordination of different parts is being mastered by the children, the role coordination occurs mainly through reciprocal imitation.« (ebenda 1996, S. 189f.).

Dass gegenseitige Imitation ein zentrales Mittel darstellt, ist auch aus beiden hier untersuchten Sequenzen ersichtlich. Nicht nur Szenen, in denen reziproke Imitation offensichtlich ist, zwischen (2) und (6) im Situationskontext, (106) bis (127) in der dritten Episode, (136) bis (155) in der vierten und die Küsse in der fünfte Episode, veranschaulichen diese Strategie, sondern auch andere Momente, die ich mit »imitierender Wiederholung« umschreiben möchte. Hierunter können (93) bis (96) aufgefasst werden und aus der Analyse ging deutlich hervor, dass imitierende Wiederholungen eine Strategie sind, um die Koordination der Perspektiven zu erreichen. Die Szenen (70) bis (72) und (140) bis (143) belegen darüber hinaus, dass solche Wiederholungen ein wichtiges Mittel in kindlichen Interaktionen darstellen, um eine bereits erreichte Perspektivenkoordination zu konsolidieren.

Anhang

1. Ausschnitt aus dem leicht überarbeiteten Transkript des Rollenspiels »Pressekonferenz«

Leiterin KT 1:

»Herzlich willkommen zu unser heutigen Tagung. Die Tagung beschäftigt sich mit dem Projekt, mit dem wir uns jetzt ein Jahr befasst haben. Hier sitzen fachkundige und kompetente Kolleginnen und Kollegen, die dann später auch Ihre Fragen beantworten können. Ich möchte Ihnen ganz kurz erzählen, worum es in dem ersten Jahr ging: Es ging um die ›Gleichstellung von Mädchen und Jungen‹. Wir haben uns in den Einrichtungen die Situationen näher betrachtet, in denen diese Thematik auftauchte und im Rahmen der Supervision Selbstreflexionen angestellt, über unsere pädagogische Arbeit, aber auch über den Umgang der Kolleginnen und Kollegen miteinander im Team. Dazu möchte ich das Wort weitergeben an meine Kolleginnen und Kollegen hier auf dem Podium.«

Erzieherin KT 4:

»Herausgefunden haben wir bei diesem Projekt, dass sich für alle Teams die Reflexion in Form der Supervision der eigenen Arbeit sehr positiv ausgewirkt hat. Nach solch einer Supervision hat man meist eine ganz andere Einstellung den Kindern gegenüber, weil man sich in Ruhe viele Sachen durch den Kopf gehen lassen kann. Dadurch ist auch die Arbeit mit den Eltern einfacher geworden.«

Erzieher KT 1:

»Wir haben uns heute hier im großen Kreis getroffen, um herauszufinden, wo es Gemeinsamkeiten und Unterschiede zwischen den einzelnen Eirichtungen gibt. Wir konnten dabei feststellen, dass die Gemeinsamkeiten überwiegen und Unterschiede sehr schwer aufzuspüren und sehr gering waren. Die Teams waren dem Vorhaben gegenüber insgesamt sehr positiv eingestellt.«

Leiter KT 3:

»Was sehr positiv angemerkt wurde, war der Zeitfaktor: anderthalb Stunden Zeit zu haben, uns mit pädagogischen Themen und mit einzelnen Kindern zu beschäftigen. Das ist in unserer alltäglichen Arbeit eher eine Seltenheit, eine Ausnahme. In unseren normalen Besprechungen haben wir meist mit organisatorischem Kleinkram zu tun und oftmals bleibt nicht uns die Zeit, um uns so intensiv mit einer einzelnen Thematik oder mit einzelnen Kindern zu befassen. Das wurde in allen Teams als positiver Aspekt benannt.«

Erzieherin KT 2:

»Wir haben alle erkannt, dass man sich untereinander im Team austauschen kann und muss, aber auch mit der Leitung von außen, mit den Supervisoren. Dadurch wurden neue Sichtweisen in unsere Gespräche und unsere Themen eingebracht. Man lernt dadurch neue Aspekte zu betrachten, die im Team vielleicht verloren gegangen sind, weil wir zu sehr unter Zeitdruck steht. Also die Hilfe von außen war für alle sehr wertvoll.«

Leiterin KT 4:

»Die Heranführung an das Thema wurde in den Teams unterschiedlich bewertet. Es gibt Teams, die sich viel Mühe gegeben haben, auf das Thema ›Gleichstellung von Jungen und Mädchen im europäischen Vergleich‹ hinzuarbeiten. Andere haben sich erst einmal auf die Fallsupervision eingelassen und wir überlegen, wie wir das Thema hineinbekommen. Das Thema war in den Supervisionen noch nicht so deutlich erkennbar. Von daher gibt es auch eine große Hoffnung auf die nächste Projektphase, in der es deutlicher um die Gleichstellungsthematik gehen soll.«

Erzieherin KT 1:

»Wir haben festgestellt, dass in den Fallsupervisionen überwiegend über Jungen gesprochen wurde. Mit den Mädchen haben wir uns weit weniger befasst.«

Erzieherin KT 1:

»Wobei man dabei einschränken muss, dass es sich bei einigen Einrichtungen eher in der Waage gehalten hat. Die Gründe dafür wären jetzt noch zu erarbeiten.«

Leiterin KT 4:

»Ein weiterer Unterschied: Die Elternarbeit wurde in den Supervisionen unterschiedlich zum Thema gemacht. In einer Einrichtung wird sehr oft darüber gesprochen, in den anderen wird eher über die Kinder nachgedacht.«

Frage aus dem Publikum (Tagungsleiter): »Welche Hoffnungen und Ziele verbinden Sie mit dem Projekt?«

Erzieher KT 2:

»Ich verbinde persönlich damit die Hoffnung, meine eigenen Rollenbilder noch einmal besser zu verstehen und die Rollenbilder und Klischees, die in der heutigen Gesellschaft gelebt werden, mir vor Augen zu führen und zu sehen, ob man da Handlungsbedarf hat, etwas zu ändern, oder ob man das so fortführen kann.«

Erzieherin KT 2:

»Ziel ist ja auch, über den europäischen Einigungsprozess nachzudenken. Wir wissen sehr wenig über die anderen Länder, wie dort das Thema behandelt wird. Ziel wird sicherlich auch sein, dass wir in unseren geplanten Exkursionen nach Frankreich und in andere europäische Länder erfahren, wie man dort mit Jungen und Mädchen und Gleichstellung umgeht.«

Frage aus dem Publikum (Leiterin KT 2): »Was bedeutet in diesem Zusammenhang eigentlich der Titel des Projekts ›Haus Europa‹ und Supervision?«

Erzieherin KT 4:

»Haus Europa bedeutet, dass wir in diesem Projekt mit mehreren Kindereinrichtungen in Frankreich, England und Portugal zusammenarbeiten. Die Supervision ist dabei eine angeleitete Reflexionsarbeit, in der Hilfestellungen gegeben, Fragen gestellt und Probleme erörtert werden, die dann gemeinsam mit den ausländischen Kolleginnen und Kollagen ausgetauscht werden sollen. Dabei geht es sowohl um den Umgang mit einzelnen Kindern und ihrer Geschlechtszugehörigkeit als auch um das Team und die dort vorhandenen männlichen und weiblichen Ideen zu Kindererziehung und Kultur. Die Supervision hilft dabei, auf einen gemeinsamen Nenner in der pädagogischen Arbeit zu kommen. Bei dem Thema Gleichstellung ist das besonders wichtig, damit man nicht – ohne es zu merken – die Jungen anders behandelt als die Mädchen.«

Erzieherin KT 2:

»Zu dem Begriff ›Haus Europa‹: Es geht um das Haus, in dem sich verschiedene Räume befinden, in Europa die verschiedenen Länder. Diese Länder werden eine Annäherung finden müssen, damit es ein funktionierendes Haus wird, dass man voneinander weiß und auch ein Stück weit zueinander findet, wie das bei dem Leben in einem gemeinsamen Haus eigentlich auch sein sollte. Statt eines Nebeneinanderher wollen wir ein Miteinander anstreben.«

Leiter KT 3:

»Ein Weiteres: Wir stammen ja alle aus der Region Rhein-Main und haben hier regional schon ein breites Spektrum an Nationalitäten, was übrigens auch immer wieder in den Supervisionen thematisiert wird. Das sind vor allem Unterschiede zwischen ausländischen und deutschen Kindern und die Unterschiede zwischen den fremden Kulturen. Es ist also nicht nur unter dem Aspekt der Zusammenarbeit mit anderen Einrichtungen im europäischen Ausland zu sehen, sondern die Häuser sind bereits jetzt schon keine rein deutschen Häuser.«

Erzieher KT 3:

»Um ein besseres Verständnis über die Problematik Europa zu haben, ist es wichtig, dass wir in einen Erfahrungsaustausch untereinander treten. Wir versuchen zu verstehen, wie z.B. ein türkisches Mädchen erzogen wird. Erfahrungsgemäß werden ja die Kinder in anderen Ländern ganz anders erzogen. Z.B. in England werden die Kinder anders erzogen als in Deutschland.

Und um diese Unterschiede zu verstehen, braucht man eine Supervision, die kompetent unterstützt. Und es reicht nicht aus, als einzelne Einrichtung sich damit zu beschäftigen. Man braucht den Austausch mit anderen Einrichtungen, die das gleiche Thema haben, denn auch diese haben ja Kinder aus sehr verschiedenen Nationen.«

Leiterin KT 4:

»Aus meiner Sicht ist noch gar nicht klar: Was ist denn geschlechtsspezifische Erziehung? Wie werden Mädchen und wie werden Jungen erzogen? Das ist der erste Schritt. Dann kann man schauen, ob europäische Mädchen anders erzogen werden. Schließlich kann man sich Schritte der Annäherung überlegen.«

2. Auswahl der transkribierten Einzelaussagen aus den vier Einrichtungen zur Vorbereitung auf die zweite Zwischenbilanztagung

KT 1:

Frau A: Für mich ist Gleichstellung, althergebrachtes Rollenverhalten nicht unbesehen weiter vermitteln. Starke Jungen und schwache Mädchen, das sind Vorstellungen, die nicht nur von den Ausländern, sondern auch von den Deutschen oft in die Einrichtung kommen, die Mädchen sind fein raus geputzt mit Kleid. Das möchte ich nicht. Was mir wichtig ist: beiden Geschlechtern neue Erfahrungen bzw. Impulse zu geben, dass man auch mal in eine andere Ecke schauen kann, und die Kinder hier anders sein zu lassen, dass das, was sie zu Hause nicht dürfen, hier dürfen, dass sich ein Mädchen auch mal in die Pfütze setzt und mal so richtig matscht, was man als Mädchen eigentlich gar nicht macht.

Dann habe ich immer Schwierigkeiten, den Geschlechtern Eigenschaften zuzuordnen. Mir ist dann der Begriff Zimtzicke eingefallen, das will ich eigentlich nicht unbedingt. Mir ist dann aufgefallen, dass der männliche Aspekt in der Kita total fehlt, dass hier nur Frauen arbeiten, dass das für die Jungen schwierig sein kann.

Bei der Umsetzung ist mir ein Bild eingefallen, wie Frau X aus der Gruppe gekommen ist und alle Jungen saßen im Fußballdress und bei mir gekocht haben. Mir ist wichtig, dass Jungen auch kochen können dürfen, was zu Hause oft nicht gemacht wird.

Zur dritten Frage ist mir die Ball-AG eingefallen, wo nicht nur Jungen mitmachen und wo anfangs gedacht war, die etwas aggressiveren Jungen sich austoben zu lassen und dass bei Frau Y die Werkbank auch von beiden Geschlechtern genutzt und auch immer darauf hingewiesen wird.

Es ist mir keine Szene aus einer der Supervisionen eingefallen, jedenfalls nicht zu den Fragen.

Frau B: Mir fiel die erste Supervision ein mit Tarzan und Jane, wo es ja klare Rollen gab, da war so etwas mit dem Thema Rolle und welche Rollenerwartung habe ich...Bei mir gehört zur Gleichstellung dazu, dass Spielmöglichkeiten auch danach begutachtet werden sollten. Ich schaue öfter mal, was hier für Jungen angeboten wird. Haben nicht die weiblichen Aspekte die Oberhand? Dazu gehört auch die Bauecke und: Wir haben gar keine Autos in den Bauecken, das hat dann ziemlich lange gedauert, bis das auffiel. Die Puppenecken sind perfekt, da gibt es alle möglichen Möbel, und in den Bauecken gibt es nicht einmal matchbox-Autos. Ich befürchte, da hier nur Frauen arbeiten, dass dieser männliche Aspekt – wo er auch immer sein mag – zu kurz kommt. Ich habe mich an unseren Praktikanten erinnert, da war schon mehr los hier im Haus, als der hier war. Das schreibe ich seiner Person zu und dass er ein Mann ist.

Ich finde die Thematik sehr schwierig, weil mir auch nicht alles klar ist. Das hängt mit den Rollenerwartungen zusammen, die jeder von uns an Mädchen und Jungen hat. Mir geht es darum herauszufinden: Welche Rollenerwartungen habe ich und wo geht es dabei um die Wünsche des Kindes? Und das auseinander zu halten finde ich eben sehr schwierig.

Wo sehe ich die Verwirklichung von Gleichstellung bei meinen Kolleginnen? Ich sehe keine Verwirklichung, aber ich sehe, dass z.B. im Rahmen einer pädagogischen Woche zum Thema «Eingewöhnung« die eine oder andere Kollegin meinte: An den ersten zwei bis drei Tagen habe ich es ganz gern, wenn das neue Kind bei mir in der Gruppe ist. Und eine andere Meinung war: Wenn die Kinder raus gehen möchten, dann können sie raus gehen, die haben das nicht so eng auf den Raum bezogen. Wir haben uns dann ausgetauscht: Die Mädchen sind eher im Haus und den Jungen wird eher zugestanden, nach draußen zu gehen.

Frau E: Für mich ist klar, dass ich die unterschiedlichen Geschlechter gleich behandele, weil mir das sehr wichtig ist. Wenn Jungen sich z.B. stark fühlen, wollen sie sich miteinander messen, das mache ich dann auch mit. Ich gehe darauf ein, indem ich erkläre, dass es auch starke Mädchen gibt bzw. schwache Jungen. Ich achte darauf, dass Spielzeug für alle da ist, einerlei ob es für Mädchen oder Jungen gedacht ist. Ich schicke die Jungen nicht nur in die Bauecke und die Mädchen in die Puppenecke, mir ist es eigentlich gleich, wer da jeweils spielt.

In der täglichen Arbeit, die wir alle zu machen haben, haben alle die selben Rechte und Pflichten, einerlei ob es sich um Mädchen oder Jungen handelt. Beim Tisch-Abwischen oder Tisch-Decken, da ist es egal, ob das Mädchen oder Jungen machen.

Zu den Kolleginnen: Ich finde es sehr vorteilhaft, dass wir viele Kolleginnen haben, die handwerklich kompetent sind, was eigentlich nicht frauentypisch ist.

Eine Fallszene ist mir nicht eingefallen. Ich konnte mich nicht an alle erinnern, und wenn mir eine eingefallen ist, konnte ich sie dem Thema nicht zuordnen.

Frau G: Aus der Erfahrung mit der Organsiationsentwicklung, an der unsere Einrichtung teilnimmt, habe ich den Satz mitgenommen: Gerechtigkeit in der Ungleichheit. Das verstehe ich unter Gleichstellung: Jedes Kind muss individuell wahrgenommen werden, die Ungleichheiten müssen gesehen werden, um Gerechtigkeit herstellen zu können, und zwar unabhängig vom Geschlecht. Das setzt voraus, dass man hinschaut, wie sich das Kind in seiner Persönlichkeit darstellt.

Wo ich Gleichstellung verwirklicht habe und wo nicht? Ich bin mir der Unterschiede deutlicher bewusst geworden was die einzelnen Kinder angeht – da weniger in einer Art individueller Beurteilung als vielmehr in der Art einer Kategorisierung. Ich kann das Kind individuell sehen, aber wenn ich das Kind beurteile, dass ich meist doch in den Kategorien «männlich« und «weiblich« denke. Die Individualität wird dann auf solche Kategorien bezogen. Eine Änderung hat sich für mich darin ergeben, dass ich jetzt darauf achte, nicht einfach die Mädchen in die

Bauecke und die Jungen in die Puppenecke zu schicken – wie das vorher für mich eine Idee war. Ich schaue jetzt: Was ist für dieses oder jenes Kind im Moment wichtig und ich sorge dafür, dass es seine Bedürfnisse erfüllen kann.

Ich habe gemerkt, dass ich bestimmte Verhaltensweise bevorzuge und in den typische Kategorien gedacht bevorzuge ich männliche Verhaltensweisen. Da muss ich im Umgang mit den Kindern sehr aufpassen.

Gleichstellung bei den Kolleginnen: Mir selbst fällt es schon schwer, Gleichstellung konkret umzusetzen, so dass ich das bei den Kolleginnen gar nicht kann.

Fallszenen: Da fiel mir Felizitas und Josip ein. Es fällt mir sehr schwer, die Fallszenen auf das Thema des Projektes zu beziehen. Die Fallbesprechungen waren bezogen auf die Individualität der Kinder und auf einzelne Situationen.

KT 2:

Herr B: Was mir bei dem Wort Gleichstellung eingefallen ist: Gleichstellung ist etwas Positives, etwas auch Erstrebenswertes, aber auf der anderen Seite sträubt sich mir etwas bei diesem Wort «Gleichstellung«, weil mir dabei der individuelle Aspekt verloren geht. Ich denke, dass Gleichstellung auch immer etwas mit individueller Persönlichkeit zu tun hat. Es gibt Mädchen, die würden gerne Fußball spielen, denen muss man das in einer Einrichtung in irgendeiner Form ermöglichen und man muss das unterstützen und entsprechend anbieten oder, wenn Jungen Fußball spielen, mitwirken, dass die Mädchen mitspielen dürfen oder, wenn das nicht möglich ist, einen Ausgleich schaffen. Aber es ist nicht so, dass alle Mädchen Fußball spielen. Es wollen auch nicht alle Mädchen Fußball spielen, es wollen auch nicht alle Jungen Fußball spielen. Das macht es ein bisschen schwierig, den Begriff zu füllen. Ich halte den individuellen Aspekt für wichtig, alles zu ermöglichen, aber auch Freiheiten so zu lassen, in dem man vermeidet zu sagen, ich will jetzt Gleichstellung haben und man presst alles in diese oder jene Richtung. Meine Erfahrungen auch in anderen Einrichtungen sind, dass es dann oftmals Konflikte zwischen mir Frauen gab, wie man das jetzt umsetzen kann oder forcieren kann, das eine Gleichstellung stattfindet. Es gibt nicht nur Mädchen und Jungen, sondern es gibt unterschiedliche Mädchen und unterschiedliche Jungen. Ein wichtiger Aspekt ist also, Möglichkeiten für diese Unterschiedlichkeit bieten. Und wenn irgendwo ein Bedürfnis ist, dann muss das gesehen, aufgefangen und unterstützt werden, aber nicht nach Programm, jetzt machen wir für alle Mädchen Fußball.

Wir haben uns lange über eine Szene unterhalten vom Sommerfest, angefangen hat das mit einem Tanz bei den Mädchen und es gab heiße Konflikte unter ihnen. Es war kein Konflikt, dass ein türkischer Junge mitgemacht hat, der sonst einer von der Fußballfraktion ist. Aber unter den Mädchen hat eines die Regie übernommen und wollte, dass alle Kopftücher tragen. Da gab es eben harte Auseinandersetzungen, andere haben sich geweigert, dann würden sie nicht mehr mitmachen, wenn sie gezwungen würden, ein Kopftuch zu tragen. Wir waren der Meinung, dass es eine ganz gute Lösung gab. Der Tanz hat stattgefunden, es wurde zwar hart diskutiert und wir haben auch eine bestimmte Richtung vertreten, nämlich die, dass jeder mitmachen darf, aber dass auch nicht einer allein bestimmen darf, wie alle anderen auszusehen haben, und dass das akzeptiert werden muss, wenn jemand kein Kopftuch trägt, auch wenn es ein türkischer Tanz ist. Irgendwie haben die Mädchen das dann hingekriegt und der Tanz hat stattgefunden, obwohl es in der Vorbereitungszeit schon manchmal hart auf der Kippe stand.

Frau C: Am Anfang unserer Diskussion stand die Frage: Ist Gleichstellung das, was wir wollen? Wir haben dann den Facettenreichtum individueller Unterstützung in den Vordergrund gestellt, diesen in der Einrichtung zu fördern. Es ist sinnvoll, Mädchen und Jungen in ihren Fähigkeiten zu fördern, auch Verhaltensmuster aufzuteilen, welche Chancen so etwas bieten kann. Das hängt natürlich ganz stark mit dem eigenen Rollenverständnis zusammen, auch wenn mit in einer Konstellation Mann-Frau arbeitet, sich abzusprechen. Als z.B. beim Sommerfest ein türkischer Junge mit getanzt hat, das wäre für mich ein Beispiel, wo ein Junge unterstützt wird, wo wir mit darauf achten, so etwas zu fördern und das in einer Einrichtung, in der es bei dieser Altersgruppe sonst nicht üblich ist, so etwas zu bestärken.

Frau F: Ich glaube, jeden prägt die Erziehung, und aus welcher Generation man stammt. Die Frauen- und die Männerrolle war früher ja schon klar. Und jetzt merkt man, dass es mehr verwischt wird. Aber im Inneren kommt das doch manchmal hoch. Was ich unter Gleichstellung verstehe, das ist bei mir so, dass man Mädchen Mädchen sein lassen muss und Jungen Jungen. Das ist meine Vorstellung. Sie sollen sich frei entfalten und auch frei entscheiden. Wenn Mädchen sagen, sie möchten Prinzessin sein, dann werde ich nicht sagen, ihr müsst Cowboy spielen. Sie sollen das machen, was aus ihrem Innern kommt oder wie die türkischen Mädchen, die mehr so die Frauenrolle übernehmen. Dann sage ich nicht, geht mal auf den Bauteppich und spielt mal mit den Bausteinen. Das lasse ich die Mädchen schon frei entscheiden. Für mich ist also die Gleichstellung die freie Entscheidung und dass die Kinder sich frei entfalten können.

Und als Erzieherinnen haben wir festgestellt, dass die Jungen immer auf dem Bauteppich spielen und die Mädchen nie. Da haben wir gesagt, wir wollen mal probieren, uns einzumischen. Wir haben gesagt, heute spielen nur die Mädchen auf dem Bauteppich und haben gedacht, es geht vielleicht niemand drauf. Die Mädchen aber sind drauf gegangen und haben gespielt. Die Jungen waren erst ein bisschen motzig, sind aber dann weggegangen. Aber uns war unklar, haben wir die Mädchen gefördert oder haben wir sie gezwungen? Das kam, weil wir uns in den Prozess eingemischt haben.

Wo habe ich die Gleichstellung verwirklicht, wo nicht? Es ist wichtig für uns, dass die Kinder selbständig werden. Wir haben sie extra gemischt, Mädchen und Jungen haben Tischdienst. Wir haben gemerkt, die Jungen wollten immer nur kehren und nicht den Tisch wischen. Wir haben dann zu einzelnen Jungen gesagt, heute wischst du mal, und die Mädchen haben das auch gut aufgenommen. Manche haben sich auch gewehrt und schnell, schnell gemacht, damit sie fertig waren. Wir haben dann beschlossen, dass öfter getauscht wird. Aber das geht ja wieder auf die Differenz Jungen-Mädchen. Wir wollen sie gleichstellen, anderseits behandeln wir sie damit ungleich.

Wo sehe ich die Verwirklichung von Gleichstellung bei meinen Kollegen? Die spielen mit den Mädchen und den Jungen Fußball. Aber was uns aufgefallen ist, dass der Erzieher mehr Fußball spielt und nicht mal so sich in der Puppenecke aufhält. Ich habe auch Fußball mit den Jungen gespielt, ich bin dann ins Tor gegangen, weil niemand gerne ins Tor geht. Als Kind war ich immer wie ein Junge, die haben es immer besser gehabt als wir Mädchen.

Fallszenen? In jeder Fallbesprechung haben wir etwas dazu angesprochen, da kann ich mich jetzt nicht festlegen. Wir haben über Streit und Rollenspiele bei Jungen gesprochen, über

Schimpfwörter, Geschwisterprobleme. Bei der Vorstellung der Gruppe haben wir darüber gesprochen, wer mit wem mehr spielt. In den Fallbesprechungen war immer etwas davon drin.

Herr G: Ich werde mich besonders auf die Frage nach der Gleichstellung bei meinen Kolleginnen konzentrieren. Bei der Hausaufgabenbetreuung, bei der Dienstbesprechung, da machen wir alle dasselbe. Nur, was ich bemängele, wahrscheinlich auch legitim, das ist der sportliche Bereich, bei den Jungen Fußball und Volleyball, und was da nicht so gleichgestellt ist, das ist bei mir die Konfliktbewältigung. Bei Mädchenkonflikten, da gehe ich eher zurück. Ich löse lieber die Konflikte bei Jungen, da kann ich hart rangehen. Bei Mädchen habe ich immer das Gefühl, ich muss die so zart anfassen. Das überlasse ich lieber meinen Kolleginnen. Kommt ihr bitte mal her! Ich spreche da auch den mütterlichen Instinkt an. Die Mädchenkonflikte lasse ich lieber bei meinen Kolleginnen, und bei den Jungenkonflikten übernehme ich dann eher. Ich weiß auch nicht, ob sich das in Zukunft verbessert. Ich bin zwar bemüht, aber mich zieht es nicht in die Puppenecke. Das Spielen mit Puppen und Rollenspiele. das ist nicht mein Ding.

Und welcher Fall mir einfällt? Der Fall Michael.

KT 3

Herr A: Was verstehe ich unter Gleichstellung? Es hat angefangen mit Gleichstellung zwischen Kindern und auch Erwachsenen, weil sich dann im Gespräch herausgestellt hat, dass es eigentlich mit der Gleichstellung etwas utopisch ist. Ich kann mich nie auf jedes der Kinder gleichermaßen einlassen, einerlei in welcher Form ich das versuche. Bei den Krabblern verwirkliche ich schon keine Gleichstellung, weil die ich die ganz anders umsorge und auch reglementiere als ältere Kinder. ich lasse sie nicht nach ihren Impulsen leben. Die können sich das Schnitzel nicht selber nehmen, das muss ich machen, das muss ich klein schneiden. Und ich muss sie auch mal füttern, wo ich bei Größeren schon sage, das können sie selbst. Das war ein erster Gedanke, der mir zu dem Thema kam. Dann zwischen den Geschlechtern: Ich versuche, Jungen und Mädchen gleich zu behandeln, Gruppenangebote für beide Geschlechter gleichmäßig anzubieten. Sie sollen selbst entscheiden, ob sie annehmen wollen oder nicht. Wenn ich Kuchen backe, dann sind da Jungen genauso willkommen wie Mädchen. Und wenn ich rausgehe und Fußball spiele – Fußball spielen mache ich eigentlich überhaupt nicht – oder ich gehe in den Werkraum, dann können Mädchen da genauso mitkommen, es sind nicht nur Jungen angesprochen. Unter Gleichstellungen verstehe ich auch noch eine Gleichstellung verschiedener Kulturen, die wir allerdings hier nicht so unterschiedlich vertreten haben. Da haben wir eine Gleichstellung deshalb nicht erreicht, weil wir hier nur christliche Feste feiern. Wir hatten auch Moslem-Kinder hier, für die wurde überhaupt nichts in diesem Sinne angeboten. Da existiert keine Gleichstellung.

Wo sehe ich Verwirklichung von Gleichstellung bei meinen Kolleginnen? Alle Gruppenangebote, die ich wahrnehme, richten sich immer an beide Geschlechter, da wird nie gesagt, da machen nur die Mädchen etwas, es sei denn, ich gehe mit Frau B. spazieren, wo Monika sagte, alle Mädchen gehen jetzt vor, und alle Mädchen rennen jetzt zum Spielplatz. Und nachdem die Mädchen losgetrabt waren und schon außer Hörweite, kam: Und jetzt dürfen die Jungen auch losrennen. Ich war sehr erstaunt, aber Frau B. meinte, sie mache es auch anders herum, sie schicke auch mal erst die Jungen los und dann die Mädchen hinterher, wobei die Jungen befürchten würden, die Mädchen würden sie überholen.

Die Fallszenen aus den Supervisionen? Da habe ich mich sehr schwer getan. Meine Gedanken bezogen sich mehr auf die alltägliche Arbeit.

Frau B: Das erste was mir einfiel war Junge-Mädchen, aber es ist auch groß und klein, Ausländer-Deutsche, immer da, wo ein Unterschied zu sehen ist. Da sollten gleiche Möglichkeiten vorhanden sein. Ich verstehe also unter Gleichstellung, dass alle Kinder die gleichen Möglichkeiten haben sollen, allerdings ist die Nutzung der Angebote jedem selbst überlassen. Das heißt aber nicht, dass ich eine Hemmschwelle auch belasse. z.B. haben Mädchen eine Hemmschwelle vor dem Werkraum. Denen helfe ich entsprechend. Wenn man selbst drinnen steht, dann kommen die Mädchen leichter herein.

Wo Gleichstellung verwirklicht wird, da ist bei Regeln, die im ganzen Haus gelten, Pflichten beim Tischdienst und anderes. Allerdings ist es unterschiedlich im Hinblick auf die Altersgruppen, ein Krabbler, der nicht mit zum Eissalon geht und ein Hortkind, das keinen Mittagsschlaf macht. Das richtet sich schon nach den Altersgruppen. Durch Raumgestaltung kann man Angebote interessanter machen, z.B. durch das Malatelier von Frau D., durch Projektgruppen, durch Elterngespräche, durch Feiern etwa unser Papa-Tag, den wir regelmäßig machen. Was mädchen- und jungenspezifische Spiele betrifft, also die Puppenecke und die Tobeecke, ich selbst wirke da wohl ziemlich viel darauf ein, wenn ich z.B. eher sage, es ist aber ganz schön laut in der Tobeecke, statt: In der Puppenecke ist es mir aber zu ruhig. Es verhält sich so, da sind meistens Mädchen oder die ganz Kleinen.

Die Verwirklichung von Gleichstellung sehe ich bei allem, was hier getan wird, Herrn A.'s Handarbeitsstübchen, das Restaurant, unser Kinderrat, die Musikecke, das Malatelier. Dann fielen mir die älteren Kinder ein, die wir durch Bücher oder Fußballspielen begleitet haben.

Fallszenen in der Supervision? Soweit kamen wir gar nicht.

Frau F: Zum Thema Gleichstellung fällt mir ein: Gleichbehandlung, gleiche Angebote an alle Kinder, dann Gleichstellung von Kindern aus verschiedenen Kulturen, da war mir auch ganz wichtig das Erkennen von Unterschieden. Bei all dieser Gleichstellung sollten wir trotzdem noch die Unterschiede sehen und dafür auch unterschiedliche Angebote machen.

Wo habe ich Gleichstellung verwirklicht? Ich bin für den Werkraum zuständig, aber auch beim Bauteppich, in der Küche, da versuche ich beizutragen, dass für Mädchen und Jungen Angebote gemacht werden. Nicht verwirklicht – die Leitung hat da eine andere Stellung für mich – das Feiern von christlichen Festen und die Angebote auf der Ebene der Krabbler.

Wo sehe ich die Verwirklichung von Gleichstellung bei meinen Kolleginnen? Ich sehe eigentlich alle ihre Angebote so überdenken, dass es für Jungen und Mädchen gleich genutzt werden kann. Ob dem dann so ist, das ist eine andere Frage. Die Gruppenangebote sind nicht geschlechtsspezifisch.

Und von den Fallbesprechungen? Da war mir in Erinnerung als wir die Sabina besprochen haben, da kam: Sie wird angezogen typisch Mädchen, nett angezogen, das war auch unser Bild: Das ist ein typisches Mädchen mit Lackschuhe und Schleifchen, das ist unser Mädchenbild. Wir lassen aber trotzdem zu, dass sie auf Bäume klettert und sich dreckig macht. Als wir die Fallbesprechung über die Hortkinder hatten, war für mich beeindruckend: Die Jungen gehen raus, jagen im Wald und die Mädchen bleiben drin und versorgen die Familie. Das war für mich eine Fallbesprechung, bei der ich dachte, da muss ich näher drauf schauen. es spielt sich so ab, ich kann gucken wie ich will, ich finde da nichts anderes. Auch wenn wir uns bemühen und sagen: Willst du nicht rausgehen? Dann spielt auch das Mädchen wieder etwas Versorgendes. Und bei der letzten Supervision, da ging es noch einmal um das Gleiche. Wenn eine Gruppe sehr harmonisch und gleich ist, dann muss man auf das Individuelle achten. Man findet es zwar gut, wenn eine Gruppe harmonisch und gleich ist, aber die Enge, die da entstanden ist, da Mus man schauen, ob das für die Entwicklung von einzelnen Kindern so positiv ist.

KT 4:

Frau C: Wir haben es aus der Sicht der Leitung beleuchtet, und zwar haben wir festgestellt, dass wir eine sehr weiblich ausgestattete Einrichtung haben – allein schon von der Optik her. Uns fehlt eigentlich vieles: Werkzeuge, eine Werkbank, Männerkleidung, Tore, ein Bolzplatz, ein Raum für grobe Arbeiten. Es ist bei uns auch alles sehr ordentlich und aufgeräumt. Das wurde sogar von einem Studenten festgestellt als hier eine Begehung war. Er hat gesagt: Haben Sie das jetzt etwa wegen uns aufgeräumt oder ist das hier immer so ordentlich? Wenn einem Mann das schon auffällt (allgemeines Gelächter) ...! Dann haben wir festgestellt, dass wir zu wenig Modenschauen anbieten, bei denen die Jungen mitspielen können. Ebenso gibt es kaum Bücher für Jungen. Heute hat jemand z.B. ein Wikingerbuch gesucht. Im »Was ist was-Buch« habt ihr dann etwas gefunden.

Frau D: Die technischen Arbeiten rechnet man meistens den Männern zu. Wenn ich jetzt z.B. mit der Technik nicht zurechtkomme oder wo was Schweres gehoben werden muss, da gehe ich zu unserem Hausmeister oder zum Zivi. Für die kreativen Sachen gehe ich bare meist zu meinen Kolleginnen.

Frau E: Unsere Einrichtung ist ein ziemlich weibliches Haus. Und unsere Aktivitäten sind ebenfalls weiblich. Von mir verlangen hauptsächlich die Jungen einen Ball, ganz selten dass mal ein Mädchen einen Fußball von mir möchte. Fußballspiele organisieren wir nur für Jungen, nie für Mädchen. Ich kann die Jungs verstehen, wenn die sagen, die will ich nicht im Tor haben, die lässt jeden Ball rein. Es fehlen auch Feste für Jungen oder Spiele nur für Mädchen. Und mit der Modenschau, das war ein Angebot was hauptsächlich Frauen und Mädchen, toll finden.

Frau F: Die Werkbank fehlt. Grobe Arbeiten werden in dem Haus nicht gemacht. Da gibt es keinen Raum für grobe Arbeiten oder einen Raum, der auch so grob und wüst aussehen würde.

Was heißt für uns Gleichstellung? Als Person bzw. als Erzieherin gucken, dass wir gleiche Voraussetzungen für beide Geschlechter schaffen. Aber es ist halt sehr schwierig, weil wir einen weiblichen Sozialisationsprozess erlebt haben. Aber denke, es gelingt uns bei vielen Sachen, bei der Ämtervergabe, bei Kochangeboten oder bei Angeboten, wo beide Geschlechter involviert sind. Aber bei vielen Sachen muss man sich bewusst machen, dass das ist nicht so ist.

Zu dem vierten Punkt, der Supervision, da sind uns die Tim und Steffen eingefallen mit den weiblichen Dessous, die hier rumgetanzt sind. Auf der anderen Seite sind uns aber auch Mädchen eingefallen, die stark und selbstbewusst sind, ich denke an Daniela. Das ist etwas, was wir uns selber so wünschen so ein Powerweib zu sein. Vom Gefühl her hatten wir den Eindruck, dass wir uns hauptsächlich in der Supervision mehr mit Mädchen beschäftigt haben und weniger mit Jungen. Wir können wahrscheinlich mit Mädchen oder mit Frauen sensibler umgehen, weil wir und leichter in diese Rolle versetzen. Die Rüpel, also die Jungen fallen einem ganz extrem auf, und ich denke, da reden wir dann auch eher darüber, wenn sie sich wieder mal unanständig verhalten haben. Dann haben wir auch noch festgestellt, dass wir erst seit fast einem Jahr eine Männertoilette und eine Frauentoilette haben. Vorher gab es nur eine Toilette für beide Geschlechter. Unsere Männer hatten nie ein Klo. Das kam dann dadurch, dass wir plötzlich drei Männer im Haus hatten. Aber wir haben denen die kleinste Toilette zugeteilt. Die müssen ja auch nur im Stehen. (Gelächter)

Frau H: Die Kinder schlüpfen in unterschiedliche Rollen, die böse Stiefmutter spielt sowohl der Junge als auch das Mädchen gern, das ist eigentlich gar nicht geschlechtsspezifisch. Oder beim Vater-Mutter-Kind-Spiel: auch Jungen wollen die Mutter sein, und da ist uns aufgefallen, dass weibliche Rollen häufiger übernommen werden – sowohl von Mädchen und als auch von Jungen – als männliche Rollen. Beide Geschlechter wollen eher weiblich spielen als männliche Rollen, Das wissen wir nicht genau, wieso das so ist, ob das an den Geschichten liegt oder ob das irgendwelche anderen Gründe hat. Wir sind ja als Erzieherinnen weibliche Personen, vielleicht hat es damit etwas zu tun. Wir übernehmen ja auch alle Rollen, sowohl männliche als auch weibliche, wir versuchen es zumindest.

Der zweite Punkt war ja Gleichstellungsverwirklichung. Alles Material soll für alle Kinder zugänglich sein egal ob Mädchen oder Junge. Und dann auch im Rollenspiel sollen alle die Möglichkeit haben, alle Rollen spielen zu können ohne dass das gewertet oder gelenkt wird.

Frau G: Bei der Supervision, bei unserer Gruppenbeschreibung, ist uns aufgefallen, dass alles wirklich pärchenweise war, Petra/Franz waren zusammen oder Bifri und Mehmet waren zusammen, und dann diese mittlere Gruppe, das waren auch Jungen und Mädchen gemischt. Und in einer anderen Gruppe gab es die Jungengruppe und die Mädchengruppe, die haben gegeneinander oder für sich gestanden. Da haben wir längere Zeit drüber diskutiert: Je kleiner die Kinder sind desto weniger geschlechtsspezifisch sind sie, und das erleben sie bei uns von einem Jahr an. So ein Klaus und Mario die waren als ganz Kleine hier drin, die sind in dieser Gruppe groß geworden. Bei uns in der Gruppe können die Geschlechter leichter auch das Gegengeschlecht übernehmen, weil so ein Klaus sicher sein kann, dass kein Mädchen lacht, wenn er mit kocht. Wenn jetzt euer Thomas rüber kommt, der wird sich wahrscheinlich an den Tisch stellen und lächeln und sagen: Nee, dass das mal die Mädchen machen – weil er mit drei oder mit vier Jahren erst rein gekommen ist und schon ganz viel Geschlechtsspezifisches mitbekommen hat.

3. Text des Filmskripts zur Hospitation in französischen Einrichtungen

»Im Rahmen der Fortbildungsstudie ›Haus Europa – Gleichstellung von Jungen und Mädchen‹ gehen Erzieherinnen und Erzieher gemeinsam mit den Wissenschaftlern der Frage nach, wie die Gleichstellung der Geschlechter bereits im Kindergarten und im Hort gefördert werden kann. Die Studie besteht aus aus mehreren Fortbildungsveranstaltungen, aus drei Phasen Fallsupervision im Team und aus Begegnungen mit Fachkräften aus Frankreich und England, die mit ähnlichen Fragestellungen beschäftigt sind. An der Fortbildungsstudie nehmen die Teams der städtischen Kita Borngarten aus Dreieich, der Kita 117 aus Frankfurt und der Kitas 11 und 21 aus Offenbach teil. Die pädagogischen Fachkräfte arbeiten aktiv an der Verbesserung ihrer Praxis, indem sie mittels Supervision ihren pädagogischen Alltag reflektieren und ihre Einstellungen gegenüber Jungen und Mädchen hinterfragen. Gleichzeitig sind sie gefordert ihre Arbeit anderen teilnehmenden Einrichtungen gegenüber darzustellen und vergleichende Ergebnisse zu gewinnen.

Eine erste Exkursion im September 1999 nach Paris stellte eine besondere Herausforderung dar. Ziel dieser Exkursion war es, die Unterschiede zwischen dem französischen und deutschen Erziehungssystem kennen zu lernen. Ausgerüstet mit viel Gepäck, Materialien und Neugierde machten sich 13 Erzieherinnen aus den vier Einrichtungen auf den Weg nach Paris. Claude Chrétiennot vom Forschungsinstitut CRESAS in Paris arrangierte der Gruppe den Aufenthalt in Paris und organisierte die Begegnungen mit den französischen Kolleginnen. Sie führt gleichfalls eine Studie zur ›Gleichstellung der Geschlechter mit Pädagoginnen aus Kinderkrippen durch. Bei dem Treffen mit den französischen Fachkräften sollte der Austausch über die jeweilige Arbeitsweise im Vordergrund stehen. Ziel war, miteinander in den Dialog über Unterschiede und Gemeinsamkeiten zu kommen.

Zunächst begrüßte Claude Chrétiennot die Teilnehmerinnen am Tagungsort und stellte das Programm der Exkursion vor. Am nächsten Vormittag würden wir in Gruppen zwei Kinderkrippen besuchen. Am Nachmittag könnte ein erster Austausch mit den französischen Kolleginnen statt finden. Es konnte nur in einer Einrichtung gefilmt werden. Wir sind hier in der Kinderkrippe Bercy.

Die crèche Bercy ist im Gebäude des Finanzministeriums untergebracht, das in Kooperation mit der Stadt Paris für die Angestellten des Ministeriums (60% der Kinder) sowie für die Familien des Stadtteils eine Unterbringungsmöglichkeit für Kleinkinder zur Verfügung stellt. Hier wird nach dem Konzept der Interaktiven Pädagogik gearbeitet. Sie hat zum Ziel, das Lerninteresse und die Autonomie jedes einzelnen Kindes zu unterstützen und zu fördern. Das Kind wird in seiner Neugierde und Bewegungsfreude durch ansprechende Räume und freien Zugang zu ihnen angeregt. Die Erzieherin begleitet jedes Kind individuell bei seinen Erkundungen durch teilnehmende Beobachtungen. Sie achtet darauf, dass sich die Kinder wohl fühlen und sich nicht verletzen und hält sich mit ihren Beziehungs- und Spielangeboten weitgehend zurück. Das Kind lernt möglichst selbständig und in der Interaktion mit anderen Kindern.

Die Sprache ist ein Instrument, das von den Erzieherinnen aktiv eingesetzt wird. Die Sprache vermittelt von zunächst der körperlichen Verständigung der ganz Kleinen zur verbalen Auseinandersetzung. Die Erzieherin beobachtet die Aktivität des Kindes und hilft ihm durch

Worte, das eigene Handeln zu verstehen und in Sprache umzusetzen. Die Initiative bleibt immer beim Kind, es selbst ist Akteur seiner Entwicklung. Die gezielte Beobachtung ist das Kernstück der Interaktiven Pädagogik. Beobachtungsbögen helfen, die Entwicklung des Kindes zu dokumentieren um seine Person und seine individuellen Fortschritte zu erkennen. Gleichzeitig wird dem Kind durch die aufmerksame Anwesenheit der Erzieherin die Sicherheit vermittelt, die es für seine Erkundungen und für seine Interaktionen mit den anderen Kindern braucht. Natürlich werden den Kindern auch Spielangebote gemacht, sie werden immer im gesamten Team besprochen. Hier sehen wir das Spiel mit Wasser, eines der heutigen Angebote. Die Kinder plantschen, spielen und experimentieren mit Wasser. Bemerkenswert fanden wir die Organisation des Mittagessens. Wie in der Kantine, in der sich die Eltern im Ministerium bedienen, holten sich die Kinder ihr Essen ganz selbständig.

Die Begegnung mit den französischen Kolleginnen war einerseits sehr informativ. Die Eindrücke am Vormittag waren andererseits für uns zum Teil befremdend, weil sich die Arbeitsweise doch sehr von unserer Praxis unterscheidet. Die Sprachprobleme konnten mittels der Übersetzungshilfe von Pat Clayton, einer englischen Kollegin, gut überwunden werden, einige Kolleginnen konnten sich sogar französisch verständigen. Schon in der Vorstellungsrunde, wurden die Unterschiede in den Erziehungssystemen deutlich. Nach der Präsentation eines deutschen Videos, das die offene situationsorientierte Arbeit verdeutlichte, konnte angeregt über die unterschiedlichen Voraussetzungen des deutschen und des französischen Erziehungssystems diskutiert werden. Es kristallisierten sich dabei folgende wesentliche Aspekte heraus:

- Die Kinderkrippenplätze in Frankreich sind für Eltern preiswerter als in Deutschland.
- Es gehen wesentlich mehr Kleinkinder als in Deutschland in Krippeneinrichtungen,
- Während in Deutschland die Einstellung vorherrscht, das Beste für ein Kleinkind sei die mütterliche Präsenz in den ersten 3 Jahren und Eltern eher ein schlechtes Gewissen haben, wenn sie ihr Kind schon zu einem früheren Zeitpunkt fremd betreuen lassen, gehen französische Eltern übereinstimmend davon aus, dass öffentliche Erziehung besser sei als das, was Familien ihren Kleinkindern bieten könnten,
- Offensichtlich besteht in den beiden Gesellschaften ein unterschiedliches Bild der Rolle der Frau, was erhebliche Auswirkungen darauf hat, wie sich Frauen als Mutter und ihren Männern gegenüber verstehen. Offensichtlich bestehen auch Unterschiede in den Vorstellungen, die sich deutsche und französische Frauen und Männer über Autonomie und Abhängigkeit machen

Anders als in Deutschland werden Familien und besonders die Frauen durch die Bereitstellung von Betreuungsplätzen für alle Kinder von 3-6 Jahren unterstützt. Nahezu 100% der französischen Kinder dieser Altersstufe besuchen regelmäßig und ganztags die école maternelle.

Auf dem Programm stand auch ein Besuch des Exploradoms im Bois de Boulogne. Es ist eine Art Museum, in dem Kinder aller Altersstufen naturwissenschaftliche Experimente machen können, und es war auch für uns als Erwachsene sehr interessant. Angefüllt mit Eindrücken und Anregungen, mit vielen Gedanken über die Unterschiede zwischen französischen und deutschen Geschlechtsrollenbildern und deren Auswirkung auf Jungen und Mädchen und auf die Organisation von Erziehung verließen wir Paris – müde zwar – aber zufrieden.«

4. Tagung »Zicke kontra Macho«

"Zicke kontra Macho"

Eine Tagung der
Hessischen Stiftung Friedens-
und Konfliktforschung
zur "Gleichstellung von Jungen und Mädchen" in Kindergarten und Hort

in Zusammenarbeit mit dem Arbeitszentrum Fort- und Weiterbildung des Elisabethenstiftes (Darmstadt) und dem Jugendamt der Stadt Offenbach

Ort:
Rathaus Offenbach, Berliner Straße 100

Datum:
23. Juni 2001

Zeit:
9.00 - 17.30 Uhr

Anmeldung per E-Mail, Fax oder Telefon erbeten an:

Frau
E. Gosing-Brehl
c/o HSFK
Leimenrode 29

60322 Frankfurt

gosing@hsfk.de
Fax: 069-558481
Tel: 069-95910416

Die Tagung findet als Abschluss der HSFK-Fortbildungsstudie "Haus Europa – Gleichstellung von Jungen und Mädchen" statt, die von den Städten Offenbach, Dreieich und Frankfurt unterstützt wurde. Detaillierte Informationen sind im Internet unter http://www.hsfk.de/kinder zu finden.

Hiermit melde ich mich zur Tagung "Zicke kontra Macho" an.

Name:

Adresse:

An
Frau Gosing-Brehl
c/o HSFK
Leimenrode 29

60322 Frankfurt

Das Geschlechterverhältnis hat nicht nur in unserer Kultur und nicht nur in der Gegenwart, sondern auch in der Vergangenheit zu unzähligen wechselseitigen Spannungen, Kämpfen und Grausamkeiten geführt, auch in unserem heutigen Alltag kommt es von der Erziehung bis zur Begegnung in gesellschaftlichen Arbeitsfeldern immer noch zu neuen Spannungen und Ungerechtigkeiten. Dies führt zu der Frage, ob und wie diese Verhältnisse zu verändern und andere Formen der Kooperation der Geschlechter möglich sind.

Seit dem Anstoß zur Diskussion über Geschlechtsunterschiede, den die Frauenbewegung der 70er Jahre gegeben hat , sind eine Vielzahl von Untersuchungen durchgeführt worden, die belegen, wie unterschiedlich Mädchen und Jungen im Laufe ihrer Entwicklung behandelt werden. Mehr oder weniger polemisch hat sich in diesen Jahren eine Übereinkunft dahingehend herausgestellt, daß es nicht nur bei den Mädchen Benachteiligungen gegenüber den Jungen gibt. Auch und gerade bei den Jungen verläuft die Sozialisation nicht so, daß man ausschließlich von Bevorzugung sprechen könnte.

Thema der Tagung soll sein, was man angesichts dieser - eher ungünstigen - Voraussetzung für eine Gleichstellung von Jungen und Mädchen tun kann. Neben Hauptvorträgen stellen Mitarbeiterinnen und Mitarbeiter aus aktuellen Forschungsprojekten ihre praktischen Ansätze zur Diskussion. Gefragt wird u.a. nach den vorhandenen Mitteln und nach den Kompensationsmöglichkeiten, mit denen sich die Gleichstellung von Jungen und Mädchen pädagogisch fördern läßt. Ausgangspunkt sind dabei Verständigungen darüber Fragen, wie die jeweiligen Vorstellungen zu den Geschlechterrollen von Jungen und Mädchen aussehen, welche Gemeinsamkeiten und Unterschiede es gibt und wie solche Unterschiede für die Entwicklung der pädagogischen Ansätze zur Geschlechtsrollenerziehung nutzbar gemacht werden können.

Programm:

9.00 Eröffnung der Tagung durch

Hermann Dorenburg (Leiter des Jugendamtes Offenbach)

9.30 - 12.00 Hauptvorträge:

Prof. Dr. **Lotte Rose** (Fachhochschule Frankfurt)
Das Gleichstellungsthema in der Kinder- und Jugendhilfe - Dilemmata, offene Fragen, neue Herausforderungen

Prof. Dr. **Christian Büttner** (HSFK)
Gleichstellung von Mädchen und Jungen - aber wie?

12.00 - 13.00 Mittagessen-Büffet

13.00 - 15.30 Arbeitsgruppen:

Mechthild Dörfler (Deutsches Jugendinstitut, München)
Der kleine Unterschied - Konfliktbeobachtungen im Kindergarten

Sylvi Heimroth (KT 11, Offenbach)
Wer hat die Hosen an?

Rainer Lossa/Elke Rother (KT 117, Frankfurt)
Eingewöhnung und Ablösung bei Jungen und Mädchen

Tim Rohrmann (Bildungswerkstatt, Hamburg)
"Es ist besser, ein Junge zu sein" - Mädchen und Jungen im Gespräch

Rita Stich (Kinderhaus Borngarten, Dreieich)
Darth Vader in Not

16.00 - 17.30 Abschlußplenum

Berichterstattung aus den Arbeitsgruppen

anschließend

Kabarett: Die Egos (Offenbach)

In den Pausen und nach dem Kabarett

Posterinfo-Stände zu den Projekten

- der HSFK, Frankfurt
- des DJI, München
- der Hamburger Bildungswerkstätte

5. Die Mikroanalyse der Sequenz »Christèle & Alexandra«

Die zehnminütige Interaktionssequenz »Christèle & Alexandra« wurde der Übersichtlichkeit halber thematisch in fünf Episoden unterteilt:

1. parallele »Lektüren« (jede betrachtet ein Buch für sich) (1.20'32 - 1.22'00)
2. »Lektüre« zu zweit von »Millie« (1.22'01 – 1.24'40)
3. »Lektüre« zu zweit von »Mais, mais, mais« (1.24'41 – 1.27'49)
4. »Lektüre« zu zweit von »Une nuit d'épouvante« (1.27'50 – 1.29'29)
5. »Lektüre« zu zweit von »Sarah Ball« (1.29'30 – 1.30'55)

Diese Arbeitstitel, in denen die Angabe der jeweils betrachteten Bücher ausschlaggebend ist, wurden in der Mikroanalyse beibehalten, obwohl der Begriff »Lektüre« irreführend ist, wie die Analyse noch zeigen wird.

Der Sequenz »Christèle & Alexandra« geht die ca. 20-minütige Sequenz »Am Tisch mit Tristan« voraus. Diese Szene spielt sich noch während des Bibliotheksateliers ab, und in ihr entwickeln sich ansatzweise inhaltliche Interaktionsthemen zwischen den drei Kindern, die für die Mikroanalyse der darauffolgenden Szene aufschlussreich und bedeutsam sind.

Angesichts des Umfangs der Protokolle beider Sequenzen, habe ich der Lesbarkeit willen darauf verzichtet, mich der anscheinend gängigen Regel in Darstellungen qualitativer Analysen anzuschließen, die die relevanten Protokollsequenzen der Analyse voranstellen (z.B. Billmann-Mahecha, 1990a; Oliveira & Rossetti-Ferreira, 1996; z.T. auch bei Rayna et al., 1990).

Die Mikroanalyse wurde in zwei aufeinanderfolgenden Schritten durchgeführt:

1) In dem ersten Schritt wurden die Beobachtungsprotokolle beider Szenen, »Am Tisch mit Tristan« und »Christèle & Alexandra«, d.h. der Rede-, Handlungs- als auch der emotionale Kontext unter der obengenannten Fragestellung in einen interpretierend beschreibenden alltagssprachlichen Fließtext umgewandelt (vgl. Billmann-Mahecha 1990a: 43ff. u. 64ff.). Der Redekontext wurde optisch herausgestellt, und diese Zeilen in Anlehnung an die Transkriptionsweise von Bohnsack (z.B. 1991) nummeriert. Die verbalen Äußerungen in der Mikroanalyse wurden nicht übersetzt, um einerseits die Eigenheiten des kindlichen Sprachgebrauchs im Französischen zu bewahren und in der Analyse berücksichtigen zu können. Andererseits soll die Lesbarkeit der Mikroanalyse durch eine Übersetzung im Text nicht beeinträchtigt werden.
2) In einem zweiten Schritt werden die jeweiligen Beiträge der Kinder hinsichtlich ihrer Fähigkeiten zur Koordination eines gemeinsamen Handlungszieles analysiert. Die Redeeinheiten werden hier fast ausschließlich durch die Nummern angegeben, um den Text lesbar zu gestalten.

Alexandra ist zum Zeitpunkt der Datenerhebung 3;1 Jahre und Christèle 3;4 Jahre alt.[33] Beide Mädchen kommen aus der Pariser Mittelschicht und sind eine sogenannte »Realgruppe« (Nies-

33 Die Namen der Kinder wurden nicht maskiert, da es unwahrscheinlich ist, dass die Kinder den Lesern bekannt sind.

sen 1977, nach Billmann-Mahecha 1992, S. 150), da sie sich bereits seit der Krippe kennen und miteinander befreundet sind.[34]

Verschriftungssystem in der Mikroanalyse[35]:

A.	=	Alexandra
Ch.	=	Christèle
T.	=	Tristan
M.-F.	=	Marie-France, die das »Atelier« betreuende Erzieherin
P.R.	=	Präsentationsregal (présentoir)

(....)	Äußerung ist unverständlich
(j'ai)	Äußerung ist schwer verständlich (Vermutung)
(enthusiastisch)	Anmerkung zu parasprachlichen Ereignissen
»VOILÀ!«	Lautstärke
»VOILÀ!«	Lautstärke und Betonung
(OFF)	außerhalb der Kameraeinstellung
»petits – cochons«	skandiert
»petits cochons«	Betonung (besänftigende)
» ... «	Pause zwischen Redeeinheiten (zur Länge vgl. Protokolle im Anhang)

An jenem Vormittag fanden im Kindergarten V.H. die drei »Ateliers« Malen (im Badezimmer), Handpuppen und Bibliothek statt. Der insgesamt 90minütigen Videoaufzeichnung zufolge befanden sich Christèle, Alexandra und Tristan (bis 1-05'50) im Handpuppenatelier. Da die drei Kinder dort offensichtlich zusammen Unfug machten, fordert sie die Erzieherin schließlich (nach erfolglosen Ermahnungen?) auf, nach nebenan ins Bibliotheksatelier zu gehen.

T. und A. werden von der Erzieherin M.-F. dort empfangen:

> (1) M.-F.: »viens Christèle, Tristan viens, vous pouvez aller à l'atelier bibliothèque. Ici il y a beaucoup d'enfants, voilà. Regardez, il y a plein de place ici, voilà.«

Sie kommen etwas verunsichert, zögernd, mit verlegenen Mienen langsam in das (fast leere) Bibliotheksateliers, holen sich Bücher aus den Kisten, setzen sich ruhig an den runden Tisch in der Mitte des Raumes und beginnen, ihre Bücher durchzublättern. Kurz darauf kommt auch Ch. schüchtern und verlegen in den Raum (sie hält die Hände auf dem Rücken, läuft gesenkten Blickes in Tiptopschritten), geht zu M.-F. und zeigt dieser ihr Knie und sagt ihr etwas (unverständlich). Es ist hier nicht festzustellen, ob Ch. sich vorher weh getan hat. Diese Geste könnte

34 Im Rahmen der vorliegenden Arbeit kann das umfassende Forschungsgebiet der Kinderfreundschaften und ihre Auswirkungen auf gemeinsame Interaktionen (vgl. Youniss 1994; Krappmann 1993a) nicht berücksichtigt werden.

35 Angaben zum Transkriptionssystem der Beobachtungsprotokolle vgl. Kapitel 3.3.5. und Anhang S. 1.

jedoch eine versöhnende Kontaktsuche mit M.-F. sein, als Reaktion auf den Hinauswurf aus dem anderen »Atelier«. M.-F. antwortet Ch. (unverständlich), wahrscheinlich etwas Tröstliches, Ch. wendet sich daraufhin ab, nimmt sich zwei Bücher[36] und setzt sich zu A. und T. an den Tisch.

Ch. beginnt ihr Buch »Wo die wilden Kerle wohnen«[37] auf der Vorsatzseite und flüstert:

(2) Ch.: »celui-là, ... Tristan, ... Tristan!« (sehr leise)

womit sie die Aufmerksamkeit von T. und A. auf sich zieht, die nun ihre eigene »Lektüre« unterbrechen und gespannt warten, bis Ch. langsam, denn sie scheint sehr auf den theatralischen Effekt bedacht, die nächste Seite umblättert (Titelseite). Dort sind Max und seine Traummonster abgebildet, und T. schlägt schelmisch (komplizenhaft?) seine Hände vor den Mund, womit er Erschrecken oder Angst mimt. A. und Ch. schließen sich ihm mit derselben Geste an. Ch. schließt ihr Buch, dreht sich um und schaut zur Kamera, und A. folgt ihrem Blick. Nun öffnet Ch. erneut »Wo die wilden Kerle wohnen« und führt mit T. einen geflüsterten Dialog (unverständlich). Eine Erwachsenenstimme, der Forscherin, (aus dem OFF) interpretiert das Verhalten der Kinder:

(3) »Ils croient qu'il ne faut pas parler«

Ch. schlägt ihr Buch daraufhin noch einmal zu, beginnt es wieder mit Bedacht zu öffnen, um auf die Vorsatzseite zu gelangen. Erneut schlägt sie die Hände vor den Mund und wiederholt die Geste des Erschreckens oder der Angst, die A. nachahmt. Jetzt ist es A., die sich T. zuwendend, ihm etwas zuflüstert, ihr Buch in dem vorgegebenen Ritus öffnet, und die Geste wiederholt. Dieses Gebärden- und Mimenspiel wiederholen die drei, indem immer eine/r auf die Bilder ihres/seines Buches zeigt und alle zusammen dann die Hände vor das Gesicht schlagen. In dieser »komplizenhaften« Interaktion drücken die Kinder recht deutlich ihre Scham oder ihre Betroffenheit über den Hinauswurf als auch ihre enge Verbundenheit durch dieses Ereignis aus. Möglicherweise bedeutet die Gebärde auch ihr stilles Einverständnis, sich in diesem »Atelier« nun ruhiger und »brav« zu verhalten.

T. steht auf und geht seine Bücher wegräumen. Die beiden Mädchen blättern jede für sich ihr Buch durch, bis A. ihr Buch, leise kommentierend, zu Ch. gewandt wie es Erwachsene tun hochhebt und sie flüsternd anspricht:

---

36 In dieser Interaktionssequenz betrachten die drei Kinder überwiegend folgende Bücher, die z.T. auch in der mikroanalysierten Interaktion eine wichtige Rolle spielen: »Monstre«; »Wo die wilden Kerle wohnen«; »La nuit d'épouvante«; »Tiere im Wald«; »Ma maman a besoin de moi« und »Millie«. All diese Bücher sind im Präsentationsregal ausgestellt, d.h. es sind entweder allgemeine Lieblingsbücher der Kinder oder Neuanschaffungen. Der Buchinhalt wird jeweils an angemessener Stelle der Analyse kurz beschrieben.

37 Max, der eines Abends in seinem Wolfspelz verkleidet viel Unfug macht, wird von seiner Mutter ohne Essen zu Bett geschickt. Er träumt, mit einem Schiff zu einer Insel zu segeln, auf der die wilden Kerle wohnen. Max lässt sich von ihnen keineswegs einschüchtern, im Gegenteil, er zähmt die wilden Kerle und verbringt eine lustige Zeit mit ihnen – vor allem machen sie zusammen ganz viel Krach. Max beschließt jedoch, wieder nach Hause zu segeln und als er dort ankommt steht neben seinem Bett das warme Abendessen.

(4) A.: »regarde!« ... »(... pas)« ... »regarde!« ... »petit (corbeau)« (alles leise geflüstert)

Ch., die ihr eigenes Buch automatisch weiterblättert, schaut auf und korrigiert oder kritisiert A. in einem sanft freundlichen Tonfall:

(5) Ch.: »c'est pas comme ça le livre! c'est pas comme ça!«

A. senkt daraufhin ihr Buch und dreht sich zu T., der (aus der Bücherecke?) mit »Millie« wieder an den Tisch kommt, und versucht nun, ihn auf ihr Buch aufmerksam zu machen:

(6) A.: (leise) »regarde!« ... »regarde, Tristan!« (insistiert lauter)

T. sieht auf A.s Buch und sie reagiert mit einer erneuten Geste der Angst, jedoch weniger markant als vorher. T. wendet sich ab und beginnt aufmerksam sein Buch anzusehen. Über einen längeren Zeitraum blättert jedes Kind nun für sich sein Buch durch. Fast gleichzeitig beenden und schließen A. und Ch. ihre Bücher mit dem rituellen Ausruf »voilà!«. Ch. schlägt vor:

(7) Ch.: »tiens, tiens, et après, tu me le donnes«

und beide Mädchen tauschen ihre Bücher aus. T. beginnt, den abgebildeten Tieren auf mehreren Seiten Küsse zu geben. Während A. das Buch »Wo die wilden Kerle wohnen« öffnet, richtet sie sehr leise ihre Kommentare an T.:

(8) A.: »ça! comme ça, ... fais comme ça!«

Ch. und A. blättern längere Zeit jede für sich ihr Buch durch und halten leise z.T. unverständliche Monologe bzw. kommentieren die Bilder.

Als A. auf der Seite mit den Monstern ankommt, nimmt sie noch einmal den Ritus von vorher auf, wendet sich T. zu und fordert ihn auf hinzusehen. Ch. sieht A. zu und macht als erste erneut die Geste der Angst/des Erschreckens, der A. sich anschließt. T. sieht kurz zu Ch. auf, zeigt ihr etwas in »Millie«. A. insistiert jedoch , T. auf ihr Buch aufmerksam zu machen:

(9) A.: »Tristan, regarde, Tristan!«

Nun schaut T. kurz auf A.s Buch, mimt ebenfalls noch einmal die Geste der Angst und fährt dann konzentriert fort, den Bildern seines Buches Küsse zu geben. A. wendet sich auch wieder ihrem eigenen Buche zu und kommentiert die Bilder z.T. unverständlich:

(10) A.: »(...)« ... »toi, tu vas pas manger. Et pis (...)«

A. beendet nach einer Weile ihr Buch und schließt es:

(11) A.: »voilà, c'est fini maintenant!«

Sie schaut zu Ch., die erst kurz nach A. ihr Buch beendet und schließt. A. öffnet ihr Buch wieder und scheint somit zu signalisieren, dass sie gern gemeinsam mit Ch. lesen möchte bzw. ihr »Lektüre« parallel führen möchte. Ch. scheint A.s Handlung in diesem Sinne zu verstehen, öffnet ihr Buch, wobei sie A. zusieht, die relativ schnell die Seiten umblättert und auf mehreren Seiten kommentiert:

(12) A.: »et ça ... et ça ... et ça ...«

Nach einer Weile wendet sich Ch. daraufhin an A. und fragt, mit dem Finger auf eine Illustration ihres eigenen Buches zeigend:

(13) Ch.: »c'est petit (?) ça«

A. geht sofort auf dieses Dialogangebot ein und antwortet:

(14) A.: »c'est ...« (schließt ihr eigenes Buch und lehnt sich über den Tisch zu Ch.): »enh, enh; (...) tit caca!«

und setzt sich auf ihren Stuhl zurück. Beide Mädchen lachen, Ch. blättert eine Seite um und fragt erneut, wodurch sie eine Fortsetzung des »Ritus« Fragen-Hinüberlehnen-Ant-worten-Wiederhinsetzen hervorruft:

(15) Ch.: »et lui? et lui? et lui?«
(16) A.: »caca!«
(17) Ch.: »et ça? ... tout ça?«
(18) A.: »elle est – caca!«
(19) Ch.: »ah voilà! ... et ça? et ça?«
(20) A.: »bonhooomme caca!«
(21) Ch.: »bonhomme!«

Hier schaltet sich T. in den Dialog ein, indem er widersprechend ein anderes Element einbringt:

(22) T.: »non, il est pipi – il est pipi lui«

Ch. hört ihm aufmerksam zu und entgegnet T. auf das Bild zeigend:

(23) Ch.: »le monstre .... il ouvre la porte (...)«

A., die währenddessen von ihrem Stuhl gerutscht war, rappelt sich wieder auf und schaltet sich mit erhobener Stimme in den Dialog ein, wobei sie T.s Bemerkung aufgreift:

(24) A.: »pipi caca!«
(25) T.: »pipi, pipi« (mit erhobenem Finger auf Ch.s Buch zeigend)
(26) A.: »pipi caca court!«
(27) Ch.: »court?« ... »le monstre!« (zeigt mit dem Finger auf ein Bild)
(28) A.: »caca«
(29) Ch.: »non, c'est un monstre«

T. hatte sich währenddessen wieder auf sein eigenes Buch konzentriert. Möglicherweise fühlt er sich mit seinem Beitrag zur Interaktion bzw. dem Dialog (von Ch.) übergangen. Diese Interpretation scheint durch die Folge sehr wahrscheinlich, denn A. wendet sich ohne ersichtlichen Anlass nun T. zu und versucht ihn erneut auf ihr Buch (»Wo die wilden Kerle wohnen«) aufmerksam zu machen:

(30) A.: »regarde Tristan« ... »Tristan regarde!« ... »Tristan, Tristan, regarde!« ... »Tristan, Tristan, regarde!« ... »Tristan, Tristaaan, regaaarde Tristan!« (ihre Stimme wird immer höher)

Endlich reagiert T., er sieht zu A. auf und sagt in einem schmollend – beleidigten Tonfall:

(31) T.: »pas beau!«
(32) A.: »si, c'est beau, regarde!«

Ch. schaltet sich nun in die Bemühungen A.s ein, T. in eine Interaktion zu beziehen, und sagt A. etwas, auf ein Bild ihres eigenen Buches zeigend. A. scheint diese Bemerkung kaum wahrzunehmen und wendet sich erneut ausschließlich T. zu, der wieder in sein Buch vertieft ist:

(33) A.: »regarde!« ... »regarde!« ... »regarde Tristan! regarde Tristan!« ... »regarde Tristan! Tristan! Tristan!« ... »regarde Tristan!«

T. wirft einen Blick auf Ch.s Buch, die die ganze Zeit über laute Kommentare dazu machte und scheint somit schmollend (absichtlich?) A. zu übergehen. A. rutscht das Buch ein wenig aus der Hand, doch sie gibt nicht auf:

(34) A.: »regarde« ... »Tristaaan« ... »Tristan regarde! Je parle!« ... »Tristan!« ...

T. steht gleichgültig auf, um sein Buch wegzuräumen.

(35) A.: »Tristan! regarde!« ... »sssilence«

A. lässt nun davon ab, T. auf ihr Buch bzw. sich aufmerksam zu machen. Sie wirft einen Blick zu M.-F. und den anderen Kindern und legt ihr Buch nun wieder auf den Tisch. Leise zu sich selbst fährt sie fort:

(36) A.: »silence!«

A. hebt das Buch und hält es in die Richtung, wo die anderen Kinder sitzen:

(37) A.: »(...) regade!«

Sie legt es daraufhin wieder auf den Tisch und wiederholt diese Gesten noch dreimal, ohne sich explizit, d.h. laut an die anderen Kinder zu wenden. Dann kommentiert sie weiter für sich die Illustrationen:

(38) A.: »ne partez pas!« (leiser werdend) »ne partez pas ... sur l'eau!«

T. kommt mit zwei Büchern zurück, und während er sich niederlässt, nimmt A. ihre Versuche, seine Aufmerksamkeit zu bekommen, wieder auf:

(39) A.: »regarde, regarde! regarde, Tristan«

T. wirft ihr jedoch nur einen kurzen Blick zu, ehe er sich dem Durchblättern seiner Bücher widmet. A. scheint nun ihre Bemühungen um eine Interaktion endgültig aufzugeben. Sie sagt noch etwas (unverständlich) zu ihm und beendet dann ihr Buch:

(40) A.: »voilà!« ... (leiser) »c'est fini! voilà.«

Dann steht sie auf und geht ihr Buch wegräumen.

Während der erfolglosen Versuche A.s, T. in eine Interaktion zu verwickeln, hat sich vor der Erzieherin M.-F. eine Gruppe von Kindern auf dem Boden versammelt, die das Buch »Millie« vorgelesen bekommt. (Ch., T., A. im OFF).

Ch. kommt an den Tisch und setzt sich mit dem Buch »Ma maman a besoin de moi«[38]. Kurz darauf setzt sich A. ohne Buch neben sie und fordert Ch. auf anzufangen:

(41) A.: »à toi!«

Ch. sitzt mit dem Rücken zu der Gruppe und beginnt das Buch durchzublättern. A. rückt mit ihrem Stuhl näher an sie heran und wirft einen kurzen Blick nach hinten zu der Gruppe um M.-F.. Ch. blättert in dem Buch, bis sie es A. hinschiebt:

(42) Ch.: »ttens!«
(43) A.: »merci!«

Als A. das Buch ergreifen möchte, zieht es Ch. jedoch wieder zurück und blättert weiter darin. A. dreht sich wieder zu der Gruppe um, bis Ch. ein Bild kommentiert:

(44) Ch.: »voilà, le bébé il est assi«

A. sieht kurz Ch. zu und dreht sich erneut zu der Gruppe. Als M.-F. zu der Stelle in der Geschichte kommt, wo allen Tieren nicht mehr kalt ist (»... n'avait pas froid«), dem Schaf Millie jedoch sehr (»Millie, elle avait très froid«)[39], scheint auch Ch. dermaßen von der Geschichte angezogen, dass sie ihr Buch schließt und sich ebenfalls der Gruppe zuwendet. Die beiden Mädchen hören nun eine Weile konzentriert der Geschichte zu.

Ch. wendet sich dann wieder ihrem Buch zu und kommentiert es:

(45) Ch.: »oh, (c'est elle?)« ... »oh, oh, oh!« ... »voilà, le bébé dort là!«

A. geht auf diese Kommentare ein, indem sie fragt:

(46) A.: »tu lis?«

Ch. gibt ihr das Buch, steht auf und geht weg (OFF = in die Leseecke). A. kommt dieser indirekten Aufforderung nach, hält das Buch wie Erwachsene es meist tun, räuspert sich und beginnt emphathisch eine Erzählung für sich allein, wobei sie die letzte Bemerkung von Ch. aufnimmt:

(47) A.: »alors, dans ce livre là, tout le monde dort« (fährt immer leiser werdend fort; unverständlich)

---

38 Buchinhalt nicht identifiziert, da er für die Analyse der Interaktion irrelevant ist.

39 Buchinhalt »Millie«: Millie ist ein sehr gutmütiges Schaf, das im Herbst ihre Wolle diversen Tieren für den Nest- oder Höhlenbau verschenkt. Beim ersten Schneefall findet sie sich frierend ohne Wolle wieder und ihr ist so kalt, dass sie beinahe in die Klauen des Fuchses gerät. Letztendlich wird sie von einer netten Bäuerin aufgenommen, die ihr einen warmen Pullover strickt. Auf der letzten Seite ist Millie mit ihrem neuen Pullover im Schnee und einem kleinen Vogel auf ihrem Rücken abgebildet, der einen gelösten Faden aus ihrem Pullover im Schnabel hält...

Dann wirft sie wieder einen Blick nach hinten zu M.-F., als vergewissere sie sich, wie diese das Buch hält, und imitiert M.-F., indem sie ihres ebenfalls so umdreht, als wolle sie die Bilder einem imaginären Publikum (es sitzt niemand am Tisch) zeigen.

M.-F. wird von Margot, die die letzte Seite umblättert, in ihrer Lektüre unterbrochen und bemerkt auf der Vorsatzseite:

(48) M.-F.: »je ne peux plus lire le livre alors«

Dann blättert M.-F. auf die vorhergehende Seite um:

(49) M.-F.: »Je vous lis la dernière page, on va aller dans le jardin.«

liest die letzte Seite vor, schließt das Buch, steht auf und wiederholt:

(50) M.-F.: »Allez, je crois qu'on va ranger parce que ... on va aller dans le jardin«... »Vous rangez les livres les enfants!«

Clément, der M.-F.s Lektüre zugehört hatte, nimmt »Millie« und räumt es in die Bücher-kiste. A. verfolgt mit dem Blick, wie Ch. dieses Buch wieder herausholt, sich damit in die Bücherecke setzt und es durchzublättern beginnt. A. steht nun mit ihrem Buch ebenfalls auf, kniet sich vor das Präsentationsregal, als wolle sie es wegräumen, rutscht dann jedoch auf den Knien mit ihrem Buch vor die Bank neben Ch., die sich simultan in dieselbe Position begibt.

Expliziter Kontext

Erste Analyse: Parallele Lektüren[40] (Zeit: 1.20.32 – 1.22.00; 1 min. 28 sek.)

Ch. sitzt auf der Bank und schlägt das Buch »Millie« auf. Sie gelangt auf die Titelseite und beginnt eine »Erzählung« mit dem im Französischen rituellen Anfang, während dessen A. in die Bücherecke kommt, Ch. kurz zusieht und sich dann neben Ch. vor die Bank kniet.

(51) Ch.: »alors«
(52) A.: »toute« (écoute) ... »toute«

Ch. kniet sich daraufhin ebenfalls vor die Bank mit dem Gesicht zum Spiegel, und A. rückt ein Stück näher zu ihr. Es ist schwierig festzulegen, ob es sich bei dieser Äußerung um eine Feststellung im Sinne von »ja, ich höre zu« oder um eine Aufforderung »hör' mir zu« handelt. Ch. scheint jedoch bereits vertieft in ihr Buch, da sie auf diesen Ausspruch nicht eingeht. Sie blättert weiter die Seiten um, ohne A. anzusehen, und beginnt für sich selbst zu erzählen (nicht

40 Die hier vorgenommene Aufteilung entspricht nicht ganz der des Protokolls. Während der Verschriftung schien es kohärenter, den Beginn der ersten Episode dort anzusetzen, wo sich A. und Ch. allein in der Leseecke befinden. Da die vorangehende Sequenz jedoch für die Analyse wichtige Elemente enthält, setzt der zweite Schritt der Mikroanalyse bei Redeeinheit (46) an.

hörbar, wackelt jedoch mit dem Kopf, wodurch sie anscheinend gestisch die Erzählung unterstreicht). A. beginnt nun ihrerseits zu erzählen (unverständlich), wobei sie sich im Spiegel betrachtet.

(53) A.: ... »c'est des yeux qu'a pas sommeil«

Ihr Blick schweift zu dem Poster von »Wo die wilden Kerle wohnen« (unverständlich ob sie Kommentare dazu macht). Während dessen kommentiert Ch. die Bilder ihres Buches:

(54) Ch.: »elle a très très froid« ... »arrête, arrête« ... »elle, elle a ...« (mit dem Finger auf Millie zeigend)

A. senkt den Blick wieder auf ihr Buch und, möglicherweise angeregt durch Ch., kom-mentiert nun ihrerseits:

(55) A.: »c'est bon papa noël«

Ch. betrachtet weiter aufmerksam ihr Buch und kommentiert:

(56) Ch.: »lui, il a pas de (trou)« ... »lui, il a pas de VTT« (vélo tout terrain = Mountainbike)

Sie dreht sich kurz um, denn es sind nah im Raum Kinder- und Erwachsenenstimmen zu hören. Diese scheinen Ch. jedoch nicht weiter zu irritieren, denn sie fährt fort:

(57) Ch.: ... »elle, c'est très très froid«

A. erzählte währenddessen unverständlich vor sich hin, was nur durch den Spiegel und z.T. ihre Körper- und Kopfbewegungen wahrnehmbar ist. Nur ein Bruchteil ihrer Erzählung ist hier verständlich:

(58) A.: »et c'est courant ça«
(59) Ch. »très très froid«... »oh! là elle a très très froid«

An dieser Stelle dreht sich Ch. erneut kurz zu dem Kinderlärm um, der jetzt von draußen aus dem Garten ertönt. Dann blättert sie ruhig eine Seite zurück, deren Bild sie sich noch-mals ansieht. Jede blättert weiter die Seiten ihres Buches um, bis Ch. auf die hintere Vorsatzseite gelangt und ihr Buch schließt.

(60) Ch.: »et voilà!«

Sie steht auf und räumt das Buch in das rechte P.R..

(61) Ch.: »et pis après...«

Bei »après« bricht sie im Wort ein wenig ab. Eine mögliche Deutung wäre, dass sie sich nun daran erinnert, dass die Lesezeit offiziell vorüber ist und auch sie sich eigentlich zu den anderen Kindern in den Garten begeben sollte. Dieser Satz sagt jedoch auch aus, dass sie gern weiterlesen möchte. Während sie sich umdreht, sieht sie kurz in die Kamera und wirkt daraufhin unsicher, was sie jetzt tun soll (hebt beide Arme hoch und verschränkt die Hände kurz hinter dem Kopf). Sie dreht sich um, sieht A. zu, die noch ganz vertieft in ihre »Lektüre« ist, geht dann zu dem linken P.R. und nimmt sich ein neues Buch.

(62) A.: »un bateau,... une voiture,.... une voiture!«

A. kommentiert währenddessen weiter ihr Buch und schließt es bei dem letzten und mit Nachdruck lauter gesagten »voiture!«. Ch. legte ihr neues Buch auf die Bank, kniet sich davor und beginnt es mechanisch bzw. automatisch durchzublättern. A. rutscht auf den Knien zum rechten P.R. und lässt sich Zeit damit, ihr Buch wegzuräumen.

Zweite Analyse

Die Tatsache, dass sich beide Mädchen der Aufforderung widersetzen, in den Garten zu gehen und sich gemeinsam in der Bücherecke einrichten, kann als prinzipieller Wunsch interpretiert werden, weiter zu interagieren. In dieser Episode kommt es jedoch zu keiner direkten Interaktion.

A. fragt Ch. »tu lis?« (46), woraufhin Ch. ihr das Buch hinüberschiebt und weggeht. Beide Kinder leisten hier einen Beitrag zu dem Versuch, einen gemeinsamen Sachbezug auf der Basis eines gemeinsamen Objektes -das Buch- herzustellen. Dieser Sachbezug ist jedoch von der fehlenden Synchronisation geprägt und wird nur im zeitlichen Nacheinander realisiert. Eine mögliche Interpretation wäre, dass Ch., wie sich im folgenden noch zeigen und bekräftigen wird, bereits einen präziseren Begriff der Unterscheidung ›lesen – erzählen‹ hat als A., die stets ihre Aktivität als Lesen bezeichnet d.h. wahrnimmt. Diese von A. inkorrekt gestellte Frage könnte ein Grund sein, warum Ch. ihr nicht antwortet. Möglicherweise hat Ch. momentan keine Lust, weiter mit A. zu interagieren, eine Interpretation, die jedoch wie auch die Folge zeigt, etwas zu weit geht. Es ist wahrscheinlicher, dass Ch., angeregt von M.-F., die das Buch »Millie« laut vorlas und deren Lektüre Ch. z.T. sehr aufmerksam gefolgt ist, Lust hat, sich dieses Buch noch einmal allein anzusehen.

Alle anderen Kinder sind in den Garten gegangen; es ist ruhig im Raum, und die Mädchen sitzen jede mit einem Buch in der Bücherecke, es besteht ein diachroner Objektbezug. Ch. beginnt ihre »Lektüre« mit dem rituellen Anfang (51), worauf A. (52) antwortet. Wie man auch immer diese Antwort sprachlich interpretiert (s.o.), so kann sie sicher als Versuch von A. angesehen werden, eine soziale Beziehung herzustellen und ihre Perspektiven zu koordinieren. Die Interaktion »scheitert« jedoch, da es ihnen nicht gelingt, einen gemeinsamen Objektbezug herzustellen, sondern jede weiter ihr eigenes Buch liest.

In der darauf folgenden Passage könnte man annehmen, dass beide Kinder »kollektive Monologe« (Piaget 1972, S. 29) führen: Jede kommentiert, z.T. laut, für sich die Bilder ihres Buches (53) bis (62), ohne dabei auf die andere Bezug zu nehmen. »Jeder lässt einen anderen an seinem augenblicklichen Tun oder Denken teilnehmen, ohne sich darum zu kümmern, ob er wirklich gehört oder verstanden wird. Der Standpunkt des Gesprächspartners spielt dabei nie eine Rolle – der Gesprächspartner ist lediglich ein ›Stimulans‹.« (ebenda, S. 22).

Der spezifische Umgang mit dem Objekt Buch, z.B. das Vorlesen oder Erläutern von Bildern, entspricht hier nicht nur einem kollektiven Monolog, sondern stellt auch eine Imitation erwachsenen Verhaltens dar. In diesem Fall relativiert sich demzufolge die Klassifizierung als kollektiver Monolog, da das Buch mehr als jedes andere Objekt Kinder zum Erzählen verleitet.

Nachdem Ch. ihr Buch beendet und weggeräumt hat, wirkt sie verunsichert von dem Kinderlärm aus dem Garten und der Erwachsenen hinter der Kamera. Sie schaut zu A., die noch in ihr Buch vertieft ist und scheint sich erst daraufhin zu entscheiden, in der Bücherecke zu bleiben und sich ein neues Buch zu nehmen. Dieser Moment kann als Bestätigung des prinzipiellen Wunsches nach einer Interaktion angesehen werden.

Erste Analyse: Lektüre[41] zu zweit von Millie (Zeit: 1.22.00 – 1.24.40; 2 min. 40 sek.)

A. steht vor dem P.R. und sucht ein neues Buch, während Ch. ihr soeben eher mechanisch durchgeblättertes beendet und es wieder wegräumt. Sie steht mit dem Rücken zu A., die sich jetzt »Millie« nimmt. Der sehr kurze Blick, den A. Ch. zuwirft, während sie sich auf der Bank niederlässt, könnte einerseits schlichte Neugier oder Interesse sein, was Ch. jetzt tun wird. Vielleicht ist es ein erstes, wenn auch subtiles Zeichen, sich mit ihr gemeinsam dieses Buch ansehen zu wollen, das Ch. gerade weggeräumt hat. Ch. setzt sich ohne Buch dicht neben A. auf die Bank und fragt auf das Buch zeigend:

(63) Ch.: »tu prends çui-ci ? On va...l'avait raconté toute à l'heure?«

Dieser Satz ist zweideutig, da sie (eindeutig hörbar) mit »on va« beginnt, was im Französischen eine Zukunftsform ist, und nach einer kurzen Gedankenpause den Satz in der Vergangenheit beendet »l'avait raconté«. Außerdem besitzt auch das Adverb »toute à l'heure« zweierlei Bedeutung: 1. soeben, gerade und auch: 2. gleich, nachher. Die Erzieherin hat vorher dieses Buch einer Gruppe von Kindern vorgelesen, sie selbst las es eben gerade allein noch einmal. Da sie sich korrigiert, könnte man annehmen, die Beto-nung ihrer Aussage beruhe darauf, dass sie es erstaunlich findet, im Sinne von langweilig, dass A. schon wieder Millie lesen will. Der Beginn des Satzes in der Zukunft könnte demgegenüber jedoch andeuten, dass sie trotzdem Lust hat, sich dieses Buch noch einmal, nun gemeinsam mit A., anzusehen.

(64) A.: »alors, Millie...« (emphatisch)
(65) Ch.: »où elle est Millie?«
(66) A.: »Millie...che...« (emphatisch, schaut zu Ch. auf senkt den Blick wieder auf ihr Buch und wiederholt leiser) »Middie...che..«

A. begreift diese zweideutige Frage anscheinend in der Zukunftsform, d.h. als Auffor-derung, mit dem Erzählen zu beginnen, denn sie öffnet ihre Körperhaltung zu Ch. und reagiert mit einem emphatischen Anfang, wie es Erwachsene oft tun. Ch. geht darauf sofort mit der Frage ein,

---

41 Der Begriff »Lektüre« wird im folgenden Text meist gemieden, wenn, dann wurde er stets in Anführungszeichen gesetzt. Wie die Analyse zeigen wird, kann in dieser Interaktion nicht von Lektüre im Sinne von *Lesen* die Rede sein. Rein aus stilistischen Gründen war es manchmal angebracht, diesen Begriff trotzdem zu verwenden. Er hat hier die Bedeutung von »sich die Bilder in einem Buch ansehen«.

wo denn Millie sei. A. dreht sich nun etwas umständlich auf dem Boden, setzt sich dann auf die Bank neben Ch., die ihr abwartend dabei zusieht, kratzt sich am Kopf und lässt sich Zeit. Möglicherweise weiß sie nicht recht, wie sie die Erzählung nach diesem schwungvoll-vielversprechenden Beginn weiterführen soll, vielleicht ist dies auch schlicht als Denk- oder Inspirationspause anzusehen. Ch. scheint die Pause nicht in diesem Sinne zu verstehen, sondern als Anzeichen dafür, dass A. weiter nichts einfällt. Sie steht auf, holt sich ein anderes Buch aus dem P.R. und sagt :

(67) Ch.: »çui-là on n'a pas (ra)conté.«

Mit diesem Satz begründet sie ihr Handeln, signalisiert möglicherweise einen Lösungs-versuch für das Problem, mit der Geschichte nicht weiterzukommen und verbalisiert (indirekt) ihren Wunsch, nicht noch einmal Millie anzusehen, statt dessen lieber ein Buch, das sie sich noch nicht angesehen haben. Ch. nimmt wieder denselben Platz auf der Bank ein und beginnt, ihr Buch durchzublättern. A. scheint erstaunt über diese Wendung, sie sieht Ch. hinterher, blättert mechanisch, geistesabwesend eine Seite ihres Buches um und zögert, scheint unschlüssig, bevor sie ihre Erzählung[42] dann fortsetzt.

(68) A.: »et moi, dit lapin, (j'ai iche), j'ai une robe...« ... »même il est.....« ... »(...)« (fährt immer leiser werdend fort)

Sie beginnt nun mit mehr Elan bzw. Nachdruck. Entweder sie hat in dieser kurzen Pause bzw. Unterbrechung schließlich den roten Faden gefunden oder sie möchte somit versu-chen, Ch. doch noch zu einer gemeinsamen »Lektüre« zu verführen. A. erzählt Hand-lungsbruchstücke der Geschichte, ohne sich dabei explizit an Ch. zu wenden. Ch. scheint A.s nun fast flüssige Erzählung jetzt doch zu interessieren, denn sie wirft einen kurzen Blick auf A.s Buch, blättert immer schneller die Seiten ihres eigenen um und steht verlegen lächelnd in die Kamera blickend auf, während A. weitererzählt.

(69) A.: »c'est quoi dit le blaireau, et même...« ... »le blaireau, il est pas froid, le blaireau, (il est) dans mon nid, et moi, j'ai pas de laine.«

Dieser eher verunsichert als freudig wirkende Blick ist in bezug auf den weiteren Ablauf der Handlung schwierig zu deuten. Eine mögliche Deutung wäre, dass sie sich von der filmenden Erwachsenen eingeschüchtert fühlt, die ihr sozusagen den Weg versperrt, und sie sich dadurch nicht traut, die Bücherecke zu verlassen. Eine andere Möglichkeit wäre im Gegensatz dazu, dass Ch. sich eben gerade von dieser aufmerksam beobachtenden Erwachsenen ermutigt fühlt, die Interaktion mit A. fortzusetzen. Die zweite Möglichkeit scheint zuzutreffen, denn Ch. räumt ihr Buch schließlich in das P.R. (OFF), setzt sich daraufhin dicht neben A. und steigt sofort in deren Erzählung ein:

(70) Ch.: »et Millie, elle a très, très froid.«
(71) A.: »elle a très très froid. Elle a même pas de (le?) petit chien à côté.«

A. erwähnte kurz zuvor, dass dem Dachs nicht mehr kalt sei, und Ch. bringt, an diese Bemerkung anknüpfend, nun das zentrale Element der Geschichte in A.s Erzählung ein (dass Millie

42 Buchinhalt von »Millie« siehe Anm. 39, S. 253.

sehr kalt ist), was A. sogleich bestätigend wiederholt und in einem vertrau-lichen Ton, nah an Ch.s Gesicht herangehend, sagt, dass Millie nicht einmal den kleinen Hund an ihrer Seite hätte. Mit dieser Gebärde scheint sie ihrem Wunsch, das Buch gemeinsam mit Ch. zu erzählen, Nachdruck zu verleihen.

(72) Ch.: »ouais, elle avait très très froid.«
(73) A.: »alé, alé, t(r)ès t(r)ès froid.«
(74) Ch.: »un lapin, un lapin, un lapin!«
(75) A.: »regache. regade c'est un gros renard qui va manger.«

Die beiden Mädchen scheinen sehr erfreut (entspannte Körperhaltung) darüber, nun einen Ansatz zum gemeinsamen Erzählen gefunden zu haben. Ch. wiederholt nochmals, dass Millie sehr kalt ist. Als jedoch A. beginnt, den Satz melodisch zu »verformen«, verweist Ch. sofort auf ein anderes Bildelement: den Hasen. Auch auf diese Äußerung reagiert A. angemessen, indem sie Ch. auf den Fuchs aufmerksam macht, der den Hasen fressen will. Dabei hält sie das Buch umgedreht zu Ch. hin, wie es Erwachsene üblicherweise tun.

(76) Ch.: »non, attends! tiens la, tiens l'avait, heu... un autre.« ... »tiens là! il est – dort le chien.«
(77) A.: »d'ac.«

Ch. scheint einerseits diese Geste zu missfallen, denn sie nimmt A. das Buch nun aus der Hand, was diese willig geschehen lässt, und blickt dabei kurz zur Kamera auf, als suche sie dort, bei der Erwachsenen, Bestätigung für ihre Korrektur. Außerdem ist sie anschei-nend nicht einverstanden, dass A., von den Bildelementen ausgehend, Tatsachen in die Erzählung bringt, die nicht im Buchtext stehen. Ch. sucht deshalb die Seite, wo der »Hund« (d.h. das unbewollte Schaf Millie) abgebildet ist, den A. vorher bereits er-wähnte. A.s Antwort »d'ac« (d'accord = O.K.) könnte sich auf beide Ebenen beziehen: einerseits darauf, dass sie einverstanden ist, in der Geschichte zu bleiben und mit ihrer Phantasie nicht wieder abzuschweifen als auch auf die Tatsache, dass nun Ch. die »Buch-führung« übernommen hat. Letzteres scheint wahrscheinlicher, da Ch. ihr das Buch hinschiebt und A. mit dem Erzählen fortfährt, aber wieder etwas sagt, was nicht mit der Geschichte zu tun hat.

(78) A.: »ce matin.... n'en est pas (de pain).«
(79) Ch.: »non! attends! non!« ...

Erneut greift Ch. direktiv »nein! warte!« ein, um A.s Erzählfluss zu stoppen, und sie nimmt ihr wieder, mit einem Blick zur Kamera (Suche nach Bestätigung?), das Buch ab.

(80) Ch.: »non, elle avait,... elle avait un, elle avait...« (blättert eine Seite um, auf Millie zeigend) »elle, elle a plus froid. non, elle a un pull, plus froid.« ... »elle a dit: arrête! arrête!«

Sie sucht die Seite, wo die Geschichte mit Millie (der nun nicht mehr kalt ist, weil die Bäuerin ihr einen Pullover gestrickt hat) weitergeht. Das letzte Bild zeigt Millie mit einem Vogel, der aus ihrem neuen Pullover einen Faden zieht. Zu diesem Bild gibt es keinen Text, Ch. fügt jedoch das hinzu, was Millie -besäße sie denn »gesunden Menschenverstand«- zu dem Vogel sagen sollte: »hör auf!«.

Ch. weiß anscheinend genau, dass die Geschichte hier endet, und schiebt mit einem kurzen (prüfenden?) Blick zur Kamera das Buch auf A.s Knie zurück. A. scheint diese Geste als Aufforderung zum Weitererzählen zu begreifen, räuspert sich und setzt wieder bei der Geschichte mit dem Hund an. Sie kommentiert ihre Schwierigkeit, das Buch zu halten, bevor sie fortfährt:

(81) A.: »le chien... i tombe oh là là!« ... »c'est ce matin qu'on le sort ce matin. t'as compris? qu'on sort ce matin.«

Dies sind anscheinend wieder Phantasieelemente, doch dieses Mal zeigt sich Ch. prinzi-piell einverstanden, dass A. weitererzählt. Sie nimmt ihr jedoch das Buch ab, blättert auf die letzte Vorsatzseite und fordert A. auf, über diese Bilder (gleichförmige Blumen) zu erzählen, indem sie ihr das Buch hinüberschiebt. A. sieht (verwundert?) auf die Blumen, sagt nichts und scheint somit auszudrücken, dass man darüber nichts erzählen kann (oder zumindest ihr nichts einfällt). Daraufhin versucht sie, eine Seite zurück zu den Bildern mit Text zu blättern, woran Ch. sie jedoch hindert:

(82) Ch.: »non, non, raconte ici!« (mit dem Finger auf die Blumen zeigend)
(83) A.: »il faut le lire«

A. antwortet in einem singenden, fast belehrend zu bezeichnenden Tonfall, der darauf hinweist, dass A. sehr wohl die Aufforderung weiterzuerzählen verstanden hat und auch akzeptiert. Mit diesem Tonfall (im Stil Erwachsener) weist sie Ch. außerdem daraufhin, dass man auf dieser Seite nichts lesen kann. Gleichzeitig fasst A. die Seite an der unteren Ecke, um sie umzublättern, eine Geste, die Ch. sofort bemerkt und ihre Hand auf die Seite legt, um A. am Umblättern zu hindern.

(84) A.: »tu veux on (le lit tout les deux.)«

A. scheint sehr wohl Ch.s Wunsch zu verstehen und macht ihr diesen Vorschlag in einer sehr vertraulichen Art und Weise, indem sie sehr nahe an Ch.s Gesicht herangeht und ihr direkt in die Augen schaut.

(85) Ch.: »ah voilà, fini!«

Ch. zieht A. das Buch weg, antwortet mit einem brüsken Zuklappen und erklärt somit entschieden dieses Buch als beendet. Sie scheint mit dieser Geste den Vorschlag von A. zu ignorieren, eher, als dass sie ihn nicht verstünde. Ch. steht dann auf und räumt »Millie« in das P.R., während A. verwundert – enttäuscht über diese Zurückweisung oder das schlichte Übergehen ihres Angebotes – sitzenbleibt und ein wenig unschlüssig oder nachdenklich in die Kamera schaut. Unschlüssig im Sinne, dass sie nicht recht weiß, wie es (ihre Interaktion mit Ch.) weitergehen soll; nachdenklich vielleicht, da sie sich nun »bewusst« allein gegenüber der videographierenden Erwachsenen vorfindet. In diesem Sinne könnte ihr Blick und ihre etwas starre Körperhaltung auch als ›eingeschüchtert‹ bezeichnet werden.

Zweite Analyse

In dieser Episode nun entwickelt sich eine direkte Interaktion zwischen den beiden Mädchen. Es ist anzunehmen, dass der gemeinsame Objektbezug auf das wohlbekannte Buch »Millie«, dessen Geschichte bzw. dessen Wortlaut beide noch frisch im Gedächtnis haben, das erneute Herstellen einer Interaktion erleichtert bzw. sogar erst ermöglicht.

Jetzt ist es A., die sich »Millie« nimmt (vorher hatte es Ch.), d.h. sie setzt den Versuch fort, einen gemeinsamen Sachbezug herzustellen, jedoch erneut nur im zeitlichem Nach-einander. Möglicherweise aus diesem Grunde zeigt sich Ch. erstaunt (63) über A.s Buchwahl, Ch. gelingt dadurch nun die Synchronisation der Perspektiven, was ihr beim vorigen Buch nicht gelungen ist. Auch begibt sich Ch. mit der Frage (63) auf die Ebene der performatorischen Beziehung, es findet hier allerdings eine Zusammenziehung von Vergangenheit und Zukunft statt.

A. scheint diese Frage als Aufforderung zu verstehen, sie beginnt daraufhin sofort mit dem rituellen Erzählanfang (64). Ch. zeigt sich einverstanden und stellt eine inhaltliche Frage (65), die als direkte Aufforderung zur Interaktion bzw. gemeinsamen »Lektüre« angesehen werden kann. A.s Äußerung (66) kann als Unsicherheit gedeutet werden, sie geht damit nicht sofort in das Angebot eines Dialogs ein, sondern macht einen eher rudimentären Ansatz einer Frage-Antwort-Koordination. Sie scheint durch die zwei-malige Wiederholung von »Millie« (66) Zeit für sich gewinnen zu wollen, um einen Erzählanfang zu finden. Ch. scheint A.s Verzögerung nicht in diesem Sinne zu verstehen, und der Abbruch des von ihr aufgebauten Dialogs oder der gemeinsamen Perspektive veranlasst Ch., sich abzuwenden und neu anzusetzen. Sie kommentiert (67) ihre Handlung, was als ein Lösungsvorschlag für das Problem aufgefasst werden kann, eine gemeinsame und synchrone Interaktionsbasis zu finden. Auf der performatorischen Ebene macht sie A. außerdem in (67) einen alternativen Vorschlag, der durch das »on« angezeigt wird. A. wirkt erstaunt darüber, dass Ch. sie nicht verstanden hat, sich ein anderes Buch nimmt und ihr einen anderen Vorschlag macht. Sie scheint kurz darüber nachzudenken, beginnt dann jedoch recht flüssig Bruchstücke der Geschichte über »Millie« laut zu erzählen (68)-(69). A. hat Schwierigkeiten, eine (performatorische) Beziehung herzustellen, denn weder nonverbal noch textlich bewegt sie sich auf der performatorischen Ebene. Mit ihrer Erzählung scheint sie jedoch Ch.s Aufmerksamkeit wieder auf sich und die Geschichte zu ziehen, denn sie stellt mit der Bemerkung (69) einen gemeinsamen Sachbezug her. Wieder zeitlich verzögert, in der ersten Episode sprach Ch. von den Tieren, denen kalt ist (vgl. 57 und 59). Ch. signalisiert A. anscheinend deutlich, dass sie sich an der gemeinsamen sozialen Perspektive beteiligen möchte dadurch, dass sie ihr Buch sehr schnell zu Ende blättert. Bei Ch.s verunsichertem Blick in die Kamera, als sie ihr Buch wieder wegräumt, scheint es sich um die Ratsuche bei einer Erwachsenen in der schwierigen Situation, ihre beiden Perspektiven zu koordinieren, zu handeln.

Ch. wendet sich erneut A. zu und greift den von A. hergestellten gemeinsamen Sachbezug auf, indem sie das Schlüsselelement der Geschichte einbringt (70). A. wiederholt Ch.s Beitrag (71), greift ihrerseits das Schlüsselelement auf, und dadurch haben beide Kinder eine Interaktionsgrundlage gefunden, den sie durch die Wiederholungen bestätigen und konsolidieren: einen Ansatz zum gemeinsamen Erzählen, worüber beide sichtlich erfreut sind. A. fügt ihrer Wiederholung in derselben Satzstruktur eine neues inhaltliches Element an (71). Ch. geht auf dieses Element nicht ein, sondern wiederholt mit Nachdruck ihre erste Bemerkung (72). A. greift diese nochmals auf, jedoch in etwas lallender Weise (73), entweder aus reiner Freude am Wiederholen und Experimentieren mit der Sprache, möglicherweise schwingt jedoch auch Kritik in diesem Lallen an Ch. mit, die sich zu lange mit demselben Aspekt aufhält. A. macht dadurch außerdem deutlich, dass die gemeinsame Erzählbasis nun hergestellt ist und es keiner weiteren Wiederholung bedarf. Letztere Deutung scheint sich dadurch zu bestätigen, dass Ch. jetzt auf eine andere Figur in der Illustration aufmerksam macht (74), »un lapin« in singendem Ton dreimal wiederholt, somit A. ihr Einverständnis signalisiert und ihr die Gelegenheit gibt, in der Geschichte fortzufahren. A. geht in der Geschichte weiter und bezieht sich mit ihrer Bemerkung über den Fuchs (75) auf Ch.s Einwurf (74).

Hier bricht der Dialog jedoch ab, anscheinend ausgelöst durch A., die zur besseren Demonstration, wie Erwachsene es oft tun, das Buch zu Ch. gedreht hochhält. Ch. scheint diese Geste zu missfallen, sie unterbricht A. (76) direktiv, nimmt ihr das Buch ab und geht nun auf eine vorherige Bemerkung A.s zurück (71), um wieder einen gemeinsamen Sachbezug herzustellen. Während sie eine bestimmte Seite sucht, denkt sie laut, formuliert ihre Handlung bzw. ihre Gedanken und lässt A. somit daran teilhaben. Sie sucht den Hund, den A. bereits erwähnt hatte, findet ihn und macht A. darauf aufmerksam (76). A.s einwilligende Antwort (77) ist nicht ganz eindeutig zu interpretieren. Entweder bezieht sie sich inhaltlich auf die Unterbrechung der Geschichte und den Rückbezug zum Hund oder auf die Handlung, das von Ch. missbilligte Hochhalten des Buches. A. scheint diese kurze Sequenz auf der Inhaltsebene zu verstehen und beginnt einen Satz zu erzählen (78), der inhaltlich jedoch keineswegs mit der Geschichte übereinstimmt (soweit es anhand der Buchvorlage geprüft werden konnte) indem sie sehr nahe, vertraulich an Ch. herankommt. Hier wird deutlich, dass Ch. die Inhaltsebene sehr am Herzen liegt, denn sie hört A. zwar aufmerksam zu, unterbricht sie jedoch erneut sehr direktiv (79), nimmt ihr das Buch aus der Hand, blättert eine Seite um und kommentiert inhaltsgetreu die Illustration (80). Dann fügt aber auch sie ein Phantasieelement ein, denn Millie sagt im Buch eben gerade nicht »hör' auf!« zu dem Vogel.

Ch. schiebt das Buch A. zu und fordert sie damit nonverbal auf, fortzufahren. Womit ist nicht eindeutig, denn die Geschichte endet an dieser Stelle. Sie könnte A. dadurch bedeuten, das Buch zu beenden, oder sie möchte in der Erzählung fortfahren und die Interaktion aufrechterhalten. A. versteht diese Geste als Aufforderung weiterzuerzählen und greift auf das Element »Hund« zurück, über das sie zuvor einen gemeinsamen Sachbezug haben herstellen können. Dieser Rückgriff könnte auch als »versöhnender« Beitrag aufgefasst werden, denn bei dem ersten kurzen Bruch in ihrer Interaktion, schlug Ch. die Brücke ebenfalls über den Hund (vgl. 76-77).

Inhaltlich hat A.s Beitrag (81) erneut nichts mit der Geschichte gemein, außerdem rutscht ihr das Buch aus den Händen, und es ist wieder nicht eindeutig, ob Ch. der Inhalt oder die Handlung, der etwas ungeschickte Umgang mit dem Objekt, missfällt. Sie unterbricht A. ein drittes Mal direktiv (82) und fordert sie gleichzeitig auf, über die textlos geblümte Vorsatzseite zu erzählen. A. antwortet ihr in vertraulicher Weise, in einem eher erwachsenenähnlichen Tonfall (83). An dieser Stelle wird besonders deutlich, dass A. den Unterschied zwischen lesen und erzählen noch nicht erfasst hat. Ch. spricht korrekterweise stets von »raconter = erzählen«, A. dagegen von »lire = lesen« (vgl. auch Redeeinheit (46); diese Tatsache bestätigt sich in den folgenden Episoden).

A. wiederholt daraufhin die Feststellung und macht Ch. einen Vorschlag (84), den diese jedoch brüsk verbal (85) als auch nonverbal ablehnt. Diese Reaktion könnte erneut als Direktive gegenüber A.s Verhaltens- und Redeweise angesehen werden, die von Ch. vielleicht als »besserwisserisch« aufgefasst werden. Ch. räumt das Buch weg und A. scheint mit dieser Reaktion nicht gerechnet zu haben, sie bleibt »wie vor den Kopf geschlagen« unschlüssig abwartend sitzen, wobei sie die Kamera = die Erwachsene ansieht.

Erste Analyse: Lektüre zu zweit von »Mais, mais, mais« (Zeit: 1.24.41 – 1.27.49; 3 min. 8 sek.)

Ch. steht vor dem P.R., räumt Millie weg und sucht ein anderes Buch:

(86) Ch.: »et ça!« ... »on va prendre ça!« (enthusiastisch)

ruft sie freudig aus, als sie ein anscheinend interessantes Buch gefunden hat (»La dent d'Ara«[43]), setzt sich daraufhin sofort zurück auf die Bank, schlägt das Buch auf und beginnt darin zu blättern. Der enthusiastische Tonfall als auch das »on va prendre ça« scheint A. eindeutig zu signalisieren, dass Ch. gern die gemeinsame Lektüre fortsetzen möchte. Aus der Folge wird jedoch auch klar, dass sie beide einstimmig weiter die Perspektive ›jede nimmt sich ein eigenes Buch‹ verfolgen, denn A. dreht sich zu Ch. hin, sieht zu dem P.R. und fragt sich leise:

(87) A.: »et moi oi oi oi...« (steht auf und geht langsam, zögerlich zu dem P.R.) »je vois plus«

Sie bleibt halb zu Ch. gedreht vor dem P.R. stehen und mit ihrer Haltung (die eine Hand an das Regal gelehnt und das eine Bein um das andere geschlungen) unterstreicht sie ihre Unschlüssigkeit darüber, welches Buch sie sich jetzt nehmen soll. Ch. hat unterdessen ihr Buch wieder geschlossen, da sie A.s Unschlüssigkeit wahrgenommen hat, begutachtet von ihrem Platz aus ebenfalls das P.R. und schlägt dann mit dem Finger darauf deutend das Buch »Mais, mais, mais«[44] vor:

(88) Ch.: »çui-là, çui-là!« (entschieden und enthusiastisch)

A. akzeptiert sofort den Vorschlag, nimmt sich das Buch und betrachtet es, stehend, interessiert und aufmerksam. Ch. überprüft mit ihrem Blick anscheinend, ob ihr das Buch gefällt und sie es wirklich ansehen wird. A. kommentiert immer noch stehend die Umschlagillustration, auf der zwei Schweine abgebildet sind:

(89) A.: »trois petits cochons«

setzt sich nun wieder hin und wiederholt noch einmal:

43 Buchinhalt nicht identifiziert, da er für die Interaktion irrelevant ist.

44 Buchinhalt »Mais, mais, mais«: Die Geschichte handelt von einem sauberen Schweinemädchen und einem schmutzigen Schweinejungen, die sich zum Entsetzen ihrer Eltern miteinander befreunden und zusammen mal ordentlich-saubere und mal schlammig-dreckige Spiele spielen. Die Kohlezeichnungen der sauberen Spiele wurden vom Illustrator stets auf hellgelbem Hintergrund, die Schlammspiele auf hellblauem abgebildet. Die Bilder ähneln sich sehr; die sehr kurzen Texte zu jeder Seite sind in die Illustrationen integriert.

(90) A.: »les trois petits cochons«

Ch. blickt auf A.s Buch, als wolle sie diese Aussage überprüfen und beginnt dann ihr eigenes (von hinten) -eher mechanisch als interessiert- durchzublättern. A. öffnet ihr Buch auf der Vorsatzseite (gelb) und wiederholt nun leise ein drittes Mal:

(91) A.: »trois petits cochons« (blättert eine Seite um) »...et maintenant...« (leise)

Sie scheint eindeutig davon auszugehen, dass es sich bei diesem Buch um die Geschichte der drei kleinen Schweinchen handelt, kann sich jedoch anscheinend nicht mehr an die Geschichte erinnern, bleibt deshalb im Titel stecken, wird immer leiser und fragt sich dann, was jetzt kommt (»...et maintenant...«). Sie blättert (aus Verlegenheit oder zur Überbrückung?) eine weitere Seite um, wirft gleichzeitig einen kurzen (ratsuchenden?) Blick zur Kamera und scheint weiter zu überlegen. Dann richtet sie ihr Buch auf und kündigt skandierend im Erzählton an:

(92) A.: »alorrre...« ... »c'est l'histoire: trois petits cochons.....« ... »après...«

Sie bricht ab, wahrscheinlich, weil sie immer noch nicht weiß, wie sie die Geschichte erzählen soll, und mit einem Seitenblick zu Ch. scheint sie deren Interesse zu überprüfen oder aber sie sucht damit Ch.s Aufmerksamkeit zu erwecken. Ch. blätterte unterdessen, ohne aufzusehen, systematisch die Seiten ihres Buches um und reagiert auf den vermeint-lichen, da doch stockenden, Beginn A.s Erzählung mit einem recht trockenen geäußerten Kommentar zu einem Bild:

(93) Ch.: »elle tire sur la ficelle«
(94) A.: »tire de la ficelle« ... »mais voilà!« (Tonfall, als hätte sie gefunden, was sie suchte)

A. nimmt diesen Satz sofort auf und wiederholt ihn (grammatikalisch) nicht ganz korrekt, woraufhin Ch. einen erstaunten Blick auf A.s Buch wirft, als wolle sie überprüfen, ob auch in ihrer Geschichte jemand an einem Faden zieht.

(95) Ch.: »policier«
(96) A.: »le premier caochon« ...

Abermals reagiert bzw. antwortet Ch. mit einem kurzen Kommentar zu ihrem eigenen Buch und man könnte annehmen, dass das Wort »policier« A. phonetisch veranlasst, ihren Erzählbeginn auf »premier caochon« zu erweitern. A. dreht nun ihr Buch um und hält es hoch zu Ch., die darauf jedoch nicht eingeht, sondern weiter die Seiten ihres Buches umblättert. Die zweimalige Reaktion Ch.s auf A.s Aussagen, indem sie zu ihr bzw. ihrem Buch herüberschaute, scheinen A. zu veranlassen oder gar zu ermutigen, Ch. nun direkt anzusprechen:

(97) A.: »regarde, regarde! les trois petits cochons. ...euh...« ... »les trois petits cochons, t'as vu même pas!«

A. fordert Ch. auf, sich ihr Buch anzusehen, und wiederholt ein fünftes Mal »les trois petits cochons«. Ch. reagiert jedoch nicht darauf, woraufhin A. in einem fast schmollendem Ton hinzufügt: »t'as vu même pas!«. Nun blättert Ch. die letzten Seiten ihres Buches schneller um, wirft einen kurzen Blick zur Kamera, räumt ihr Buch weg, setzt sich sofort wieder neben A. auf die

Bank und schaut interessiert deren Buch an. A. verharrte indessen in der vorher eingenommenen Position und schien somit auf Ch. zu warten.

A.s Verhalten könnte als ein Versuch gedeutet werden, Ch. mit in diese schwierige Aufgabe, eine Erzählung zu finden, einzubeziehen, worauf diese sich auch nun einlässt:

(98) Ch.: »non, c'est pas ce côté LÀ!« ... »c'est ce côté là là!«

Sie steigt mit der Mahnung bzw. Kritik in diese Interaktionssequenz ein, dass A. weder die Geschichte zu erzählen weiß noch das Buch richtig halten kann. Daher nimmt sie es ihr aus den Händen und dreht es richtig herum und gibt es A. so wieder zurück, was diese abwartend mit sich geschehen lässt, wobei sie jedoch ihren Mund leicht schmollend 'genervt' verzieht. Für A. scheint nun die Regelung über die Folge klar: dass sie nämlich weiter versucht, die Geschichte zu erzählen:

(99) A.: »et pis...«

Dabei blättert sie jedoch einige Seiten auf einmal um, ein ›Missgeschick‹, das von Ch. auf der Stelle wieder mahnend korrigiert wird:

(100) Ch.: »non attends, c'est moi« ... »tu sais pas l'ouvre«
(101) Ch.: »i m'a dit, papa m'a dit, papa ... merci« ... »tiens«
(102) A.: »mmarci«

Ch. übernimmt wieder die praktische Seite der ›Buchführung‹, damit begründend, dass A. es nicht könne, und schweift daraufhin gedanklich zu ihrem Vater, der möglicherweise sie selbst einmal (mahnend?, vorwurfsvoll?) darauf aufmerksam machte, wie man ein Buch zu lesen habe. Diese Redeeinheit beendet sie mit einem ›Danke‹, möglicher-weise auch ein Rückgriff auf eine soziale Situation aus ihrem Elternhaus.

Ch. legt mit dem leise auffordernden »tiens« A. das Buch wieder auf deren Knie, wofür A. sich bei ihr bedankt.

(103) Ch.: »toute à l'heure on avait trouve«
(104) A.: »c'est.... (marto)«
(105) Ch.: »non, non, tu vas faire trouve«

Nachdem anscheinend die formalen Unstimmigkeiten geklärt sind, spricht Ch. A. direkt auf das Problem der Idee zu einer Geschichte an. Vorher hatten sie eine Geschichte gefunden (d.h. zu erzählen gewusst), A.s Ansatz (»c'est marto?«) scheint ihr jedoch nicht zu passen, denn sie negiert ihn sofort und fordert nun A. direkt auf, sie solle eine Geschichte finden (möglicherweise im Sinne einer neuen Geschichte).

(106) Ch.: »les (le) petits cochons...«
(107) A.: »c'est trois petits cochons...«
(108) Ch.: (leise) »et moi (...)« ... »on le trouve...petits cochons« ... »tiens« ... »...attends!«

Ch. nimmt den Faden von vorhin wieder auf: sie betrachtet aufmerksam die beiden Seiten und wiederholt leise den Satz, als wolle sie dadurch ihre eigene Inspiration antreiben. A. wiederholt den Satz ebenfalls noch einmal, jedoch laut und mit Einleitung zu einer Erzählung (»c'est«). Ch. verbalisiert die Regel, abwechselnd zu sprechen (»et moi«) und wie um sich und A. zu ermutigen, sagt sie leise, »wir finden es« und gibt dann wieder A. das Wort. Plötzlich huscht ein Lächeln über A.s Gesicht, ein Zeichen, dass sie (endlich) eine Idee hat:

(109) A.: »c'est trois petits cochons – qui avaient fait caca!« (lacht) ... »à toi!«
(110) Ch. (blättert eine Seite um): »alors, les potequissons caca!« (lacht) ... »à toi!« (legt das Buch auf A.s Knie zurück, zieht es jedoch sofort wieder zu sich als hätte sie im letzten Moment gemerkt, dass sie die Seite umblättern muss)
(111) A.: »les trois petits....«
(112) Ch.: »non!« (blättert nun die Seite um)
(113) A.: »... caca!« ... »les trois petits cochons CACA!« ...»les trois petits cochons CACA!«

An dieser Stelle hat A. nun eine Fortsetzung gefunden, was die drei Schweinchen machen, eine für dieses Alter immer noch sehr aufregende und lustige Variante. A. freut sich sehr über ihre Idee und gibt mit »à toi!« nun Ch. das Wort. Damit bekundet sie ihr stillschweigendes Einverständnis zu der Regel, sich abzuwechseln, die Ch. kurz zuvor »eingeführt« hatte.

Ch. wiederholt den Satz, zwar mit (sicher vor Aufregung) einigen Schwierigkeiten bei der Aussprache von »petits cochons«, jedoch eindeutig beglückt von der Idee und gibt dann das Wort wieder an A.. Jetzt scheint beiden Mädchen das Spiel oder die Form der Geschichte bzw. Interaktion oder »Lektüre« völlig klar zu sein (wie die Folge des Dialogs zeigt), denn sie wiederholen stets abwechselnd diesen Satz. Neben dieser verbalen Seite der Interaktion führt Ch. jedoch noch ein anderes, ihr sehr wichtiges Element ein, wie es die vorhergehenden Episoden zeigten: das stets regelmäßige Umblättern der Seiten, so dass sie trotz des gleichbleibenden Wortlautes, das Buch »korrekt« lesen – jede sagt abwechselnd auf einer Seite den beliebten Satz, Ch. blättert die Seite um und übernimmt ebenfalls die Rolle, das Buch immer derjenigen, die an der Reihe ist, auf die Knie zu schieben:

(114) Ch.: »trois petits – tit – cochons CACA!«
(115) A.: »trois petits cochons CACA!«
(116) Ch.: »ouais, trois petits cochons – CACA!«
(117) A.: »c'est trois petits cochons CACA!«
(118) Ch.: »petits cochons CACA!« ... »petits – cochons – CACA!« ... »tiens!«
(119) A.: »les petits cochons CACA!«
(120) Ch.: »..CA!« ... »les petits cochons CACA!«
(121) A.: »petits cochons CACA!«
(122) Ch.: »petits cochons...
(123) A.: ....CACA!«
(124) Ch.: ... CACA!» ... »petits cochons CACA!«
(125) A.: »petit cochons CACA!«
(126) Ch.: »petits – cochons – CACA!«
(127) A.: »petits petits cochons – CACA!«

Nur in zwei Momenten bricht Ch. mit ihrem Konzept, da sie, die offensichtlich einen größeren Außenbezug hat, sich von einem Blick zur Kamera = der Erwachsenen, ablen-ken lässt. A. scheint dies weniger zu kümmern. Sie wartet stets geduldig, bis Ch. wieder ihren Einsatz markiert, ohne Ch.s Rolle für sich in Anspruch zu nehmen.

Schließlich ist das Buch beendet:

(128) A.: »encore!«
(129) Ch.: »eh, non!«

A. verlangt weiterzumachen, ein Wunsch, den sie mit rhythmischem Schlagen ihres Fußes gegen die Holzbank noch unterstreicht. Ch. jedoch hat das Buch bereits geschlos-sen, widerspricht A., betrachtet den P.R. und steht auf, um das Buch wegzuräumen. A. beharrt:

(130) A.: »si, encore!«
(131) Ch.: »ah, non!« ... »on va aller derhor!«

Ch. erwidert nochmals »nein« und begründet ihre Ablehnung explizit damit, dass sie hinausgehen werden – was sie offiziell eigentlich schon längst getan haben sollten.

Zweite Analyse

In dieser Interaktionssequenz ist es nun Ch., die als erste, freudig, die Wahl des nächsten Buches trifft. Es scheint jetzt beiden Kindern selbstverständlich, weiter zu interagieren. Ein Hinweis darauf ist das »wir« (= »on«) in Ch.s Redeeinheit (86). A. verfolgt von ihrem Platz aus Ch.s Tun und scheint unsicher, ob sie sich ebenfalls ein neues Buch aussuchen soll. Da Ch. jedoch keine Geste des gemeinsamen Lesens macht, geht A. schließlich zögerlich zu dem P.R. und drückt deutlich ihre Unsicherheit über die Wahl des nächsten Buches aus (87). Ch. hilft ihr, bzw. trifft eine Entscheidung für sie, indem sie ihr ein Buch vorschlägt (88). A. nimmt willig diesen Vorschlag an und scheinbar erleichtert über die Abnahme dieser Entscheidung, beginnt sie sofort laut mit einem emphatischen Erzählanfang (89), wie sie es zuvor stets gemacht hat (vgl. (64) und (66)). Die zweimalige Wiederholung dieser Einleitung (90)-(91) legt nahe, dass sie dieses Buch und dessen Geschichte nicht gut kennt.[45] A. festigt diese Interpretation, da sie sich nach der dritten Wiederholung leise fragt, wie es jetzt weitergehen soll (91). In dieser Unsicherheit wirft sie einen Blick zur Kamera, und hier scheint deutlich, dass die Anwesenheit von aufmerksam nicht teilnehmend beobachtenden Erwachsenen nicht störend im Sinne von »realitäts-verzerrend«, sondern im Gegenteil stimulierend und ermutigend wirken kann. Denn A. beginnt daraufhin noch einmal, jetzt elanvoller (92), mit dem im Französischen rituellen Erzählbeginn »alors« und präzisiert außerdem skandierend, dass »dies die Geschichte der drei kleinen Schweinchen« sei (92), die sie nun erzählen möchte. Aber erneut weiß A. nicht weiter. Da auf diesen Seiten stets die beiden Schweine abgebildet sind[46], ist es sehr naheliegend, dass sie über die Bilder Inspiration sucht und beim ersten Anblick auf die wohlbekannte Geschichte der drei kleinen Schweinchen und dem bösen Wolf kommt. Das Hindernis, über die reine Feststellung hinauszukommen, die sie bereits vier Mal wiederholte, könnte jedoch ebenfalls an den Bildern liegen, auf denen stets nur zwei Schweine gezeigt sind.

Ch. blätterte währenddessen regelmäßig die Seiten ihres Buches um und kommentiert nun ein Bild (93), möglicherweise angeregt durch A.s laute Erzählversuche. A. greift diesen Satz sofort wiederholend auf (94), sicher als Versuch, einen gemeinsamen Objektbezug herzustel-

45 Eine Annahme, die von der Erziehrin M.-F. bestätigt wurde.
46 Buchinhalt siehe Anm. 44, S. 263.

len. Auch wenn dieser Satz nichts mit A.s Buch zu tun hat, weshalb auch Ch. kurz verwundert hinüberschaut, um dies zu prüfen, scheint er A. trotzdem zu inspirieren, denn sie ruft »mais voilà!« so aus, als hätte sie nun endlich einen roten Faden für ihre Erzählung gefunden. Ch. kommentiert weiter ihr Buch (95), und A. greift ein zweites Mal die Bemerkung von Ch. auf, wiederholt sie diesmal jedoch nicht, sondern verformt sie phonetisch in Bezug auf ihr eigenes Buch (96). Die letzten beiden Redeeinheiten A.s können als Versuch angesehen werden, wieder einen gemeinsamen Sachbezug herzustellen. Anscheinend versteht A. Ch.s Bemerkungen auch als Ansatz zu einem Dialog, denn nun dreht A. ihr Buch zu Ch. und versucht, diese in eine Interaktion zu beziehen. Ch. reagiert darauf jedoch nicht, und A. fordert sie schließlich direkt auf (»regarde, regarde!«), an ihrem Buch teilzunehmen (97). Sie wiederholt als Anreiz ein viertes und fünftes Mal »trois petits cochons«, und als Ch. daraufhin immer noch nicht sichtlich in eine Interaktion einsteigen möchte, stellt A. fast ein wenig schmollend fest »t'as vu même pas!«. Diese Stelle scheint eine Wende in der Interaktion der beiden Kinder darzustellen. Während bis jetzt der Modus »jede liest ihr eigenes Buch – man nimmt ein wenig an der Lektüre der anderen teil« vorherrschte, finden sich die beiden nun in einer neuen Situation, nämlich einem gemeinsamen Objektbezug auf ein Buch, dessen genauen Inhalt sie nicht kennen, die Bilder jedoch mit einer anderen Geschichte in Verbindung bringen.

Ch. scheint auf diese mit Enttäuschung vorgebrachte Bemerkung eingehen zu wollen, denn sie blättert die Seiten ihres Buches schneller um. Hier wird abermals deutlich, dass Ch. die »Regel«, ein Buch nicht in der Mitte zu beenden bereits verinnerlicht hat.[47] Schließlich räumt sie ihr Buch weg. Diese Signale scheint A. deutlich verstanden zu haben, denn sie verharrt in ihrer Position, als warte sie auf Ch. zur gemeinsamen »Lektüre«. Ch. setzt sich neben sie und bringt sich mit Kritik in die Interaktion ein. Ein gemeinsamer Objektbezug ist zwar nun wieder hergestellt, muss jedoch anscheinend ausgehandelt werden. Die Kritik betrifft nicht den Inhalt, sondern nochmals den formalen Aspekt: wie man mit dem Objekt Buch umzugehen hat. Ch. kritisiert vehement die Art und Weise, wie A. das Buch hält (98) (vgl. auch (5) im Situationskontext, (76) und (79)). A. scheint diese Kritik zu akzeptieren, möchte jedoch auf der Inhaltsebene fortfahren (99) und wird abermals recht energisch von Ch. unterbrochen, die erneut ihre Kritik ausspricht (100) und diese zusätzlich begründet (»tu sais pas l'ouvre«). Die folgende Redeeinheit Ch.s (101) lässt darauf schließen, dass sie hier ihre eigene Erfahrung mit ihrem Vater bezügliche dieses Problems ausdrückt. Danach gibt sie das Buch A. wieder (»tiens!«), die sich dafür bedankt (102). Mit diesem »merci« (102) scheint A. eine Versöhnung auszudrücken, ihr Einverständnis, Ch.s Kritik zu akzeptieren, da auch Ch. ihre letzte Äußerung (101) mit »merci« beendete.

Nach dieser Aushandlung der formalen Aspekte, greift auch Ch. wieder auf die inhalt-liche Ebene zurück: vorher (vgl. Situationskontext (12)-(29)) hätten sie (eine Geschichte) gefunden (103). A. reagiert auf diese Feststellung (104) mit einem Versuch, mit der Geschichte anzusetzen. Das kaum verständliche Bruchstück lässt jedoch nur Vermutungen zu: Entweder wollte sie mit etwas neuem ansetzen oder aber auf ihren Dialog »Am Tisch« zurückgreifen. Es ist recht naheliegend, dass Ch. letzteres erkennt und befürchtet, denn sie unterbricht A. sofort rigoros, lehnt deren Ansatz entschieden ab (»non, non«) und fordert A. auf (105), (etwas) zu finden. Performatorisch bleibt unklar, was A. finden soll, es ist jedoch naheliegend, dass Ch. die Ge-

47 Vgl. z.B. in der zweiten Episode zwischen (68) und (69).

schichte meint, nicht irgend eine, sondern die dieses ihnen vor Augen liegenden Buches. Nachdem Ch. A. aufforderte etwas zu finden, nimmt sie sich jedoch selbst das Buch und wiederholt den von A. bereits mehrmals ausgesprochenen Ansatz (106). Beide Kinder sehen sich gemeinsam vor das Problem gestellt, die Geschichte eines Buches erzählen zu wollen, d.h. erfinden zu müssen, da sie das Buch nicht kennen. Vielleicht ist es diese Situation, die beide dazu veranlasst, wieder auf ihr vorher eingespieltes Muster zurückzugreifen, das Buch in regelmäßigem Wechsel zu betrachten, bzw. regelmäßig abwechselnd ein Element in die Erzählung einzubringen.

Nachdem Ch. A.s Bemerkung wiederholt hat (106), ist A. wieder an der Reihe und wiederholt ihrerseits (107). Ch. denkt auf derselben Ebene wie A. vorher laut vor sich hin (108), eine Handlung, die vielleicht wieder ihre Inspiration unterstützen soll (vgl. auch (76) und (80)). Aber auch Ch. weiß immer noch nicht weiter und gibt A. das Buch wieder zurück.

Plötzlich hat A. eine Idee, die sich durch ein über ihr Gesicht huschendes verschmitztes Lächeln ankündigt. Angeregt vielleicht von Ch.s Bemerkung (103), erinnert sie sich möglicherweise ihrer gemeinsamen Interaktion am Tisch (Situationskontext (12)-(28)), und greift auf diese vorige gemeinsame Interaktionsbasis zurück.

A. greift ihre (hinweisende = »c'est«) Satzstruktur auf und fügt den Schweinen nun eine Aktivität an (109), eine Idee, die sie sichtlich erfreut. Ch. scheint ebenfalls sehr froh über diese Idee und befolgt die Aufforderung »à toi!« (vgl. auch (41)) von A. (109), indem sie eine Seite umblättert und diesen Satz, wenn auch vor Aufregung etwas ungeschickt, nicht ganz korrekt, wiederholt (110). Auch sie fordert daraufhin A. »à toi!« auf, zieht jedoch erst einmal das Buch wieder zurück, als erinnere sie sich, dass sie ja eine Seite umblättern sollte. Während sie damit noch beschäftigt ist, beginnt A. bereits der Aufforderung nachzukommen (111), wird jedoch von Ch. unterbrochen (112), die erst die Seite umblättert, und erst dann beendet A. ihren Satz und wiederholt ihn dann noch einmal »korrekt« auf der Seite (113).

In der Folge nun (114)-(127) wiederholen die beiden Kinder die Grundstruktur des Satzes immer wieder mit nur sehr geringen Abweichungen bzw. angefügten Worten (z.B. »ouais,...«; »c'est...«; »les...«). Während all dieser regelmäßig abgewechselten Ausrufe, ist v.a. Ch. auch stets um das regelmäßige Hin- und Herschieben des Buches bedacht, je nachdem welche von ihnen gerade an der Reihe ist. Die drei Worte, die dieser Interaktion als Grundstruktur dienen (»petits cochons caca«) werden sehr bald von beiden Kindern melodisch als auch phonetisch leicht verformt.

Sichtlich zufrieden mit diesem dialogischen Spiel, d.h. dass es ihnen nun gelungen ist, eine Interaktion auf einem synchronen Objektbezug aufzubauen, gelangen sie schließlich ans Ende des Buches, und A. verlangt sofort weiterzumachen (128), was Ch. jedoch direkt abweist (129), das Buch schließt und es wegräumt. A. beharrt auf einer Fortset-zung dieses Spiels (130), die Ch. nochmals entschieden ablehnt und ihr zusätzlich eine Begründung liefert (»on va aller derhor«) (131), was auch als alternativer Vorschlag gedeutet werden kann.

Erste Analyse: Lektüre zu zweit von »Une nuit d'épouvante« (Zeit: 1.27.49 – 1.29.29; 1 min. 40 sek.)

Ch. räumt das Buch weg, bleibt jedoch vor dem P.R. stehen, möglicherweise ein An-zeichen dafür, dass sie eigentlich auch noch nicht in den Garten gehen möchte und innerlich bereits A.s Wunsch, weiterzuerzählen, die Interaktion fortzusetzen, nachgegeben hat. A. hatte währenddessen das P.R. und Ch. betrachtet und steht jetzt tief Luft holend auf und ergreift die Initiative:

(132) A.: »maintenant çui li-ci!«
(133) Ch.: »non, on l'a a déjà raconté«

Sie schlägt in einem überzeugten Tonfall »Millie« vor, was Ch. jedoch mit der Begrün-dung abweist, dass sie es bereits gelesen haben, wobei sie ihre Hand auf das Buch legt, um A. zu hindern, es doch zu nehmen. A. hat eindeutig verstanden und schlägt ein anderes Buch vor, auf das sie mit dem Finger zeigt:

(134) A.: »ce...là«
(135) Ch.: »non, non« ... »cela on n'a pas déjà raconté«

Abermals lehnt Ch. den Vorschlag von A. ab und nimmt »Une nuit d'épouvante«[48] und begründet ihre Wahl, dass sie dieses Buch noch nicht erzählt hätten. Sie setzt sich zurück auf die Bank und öffnet das Buch auf der Vorsatzseite. A. lässt sich ihrerseits auf die Bank fallen und rückt mit einem kleinen Hüpfer näher zu Ch., wodurch sie ihre Freude und Erleichterung darüber ausdrückt, dass sie nach diesen Aushandlungen doch noch ein Buch zum Weitererzählen gefunden zu haben, bzw. sich auf ein Buch haben einigen können. A. betrachtet das Buch, das Ch. auf ihren Knien liegen hat und wartet geduldig, bis diese beginnt. Auf der Titelseite nimmt Ch. den Refrain wieder auf:

(136) Ch.: »un poitie cochon CACA!«

Sie lächelt A. breit an und hebt die linke Seite des Buches etwas an, um A. den Zugang zum Bild zu erleichtern. A. lehnt sich über das Buch, legt eine Hand darauf und sagt:

(137) A.: »à moi!« ... »un petit cochon CACA!«

Mit »ich bin dran!« als auch ihrer Geste scheint sie sicherstellen zu wollen, dass die gemeinsame Erzählung wie vorher ausgewogen abwechselnd von statten geht, denn Ch. hat ihr das Buch nicht hinübergeschoben. Ch. blättert wieder eine Seite um und fährt fort:

(138) Ch.: »petit cochon CACA!«

Sie legt das Buch zwischen sie beide, A. lehnt sich darüber und wiederholt:

(139) A.: »un petit cochon CACA!«

---

48 Buchinhalt »Une nuit d'épouvante«: Eine Ratte und eine Maus erzählen sich an einem gemütlichen Sonntag gegenseitig Gruselgeschichten. Vor dem Schlafengehen sieht die Maus dann in den alltäglichen Gegenständen ihrer Wohnung nur Gespenster, überwindet schließlich ihre Furcht und geht zu ihrer Freundin der Ratte, um die Nacht bei ihr zu verbringen. Der recht lange Text ist mit kleinen bunten, meist viertelseitigen, Illustrationen versehen, die die Gruselphantasien darstellen.

Ch. blättert erneut eine Seite um und schiebt das Buch wieder in die Mitte:

(140) Ch.: »petit souris CACA!«
(141) A.: »petit souris CACA!«
(142) Ch.: »petit souris CACA!«
(143) A.: »petit souris CACA!«

Ch. adaptiert an dieser Stelle den Refrain an das Bild, auf dem eine Maus abgebildet ist. A. nimmt diese Änderung ohne Zögern auf, und als wollten sie sichergehen, dass der Refrain nun stets an die abgebildeten Tiere angepasst wird, wiederholen sie diese Sätze jede zweimal auf derselben Seite, bis Ch. eine Seite umblättert und fortfährt:

(144) Ch.: (auf der linken Seite) »petit souris CACA!« ... (auf der rechten Seite) »petit souris CACA!« ... »petit oiseau CACA!«

Ch. adaptiert weiterhin diesen Satz, den sie nun zu jedem abgebildeten Tier der Seite ausruft. In diesem Moment sind (undeutlich) Erwachsenenstimmen im Raum zu hören, die Ch. zu verwirren und zu verunsichern scheinen. Sie blickt auf und hat Schwierigkeiten, die nächste Seite umzublättern. An dieser Stelle schaltet sich A. ein:

(145) A.: »petit 'zgo CACA!«

Sie beeilte sich, diesen Satz zu sagen, bevor Ch. die Seite umblättert. Die Seite umge-blättert, schiebt Ch. das Buch wieder in die Mitte, A. steht halb auf und sagt tief über das Buch gebeugt:

(146) A.: » euh... petit bireau CACA!«

Daraufhin setzt sie sich mit einem zufriedenen Hüpfer wieder auf die Bank zurück. Ch. scheint weiterhin verunsichert von den sich unterhaltenden Erwachsenen, schaut hoch, als wolle sie sich vergewissern, dass sie noch weitermachen können und schiebt dann das Buch etwas mechanisch (geistesabwesend) zu A. hin, die sich daraufhin über das Buch lehnt:

(147) A.: »petit bereau CACA!«

sich mit einem kleinen Hüpfer kurz aufrichtet, den Blick aufs Buch gerichtet hält. Ch. blättert eine weitere Seite um und hebt wieder den Blick, als man die Stimmen nun deut-licher und lauter hört. Sie wirkt verstört, blättert dabei mechanisch eine Seite um und schiebt das Buch erneut in die Mitte. A. folgt ihrem Blick, sieht ebenfalls zu den Erwachsenen auf, scheint sich von ihnen jedoch nicht in derselben Weise wie Ch. verunsichern bzw. ablenken zu lassen und beugt sich ohne Umschweife wieder über das Buch:

(148) A.: »p'tit bereau CACA!« (enthusiastisch, wischt sich dann den Speichel vom Mund)

Ch. zieht das Buch wieder zurück, blättert eine Seite um und A. setzt wieder an:

(149) A.: »petit bereau ca...«
(150) Ch.: »non, pas maintenant!«

Ch. unterbricht A. und weist sie unwirsch zurecht, dann blättert sie eine Seite um, A. bleibt ruhig zu Ch. gewand sitzen und wartet geduldig, bis sie ihr das Buch hinüberschiebt. Dann wiederholt sie in einem ruhigen und beschwichtigenden Tonfall:

(151) A.: »petit bereau – caca«
(152) Ch.: »non, petit cochon CACA!«

Ch. scheint sich beruhigt zu haben, widerspricht jedoch erneut A.s einfühlsamer Reaktion. Komplizenhaft A. zulächelnd, schiebt sie ihr das Buch zu:

(153) A.: »petit bereau CACA!«
(154) Ch.: »petit cochon CACA!« ... »non, c'est un cochon regarde!«
(155) A.: »petit cochon caca«

Möglicherweise befinden sich beide Tiere auf dem Bild. Ch. beharrt jedoch auf ihrer Aussage und widerspricht weiter A., bis sie sie schließlich direkt und in einem freund-lichen Ton auffordert hinzusehen, dass es sich um ein Schwein handelt. A. geht ein zweites Mal beschwichtigend auf Ch.s Zurechtweisung ein, fügt sich abermals ohne Widerrede und wiederholt Ch.s Aussage »petit cochon«. Ch. sieht ihr dabei aufmerksam zu, als wolle sie ganz sicher gehen, dass A. nicht doch noch einmal das »cochon« als »bereau« bezeichnet.

Dann blättert Ch. eine Seite um und beschließt die »Lektüre«:

(156) Ch.: »voilà!« (schließt das Buch) »voilà!«

A. bleibt auf der Bank sitzen und verfolgt, wie Ch. das Buch schließt und aufsteht, um es in das P.R. zu räumen.

Zweite Analyse

Ch. bleibt vor dem P.R. stehen und scheint von ihrem eigenen Argument (131) nicht überzeugt, und der Wunsch, mit der Interaktion fortzufahren, den A. sehr klar äußerte (129) und (130), überwiegt auch bei ihr. A. scheint Ch.s Zögern so zu deuten, dass es nun an ihr ist zu handeln, eine Entscheidung zu treffen, bevor Ch. die Interaktion abbricht und wirklich hinaus in den Garten geht, denn mit einem Seufzer erhebt sie sich und schlägt nun ihrerseits ein Buch vor (132). Sie wählt überzeugt erneut »Millie«. Diese Wahl kann nach der gelungenen Interaktion in der dritten Episode als Rückgriff auf einen sehr sicheren gemeinsamen Objektbezug verstanden werden, um die Interaktion erfolgreich weiterzuführen. Diesen Vorschlag lehnt Ch. entschieden ab mit der Begründung (133), dass sie dieses Buch bereits erzählt haben, und sie möchte eindeutig nicht noch ein viertes Mal »Millie« ansehen. Ein anderer Grund dieser Ablehnung ist möglicherweise, dass Ch. auch weiterhin ihre Entscheidungsbefugnis wahren möchte, denn bis jetzt hat meist sie das Buch ausgewählt (vgl. (86) und (88)).

A. beugt sich Ch.s Wunsch, ein anderes Buch zu nehmen und macht einen alternativen Vorschlag (134), den Ch. abermals ablehnt (135). Ch. wählt nun ein Buch und begründet, dass sie sich das noch nicht angesehen haben. Das »on« in dieser Redeeinheit scheint A. nun deutlich im Sinne von »wir« und nicht »man« aufzufassen (vgl. im Gegensatz (86)-(87)). Als sei sie erleichtert, dass sie den Konflikt erfolgreich ausgehandelt haben, setzt sich A. neben Ch., überlässt ihr die »Buchführung« und wartet geduldig darauf, dass Ch. beginnt bzw. die Interaktion fortsetzt.

Ch. knüpft wortgetreu an der vorigen Struktur an (136), hebt jedoch das Buch nur ein wenig an. A. scheint diese Geste dahingehend zu deuten, dass sie sich nicht an die von ihr selbst aufgestellte Regel von vorhin hält: das Buch regelmäßig abwechselnd hin- und herzuschieben. Dies scheint A. zu veranlassen, es direkt einzufordert, dass sie jetzt an der Reihe ist (»à moi!«) bevor sie dann den Refrain (137) wiederholt. Abwechselnd wieder-holt ihn jede noch einmal (138) und (139). Ch. hat zwar weiterhin aufmerksam stets eine Seite umgeblättert, schiebt das Buch jedoch nicht mehr auf A.s Knie, sondern in ihre Mitte, was als eine noch ausgewogenere und engere Kooperation interpretiert werden kann.

Ch. leistet dann eine Adaptation an das vorhandene Bild (»une souris«), die Maus ersetzt die Schweine im Refrain, das Buch liegt erneut in der Mitte, und beide wiederholen diesen Satz mehrmals (140)-(143), als wollten sie diese kleine Neuerung in ihrem Dialog festigen. Somit scheint beiden Kindern jetzt die Adaptation an das Buch klar zu sein: zu jedem Bild auf der Seite, das ein Tier darstellt[49], wird dieser Satz gesagt, Ch. führt diese Änderung ein und vor (144).

Ein Bruch dieser dialogischen Interaktion findet statt, da plötzlich Stimmen Erwachsener im Raum zu hören sind, die Ch. kurzzeitig ablenken und sie verunsichern. A. folgt noch ihrem vorigen Prinzip – jede sagt einen Satz auf einer Seite – und beeilt sich, den letzten Satz von Ch. zu wiederholen (145), bevor diese die Seite umblättert. Erst dann schiebt Ch. A. das Buch wieder ein wenig hin und A. überlegt kurz, da ihr anscheinend der Name des Tieres nicht sofort einfällt (146) und lässt sich dann erfreut hüpfend auf die Bank zurückfallen. Ch. scheint immer noch von den Erwachsenen verunsichert und fordert A. mit der recht subtilen Geste, ihr das Buch ein wenig näher herüberschiebend, auf, weiterzureden. A. wiederholt daraufhin noch zweimal »bereau« (147)-(149), wird dabei immer lauter, und als sie zu einem dritten Mal ansetzt unterbricht Ch. sie recht energisch (150). A. nimmt diese Zurechtweisung und Kritik an und wartet geduldig (vielleicht sogar eingeschüchtert) bis Ch. ihr das Buch wieder hinüberschiebt, das Zeichen, um fortzufahren. A. wiederholt den Satz (151), diesmal jedoch in einem leisen, beruhigenden und versöhnenden Tonfall, als wolle sie Ch. damit signalisieren, dass sie sich auf ihre Wünsche einlässt, um bloß mit ihr weiter interagieren zu können. Ch. reagiert darauf zwar mit der Wiederaufnahme ihres Refrains, wiederholt jedoch nicht A.s Satz, sondern korrigiert ihn inhaltlich (152). Diese Antwort scheint A. falsch zu verstehen, denn sie wiederholt wieder ihren eigenen Satz (153), und die Kinder zeigen hier deutlich ihre Diachronie, denn jede beharrt scheinbar auf ihrer eigenen Interpretation des abgebildeten Tieres, bis Ch. A. freundlich kritisierend darauf aufmerksam macht, dass sie sich täuscht (154).[50] Erneut zeigt sich A. sofort bereit, auf Ch.s Vorstellung einzugehen und wiederholt nun deren Satz (155) und betont dabei wieder vorsichtig beschwichtigend »cochon«, um ihre bereitwillige Anpassung zu unterstreichen. Ch. blättert eine Seite um, beschließt mit dem Ritual »voilà!« das Buch (156) und räumt es weg, während A. ihr dabei zusieht.

49 Vgl. Buchinhalt Anm. 48, S. 270.

50 Es ist leider nicht zu überprüfen, ob die Illustrationen uneindeutig oder beide Tiere abgebildet sind.

Erste Analyse: Lektüre zu zweit von »Sarah Ball« (Zeit: 1.29.30 – 1.30.55; 1 min. 25 sek.)

Ch. steht vor dem P.R., A. sinkt auf die Bank und fragt (sich) halblaut in einem singen-den Tonfall das P.R. ansehend:

(157) A.: »maintenant...«
(158) Ch.: »on va prendeeh ... çui-là!«
(159) A.: (enthusiastisch) »oui, chui-là!«

Ch. hat das Buch »Tiere im Wald«[51] ausgesucht, was A. begeistert aufnimmt und ein Stück näher zu Ch. rückt. Ch. öffnet das Buch und blättert aufmerksam eine Seite um, A. rückt noch näher zum Buch und seufzt leicht, vielleicht, da sie feststellt, dass dieses Buch keine Schrift enthält und somit auch keine »Geschichte« wie vorher gefunden werden kann oder, weil es wieder Ch. war, die das Buch auswählte. Ch. blättert eine Seite um und nimmt den Faden wieder auf:

(160) Ch.: »petit cochon CACA!«
(161) A.: »petit cochon CACA!«

A., die halb aufstand und sich über das Buch beugte, um diesen Satz zu sagen, lässt sich mit einem kleinen entspannten Hüpfer wieder auf die Bank fallen, während Ch. das Buch näher zu A. hebt und in einem Tonfall, in dem Erwachsene oft mit kleinen Kindern sprechen, sagt:

(162) Ch.: »oohh, regarde, les petits mignons... «
(163) A.: »oohh, petit, petit, petit, petit, tipie...«

Sie haben die Tierkinder entdeckt, die zu jedem Tier auf der Seite abgebildet sind, und A. versucht sich dem Buch so zu nähern, dass sie den Bildern einen Kuss geben kann. Als Ch. jedoch begreift, was A. machen möchte, zieht sie ihr das Buch weg und gibt ihrer-seits dem Bild einen Kuss, erst dann schiebt sie es A. wieder hinüber, die den 'verfehlten' Kuss nun nachholt. Ch. kichert, blättert eine Seite um, entdeckt wieder dieselben Tiere, lacht laut auf und auch A. beginnt zu kichern. Ch. betrachtet die anderen Tiere und kommentiert »dididi« in der Babystimme.

A. weist nun mit dem Finger auf ein anderes Tier:

(164) A.: »oh, regarde!«
(165) Ch.: »quoi?«
(166)A.: »regarde, il est pas content (?).«
(167) Ch.: »oh, non.«

Das leise und fast lustlos klingende »oh, non« könnte einerseits eine Bestätigung von A.s Bemerkung sein. Andererseits könnte es auch ausdrücken, dass Ch. keine große Lust ver-spürt,

51 Buchinhalt »Tiere im Wald«: Die Illustratorin Sarah Ball hat eine Reihe von Hardcover Bilderbüchern gestaltet. In dem vorliegenden sind mehrere Tiere im Wald mit ihren dazugehörigen Tierkindern abgebildet. Es gibt keinen Text, in jeder Seite ist jedoch ein Loch ausgestanzt, durch das ein kleiner und interessanter Ausschnitt der nächsten Seite zu sehen ist.

A.s Idee aufzugreifen und über den Gesichtsausdruck der Tiere zu erzählen. Sie nimmt ihr piepsiges Stimmchen wieder auf und kommentiert wie vorher:

(168) Ch.: »oh, le petit, il est mignon, qu'einh«
(169) A.: (murmelt) »... petit mignon...« ... »oh! (...) oh, un tigre!«

A. beugt sich Ch.s Wunsch und wiederholt deren Satz, macht jedoch erneut einen Versuch, aus dem Dialog in Babysprache herauszukommen, indem sie jetzt auf den Tiger verweist. Ch. scheint diesen Versuch zu ignorieren und gibt daraufhin dem von ihr er-wähnten Bild einen Kuss und sagt mit piepsiger Stimme zu A.:

(170) Ch.: »oh, regarde, le petit mignon«

Wieder lässt sich A. auf Ch.s »Lesart« ein, beugt sich vor und gibt diesem Bild einen Kuss, daraufhin noch einmal Ch..

Man hört recht deutlich Erwachsene im Raum miteinander sprechen, und Ch. schaut kurz hoch, bemüht sich dann jedoch wieder noch eine Seite umzublättern. Nun sagt die Erzie-herin (im OFF):

(171) M.-F.: »eh, Christèle et Alexandra ... ça suffit ... ouais!«

Ch. schaut weiter auf das Buch, A. sieht erstaunt und etwas unschlüssig die Erwach-senen an. Auch Ch. wirft einen Blick auf sie, gibt dem Bild dann noch einen Kuss, als wolle sie sich beeilen und schiebt das Buch zu A. Diese versteht die Aufforderung, gibt ebenfalls dem Bild einen Kuss und schaut wieder (etwas misstrauisch?) zu den Erwachsenen auf. Ch. schließt daraufhin verschämt/verschmitzt lächelnd das Buch, steht schnell auf, räumt das Buch in das P.R., wobei ihr A. zusieht, dreht sich um und läuft freudig lächelnd hinaus. A. steht ebenfalls auf und läuft Ch. schnell hinterher.

Zweite Analyse

In dieser Episode scheinen die beiden Kinder an den Beginn und den Objektbezug der vierten Episode anzuknüpfen: A. ergreift als erste die Initiative und macht einen, wenn auch etwas zögerlich leisen, Ansatz zur Wahl des nächsten Buches (157). Ch. unterbricht sie jedoch, indem sie A.s Tonfall aufnimmt und dann freudig eine Entscheidung fällt (158). A. bestätigt diese Wahl enthusiastisch (159). Vielleicht ist sie wirklich erfreut über das gewählte Buch oder aber sie fügt sich Ch. Wahl aus der Erfahrung der letzte Episode (vgl. (132)-(135)).

Nachdem beide Kinder sich wieder auf der Bank niedergelassen haben, beginnt Ch. ihre Interaktion erneut mit dem Refrain fortzusetzen (160), und A. wiederholt diesen Satz (161). Die Bilder jedoch scheinen Ch. dazu veranlassen, ihr »dialogisches Spiel« abzu-ändern und anzupassen, denn sie geht konkret und realitätsnah auf die Bilder ein (162). A. passt sich sofort an, beginnt ihre Antwort (163) wiederholend mit »ohhh« in demselben Tonfall wie Ch. und wiederholt dann viermal »petit«, was nach Piaget (1972: 24) aus der altersgemäßen Freude am Wiederholen rein um der Worte willen interpretiert werden könnte.

Der Tonfall der letzten beiden Redeeinheiten war wie der von Erwachsenen, die mit einem Baby reden. Während A. (163) sagt, beugt sie sich langsam so weit zu dem Buch hinunter und gemäß der Interpretation, Erwachsene mit einem Baby nachzuahmen, erscheint es kohärent, dass A. nun versucht, dem Bild einen Kuss zu geben. Versucht, da Ch. ihre Absicht scheinbar antizipiert hat und ihr zuvorkommt, indem sie zuerst dem Bild einen Kuss gibt, um es dann erst A. wieder hinüberzuschieben, die ihren »verfehlten« Kuss nachholt. Beide scheinen wieder sichtlich erfreut über diese Fortsetzung und behalten mit dem regelmäßig abwechselnden Küssen die Grundstruktur ihrer Interaktion bei. Die Imitation Erwachsener mit Babys ist jedoch nur eine mögliche Interpretation für diese Aktivitäten, denn im Situationskontext war es Tristan, der den Bildern von »Millie« Küsschen gab (vgl. Situationskontext zwischen (7) und (10)).

Ch. verharrt mit »dididi« in der Babysprache, und A. weist sie auf ein anderes Element hin (164), Ch. fragt, was sie meine (165), A. wiederholt den Hinweis und expliziert ihn (166). Der Tonfall, in dem Ch. ihr antwortet (167), lässt eher darauf schließen, dass dies nicht eine Bestätigung A.s Aussage ist, sondern Ablehnung ausdrückt bezüglich dessen, was A. in dem Buch betrachten möchte. Ch. greift ihre Bemerkung (162) erneut auf und fügt ein neues Element bei »il est mignon« (168). Sie scheint deutlich nicht auf A.s Idee oder Vorschlag eingehen zu wollen, nimmt aber ein Element von A. in ihre Bemerkung auf. A. wiederholt leise murmelnd diese Bemerkung (169). Man könnte daraus schließen, dass sie sich zwar dem Vorschlag Ch.s beugt, doch dies eher widerwillig. Denn gleich nach der Wiederholung weist sie ausrufend auf ein anderes Tier hin: »un tigre!« (169). Diesen zweiten Versuch von A., sich gemeinsam all die Tiere genauer anzusehen, scheint Ch. jetzt völlig zu ignorieren und übergeht diesen Vorschlag, indem sie diesem Bild einen Kuss gibt und A. auffordert, mit ihr weiter auf dieser Ebene zu bleiben (170). A. lässt sich schließlich doch darauf ein, indem auch sie dem Bild einen Kuss gibt.

Die Interaktion bricht bereits ein wenig ab, als die Erzieherin hereinkommt und laut mit den Forscherinnen spricht, was Ch. wieder mehr zu stören und zu verunsichern scheint als A.; sie schaut zu den Erwachsenen auf, blättert jedoch trotzdem noch eine Seite um. Es ist hier nicht zu klären, ob die Erzieherin diese Geste beobachtete und ihr Anlass gibt, das Gespräch mit den Forscherinnen zu unterbrechen, um die Kinder direktiv zu ermahnen (171). Sie gibt den Kindern keine Begründung, die Bemerkung »das reicht!« scheint für sie deutlich genug, dass beide sich bereits weit, d.h. lange, genug der Auffor-derung, in den Garten zu gehen, widersetzt haben. Beide Mädchen scheinen verunsichert und unschlüssig darüber, was sie jetzt tun sollen. Ch. ergreift dann die Initiative, gibt dem Bild noch einen letzten (Abschieds-) Kuss und schiebt es verschämt oder verschmitzt lächelnd rasch A. hinüber, die ihrerseits auch noch einen letzten Kuss gibt. Der lächelnde Gesichtsausdruck von Ch. könnte einerseits eine eher beschämte Reaktion auf die Er-mahnung sein. Andererseits könnte er auch ihre Freude darüber ausdrücken, erst in diesem Moment unterbrochen zu werden, in dem die Interaktion zwischen ihr und A. bereits zu einem »guten Ende« geführt hat und beendet werden kann. Sie schließt das Buch, räumt es in das P.R. und läuft lächelnd hinaus. A. blieb währenddessen ruhig auf der Bank sitzen, sah Ch. zu, nun steht sie ebenfalls auf und läuft Ch. hinterher.

(OFF)

Literaturverzeichnis

Alfs, Michael: Wissenschaft für den Frieden? Das schwierige Theorie-Praxisverhältnis der Friedens- und Konfliktforschung, Münster (agenda) 1995

Altrichter, Herbert/Posch, Peter: Lehrer erforschen ihren Unterricht: Eine Einführung in die Methoden der Aktionsforschung, Bad Heilbrunn (Klinkhardt) 1990

Bahrdt, Hans Paul: Schlüsselbegriffe der Soziologie. Eine Einführung mit Lehrbeispielen, München (Beck) 1994

Balint, Michael: Der Arzt, sein Patient und die Krankheit, Stuttgart (Klett) 1991

Bastine, Reiner: Heidelberger Evaluation der Familienmediation, in: Konsens-Zeitschrift für Mediation 5/1999, S. 287-290

Batscheider, Tordis: Friedensforschung und Geschlechterverhältnis. Zur Begründung feministischer Fragestellungen in der kritischen Friedensforschung, Marburg (BdWI) 1993

Bauriedl, Thea: Veränderungsprozesse in Balint-Gruppen, in: Pühl, Harald/Schmidbauer, Wolfgang: Supervision uund Psychoanalyse. Plädoyer für eine emanzipatorische Reflexion in den helfenden Berufen, München (Kösel) 1986, S. 11-126

Belotti, Elena Gianini: Was geschieht mit kleinen Mädchen? München (Frauenoffensive) 1991

Benjamin, Jessica: Die Fesseln der Liebe. Psychoanalyse, Feminismus und das Problem der Macht, Basel (Stroemfeld/Roter Stern) 1990

Billmann-Macheda, Elfriede: Egozentrismus und Perspektivenwechssel. Empirisch-psychologische Studien zu kindlichen Verstehensleistungen im Alltag, Göttingen (Hogrefe) 1990

Billmann-Macheda, Elfriede: Kultureller Wandel und das Weltbild des Kindes, in: Allesch, Christian G./Billmann-Macheda, Elfriede/Lang, A. (Hg.): Psychologische Aspekte des kulturellen Wandels, Wien (VWGÖ) 1992, S. 145-155

Blank-Mathieu, Margarete: Kleiner Unterschied – große Folgen? Zur geschlechtsbezogenen Sozialisation im Kindergarten, Freiburg (Herder) 1997

Bleck, Daniela: Die Mikroanalyse von Videosequenzen. Zur Praxis einer qualitativen Methode der Kinderforschung, unveröff. Diplomarbeit, Berlin 1998

Bohnsack, Ralf: Rekonstruktive Sozialforschung. Einführung in Methodologie und Praxis qualitativer Forschung, Opladen (Leseke+Budrich) 1991

Bornemann, Ernest: Reifungsphasen der Kindheit, Frankfurt (Jugend und Volk) 1981
Brocher, Tobias: Gruppendynamik und Erwachsenenbildung. Zum Problem der Entwicklung von Konformismus oder Autonomie in Arbeitsgruppen, Braunschweig (Westermann) 1967
Brede, Karola/Fehlhaber, Heidi/Lohmann, Hans-Martin/Michaelis, Detlef/Zeul, Mechthild (Hg.): Befreiung zum Widerstand. Aufsätze zu Feminismus, Psychoanalyse und Politik, Frankfurt (Fischer) 1987
Brückner, Margrit: Sozialmanagement – Der neue Blick auf soziale Arbeit, in: Brückner, Margrit (Hg.): Frauen und Sozialmanagement, Freiburg (Lambertus) 1992, S. 7-19
Brückner, Margrit: Einbettung von Gewalt in die kulturellen Bilder von Männlichkeit und Weiblichkeit, in: ifg – Zeitschrift für Frauenforschung 1-2/1993, S. 47-56
Buchholz, Michael B.: Dreiecksgeschichten. Eine klinische Theorie psychoanalytischer Familientherapie, Göttingen (Vandenhoek & Ruprecht) 1993a
Buchholz, Michael B. (Hg.): Metaphernanalyse, Göttingen (Vandenhoeck&Ruprecht) 1993b
Büttner, Christian (Hg.): Leitungsfunktion und Lebensgeschichte. Männer und Frauen in Kindertageseinrichtungen, Berlin (fipp) 1994
Büttner, Christian: Gruppenarbeit. Eine psychoanalytisch-pädagogische Einführung, Mainz (Mathias-Grünewald) 1995
Büttner, Christian/Chrétiennot, Claude/Clayton, Pat: Zur Autonomieentwicklung von Kindern in vorschulischen Erziehungskonzepten. Ein deutsch-französisch-englischer Vergleich, in: Diskurs 2/2000, S. 36-42
Büttner, Christian/Dittmann, Mara: Kindergartenprofile. Praxisberichte für die Ausbildung, Weinheim (Beltz) 1999
Büttner, Christian/Drescher-Bolz, Carola/Siegler, Martin/Stein, Anne: Editorial, in: Büttner, Christian (Hg.): Leitungsfunktion und Lebensgeschichte. Männer und Frauen in Kindertageseinrichtungen, Berlin (fipp) 1994, S. 7-12
Büttner, Christian/Nagel, Gudrun (Hg.): Alles Machos und Zicken? Zur Gleichstellung der Geschlechter in Kindertagesstätte und Hort, Seelze (Kallermeyersche) i.E.
Büttner, Christian/Volmerg, Ute: Apocalypse now? Friedenspolitische Argumente in der Bewährungsprobe. Eine sozialpsychologische Analyse, in: Reiner Steinweg (Red.), Die neue Friedensbewegung. Analysen aus der Friedensforschung, Friedensanalysen 16, Frankfurt (Suhrkamp) 1982, S. 418-440
Büttner, Christian/Wolf-Almanasreh, Rosi: Polizei und Migranten gegen Rassismus und Vorurteile. Trainingskonzepte und Trainingsmethoden für ein multikulturelles Europa, HSFK-Report 8/1999
Bundesministerium für Familie, Senioren, Frauen und Jugend, BMFSFJ (Hg.): Optionen der Lebensgestaltung junger Ehen und Kinderwunsch: Verbundstudie, Stuttgart (Kohlhammer) 1996
Clemenz, Manfred: Psychoanalytische Sozialpsychologie. Grundlagen und Probleme, Giessen (psychosozial) 1998
Cohn, Ruth: Von der Psychoanalyse zur themenzentrierten Interaktion, Stuttgart (Klett) 1975
Conrad, Gabriele/Pühl, Harald: Team-Supervision: Gruppenkonflikte erkennen und lösen. Mit ausführlichen Protokollen, Berlin (Marhold) 1983
CRESAS: Naissance d'une pédagogie interactive, Paris (E.S.F.) 1991

Dajez, Frédéric: Les origines de l'école maternelle, Paris (Presses Universitaires de France) 1994
deMause, Lloyd: Psychohistory, in: Kindheit 1/1979, S. 51-79
Devereux, George: Angst und Methode in den Verhaltenswissenschaften, Frankfurt (Ullstein) 1976
Dölling, Dieter u.a.: Täter-Opfer-Ausgleich in Deutschland. Bestandsaufnahme und Perspektiven, Bonn (Forum) 1998
Döring, Klaus/Ritter-Mamczek, Bettina: Lehren und Trainieren in der Weiterbildung. Ein praxisorientierter Leitfaden, Weinheim (Deutscher Studienverlag) 1997
Dobner, Elke: Wie Frauen führen. Innovation durch weibliche Führung, Heidelberg (Sauer) 1997
Dux, Günter: Die Spur der Macht im Verhältnis der Geschlechter. Über den Ursprung der Ungleichheit zwichen Frau und Mann, Frankfurt (Suhrkamp) 1992
Edding, Cornelia: Agentin des Wandels. Der Kampf um Veränderung im Unternehmen, München (Gerling Akademie Verlag) 2000
Eggert-Schmid Noerr, Annelinde: Leitungsfunktion und Lebensgeschichte – Verborgene Sinnstrukturen weiblicher Arbeitsbiographien, in: Büttner, Christian (Hg.): Leitungsfunktion und Lebensgeschichte. Männer und Frauen in Kindertageseinrichtungen, Berlin (fipp) 1994, S. 56-73
Enders-Dragässer, Uta/Fuchs, Claudia: Interaktionen der Geschlechter. Sexismusstrukturen in der Schule, Weinheim (Juventa) 1989
Erdheim, Mario: Die Gruppe im Spannungsfeld zwischen Sozialisation und Nachsozialisation, in: Leber, Aloys/Trescher, Hans-Georg/Büttner, Christian (Hg.): Die Bedeutung der Gruppe für die Sozialisation. Kindheit und Familie, Göttingen (Vandenhoeck&Ruprecht) 1985, S. 20-26
Erdheim, Mario: Aufbruch in die Fremde. Der Antagonismus von Kultur und Familie und seine Bedeutung für die Friedensfähigkeit der Individuen, in: Steinweg, Reiner/Wellmann, Christian (Hg.): Die vergessene Dimension internationaler Konflikte: Subjektivität (Friedensanalysen 24), Frankfurt (Suhrkamp) 1990
Erdheim, Mario: Zur Problematik der Imagines von Familie und Kultur, in: Borer, Christine/Ley, Katharina (Hg.): Fesselnde Familie. Realität – Mythos – Familienroman, Tübingen (Edition Discord) 1991, S. 155-171
Erhardt-Kramer, Angelika: Frauen in Leitungsfunktionen im sozialen Bereich, in: Brückner, Margrit (Hg.): Frauen und Sozialmanagement, Freiburg (Lambertus) 1992, S. 20-33
Ernst, Stefanie: Geschlechterverhältnisse und Führungspositionen, Opladen (Westdeutscher Verlag) 1998
Ettl, Thomas: Zur Bedeutung des Kindergartens im Sozialisationsprozeß, in: Büttner, Christian/Ende, Aurel (Hg.): Gefördert und mißhandelt, Jahrbuch der Kindheit 4, Weinheim (Beltz) 1987, S. 89-11
Fatke, Reinhard: Fallstudien in der Erziehungswissenschaft, in: Friebertshäuser, Barbara/Prengel, Annedore (Hg.): Handbuch qualitative Forschungsmethoden in der Erziehungswissenschaft, Weinheim (Juventa) 1997, S. 56-70
Faulstich-Wieland, Hannelore: Geschlecht und Erziehung. Grundlagen des pädagogischen Umgangs mit Mädchen und Jungen, Darmstadt (Wissenschaftliche Buchgesellschaft) 1995

Federn, Ernst.: Psychologie der Gewalt, in: Arbeitsgemeinschaft der leitenden Strafvollzugsbeamten Österreichs (Hg.): Gewalt im Gefängnis, Pichl 1985 (unveröff. Manuskript)

Federn, Ernst: Versuch einer Psychologie des Terrors, in: psychosozial 37/1989, S. 53-73

Flaake, Karin: Angst vor der eigenen Stärke?, in: Büttner, Christian (Hg.): Leitungsfunktion und Lebensgeschichte. Männer und Frauen in Kindertageseinrichtungen, Berlin (fipp) 1994, S. 113-123

Freud, Anna: Das Ich und die Abwehrmechanismen, München (Kindler) 1964

Fromm, Erich: Analytische Sozialpsychologie und Gesellschaftstheorie, Frankfurt (Suhrkamp) 1970

Fürstenau, Peter: Institutionsberatung, ein neuer Zweig angewandter Sozialwissenschaften, in: Gruppendynamik 10/1970, S. 219 ff.

Geißler, Karlheinz A.: Zeit leben. Vom Hasten und Rasten, Arbeiten und Lernen, Leben und Sterben, Weinheim (Beltz) 1985

Giesecke, Michael/Rappe-Giesecke, Kornelia: Supervision als Medium kommunikativer Sozialforschung. Die Integration von Selbsterfahrung und distanzierter Betrachtung in der Beratung und Wissenschaft, Frankfurt (Suhrkamp) 1997

Goffmann, Erving: Asyle. Über die soziale Situation psychiatrischer Patienten und anderer Insassen, Frankfurt (Suhrkamp) 1973

Goos, Gisela/Hansen, Katrin: Frauen in Führungsprositionen. Erfahrungen, Ziele, Strategien, Münster (Waxmann) 1999

Grinberg, Léon/Grinberg, Rebecca: Psychoanalyse der Migration und des Exils, München (Internationale Psychoanalyse) 1990

Haag, Fritz/Krüger, Helge/Schwärzel, Wiltrud/Wildt, Johannes (Hg.): Aktionsforschung, München (Juventa) 1972

Haas, Henriette: Gewalt, Geschlecht und Kultur. Zur Ethnopsychoanalyse von Kriminalität, in: Wiesse, Jörg/Berger, Margarete (Hg.): Geschlecht und Gewalt, Göttingen (Vandenhoeck&Ruprecht) 1996, S. 29-54

Hanke, Barbara/Mandl, Heinz/Drell, Siegfried: Soziale Interaktion in der Schulklasse, München (Oldenbourg) 1973

Haug, Frigga: Erziehung und gesellschaftliche Produktion: Kritik des Rollenspiels, Frankfurt (Campus) 1977

Heigl-Evers, Annelise: Die Gruppe als Medium im Unterricht und in der Psychotherapie, in: Gruppenpsychotherapie und Gruppendynamik 3/1974, S. 225-243

Heigl-Evers, Annelise/Heigl, Franz: Gruppenposition und Lernmotivation, in: Gruppenpsychotherapie und Gruppendynamik 3/1971, S. 236 ff.

Heigl-Evers, Annelise/Heigl, Franz: Die Initialphase in der Arbeit mit Gruppen. Ein Erfahrungsbericht, in: Gruppenpsychotherapie und Gruppendynamik 2/1979a, S. 105-116

Heigl-Evers, Annelise/Heigl, Franz: Die psychosozialen Kompromißbildungen als Umschaltstellen innerseelischer und zwischenmenschlicher Beziehungen, in: Gruppenpsychotherapie und Gruppendynamik 3/4/1979b, S. 310-325

Heigl-Evers, Annelise/Schulte-Herbrüggen, O. W.: Zur normativen Verhaltensregulierung in Gruppen, in: Gruppenpsychotherapie und Gruppendynamik 3/1977, S. 226 ff.

Heinze, Thomas/Loser, Fritz W./Thielmann, Friedrich: Praxisforschung, München (Urban&Schwarzenberg) 1981

Heitkämper, Peter (Hg.), Neue Akzente der Friedenspädagogik, Münster (Lit) 1984
Hollstein, Walter: Der Kampf der Geschlechter. Frauen und Männer im Streit um Liebe und Macht und wie sie sich verständigen könnten, München (Kösel) 1993
Hopf, Christel: Soziologie und qualitative Sozialforschung, in: Hopf, Christel/Weingarten, Elmar (Hg.): Qualitative Sozialforschung, Stuttgart (Klett) 1979, S. 11-40
Horstkemper, Marianne/Zimmermann, Peter (Hg.): Zwischen Dramatisierung und Inidvidualisierung. Geschlechtstypische Sozialisation im Kindesalter, Opladen (Leske + Budrich) 1998
Hugon, Marie-Anne/Seibel, Claude (Hg.): Recherches impliquées recherche d'action: Le cas de l'éducation, Bruxelles (De Boek) 1988
Inhelder, Bärbel u.a.: Des structures cognitives aux prcédures de découverte, in: Archives de Psychologie, 44, n° 171/1976, S. 57-72
Inhelder, Bärbel/Piaget, Jean: Procédures et structures, in: Archives de Psychologie, XLVII, n° 181/1979, S. 165-176
Jenal, Christa: Zwischen Ungeschicklichkeit und Skandal. Die Gewaltsprache in Politik und Medien, in: Galtung, Johan/Kineklbur, Dieter/Nieder, Martin (Hg.): Gewalt im Alltag und in der Weltpolitik, Münster (agenda) 1993, S. 167-188
Kahlert, Heike: Weibliche Subjektivität. Geschlechterdifferenz und Demokratie in der Diskussion, Frankfurt (Campus) 1996
Klafki, Wolfgang: Schulnahe Curriculumforschung in Fom von Handlungsforschung, in: Bildung und Erziehung 28/1975, S. 101-116
Klein, Melanie: Das Seelenleben des Kleinkindes, Stuttgart (Klett) 1983
Kochan, Barbara (Hg.). Rollenspiel als Methode sozialen Lernens, Königstein (Athenäum) 1981
König, Karl: Angst und Persönlichkeit. Das Konzept vom steuernden Objekt und seine Anwendungen, Göttingen (Vandenhoeck&Ruprecht) 1993
König, Karl: Gegenübertragungsanalyse, Göttingen (Vandenhoeck und Ruprecht) 1995
Krell, Gert/Büttner, Christian: Friedensforscher – die besseren Menschen? Zwei Beiträge zu einer überfälligen Diskussion, in: Friedensforschung aktuell 30/1991, HSFK (Frankfurt)
Kroath, Franz: Lehrer als Forscher. Fallstudien zur Evaluation forschungsorientierter Lehrerfortbildung unter beruflichen Alltagsbedingungen. München (Profil) 1991
Kruse, Lenelis: Führung ist männlich, in: Guppendynamik 3/1978, S. 251-267
Kurz-Scherf, Ingrid: Demokratie und Geschlechterverhältnis, in: Berg-Schlosser, Dirk/Giegel, Hans-Joachim (Hg.): Perspektiven der Demokratie, Frankfurt (Campus) 1999, S. 217-259
Leenen, Wolf Reiner/Grosch, Harald: Interkulturelles Training in der Lehrerfortbildung, in: Bundeszentrale für politische Bildung (Hg.): Interkulturelles Lernen. Arbeitshilfen für die politische Bildung, Bonn 1998
Leithäuser, Thomas: Entwurf zu einer Empirie des Alltagsbewußtseins, Frankfurt (Suhrkamp) 1981
Leithäuser, Thomas: Psychoanalyse als sozialwissenschaftliche Methode, in: Psychoanalytischen Seminar, Zürich (Hg.): Die Gesellschaft auf der Couch, Frankfurt (Athenäum) 1989, S. 11-32
Leithäuser, Thomas/ Günther Salje, Ute Volmerg, Bernd Wutka: Entwurf zu einer Empirie des Alltagsbewusstseins, Frankfurt/M. (Suhrkamp) 1977

Leithäuser, Thomas/Volmerg, Birgit: Anleitung zur empirischen Hermeneutik. Psychoanalytische Textinterpretation als sozialwissenschaftliches Verfahren, Frankfurt/M. (Suhrkamp) 1979

Leithäuser, Thomas/Volmerg, Birgit: Psychoanalyse in der Sozialforschung – eine Einführung am Beispiel einer Sozialpsychologie der Arbeit, Opladen (Westdeutscher Verlag) 1988

Lewin, Kurt: Die Lösung sozialer Konflikte, Bad Nauheim (Christian-Verlag) 1953

Lewin, Kurt: Feldtheorie in den Sozialwissenschaften, Bern (Huber) 1963

Lippitt, Ronald: Kurt Lewin und die Aktionsforschung, in: Heigl-Evers, Annelise/Streeck, Ulrich (Hg.): Sozialpsychologie. Band 1: Die Erforschung der zwischenmenschlichen Beziehungen, Weinheim (Beltz) 1984, S. 106-109

Loden, Marilyn: Als Frau im Unternehmen führen, Freiburg 1988

Lohaus, Arnold¨Perspektivenübernahme im Rollenspiel: Auswirkungen auf die Wahrnehmung und Beurteilung fremder Personen, in: Gruppendynamik 2/1984, S. 211-224

Lorenzer, Alfred/Dahmer, Helmut/Horn, Klaus u.a.: Psychoanalyse als Sozialwissenschaft-Frankfurt (Suhrkamp) 1971

Lorenzer, Alfred: Die Wahrheit der psychoanalytischen Erkenntnis, Frankfurt (Suhrkamp) 1974

MacDonald, Eileen: »Erschießt zuerst die Frauen«, Stuttgart (Klett) 1992

Mansfeld, Cornelia: Fremdenfeindlichkeit und Fremdenfreundlichkeit bei Frauen. Eine Studie zur Widersprüchlichkeit weiblicher Biographien, Frankfurt (Brandes und Apsel) 1998

Matheis, Bernhard: Der deutsch-französische Kindergarten in Liederschied, in: Büttner, Christian: Erziehung für Europa. Kindergärten auf dem Weg in die multikulturelle Gesellschaft, Weinheim (Beltz) 1997, S. 140-147

Mead, George H.: Philosophie der Sozialität, Frankfurt (Suhrkamp) 1969

Mentzos, Stavros: Interpersonale und institutionalisierte Abwehr, Frankfurt (Suhrkamp) 1988

Merz, German: Konturen einer neuen Aktionsforschung, Frankfurt (Peter Lang) 1985

Metzger, Wolfgang: Der Einfluß von Kurt Lewin auf die Entwicklung der Sozialpsychologie, in: Heigl-Evers, Annelise/Streeck, Ulrich (Hg.): Sozialpsychologie. Band 1: Die Erforschung der zwischenmenschlichen Beziehungen, Weinheim (Beltz) 1984, S. 7-16

Meueler, Erich: Wie aus Schwäche Stärke wird, Reinbek (Rowohlt) 1987)

Meyer, Berthold (Hg.): Unruhezone Mittelmeer. Westeuropa und seine südlichen Nachbarn. Dokumentation der Frühjahrsakademie 1996 der HSFK und Bericht über das Akademieprogramm 1990-1996, Frankfurt/M. (HSFK) November 1996

Meyer, Berthold: Friedensursachen: Auf der Suche nach einer internationalen Zivilgesellschaft. Bericht über die Frühjahrsakademie Sicherheitspolitik 1997, (Atlantische Texte, Band 7), Kaiserslautern (Atlantische Akademie Rheinland-Pfalz e.V.) 1997

Minssen, Angela/Müller, Ursula: »Psycho- und Soziogenes von männlicher Gewaltbereitschft gegenüber Frauen« – Eine Literaturauswertung, in: Dokumente und Berichte 35, hg. vom Ministerium für die Gleichstellung von Frau und Mann NRW, Düsseldorf 1995

Mitscherlich, Margarete: Die friedfertige Frau. Eine psychoanalytische Untersuchung zur Aggression der Geschlechter, Frankfurt (Fischer) 1985

Moser, Heinz: Methoden der Aktionsforschung. Eine Einführung, München (Kösel) 1977

Muck, Mario/Trescher, Hans-Georg (Hg.): Grundlagen der Psychoanalytischen Pädagogik, Mainz (Matthias Grünewald) 1993

Müller, Harald: Sind Demokratien wirklich friedlich? Zum neuen Forschungsprogramm der HSFK »Antinomien des demokratischen Friedens«, HSFK-StandPunkte Nr. 2/2001

Müller, Klaus E.: Die bessere und die schlechtere Hälfte. Ethnologie des Geschlechterkonflikts, Frankfurt (Campus) 1984

Nadig, Maya: Der feministische Umgang mit der Realität und die feministische Forschung. Zehn Thesen, in: Brede, Karola/Fehlhaber, Heidi/Lohmann, Hans-Martin/Michaelis, Detlef/Zeul, Mechthild (Hg.): Befreiung zum Widerstand. Aufsätze zu Feminismus, Psychoanalyse und Politik, Frankfurt (Fischer) 1987, S. 162-171

Nagel, Alfred: Aktionsforschung, Gesellschaftsstrukturen und soziale Wirklichkeit. Zum Problem der Vermittlung von Theorie und Praxis im sozialwissenschaftlichen Forschungsprozeß, Frankfurt (Peter Lang) 1982

Nagel, Gudrun: Biographische Linien zur Gleichstellung von Jungen und Mädchen, in: Büttner, Christian/Nagel, Gudrun (Hg.): Alles Machos und Zicken? Zur Gleichstellung der Geschlechter in Kindertagesstätte und Hort, Seelze (Kallmeyersche) i.E.

Nagel, K./Preuss-Lausitz, Ulf: Thesen zur wissenschaftlichen Begleitung von Versuchen und Modellen im Bildungswesen, in: Zeitschrift für Pädagogik 4/1971, S. 453 f.

Neubauer, Walter: Führen und Leiten in sozialen Organisationen, in: Boskamp, Peter/Knapp,Rudolf (Hg.): Führung und Leitung in sozialen Organisationen. Handlungsorientierte Ansätze für neue Managementkompetenz, Neuwied (Luchterhand) 1999

Nicklas, Hans/Ostermann, Änne: Überlegungen zur Gewinnung friedensrelevanter Lernziele aus dem Stand der kritischen Friedensforschung, in: Christoph Wulf (Hg.), Kritische Friedenserziehung, Frankfurt/M. (Suhrkamp) 1973, S. 315-326

Nitzschke, Bernd: Die besondere Wissensform der Psychoanalyse: Wissenschaftshistorische Anmerkungen zum Junktim zwischen Heilen und Forschen in der Freudschen Analyse, in: Buchholz, Michael B./Streeck, Ulrich (Hg.): Heilen, Forschen, Interaktion. Psychotherapie und qualitative Sozialforschung, Opladen (Westdeutscher Verlag) 1994, S. 13-38

Oliveira, Zilma M.R./Rosetti-Ferreira, Maria C.: Coordination of roles: a theoretical-methodological perspective for studying human interaction, in: Del Rio, P./Alvarez, A./Wertsch, J.V. (Series Editors), Mercer, N./Coll, C. (Volume Editors): Teaching, learning and interaction, Vol. 3: Explorations in socio-cultural studies, Madrid (Fundación Infancia y Aprendizage) 1994, S. 217-221

Oliveira, Zilma M.R./Rosetti-Ferreira, Maria C.: Understanding the Co-Constructive Nature of Human Development: Role Coordination in Early Peer Interaction, in: Valsiner, Jaan/Voss, H.-G. (Hg.): 1996, S. 177-204

Oliveira, Zilma M.R./Valsiner, Jaan: Play and Imagination: The Psychological Construction of Novelty, in: Fogel, A./Lyra, M.C./Valsiner, J. (Hg.): Determinism and Indeterminism in Developmental and Social Processes. Hillsdale, New Jersey (Erlbaum) 1997, S. 119-133.

Oliveira, Zilma M.R.: The Concept of Role and the Discussion of the Internalization Process, in: Cox, B. /Lightfoot, 1997, S. 105-118.

Orth, Monika: Unser (innerer und äußerer) Weg durch Teile der europäischen Vorschullandschaft. Erfahrungen und Ergebnmisse aus einem Veränderungsprozeß, in: Büttner, Christian: Erziehung für Europa. Kindergärten auf dem Weg in die multikulturelle Gesellschaft, Weinheim (Beltz) 1997, S. 122-131

Ostermann, Änne: Zwischen Kopftuch und Minirock – Zum Problem der Toleranz, HSFK-StandPunkte Nr. 2/1996

Ostermann, Änne: Zivilcourage – eine demokratische Tugend: Test für die Demokratiefähigkeit einer Gesellschaft, HSFK-StandPunkte Nr. 1/1998

Ostermann, Änne: Die vorschulische Erziehung und das Bildungswesen der Bundesrepublik Deutschland, in: Büttner, Christian/Dittmann, Mara (Hg.): Kindergartenprofile. Praxisberichte für die Ausbildung, Weinheim (Beltz) 1999, S.231-244

Ostermann, Änne: Empathie und prosoziales Verhalten in einer Ellenbogengesellschaft?, HSFK-StandPunkte Nr. 4/2000

Piaget, Jean: Sprechen und Denken des Kindes, Düsseldorf (Schwann) 1972

Pühl, Harald: Der institutionelle Mythos, in: Bauer, Annemarie/Gröning, Katharina (Hg.): Institutionsgeschichten – Institutionsanalysen. Sozialwissenschaftliche Einmischungen in Etagen und Schichten ihrer Regelwerke, Tübingen (Edition Discord) 1995, S. 70-79

Rastetter, Daniela: Sexualität und Herrschaft in Organisationen. Eine geschlechtervergleichende Analyse, Opladen (Westdeutscher Verlag) 1994

Rayna, Sylvie/Ballion, Monique/Bréauté, Monique/Stambak, Mira: Les connaissances psychosociales à travers les spectacles de marionnettes improvisés par des couples d'enfants, in: Stambak , M./Sinclair, H. (Hg.): Les jeux de fiction entre enfants de trois ans, Paris (Presses Universitaires de France) 1990, S. 151-198.

Reiche, Reimut: Geschlechterspannung, Frankfurt (Fischer) 1990

Rogge, Jan-Uwe: Kinder haben Ängste. Von starken Gefühlen und schwachen Momenten, Reinbek (rororo) 1997

Rohrmann, Tim: Beobachtungsverfahren und Befragungsmöglichkeiten von Kindern im Kleinkindalter. Eine Expertise im Rahmen des Projekts »Konfliktverhalten von Kindern in Kindertagesstätten« des Deutschen Jugendinstituts, München 1996

Rosenkranz, Doris/Rost, Harald/Vaskovics,Laszlo A.: Was machen Väter mit ihrer Zeit? Die Zeitallokation junger Ehemänner im Übergang zur Elternschaft, ifb Forschungsbericht Nr. 2, Bamberg o. J.

Rosenzweig Armour, Monica: Gesellschaftliche Vielfalt und interkulturelle Kompetenz. Leitlinien für Training und Schulung in Organisationen, Frankfurt (HSFK) 2000

Rüttinger, Rolf/Kruppa, Reinhold: Übungen zur Transaktionsanalyse, Hamburg (Windmühle) 1988

Sader, Manfred: Rollenspiel als Forschungsmethode, Opladen (Westdeutscher Verlag) 1986

Sandleitner, Petra : Zu den Chancen und Grenzen von Teamarbeit in sozialen Einrichtungen : unter besonderer Berücksichtigung der Leitungsfunktion, Kiel (Fachhochschule, FB Sozialwesen) unveröff. Diplomarbeit, 2000

Schmidbauer, Wolfgang: Zusammenspiel von Männern und Frauen in Institutionen, in: Bauer, Annemarie/Gröning, Katharina (Hg.): Institutionsgeschichten – Institutionsanalysen. Sozialwissenschaftliche Einmischungen in Etagen und Schichten ihrer Regelwerke, Tübingen (Edition Discord) 1995, S.186-202

Schnack, Dieter/Neutzling, Rainer: Kleine Helden in Not. Jungen auf der Suche nach Männlichkeit, Reinbek (rororo) 1997

Schneider, Ulrike: Sozialwissenschaftliche Methodenkrise und Handlungsforschung, Frankfurt (Campus) 1980

Schon, Lothar: Entwicklung des Beziehungsdreiecks Vater-Mutter-Kind, Stuttgart (Kohlhammer) 1995

Schwarzer, Alice: Der »kleine Unterschied« und seine großen Folgen. Frauen über sich – Beginn einer Befreiung, Frankfurt (Fischer) 1975

Selvini-Palazzoli, M.: Paradoxon und Gegenparadoxon, Stuttgart 1974

Senghaas, Dieter: Kritische Friedensforschung, Frankfurt (Suhrkamp) 1971

Spence, Donald P.: Die Sherlock-Holmes-Tradition: Die narrative Metapher, in: Buchholz, Michael B. (Hg.): Metaphernanalyse, Göttingen (Vandenhoeck&Ruprecht) 1993, S. 72-120

Stambak, Mira/Royon, Christiane: Étude de l'organisation d'activités communes chez des enfants de moins de quatre ans, in: Archives de Psychologie, 53/1985, S. 77-90.

Steinke, Ines: Kriterien qualitativer Sozialforschung. Ansätze zur Bewertung qualitativ-empirischer Sozialforschung, Weinheim (Juventa) 1999

Steinweg, Reiner/ Heidefuß, Wolfgang/Petsch, Peter: Weil wir ohne Waffen sind. Ein theaterpädagogisches Forschungsprojekt zur politischen Bildung, Frankfurt (Brandes und Apsel) 1986

Strauss, Anselm: Grundlagen qualitativer Sozialforschung, München (Wilhelm Fink) 1998

Tausch, Reinhard/Tausch, Anne-Marie: Erziehungspsychologie, Göttingen (Hogrefe) 1965

Terhart, Ewald: Entwicklung und Situation des qualitativen Forschungsansatzes in der Erziehungswissenschaft, in: Friebertshäuser, Barbara/Prengel, Annedore (Hg.): Handbuch qualitative Foprschungsmethoden in der Erziehungswissenschaft, Weinheim (Juventa) 1997, S. 27-42

Tietgens, Heinz: Evaluation, in: Knoll, Joachim H. (Hg.): Grundlagen der Weiterbildung: Praxishilfen, Neuwied (Luchterhand) 1990

Trescher, Hans-Georg: Handlungstheoretische Aspekte der Psychoanalytischen Pädagogik, in: Muck, Mario/Trescher, Hans-Georg (Hg.): Grundlagen der Psychoanalytischen Pädagogik, Mainz (Grünewald) 1993, S. 167-204

Valtin, Renate: Probleme der Erfassung sozial-kognitiver Fähigkeiten - analysiert am Beispiel der Perspektivenübernahme und der verbalen Kommunikation, in: Geulen, Dieter (Hg.): Perspektivenübernahme und soziales Handeln. Texte zur sozialkognitiven Entwicklung, Frankfurt (Suhrkamp) 1982, S. 270-297.

Vasquez-Bronfman, Ana/Martinez, Isabel: La socialisation à l'école. Approche ethnographique, Paris (Presses Universitaires de France) 1996

Vollmer, Marianne: Familienkompetenz in der betrieblichen Praxis, München (Bayerisches Staatsministerium für Arbeit und Sozialordnung, Familie, Frauen und Gesundheit, Leitstelle für die Gleichstellung von Frauen und Männern) 1997

Volmerg, Birgit: Das Verfahren der psychoanalytischen Textinterpretation am Beispiel eines Gruppendiskussionsprotokolls, in: Heinze, Thomas/Klusemann, Hans-W./ Soeffner, Hans-Georg (Hg.), Interpretationen einer Bildungsgeschichte, Bensheim (päd. extra) 1980, S. 202-234

Wagner, Ulrich: Interaktive Sozialforschung, Weinheim (Deutscher Studienverlag) 1997

Wegener-Spöhring, Gisela: Draculas Grab: Aggressive Spiele/Kriegsspiele bei Kindern – ein freizeitpädagogisches Problem?, in: Freizeitpädagogik 1-2/1987, S. 46-55

Wegener-Spöhring, Gisela: Interaktion im Rollenspiel, in: Kreuzer, Karl J. (Hg.): Handbuch der Spielpädagogik (Bd. 3): Das Spiel als Erfahrungsraum und Medium, Düsseldorf (Schwann) 1992, S. 55-70

Weingarten, Elmar/Sack, Fritz/Schenkein, Jim (Hg.): Ethnomethodologie, Beiträge zu einer Soziologie des Alltagshandelns, Frankfurt (Suhrkamp) 1976

Weiss-Zimmer, Elise: Selbstbewußte Frau oder hingebungsvolle Mutter? Lebensgeschichte von Frauen in der Beratung von Erzieherinnen, in: Welt des Kindes 4/1985, S. 297-302

Wellendorf, Franz: Schulische Sozialisation und Identität, Weinheim (Beltz) 1974

Wellendorf, Franz: Sozioanalyse, in: Lenzen, Dieter (Hg.): Enzyklopädie Erziehungswissenschaft, Bd. 2, Stuttgart (Klett-Cotta) 1985, S. 546 ff.

Wellendorf, Franz: Leitung in Dienstleistungsinstitutionen: Eine Herausforderung für männliche Identität, in: Büttner, Christian (Hg.): Leitungsfunktion und Lebensgeschichte. Männer und Frauen in Kindertageseinrichtungen, Berlin (fipp) 1994; S. 124-140

Wesseler, Matthias: Reflexive Evaluation in der Kulturbegegnung, in: ZEP 2/1990, S. 22-25

Westerlund, Gunnar/Sjöstrand, Sven-Erik: Organisationsmythen, Stuttgart (Klett) 1981

Whalley, Margy: Involving Parents in their childrens learning, London (Chapman) 2001

Wirtz, Heribert: Entwicklung von Selbst-. und Sozialkompetenz bei Schülern eines beruflichen Gymnasiums. Ein Schüler-Lehrer-Forschungsprojekt zur Evaluierung von Handlungsforschungkonzepten, Frankfurt (Univ. Diss.) 1986

Witte, E. H./Broszkiewicz, A./Hartmann, H. H./Sack, P.-M.: Maßnahmen zur Verbesserung interkultureller Interaktion bei der Polizei: Eine Evaluationsstudie, in: Politische Psychologie 3/1999, S. 455-484

Wulf, Christoph: Der Andere: Perspektiven zur interkulturellen Bildung, in: Dibie, P./Wulf, C. (Hg.): Vom Verstehen des Nichtverstehens. Ethnosoziologie interkultureller Begegnungen. Frankfurt (Campus) 1999

Youniss, James: Soziale Konstruktion und psychische Entwicklung, in: Krappmann , Lothar/Oswald, H. (Hg.): Alltag der Schulkinder. Beobachtungen und Analysen von Interaktionen und Sozialbeziehungen, Weinheim (Juventa) 1994

Zedler, Peter/Moser, Heinz (Hg.): Aspekte qualitativer Sozialforschung, Opladen (Leske+-Budrich) 1983

Register

Studien der Hessischen Stiftung Friedens- und Konfliktforschung

Andreas Hasenclever
Die Macht der Moral in der internationalen Politik
Militärische Interventionen westlicher Staaten in Somalia, Ruanda und Bosnien-Herzegowina
Band 36. 2001. 468 Seiten
ISBN 3-593-36778-5

Welche Rolle spielen Menschenrechte beim militärischen Eingreifen westlicher Demokratien? An den Beispielen Somalia, Ruanda und Bosnien-Herzegowina geht Andreas Hasenclever dieser Frage nach und kommt zu dem Ergebnis, dass diese Interventionen in der humanitären Pflicht zur Hilfeleistung wurzeln.

Christian Büttner, Berthold Meyer (Hg.)
Integration durch Partizipation
»Ausländische Mitbürger« in demokratischen Gesellschaften
Band 35. 2001. 285 Seiten
ISBN 3-593-36723-8

Was verspricht mehr Erfolg bei der Integration von Zuwanderern: ihr Anpassen an das fremde Milieu oder ihr aktives Mitwirken in der Demokratie? Was bedeutet dies für Gesellschaft und Wirtschaft? Eine Diskussion von Experten aus Wissenschaft und Politik.